北京大学优秀教材

大学国文（第二版）

DAXUE GUOWEN

漆永祥 主编

钱理群 曹文轩 审定

北京大学出版社
PEKING UNIVERSITY PRESS

图书在版编目(CIP)数据

大学国文/漆永祥主编. —2 版. —北京：北京大学出版社,2019.5
（博雅大学堂·文学）
ISBN 978-7-301-29995-1

Ⅰ.①大… Ⅱ.①漆… Ⅲ.①大学语文课—高等学校—教材 Ⅳ.①H193.9

中国版本图书馆 CIP 数据核字(2018)第 240918 号

书　　名	大学国文（第二版） DAXUE GUOWEN（DI-ER BAN）
著作责任者	漆永祥　主编
责 任 编 辑	艾英
标 准 书 号	ISBN 978-7-301-29995-1
出 版 发 行	北京大学出版社
地　　址	北京市海淀区成府路 205 号　100871
网　　址	http://www.pup.cn　新浪微博:@北京大学出版社
编辑部邮箱	wsz@pup.cn
总编室邮箱	zpup@pup.cn
电　　话	邮购部 010-62752015　发行部 010-62750672 编辑部 010-62756467
印 刷 者	大厂回族自治县彩虹印刷有限公司
经 销 者	新华书店 965 毫米×1300 毫米　16 开本　25.5 印张　414 千字 2014 年 9 月第 1 版 2019 年 5 月第 2 版　2024 年 7 月第 11 次印刷
定　　价	79.00 元

未经许可，不得以任何方式复制或抄袭本书之部分或全部内容。
版权所有，侵权必究
举报电话: 010-62752024　电子邮箱: fd@pup.pku.edu.cn
图书如有印装质量问题，请与出版部联系，电话: 010-62756370

《大学国文》编纂委员会

主　编

漆永祥

审　定

钱理群　曹文轩

编　委

（按姓氏拼音排序）

姜　涛　李鹏飞　柳春蕊　漆永祥
邵燕君　宋亚云　汪　锋

目　录

序言　漆永祥 …………………………………………… 1

一　古代诗词

千古情爱第一

蒹　葭（《诗经·秦风》）……………………………… 3
锦　瑟　李商隐 ………………………………………… 5
鹊桥仙　秦　观 ………………………………………… 7
摸鱼儿·雁丘词　元好问 ……………………………… 9
长相思　纳兰性德 ……………………………………… 11

山水田园第二

七　月（《诗经·豳风》）……………………………… 13
归园田居（选二首）　陶渊明 ………………………… 16
田园乐（七首选五）　王　维 ………………………… 18
四时田园杂兴（六十首选十六）　范成大 …………… 20

送行赠别第三

渭　阳（《诗经·秦风》）……………………………… 25
送陈章甫　李　颀 ……………………………………… 26
金陵酒肆留别　李　白 ………………………………… 27
赠卫八处士　杜　甫 …………………………………… 29
轮台歌奉送封大夫出师西征　岑　参 ………………… 31

咏史第四

咏史（其二）　左　思 ………………………………… 33
明妃曲（其一）　王安石 ……………………………… 34
念奴娇·赤壁怀古　苏　轼 …………………………… 37
登金陵雨花台望大江　高　启 ………………………… 39
临江仙·滚滚长江东逝水　杨　慎 …………………… 41

家国情怀第五

《离骚》（节选）　屈　原 …………………………… 43

燕歌行　高　适 …… 49
水龙吟·登建康赏心亭　辛弃疾 …… 51
贺新郎·国脉微如缕　刘克庄 …… 54
出嘉峪关感赋(四首其一)　林则徐 …… 56

二　古代散文(含应用文)、小说、戏曲

诸子与学术第一
孔子论孝　(《论语》) …… 61
我善养吾浩然之气　(《孟子·公孙丑上》) …… 64
诸子略序　(班固《汉书》) …… 68
原道　韩愈 …… 73

传记编年第二
晋楚城濮之战　(《左传》) …… 78
淮阴侯列传(节选)　(司马迁《史记》) …… 83
淝水之战　(司马光《资治通鉴》) …… 90

书札第三
戒子益恩书　郑　玄 …… 95
与山巨源绝交书　嵇　康 …… 98
与是仲明论学书　戴　震 …… 103
家书两封　曾国藩 …… 106

游记第四
钴鉧潭西小丘记　柳宗元 …… 110
虎丘记　袁宏道 …… 112
过云木冰记　黄宗羲 …… 114

赋体文第五
登楼赋　王　粲 …… 118
秋兴赋　潘　岳 …… 120

笔记杂说第六
言　语(两则)　(刘义庆《世说新语》) …… 124
朋友之义　(洪迈《容斋随笔》) …… 126
廉　耻　(顾炎武《日知录》) …… 128

赏鉴第七
酒德颂　刘　伶 …… 132

论画六法　（张彦远《历代名画记》）············· 134
　　笔阵图　卫铄··························· 137
古代应用文第八
　　求贤良诏　汉武帝······················· 141
　　陈情事表　李密························· 143
　　修史馆（二条选一）　（张鷟《龙筋凤髓判》）········· 145
　　愿无伐善　二句　钱世熹··················· 147
传奇小说第九
　　东阳夜怪录　（《唐宋传奇集》）················· 150
　　水浒传（节选）　施耐庵····················· 157
　　红楼梦（节选）　曹雪芹····················· 165
古代戏曲第十
　　唐明皇秋夜梧桐雨（节选）　白朴··············· 174
　　西厢记（节选）　王实甫····················· 178
　　牡丹亭（节选）　汤显祖····················· 181
　　桃花扇（节选）　孔尚任····················· 186

三　现当代散文、小说、诗歌、戏剧

大学精神第一
　　就任北京大学校长之演说　蔡元培·············· 195
　　清华大学王观堂先生纪念碑铭　陈寅恪············ 198
　　为学与做人　梁启超······················· 199
　　敬告青年　陈独秀························ 204
　　永远的校园　谢冕························ 210
哲理散文第二
　　野草（节选）　鲁迅························ 215
　　我与地坛（节选）　史铁生···················· 220
　　我的精神家园　王小波····················· 227
生活散文第三
　　北京的茶食　周作人······················· 232
　　菱荡　废名···························· 234
　　从文自传（节选）　沈从文···················· 239
　　吸烟与文化　徐志摩······················· 255

现当代小说第四
 铸　剑　鲁　迅 …………………………………………… 260
 呼兰河传(节选)　萧　红 ………………………………… 274
 透明的红萝卜(节选)　莫　言 …………………………… 294

现当代诗歌第五
 天　狗　郭沫若 …………………………………………… 317
 十四行集(选四首)　冯　至 ……………………………… 319
 五　月　穆　旦 …………………………………………… 323
 距离的组织　卞之琳 ……………………………………… 326
 秋之色　林　庚 …………………………………………… 328
 镜　中　张　枣 …………………………………………… 329
 祖国(或以梦为马)　海　子 ……………………………… 331

现当代戏剧第六
 茶馆(节选)　老　舍 ……………………………………… 334
 沙家浜(节选) ……………………………………………… 345

四　语言与现当代应用文

语言文字第一
 古今言殊　吕叔湘 ………………………………………… 363
 论"不通"　王　力 ………………………………………… 372
 说"差一点儿"　朱德熙 …………………………………… 376

人文社会第二
 乡土本色　费孝通 ………………………………………… 379
 为什么要有科学家　约翰·波拉尼 ……………………… 384
 中国与世界　阿诺德·汤因比　池田大作 ……………… 388

第一版后记 …………………………………………………… 394
第二版后记 …………………………………………………… 395

序　言

一

"大学国文"课程的开设,始于上世纪20年代,当时称"大一国文"。如果再往前追溯,则"国文""国学"等概念的出现,都是清季与民初在"西文""西学"兴盛的大背景下,面对中国传统文化衰微而产生的"过敏性"与"抵抗性"反应。彼时要解决的问题,似乎是矛盾着的两极:一方面是"国文""国学"地位的衰微,以及在西式中小学与大学中如何教授与振起"国文"的难题;另一方面则是提倡白话文、反对文言文浪潮的兴起,以及废除汉字与汉字拼音化的呼声有愈演愈烈之势。当时大德高贤,莫不以汉字为阻碍传播智力的"结核","驱逐方块鬼,建设新文字"成为一时的主流话语,延至今日,仍余音不绝,偶有回响。

随着时代的发展,西式大学如雨后春笋般纷纷创立,传统教育方式很快便淹没在西方文化与西式教育的洪流中,英语日渐成为强势语言,无孔不入,无处不在,汉字汉语似乎成了讨人嫌厌的"弃儿"。而文言诗文更如日薄西山,沦为边缘。因此,体现在"大学国文"课程上,就可以看到,初期的教材,文言文尚占有一定分量,但白话文最终取得了绝对性的胜利。这种新旧交织、各方混战的局面,导致大、中、小学"国文"课的教授与学习,均未见起色,反日渐沉沦。所以,我们看那时的争论与担忧,无非是学生不以国文为意,国文水平下降,人文素养阙如,与我们今天的现实相当吻合,只不过如今更为严重而已。

上世纪50年代以来,"国语"与"国文"被合而为一,并习惯上称为"语文","大学国文"课程亦随之改称为"大学语文",但其中的变化绝不仅仅是改一个字那么简单。首先,对"语文是什么"这一概念,就产生了诸多分歧。例如是强调语言与文字,还是重视文学与鉴赏;是看重应用与实践,还是加强阅读与写作;或者说是工具性重要,还是人文性必需,抑或是二者的统一等。当时人民教育出版社还曾尝试出版过将语言、文学分科的中学教材,各高校也相继单独编纂了不少写作类的教材。但愈往后来,教材编写愈不稳定,文学赏鉴类的篇目比重低开高走,而文言文、语言与应用方面的篇目却是时而增加,时而成为点缀。无论在中小学语文教材还是"大学语文"教材的编写上,莫不如斯,这其实就是各种争论与分歧在教材编写上的真实反映。

二

　　自改革开放以来的三十余年中,虽然成立了"全国大学语文研究会","大学语文"课程在各高校相继恢复并一度兴盛,甚至成为必修课程,然而好景不长,九十年代以降,许多高校又取消了"大学语文"课。即使开设,也是极少数学生的选修课,在北大也不例外。究其原因,除了围绕着这门课程本身是否应该必修,是一门什么性质的课程,其教学效果如何体现等的争议外,主要还是我们面临的人文环境,较之昔年并无太大的改善。全民漠视国语国文,传统文化衰微不振,汉字汉语仍有意无意地会成为攻击的靶子。比如废除汉字的呼声虽已微弱,但代之而起的是繁体字与简化字的争论,简化字甚至成了造成传统文化断裂的替罪羊。

　　多年以来,面对上述诸问题,我们在北大也一直致力于"大学语文"课程的调研与改革,在课程教学与教材编写诸方面,尝试探索有无可走之路。

　　我们认为,"大学语文"是大学生综合性素质教育课程,是培养学生人文素养与汉语写作能力、表达能力的最基本的途径。尤其我们面对的是深受"高考体"作文浸染,对语文兴趣大大降低,甚至产生了厌恶情绪的高中生与大学生,部分学生的语文素养与写作水平几乎跌到了谷底。为了使大学阶段的学生继续接受比较高等的语言、文学与文化教育,弥补中学时期语文教育的不足,纠正中学语文教学中的缺陷与偏见,提高学生用汉语学习自己专业的能力和对于祖国文化的鉴赏力,提高学生的写作能力与语言表达能力等,有必要长期坚持开设有针对性的大学国文课程。这一课程将在文学作品赏读、汉语言表达能力与写作能力,以及口语表达能力等方面对学生进行系统培养与训练。

　　也就是说,一个大学生应该具备起码的国文素养,包括最基本的语言基础知识、文学鉴赏能力、写作水平、应用能力与交流能力。因为一个人国文素养的高低,对其思维能力、逻辑能力、实践动手能力、写作能力与交际表达能力等,都有着极其重要的意义。再说具体点,今日大学中许多文科学生不会写论文,理科学生不会写实验报告,与其语文素养低下有着直接的关系。因此,再怎么强调"大学语文"课程的重要性与必要性也是不过分的。

然而，常常让我们极感难堪的是，当大学生的语文基础知识、赏鉴能力、写作能力、语言应用与交际能力饱受诟病时，大家又希望不受重视、每周一次两小时的"大学语文"课，能够将上述弊病一次性解决，以达起疴除病、妙手回春之效，而在该课程达不到如此苛刻的要求时，就对其满怀失望以至于唾弃。这使得本就不济的"大学语文"课程更是一落千丈，成为厌食可弃的鸡肋。

因此，我们应该调整对"大学语文"课程过高而不切实际的期望值，为其解负减压，一门每周一次、每次两小时、总共一个学期的课程，是不可能成为"万能胶"，随便粘贴补缀即可奏效的。如果在这一门小小的课程中，能够使学生重新燃起对国文的热情，热爱自己的母语，在语言、文学、文化、应用、写作以及口语表达能力等，哪怕是其中某一方面有所提高与进步，我想我们最基本的目标就达到了。

三

百余年来，无论教材如何编写，课堂如何讲授，都是西式教育方式的展演舞台，但是如果我们回溯中国古代的教材编写与教学方式，就会明白时下流行的一些教材模式与授课方法，不一定都是舶来品，其实或多或少我们的祖先都使用过，并且取得了良好的效果。

我们今日对古人的教学方式，常常用"死记硬背""僵化呆板""死读书，读死书"等来形容，几乎全盘否定。实际古代儿童开蒙，汉以来《急就》《凡将》《苍颉》诸篇，以及中古以后以"三百千"为代表的蒙学读物，朗朗上口，易诵易记，日用百科，尽在其中，既有趣味，又颇实用，皆有其科学性与示范性。如"上大人，孔乙己"，与今日小学"上中下，人口手"几乎一样，也是从易到难，从简到繁。而在儿童至成人的成长过程中，如八岁即"严幼仪"，十五岁即当"尚志"等，也是非常合理的掌握礼仪规范与立志成才的年龄段，这就是基本的人文素养的培育与训练。

就成人教育而言，自孔子整理"六经"并以之为教材始，如《诗经》《尚书》就是典型的选本，而后来的《国语》《国策》等更是流行一时的选本教材。再往后自《文选》以降，至《文章正宗》《古文辞类纂》《古文观止》等，更是蔚为壮观。即如史著，如《通鉴纲目》《十七史详节》等，亦成为授课佳本，广受欢迎。至于科举考试的时文选本，更是种类繁富，人手一册。可见，选本亦为中国古代常见甚至流行的教材编写方式。

就写作教学来说，今天大中小学的作文教学，都是令人"谈虎色变"的

难题,而古人也并非全是死记硬背与僵化模仿。如元代程端礼《程氏家塾读书分年日程》中论学习韩愈文曰:

> 日熟读一篇或两篇,亦须百遍成诵,缘一生靠此为作文骨子故也。既读之后,须反复详看。每篇先看主意,以识一篇之纲领;次看其叙述、抑扬、轻重、运意、转换、演证、开阖、关键、首腹、结末、详略、浅深、次序。既于大段中看篇法,又于大段中分小段看章法,又于章法中看句法,句法中看字法,则作者之心,不能逃矣。譬之于树,通看则由根至表,干生枝,枝生华叶,大小次第相生而为树。又折一干一枝看,则又皆各自有枝干华叶,犹一树然,未尝毫发杂乱,此可以识文法矣。

如今书店中充斥着形形色色的作文教学书籍,其实程氏这段话已经将作文教学法归纳得非常完备,如果教师能够如此教,而学生能够如此学,那么从模仿开始,到坚持不懈练成自己的风格,写出一手好的文章,是自然而然的事情。

古人虽然不大讲修辞与语法,也很少此方面的专门课程,但在撰写诗歌、楹联与文章时,却能够精准地创作出工整的对句,其中实际包含了修辞与语法知识,这种模拟训练与创作实践,并不亚于反复讲"之乎者也已焉哉"的词性及其用法所达到的效果。至于"死记硬背",说实话,在中小学甚至大学背诵一些古今中外的名篇名作,也是十分必要的。

所以,西方的流行方法我们应该学习,但也不必妄自菲薄,完全否定自己,传统的汉语教材与教学方式,更有许多值得我们汲取养分之处。

四

如何编写一部好的"大学国文"教材,也是我们近些年来一直调研与思考的问题。我们收集了三十多年来大陆近百种、台湾近二十种"大学语文(国文)"教材,进行了归类与总结;同时追溯了民国时期的一些教材,考察其有何特点与优长。我们发现,"民国范儿"并无特殊的高超之处,而近些年的教材也并非如人们评价的那样不堪,而是各有千秋,互有优劣。我们在反复比较与研核的基础上,决定借鉴古今优良传统来编写一部新教材。

我们将教材定名为《大学国文》,恢复民国旧称,并非是要回到民国,也不是取意学者所论"国文"才是"国家的文化"那样肃重,而是由于本书所选课文,不仅重文重语,还兼顾文化、学术与应用,重视写作训练的示范性、模拟性与实用性,冀望学生在学习过程中陶冶情操,培植本根,强调一种"大国文"的规模与气象。

在全书的单元编排上,我们尝试古今编纂方式的结合,既采用古人常用的文体分类,也吸收今人喜用的文章内容分类。大致而言,分为古代诗词,古代散文(含应用文)、小说、戏曲,现当代散文、小说、诗歌、戏剧,语言与现当代应用文四大类,基本上是以文体分类;在每一大类下,或按专题内容或按文体性质分为若干单元,单元内篇目大致可见典范性、传承性与系统性。同时,尽可能多地呈现中国语言、文学与文化的多样性,以及各类文体的丰富性。

在历代作者的选择上,避免把目光紧盯在国人熟识的某些名家大家身上,尽量做到每位作者只出现一次,尽可能多地介绍不同时代、不同类型、不同风格甚至相对不那么知名的作家与作品(全书中仅《诗经》出现三次、《汉书》两次、鲁迅作品两次),为同学们提供更多的作家面貌与作品信息。同时,在对近现代作家作品的选择上,我们对北大或有北大背景的作家作品有所偏爱,想来也是情有可原的吧。

在选文上,对于各类"大学语文"相关教材与中学语文课本中反复出现的名篇,虽不绝对回避,但一般不予收录(如张若虚《春江花月夜》,在我们收集的百种课本中重复收录达八十次以上),另为选篇,且不以世俗所谓"美文"为限,而是注重范文的真实性、文学性、学术性、示范性与应用性,同时避免给同学们以"高四语文课本"的感觉。

在选文篇目比例上,古代诗文与应用文部分占到全书篇目的三分之二以上,但就文字内容所占比重而言,现当代诗文与语言应用类文章又占到了一半以上。我们认为古代诗文为国文之根本,只有了解与学习一定数量的古诗文,才能更好地学习现当代诗文,并使自己的论文及应用文写作更为端雅洁美、文质兼备、有模有样。

每篇课文前皆有作者与内容介绍,力求简明扼要、通透别致。而文后注音释词,析解剖判,皆取其简略,不多引申,不滥发挥,少讲语法,略言背景,注重启发,点到为止。

每篇课文在注释后,摘有"集评",或数条,或一两条,是古代、现当代名家或课文编选者对课文内容的评价,从中可以看出不同时代、不同立场、不同角度下所体现出来的不同观点,对同学们理解与欣赏文本,会起到积极的导引与参考作用。

每篇课文后都附有思考题,题目不限于语言与文学,而是广泛涉及思想、学术、文化、教育与应用写作诸方面,以帮助同学们加深对课文的理解,拓宽思路,提高分析问题与解决问题的能力。

此外,每篇课文最末又附有"深度阅读"书目,推荐与课文相关的书籍与文章若干种(篇),多为名家名作,具有一定的权威性与影响力。学有余力或者有兴趣的同学,可以进行更深入的学习与探究。

在选文的断句、标点与分段等方面,我们并未完全依照所据的底本,而是根据目前规范的标点符号用法,做了一些修改与调整,原文中的错讹字与异体字等,也相应做了校改,以期更符合当代人的阅读习惯,也更符合作者原意和我们的编选意图。

归结而言,我们的初衷是:在选文方面,尽量多地照顾到作家、文体与内容,勾勒出"大国文"的基本框架;从历史的纵深性及各时代的横截面上,给学生一幅立体丰富、全面展示的图像。在今天的大学里,课程门类众多,课业极其繁重,大学生尤其是理工科学生很难在"大学国文"课程外更多地接触与学习国文。我们尽量多地选文,并不意味着教师必须在一门课中将这些课文全部讲完,而是希望让学生成为学习的主体,使他们一册在握,众妍毕见,诸体齐备,在课下阅读与体悟这些课文的过程中,逐渐提高国文能力与人文素养。

我们深知,本书也只不过是已经出版的上千种同类教材中的一种而已,其他教材的弊端,本书或多或少肯定也会有。我们也深知,要提高大学生的国文水平与人文素养,是一项极其艰难的工作,远不是一门"大学国文"课程所能解决的。但我们愿意积极投身其中,做出最大的努力,本书就是一个开始。

漆永祥
2014 年仲秋匆书于北大人文苑研究室
2019 年 3 月修改

一 古代诗词

千古情爱第一

蒹 葭
(《诗经·秦风》)

  《诗经》是我国古代第一部诗歌总集,共收作品三百零五篇。其中有不少是民间歌谣,也有一部分是贵族的创作,约在公元前6世纪中叶编纂成书。先秦时代通称为"诗"或"诗三百",直到汉代以后,这部总集成为儒家的经典,才称作《诗经》。《诗经》分为"风""雅""颂"三部分:"风",共有十五国风,为地方乐调,各国民谣。"雅"分大、小雅,是周代贵族所作的乐章。"大雅"多朝会燕享之作,"小雅"多个人抒情之作。"颂"为用于宗庙祭祀而兼有舞容的乐歌。现在的《诗经》是战国时期的毛亨和汉代的毛苌所传,因而又叫《毛诗》。另有齐、鲁、韩三家诗,已亡佚。唐孔颖达主持编纂有《毛诗正义》,宋朱熹有《诗集传》,都是研究《诗经》的重要著作。

  《蒹葭》是《秦风》中的一篇。关于这首诗的主题,历来意见分歧,大约有三种说法:一是"刺襄公"说,二是"招贤"说,三是"爱情"说。在艺术上,这首诗运用"兴"的手法。时间是秋霜时分,环境是长满蒹葭的水边,微风送来的寒气使清秋的晨景不是萧瑟而是美好,诗人于此伫立,徘徊,翘首,沉思,凝望。他心中的佳人,就在水的那一旁。相隔这汤汤的流水,相隔这如佳人一样柔细的流水,在诗人眼里,并没有隔成绝望,而是希望。万古情缘,只此一水,却生了多少诗篇,起了多少离情。只此四句,即有着无尽的美!

  本篇选自清阮元校刻《十三经注疏·毛诗正义》,中华书局1980年影印本。

  蒹葭苍苍,白露为霜①。所谓伊人,在水一方②。溯洄从之,道阻且长③。溯游从之,宛在水中央④。
  蒹葭凄凄,白露未晞。所谓伊人,在水之湄。溯洄从之,道阻且跻。溯游从之,宛在水中坻⑤。
  蒹葭采采,白露未已。所谓伊人,在水之涘。溯洄从之,道阻且右。溯游从之,宛在水中沚⑥。

【注释】

  ① 蒹葭(jiānjiā):泛指芦荻、芦苇。苍苍:茂盛的样子。 ② 伊人:那人,那个人。在

水一方:在水的另一边。方,边。　③溯(sù)洄:逆流而上。　④溯游:顺流而涉。宛:宛然,好像。水中央,犹言水之旁。与下二章"水中坻""水中沚"同义。你沿着顺流而下去寻找,那个人呀,却仿佛被水深深地围着,又像是漂在水面上,你越走近她呀,她越隐现无定,让你追慕,可望而不可即。　⑤凄凄:同"萋萋",茂盛。晞:干。湄:水草交际处。跻(jī):登上高处。坻(chí):水中高地。　⑥采采:众多,与"苍苍""凄凄"义同。涘(sì):水边。右:迂曲。沚(zhǐ):水中小洲。

【集评】

　　溯洄,溯游,既无其事;在水一方,亦无其人。诗人盖感时抚景,忽焉有怀,而托言于一方,以写其牢骚悒郁之意。宋玉赋:"廓落兮羁旅而无友生,惆怅兮而私自怜。"即此意也。婉转数言,烟波万里。《秋兴赋》《山鬼》伎俩耳。([明]戴君恩《读风臆评》,吴文治主编《明诗话全编》第六册,江苏古籍出版社1997年版,第6815页。)

　　《蒹葭》,惜招隐难致也。此诗在《秦风》中,气味绝不相类。以好战乐斗之邦,忽遇高超远举之作,可谓鹤立鸡群,傫然自异者矣。……盖秦处周地,不能用周礼。周之贤臣遗老,隐处水滨,不肯出仕。诗人惜之,托为招隐,作此见志。一为贤惜,一为世望。……玩其词,虽若可望不可即;味其意,实求之而不远,思之而即至者。特无心以求之,则其人倜乎远矣。

　　又,三章只一意,特换韵耳。其实首章已成绝唱。古人作诗多一意化为三叠,所谓一唱三叹,佳者多有余音;此则兴尽首章,不可不知也。([清]方玉润撰、李先耕点校《诗经原始》卷七,中华书局1986年版,第273页。)

　　《诗·蒹葭》一篇,最得风人深致。(王国维撰、徐调孚校注《校注人间词话》,中华书局2003年版,第11页。)

【思考题】

1. 运用《蒹葭》诗的兴象写法,作一诗送给意中人。
2. 评价邓丽君《在水一方》。

【深度阅读】

1. [宋]朱熹集注《诗集传》,上海古籍出版社1980年版。
2. [清]马瑞辰撰、陈金生点校《毛诗传笺通释》,中华书局1989年版。
3. 余冠英注译《诗经选》,人民文学出版社1979年版。
4. 程俊英、蒋见元著《诗经注析》,中华书局1991年版。

锦 瑟
李商隐

李商隐(812—858),字义山,号玉谿生,唐怀州河内(今河南沁阳)人。少时为令狐楚所赏识。又因令狐绹开成二年(837)中进士。后入泾原节度使王茂元幕府,并做了他的女婿。时牛(牛僧孺)、李(李德裕)党争激烈。王茂元属李党,令狐绹属牛党,李商隐在两党之间无以自处,只得依附于各地节度使,在他们的幕府中做书记一类的小官谋生,终身不得志。有《李义山诗文集》《樊南文集补编》等行世。事见《旧唐书》卷一九〇、《新唐书》卷二〇三本传。

《锦瑟》解者聚讼纷纷,莫衷一是。兹综合众说,间附己见,略释之曰:就全诗而言,似为义山临老自伤之作。首联以锦瑟发端,喻行年无端将近五十,言及往事,大有不堪回首之痛。颔联追悼王氏,以庄子鼓盆之事,举庄子蝴蝶以自比。悼亡后因应柳仲郢东蜀之辟,故以望帝句,申一己之恨。颈联一指卫公(李德裕)毅魄已与珠海同枯(卫公贬珠崖而卒);一言令狐绹相业方如玉田不冷。结句合言之,不待今日追忆惘然自失,即在当时已如此也。韩致光《五更诗》云:"光景旋消惆怅在,一生赢得是凄凉。"即此意。中四句迷离惝恍,"庄生"句,适也;"望帝"句,怨也;"沧海"句,清也;"蓝田"句,中也。一篇之中,曲尽其意,史称其瑰迈奇古,信然。

本篇选自刘学锴、余恕诚集解《李商隐诗歌集解》,中华书局2004年版。

> 锦瑟无端五十弦,一弦一柱思华年①。
> 庄生晓梦迷蝴蝶②,望帝春心托杜鹃③。
> 沧海月明珠有泪,蓝田日暖玉生烟④。
> 此情可待成追忆,只是当时已惘然⑤。

【注释】

① "锦瑟"二句:李商隐另有句"锦瑟惊弦破梦频""雨打湘灵五十弦"。无端:没有来由。历代解义山诗者,多以此诗为晚年之作。李商隐妻子故去,古人把夫妻比作琴瑟,妻子死了就是断弦,所以二十五根弦断后变为五十弦。　② "庄生"句:引庄周梦蝶故事,言人生如梦,令人怅惘。　③ "望帝"句:引望帝故事,言死生变化所引起的悲痛。事见《华阳国志·蜀志》。　④ "沧海"二句:引入另一意象世界,拟议形容往事的悲痛以及悲痛后的怅

惘。《博物志》:"南海外有鲛人,水居如鱼,不废绩织,其眼泣则能出珠。"《搜神记》载,吴王夫差小女紫玉和童子韩重相爱,终无成,气郁而绝。后来韩重到她墓前吊祭,紫玉显形,当韩重想拥抱她时,便像烟一样地消失了。意象世界哀而不伤,丽而不艳,是明亮的,而不阴暗,是温暖的,而不孤寒,是心灵的意象化。这个意象世界与现实情感世界是一致的,这是设喻取譬的根基。至于此意象究竟言说了什么,诗人似乎意不在此。诗人的发现,就是面对人生许许多多的情感众相,成功地以另一意象世界形容之,从而获得独特的审美意味和精神体验。　⑤"此情"二句:是说如此情怀,岂待今朝追忆始感其无穷怅恨耶? 即在当时,早已是令人不堪惘然惆怅的了。

【集评】

　　王荆公晚年亦喜称义山诗,以为唐人知学老杜而得其藩篱者,唯义山一人而已。([宋]蔡宽夫《蔡宽夫诗话》,中华书局2007年版,第152页。)

　　义山之诗,乃风人之绪音,屈、宋之遗响,盖得子美之深而变出之者也。岂徒以征事奥博,撷采妍华,与飞卿、柯古争霸一时哉! ([清]朱鹤龄撰、虞思徵点校《愚菴小集》卷七《笺注李义山诗集序》,华东师范大学出版社2010年版,第142页。)

　　玉溪《锦瑟》一篇,解者纷纷,总属臆见。余幼时好读此公诗,确有悟入,觅解人甚少,今试与群公言之:如此一首诗全在起句"无端"二字,通体妙处,俱从此出。意云:锦瑟一弦一柱,已足令人怅望年华,而锦瑟不知何故有此许多弦柱,令人怅望不尽;全似埋怨锦瑟无端有此弦柱,遂致无端有此怅望。即达若庄生,亦迷晓梦。魂为杜宇,犹托春心;沧海珠光,无非是泪;蓝田玉气,恍若生烟。触此情怀,垂垂追溯,当时种种,尽付惘然。对锦瑟而兴悲,叹无端而感切。如此体会,则诗神、诗旨,跃然纸上。([清]薛雪撰、林维沫校注《一瓢诗话》,人民文学出版社2006年版,第101页。)

　　此为全集压卷之作,解者纷纷:或谓寓意令狐青衣,或谓悼亡,迄不得其真象。惟何义门云:"此篇乃自伤之词,骚人所谓美人迟暮也。"其说近似。盖首句谓行年无端,将近五十。"庄生晓梦",状时局之变迁;"望帝春心",叹文章之空托,而悼亡斥外之痛,皆于言外包之。"沧海""蓝田"二句,则谓卫公毅魄久已与珠海同枯,令狐相业方且如玉田不冷。卫公贬珠崖而卒,而令狐秉钧赫赫,用"蓝田"喻之,即"节彼南山"之意也。结言此种遭际,思之真为可痛,而当日为人颠倒,实惘然若堕五里梦中耳,所谓"一弦一柱思年华"也,隐然为一部诗集作解。疑义山题此以冠卷首,后人因之,故诸本皆首此篇也。([清]张采田《玉谿生年谱会笺》卷四,上海古籍出版社2010年版,第199页。)

【思考题】

1. 义山诗歌千古传颂,魅力何在?

2. 李商隐律诗师法杜甫,比如中四句的炼意遣言。结合无题诗或相关诗歌,谈谈作者是如何"惨淡经营"七律中间四句的。

3. 结合李商隐的气质、政治生涯和时代环境等,说明李商隐独特的言说方式的意义。这种言说方式何以成为经典?

【深度阅读】

1. [唐]李商隐撰、[清]冯浩笺注《玉谿生诗集笺注》,上海古籍出版社1979年版。

2. 刘学锴、余恕诚选注《李商隐诗选》,人民文学出版社1986年版。

3. 刘学锴等编《李商隐资料汇编》,中华书局2001年版。

4. 徐复观《环绕李义山〈锦瑟〉诗的诸问题》,《中国文学精神》,上海书店2004年版。

鹊桥仙
秦 观

秦观(1049—1100),字少游,自号淮海居士,北宋扬州高邮(今江苏高邮)人。宋神宗元丰八年(1085)进士,曾任秘书省正字、蔡州教授、国史院编修官等职。后来新党章惇诸人当政,打击元祐党人,他先后贬官处州、柳州、雷州等南方边远地区。徽宗时放还,死于途中。有《淮海集》四十卷、《淮海词》等传世。事见《宋史》卷四四四本传。

秦观以词名,亦能诗,是"苏门四弟子"之一。词作题材以爱恋及失意文人的哀怨为主,辞丽精巧而伤纤弱,是北宋婉约派代表词人之一。《鹊桥仙》这首词上片言牛郎织女相会之难,然一旦相会,则作良辰美景、金风玉露,为人间所未有,胜过世间长相厮守的夫妻。下片写依依惜别之情,若是两情至死不渝,又何必贪求卿卿我我的朝欢暮乐!作者歌颂的是天长地久的忠贞爱情。写景、抒情与议论融为一体,意境新颖。

本篇选自周义敢等编注《秦观集编年校注》,人民文学出版社2001年版。

纤云弄巧,飞星传恨①,银汉迢迢暗度②。金风玉露一相逢③,便胜却人间无数。　　柔情似水,佳期如梦,忍顾鹊桥归路④。两情若是久长时,又岂在朝朝暮暮⑤?

【注释】

①"纤云"二句:对偶。纤云弄巧:把初秋的云和织女的"巧"联系起来想象,是说纤薄的云彩,变化无端,编织成细巧的花样。飞星:流星。传恨:传递阻隔而不能会面的离恨。②银汉:星河。迢迢:遥远。暗度:悄悄渡过。此句与前二句合看,夜景如此之美好,而天上人间的爱情相期却如此之难,以美景写哀情,增一倍之哀情也。③"金风"句:七夕相会。李商隐《辛未七夕》:"由来碧落银河畔,可要金风玉露时。"金风:秋风。玉露:白露。唐太宗《秋日》:"菊散金风起,荷疏玉露圆。"④忍顾:离别是长的,感情是深的,会面是短暂的,这就逼出"怎忍"句来:怎么忍心去看要往回走的那条路呢?不说不忍走,只说不忍看,意蕴深厚。若言"忍向鹊桥归路",就弱多了。⑤朝朝暮暮:指朝夕相聚。语出宋玉《高唐赋》。这两句一反同题材诗作的分居落寞,歌颂天长地久的忠贞爱情,推陈出新,难能可贵。

【集评】

秦少游词,体制淡雅,气骨不衰,清丽中不断意脉,咀嚼无滓,久而知味。([宋]张炎撰、夏承焘校注《词源注》,人民文学出版社1998年版,第31页。)

"有情芍药含春泪,无力蔷薇卧晚枝。"拈出退之山石句,始知渠是女郎诗。([金]元好问撰、狄宝心校注《元好问诗编年校注》卷一《论诗绝句》其二十四,中华书局2011年版,第67页。)

【思考题】

历代写牛郎织女故事、表现人间悲欢离合的作品很多,如《古诗十九首》中的《迢迢牵牛星》、曹丕的《燕歌行》、李商隐的《辛未七夕》等,宋代欧阳修、柳永、苏轼、张先、秦观等亦皆有吟咏之作,请比较这类作品的艺术表现。

【深度阅读】

1. [宋]秦观撰、陈祖美选注《淮海词》,浙江古籍出版社1987年版。

2. [宋]秦观撰、周义敢等编注《秦观集编年校注》,人民文学出版社2001年版。

3. [宋]秦观撰、徐培均笺注《淮海集笺注》,上海古籍出版社1994年版。

4. 叶嘉莹《北宋名家词选讲》,北京大学出版社2007年版。

摸鱼儿·雁丘词
元好问

　　元好问(1190—1257),字裕之,号遗山,太原秀容(今山西忻县)人。金宣宗兴定五年(1221)进士。历任镇平、内乡县令与吏部主事、左司员外郎诸职。金亡后不仕,往来真定、东平、燕京、汴京等地,致力于金代史料的搜集。著有《元遗山诗集》《遗山乐府》等。事见《金史》卷一二六本传。

　　元好问是金代著名的文学家,诗的成就最高。其诗风格多样,有陶渊明的清新自然、杜甫的悲凉沉郁,也有苏轼的旷达奔放,具有鲜明的时代特征。清人顾嗣立称赞其"蔚为一代宗工,以文章独步者几三十年"(《元诗选》)。

　　《摸鱼儿》写于作者十六岁。于大雁殉情而死,作者能感之,既而能写之。感之深,想象之辞丽,令人动容。写雁之相依相伴,雁之离别,雁之投于地而死,又以己身设身雁境,想象那万里层云、千山暮景,孤单地寻行,不禁有"只影为谁去"的质问。竟为谁去? 为的是雁类的忠诚而去。写"雁丘"的荒凉,千秋万古,冀望像他这样的能感者睹雁丘而狂歌痛饮。元好问是豪放派作家,题材广阔,但从他这首"雁丘词"来看,其疏快之外,尽有绵绵的深婉之情。此少年之作,是少年的多感,少年的风流,少年的悲怜。大凡历史不朽之人,盖其能感寻常人不易感、不能感之事物,发大愿慈悲,或感于少年,或发露于人生之践履。读元好问此词,其易感人者莫大于此。

　　本篇选自施国祁注《元遗山诗集笺注》,人民文学出版社1958年版。

　　乙丑岁赴试并州①,道逢捕雁者云:"今旦获一雁,杀之矣。其脱网者悲鸣不能去,竟自投于地而死。"予因买得之,葬之汾水②之上,垒石为识③,号曰"雁丘"。同行者多为赋诗,予亦有《雁丘词》。旧所作无宫商④,今改定之。

　　问世间,情是何物,直教生死相许⑤? 天南地北双飞客,老翅几回寒暑⑥。欢乐趣,离别苦,就中更有痴儿女⑦。君应有语:渺万里层云,千山暮雪,只影向谁去⑧!　　横汾路,寂寞当年箫鼓,荒烟依旧平楚⑨。招魂楚些何嗟及,山鬼暗啼风雨⑩。天也妒,未信与,莺儿燕子俱黄土⑪。千秋万古,为留待骚人⑫,狂歌痛饮,来访雁丘处。

【注释】

① 乙丑:金章宗泰和五年(1205)。并州:今山西太原市。　② 汾水:水名,黄河支流。③ 识:标志。　④ 无宫商:不协音律。　⑤ "问世间"三句:为自投于地而死之雁悲伤,既哀其殉情,复颂其高洁。词以此开篇,断气回肠。这里"情"的内涵要宽广得多,指的是万物皆具的情。将其理解为爱情的诗篇,是狭义化了的。　⑥ 双飞客:指雁。雁结伴而飞。几回:多少回,言次数之多。　⑦ 痴儿女:喻雁。　⑧ "君应有语"四句:词人哀之深,故发想象之词。渺:高远。只影:孤单一个。向谁去:与谁归去。　⑨ "横汾路"三句:雁葬之处。汉武帝《秋风辞》云:"泛楼船兮济汾河,横中流兮扬素波。"李峤《汾阴行》:"不见只今汾水上,唯有年年秋雁飞。"此地曾是汉武帝巡游之地,乐鼓之声已成绝响,现在只剩荒漠平林。楚:丛木。　⑩ "招魂"二句:雁死不能复生,山鬼枉自哀啼。招魂楚些:《楚辞》有《招魂》,句尾用"些"(suò)字,故言"楚些"。　⑪ "天也妒"三句:只雁殉情,遭天忌妒,这是词人情感的投射。相比莺儿和燕子身埋黄土,雁死则通乎人情,为人所殇,故云"未信与"。⑫ "千秋"四句:雁丘永远被诗人凭吊。

【集评】

元遗山以丝竹中年,遭遇国变,崔立采望,勒授要职,非其意指。卒以抗节不仕,憔悴南冠二十余稔。神州陆沉之痛,铜驼荆棘之伤,往往寄托于词。《鹧鸪天》三十七阕,泰半晚年手笔。其《赋隆得故宫》及《宫体八首》《薄命妾辞》诸作,蓄艳其外,醇至其内,极往复低徊、掩抑零乱之致。而其苦衷之万不得已,大都流露于不自知。此等词宋名家如辛稼轩固尝有之,而犹不能若是其多也。遗山之词,亦浑雅,亦博大,有骨干,有气象。以比坡公,得其厚矣,而雄不逮焉者。豪而后能雄,遗山所处不能豪,尤不忍豪。牟端明《金缕曲》云:"扑面胡尘浑未归,强欢讴,还肯轩昂否?"知此,可与论遗山矣。设遗山虽坎坷,犹得与坡公同,则其词之所造,容或尚不止此。……晚岁鼎镬余生,栖迟零落,兴会何能飙举。知人论世,以谓遗山即金之坡公,何遽有愧色耶。充类言之:坡公不过逐臣,遗山则遗臣孤臣也。([清]况周颐撰、王幼安校订《蕙风词话》卷三,人民文学出版社1982年版,第65页。)

忆少时读遗山诗,虽不尽悉其身世,然往往悲凉感激,潸然欲泣。及读诸家年谱,参之金元史籍,始知遗山之诗,国势人心有可为恸哭流涕者。诗人忧愤,无裨陆沉,其感人者深,而遭逢亦可痛矣。金自大定明昌以还,文风蔚起,遂于末造,笃生遗山,卓为一代宗匠。其诗嗣响子美,方轨放翁,古文浑雅,乐府疏快,国亡以文献自任,所著《壬辰杂编》虽失传,而元人纂修《金史》,多本其书,故独称雅正。诗文史学,萃于一身,非第元明之后无与颉颃,两汉以来,固不数数观也。此所以后人撰谱笺诗景仰不绝欤?(缪钺《元遗山年谱汇纂·序例》,《缪钺全集》第一卷,河北教育出版社2004年版,第561页。)

【思考题】

阅读杜甫咏物诗、元好问《摸鱼儿·雁丘词》、林黛玉《葬花词》,玩味其感之也深、触类也广,行之以日月,养成深情忠厚之气度。

【深度阅读】

1. 夏敬观选注《元好问诗》,上海商务印书馆1940年版。
2. [金]元好问撰、赵永源校注《遗山乐府校注》,凤凰出版社2006年版。
3. [清]浦起龙撰、王志庚点校《读杜心解》,中华书局1961年版。

长相思
纳兰性德

纳兰性德(1654—1685),字容若,满洲正白旗人。大学士明珠子。康熙十五年(1676)进士,官一等侍卫。其词师承李煜、晏几道,兼有陈维崧的雄浑、朱彝尊的清丽,而以自然真率、婉约清新见长。清初徐乾学评价"清新隽秀,自然超逸"。但取材不够阔大,有时写得过于哀伤,以小令见长,主要写离别、相思等个人的生活感受。有《饮水词》。事见《清史稿》卷四八四本传。

纳兰性德在康熙二十一年(1682)三月随皇帝东巡,出山海关。上片写白天行军晚上扎营,下片写思归之情,取境恢宏豪宕,情绪纤细婉曲。"夜深千帐灯"句,新颖豪放,具千古壮观,深受王国维赞赏。

本篇选自纳兰性德撰、赵秀亭、冯统一笺校《饮水词笺校》,中华书局2011年版。

山一程,水一程,身向榆关那畔行①。夜深千帐灯。　　风一更,雪一更②,聒碎乡心梦不成③。故园无此声④。

【注释】

① 榆关:山海关。山海关在河北省临榆县,故称榆关。那畔:边头。　② "风一更"二句:风雪整夜下个不停。更:计时单位。每夜五更,一更约两个小时。　③ 聒(guō):指风雪声的嘈杂。　④ 故园:作者的居住地北京。

【集评】

纳兰容若为国初第一词人。

又慨自容若而后,数十年间,词格愈趋愈下。东南操觚之士,往往高语清空,而所得者薄;力求新艳,而其病也尖。微特距两宋若霄壤,甚且为元明之罪人。筝琶竞其繁响,兰荃为之不芳,岂容若所及料者哉!([清]况周颐撰、王幼安校订《蕙风词话》卷三,人民文学出版社1982年版,第121—122页。)

"明月照积雪""大江流日夜""中天悬明月""长河落日圆",此种境界,可谓千古壮观。求之于词,唯纳兰性德塞上之作,如《长相思》之"夜深千帐灯",《如梦令》之"万帐穹庐人醉,星影摇摇欲坠"差近之。(王国维撰、徐调孚校注《校注人间词话》,中华书局2003年版,第27页。)

【思考题】

王国维《人间词话》称"夜深千帐灯"是"千古壮观"。你如何看?

【深度阅读】

1. [清]纳兰性德撰,赵秀亭、冯统一笺校《饮水词笺校》,中华书局2005年版。
2. 黄天骥《纳兰性德和他的词》,广东人民出版社1983年版。
3. 叶嘉莹《清代名家词选讲》,北京大学出版社2007年版。

山水田园第二

七　月

（《诗经·豳风》）

《七月》属于《诗经》十五“国风”中的《豳风》，豳在今陕西省彬县一带。全诗篇幅较长，反映了西周时期人们生活与劳作的基本状态，是当时社会的缩影。历代官方或儒家学者以为，《七月》是一首“陈王业”的颂歌，今人多认为是反映奴隶主剥削奴隶的诗歌。《汉书·地理志》谓“《豳诗》言农桑衣食之本甚备”。全诗涉及的动植物与农业劳动场面，丰富杂陈，热烈感人，是一部田园史诗。诗中把一年里的各种劳动按不同季节分叙在八章中，后世《四季调》《十二月调》一类民歌即从此化出。其写作手法与叙事结构，给了后人诗歌创作无尽的启迪，是田园诗的始祖与代表作。

本篇选自清阮元校刻《十三经注疏·毛诗正义》，中华书局 1980 年影印本。

七月流火①，九月授衣。一之日觱发②，二之日栗烈③。无衣无褐④，何以卒岁⑤？三之日于耜⑥，四之日举趾⑦。同我妇子，馌彼南亩⑧，田畯至喜⑨。

七月流火，九月授衣。春日载阳⑩，有鸣仓庚⑪。女执懿筐⑫，遵彼微行⑬，爰求柔桑⑭。春日迟迟⑮，采蘩祁祁⑯。女心伤悲，殆及公子同归⑰。

七月流火，八月萑苇⑱。蚕月条桑⑲，取彼斧斨⑳，以伐远扬㉑，猗彼女桑㉒。七月鸣鵙㉓，八月载绩㉔。载玄载黄㉕，我朱孔阳㉖，为公子裳。

四月秀葽㉗，五月鸣蜩㉘。八月其获㉙，十月陨萚㉚。一之日于貉㉛，取彼狐狸，为公子裘。二之日其同㉜，载缵武功㉝，言私其豵，献豜于公㉞。

五月斯螽动股，六月莎鸡振羽㉟。七月在野，八月在宇，九月在户，十月蟋蟀入我床下。穹窒熏鼠㊱，塞向墐户㊲。嗟我妇子，曰为改岁，入此室处。

六月食郁及薁㊳，七月亨葵及菽㊴，八月剥枣㊵，十月获稻，为此春酒㊶，以介眉寿㊷。七月食瓜㊸，八月断壶㊹，九月叔苴㊺。采荼薪樗㊻，食我农夫㊼。

九月筑场圃㊽，十月纳禾稼㊾。黍稷重穋㊿，禾麻菽麦(51)。嗟我农夫，我稼既同(52)，上入执宫功(53)。昼尔于茅(54)，宵尔索绹(55)。亟其乘屋(56)，其始播百谷。

二之日凿冰冲冲㊷,三之日纳于凌阴㊸,四之日其蚤㊹,献羔祭韭㊺。九月肃霜,十月涤场㊻。朋酒斯飨㊼,曰杀羔羊。跻彼公堂㊽,称彼兕觥㊾,万寿无疆㊿!

【注释】

① 七月:夏朝历法的七月。火:即"大火"星,心宿二。流:下,下降。《毛传》:"九月霜始降,妇功成,可以授冬衣矣。"清顾炎武《日知录》:"三代以上,人人皆知天文。'七月流火',农夫之辞也;'三星在天',妇人之语也;'月离于毕',戍卒之作也;'龙尾伏辰',儿童之谣也。后世文人学士,有问之茫然不知者矣。" ② 一之日:指周历一月,即夏历十一月。按一之日、二之日,即十一月、十二月,犹"十有一月之日""十有二月之日",而简省其文。朱熹:"变月言日,言是月之日也。后凡言日者仿此。"觱发(bì bō):寒冷的样子。一说大风触物的响声。 ③ 栗烈:亦作溧冽、凛冽,寒气。栗烈是寒气凛冽,觱发为寒风呼啸。 ④ 褐(hè):毛布。原指毛织衣,后又通指粗布衣。 ⑤ 何以:以何,用什么、拿什么。卒:终。 ⑥ 三之日:夏历一月(正月),下文"四之日"指夏历二月。于耜(sì):朱熹《诗集传》:"于,往也;耜,田器也。于耜,言往修田器也。"耜,即耒耜,先秦时期的主要农耕工具。 ⑦ 举趾:朱熹:"举足而耕也。" ⑧ 馌(yè):送饭。南亩:田地。 ⑨ 田畯(jùn):田官、监工的农官或管家。 ⑩ 载:开始。《诗集传》:"阳,暖和也。" ⑪ 仓庚:即黄鹂,亦名黄莺。 ⑫ 《毛传》:"懿筐,深筐也。" ⑬ 遵:顺着、沿着。《诗集传》:"微行,小径也。" ⑭ 爰:于是,在这里。 ⑮ 《毛传》:"迟迟,舒缓也。" ⑯ 蘩(fán):又名白蒿,所以生蚕。祁祁:众多。 ⑰ 《毛传》:"殆,始、及、与也。"殆,亦可解为只怕、只恐。公子,朱熹以为幽之子。一说为女公子。 ⑱ 萑(huán)苇:《诗集传》:"萑苇,即蒹葭也。"泛指芦苇、芦荻等。 ⑲ 蚕月:即三月。《诗集传》:"治桑之月。"条桑:即挑桑,挑拨而取之。 ⑳ 斧斨(qiāng):斧子。圆孔曰斧,方孔曰斨。 ㉑ 远扬:《诗集传》:"远枝扬起者也。" ㉒ 猗(yǐ):同掎,牵引、牵拉。用手牵引桑枝而摘它的嫩叶。女桑:柔嫩桑叶。 ㉓ 鵙(jú):鸟名,又称伯劳。 ㉔ 载:开始。《毛传》:"载绩,丝事毕而麻事起矣。" ㉕ 载玄载黄:又玄又黄。玄,赤黑、黑红色。 ㉖ 朱:大红色。孔阳:很鲜明。 ㉗ 秀:禾类植物开花抽穗,故称麦秀、草秀。葽(yāo):植物名,今名远志。 ㉘ 蜩(tiáo):蝉。本诗中蜩,与下文所指斯螽(zhōng)、莎(suō)鸡、蟋蟀,都是昆虫。 ㉙ 获:《诗集传》:"获,禾之早者可获也。"指收获早熟作物。 ㉚ 陨:坠。萚(tuò):落叶。指收获晚熟作物。 ㉛ 貉(hè):程俊英以为"似狐而较胖,尾较短,亦称狗獾"。 ㉜ 同:会同、集合。 ㉝ 载:则。缵(zuǎn):继续。武功:田猎之事,或曰练习战事。 ㉞ 豵(zòng)、豜(jiān):《毛传》:"豕一岁曰豵,三岁曰豜。大兽公之,小兽私之。" ㉟ 动股、振羽:形容鸣叫的动作与声音。《诗集传》:"斯螽、莎鸡、蟋蟀,一物随时变化而异其名。暑则在野,寒则依人。"范处义:"自七月至十月皆记蟋蟀一物,此古文之一体也。此物孟秋犹在草野,仲秋即入人檐宇,季秋犹飞走户庭,孟冬即韬伏床下。视微物犹尔,则居民宜以此时葺治屋室。" ㊱ 穹窒(qióng zhì):即窒穹,塞住破洞。窒,塞、塞住。范处义:"穹空则室实之,鼠穴则熏出之。" ㊲ 向:朝北的窗户。墐

(jìn):涂也。即用泥裹涂。《诗集传》:"庶人荜户,冬则涂之。" ㊳ 郁:又称郁李、爵李。薁(yù):又称山葡萄、野葡萄。 ㊴ 亨:同烹,烹煮。葵:冬葵。菽:大豆,此为豆类总称。㊵ 剥(pū):击。扑枣,犹言打枣。 ㊶ 春酒:浊酒,亦称春醪。冬酿春成,故称春酒。㊷ 以介眉寿:《诗集传》:"介,助也。介眉寿者,颂祷之辞也。"《毛传》:"寿眉,豪眉也。"㊸ 瓜:苦瓜。 ㊹ 壶:瓠、葫芦。 ㊺ 叔:拾、捡拾。苴(jū):《毛传》:"麻子也。" ㊻ 荼(tú):《诗集传》:"苦菜也。"薪樗(chū):以樗为薪。樗:俗名臭椿。 ㊼ 食(sì):饷,以食物与人。 ㊽ 场圃:打谷场与菜园。 ㊾ 纳:收、收藏。此指搬运庄稼入场,或打完粮食收藏到仓库。 ㊿ 黍稷(shǔ jì):农作物之名。一说,黍,小米;稷,高粱。重穋(tóng lù):重,同"穜"。《毛传》:"后熟曰重,先熟曰穋。" (51) 禾:小米,一说指谷子。 (52) 既同:《郑笺》:"既同,言已聚也。"同:聚集、集中。 (53) 功:《诗集传》:"功,葺治之事也。"指为贵族修葺建筑等事。 (54) 于茅:割茅草。于:取、割。 (55) 索绹(táo):搓绳子。绹:绳索、绳子。(56) 乘屋:登上屋顶。乘:升、登。 (57) 冲冲:凿冰的声音。拟声词,犹言"嗵嗵"。 (58) 凌阴:冰室、冰窖。凌:冰。阴:同窨(yìn),地窖。 (59) 蚤:同"早"。 (60) 献羔祭韭:献上羔羊,祭以韭菜,春令开冰之仪。上古藏冰与取冰都要祭祀。 (61) "九月"二句:《诗集传》:"肃霜,气肃而霜降也;涤场者,农事毕而扫场地也。"王国维以为,肃霜,即肃爽,指秋天天高气爽。 (62) 朋酒:两壶酒、两坛酒。斯:复指酒。 (63) 跻(jī):登、登上。《毛传》:"公堂,学校也。"或曰即豳公之堂,或贵族厅堂。 (64) 称:端起、举起。兕觥(sì gōng):用犀牛角制的大酒杯,亦称角爵。 (65) 万寿:高寿、长寿。无疆:无尽、无限。疆:竟。

【集评】

鸟语虫鸣,草荣木实,似《月令》;妇子入室,茅绹升屋,似风俗书;流火寒风,似《五行志》;养老慈幼,跻堂称觥,似庠序礼;田官染职,狩猎藏冰,祭献执功,似国家典制书。其中又似《采桑图》《田家乐图》《食谱》《谷谱》《酒经》。一诗之中,无不具备。洵天下之至文也。([清]姚际恒撰、顾颉刚点校《诗经通论》卷八,中华书局 1958 年版,第 164 页。)

《七月》为诗,八十八句,一句一事,如化工之范物,如列星之丽天,读者但觉其醇古渊永,而不见繁重琐碎之迹。中间有诰诫,有问答,有民情,有闺思,波澜顿挫,如风行水面,纯任自然。([清]陈仅《诗诵》卷二,清光绪十四年四明文则楼木活字本,第廿七页。)

今玩其辞,有朴拙处,有疏落处,有风华处,有典核处,有萧散处,有精致处,有凄婉处,有山野处,有真诚处,有华贵处,有悠扬处,有庄重处。无体不备,有美必臻。([清]方玉润撰、李先耕点校《诗经原始》卷八,中华书局 1986 年版,第 306—307 页。)

【思考题】

1. 自汉以来古代学者认为本诗是一首"陈王业"的诗歌,而今人多认为是周代奴隶们唱的反映奴隶主剥削奴隶的农事歌。你如何看?

2. 本诗被称为中国田园诗之祖,从创作手法到写景叙事,都对后世田园诗产生了极大的影响,历代还有不少《豳风图》描绘其景,试探其根而溯其源。

3. 本诗是一部反映周代豳人农业生产、衣食住行、天文历法、百工诸行等的百科全书式史诗。试结合全诗,体会孔子所谓"小子何莫学夫诗?诗可以兴,可以观,可以群,可以怨。迩之事父,远之事君;多识于鸟兽草木之名"的著名诗论。

【深度阅读】

1. 余冠英选译《诗经选》,人民文学出版社1979年版。
2. 褚斌杰注《诗经全注》,人民文学出版社1999年版。

归园田居(选二首)
陶渊明

陶渊明(约365—427),字元亮,晚年又名潜,号"五柳先生",谥"靖节",晋浔阳柴桑(今江西九江)人。少怀高尚,博学善属文,颖脱不羁,任真自得,为乡邻所贵。曾任江州祭酒、建威参军、镇军参军、彭泽令等,旋弃官归隐而终。其文章不群,辞采精拔,跌宕昭彰,独超众类,抑扬爽朗,莫之与京。有《陶渊明集》行世。《晋书》卷九四、《宋书》卷九三、《南史》卷七五皆有传。

《归园田居》共五首,作于陶渊明辞彭泽令归隐园的次年(406),时年四十二岁。这组诗描写了诗人归田后的解脱与欢愉心情,绘画出和怡自然的农村景致。诗人提倡躬耕,亲自实践,自食其力,自得其乐。诗中所叙写的不过是平常事物,如村舍、鸡犬、豆苗、桑麻、晨露、杂草等,但在诗人笔下,却不待安排,自然流出,清新别致,纯朴无华,给人以美的享受。

本篇选自袁行霈笺注《陶渊明集笺注》卷二,中华书局2003年版。

其一

少无适俗愿①,性本爱丘山。误落尘网中,一去三十年②。羁鸟恋旧林,池鱼思故渊。开荒南野际,守拙归园田。方宅十余亩,草屋八九间。榆柳荫后檐,桃李罗堂前。暧暧远人村③,依依墟里烟④。狗吠深巷中,鸡鸣桑树巅⑤。户庭无尘杂,虚室有余闲。久在樊笼里,复得返自然。

其三

种豆南山下,草盛豆苗稀。晨兴理荒秽⑥,带月荷锄归⑦。道狭草木长,夕露沾我衣。衣沾不足惜,但使愿无违⑧。

【注释】

① "愿"诸本多作"韵"。袁行霈注:"'韵'本指和谐之声音,引申为情趣、风度、风雅、气韵、神情,乃六朝习用语。……'韵'字乃褒义,或与有褒义之形容词相联。……而'愿'则偏于个人之希望,'适'亦是主观所取态度。下句'性本爱丘山'之'性',方为天然之本性也。上下两句分别从态度与本性两方面落笔,错落有致。《归园田居》其三:'衣沾不足惜,但使愿无违',此'愿'字与'少无适俗韵'之'愿'字相呼应。" ② 三十年:或曰当作"十三年",或曰当作"已十年"。 ③ 暧暧:昏暗迷蒙的样子。 ④ 依依:依稀可辨的样子。墟,村落。 ⑤ "狗吠"二句:汉乐府《鸡鸣》:"鸡鸣高树颠,犬吠深宫中。" ⑥ 荒秽:荒芜。此指田间杂草。 ⑦ 带:同"戴",披星戴月之意。 ⑧ 愿:指返归田园、隐居而终的意愿。

【集评】

诗本触物寓兴,吟咏情性,但能输为胸中所欲言,无有不佳,而世但役于组织雕镂,故语言虽工,而淡然无味。陶渊明直是倾倒所有,借书于手,初不自知为语言文字也,此其所以不可及。([宋]叶梦得《玉涧杂书》,《说郛》卷八,上海古籍出版社1988年版,第150页。)

东坡尝云:渊明诗初视若散缓,熟视有奇趣。如……"霭霭远人村,依依墟里烟。狗吠深巷中,鸡鸣桑树颠"。大率才高意远,则所寓得其妙,造语精到之至,遂能如此,似大匠运斤,不见斧凿之痕。([宋]惠洪撰、陈新点校《冷斋夜话》卷一,中华书局1985年版,第13页。)

古今尊陶,统归平淡。以平淡概陶,陶不得见也。析之以炼字炼章,字字奇奥,分合隐现,险峭多端,斯陶之手眼出矣。钟嵘品陶,徒曰隐逸之宗。以隐逸蔽陶,陶又不得见也。析之以忧时念乱,思扶晋衰,思抗晋禅,经济热肠,语藏本末,涌若海立,屹若剑飞,斯陶之心胆出矣。([明]黄文焕《陶诗析义自序》,北京大学、北京师范大学中文系师生编《陶渊明研究资料汇编》,中华书局1962年版,第152页。)

此诗纵横浩荡,汪茫溢满,而元气磅礴,大含细入,精气入而粗秽除,奄有汉、魏,包孕众胜,后来惟杜公有之。韩公较之,尤觉圭角镵露,其余不足论矣。([清]方东树撰、汪绍楹点校《昭昧詹言》卷四,人民文学出版社1961年版,第106页。)

有有我之境,有无我之境。……"采菊东篱下,悠然见南山","寒波澹澹起,白鸟悠悠下",无我之境也。有我之境,以我观物,故物皆著我之色彩;无我之境,以物观物,故不知何者为我,何者为物。古人为词,写有我之境者为多,然未始不能写无我之境,此在豪杰之士能自树立耳。(王国维撰、徐调孚校注《校注人间词话》,中华书局2003年版,第1页。)

【思考题】

1. 陶渊明诗被称为中国古代田园诗的代表作,你如何欣赏与理解陶诗。
2. 陶渊明被称为中国古代高风亮节的隐士代表,你如何看待与评价"隐士"现象。

【深度阅读】

1. 逯钦立校《陶渊明集》,中华书局1979年版。
2. 袁行霈笺注《陶渊明集笺注》,中华书局2003年版。
3. 钱志熙《陶渊明传》,中华书局2012年版。

田园乐(七首选五)
王 维

王维(701—761),字摩诘,唐蒲州(今山西永济)人。九岁知属辞,工草隶,娴音律,兼擅山水画。精通佛学,深明禅理,人称"诗佛"。开元九年(721)进士。先后任太乐丞、济州司仓参军、右拾遗、监察御史、给事中等。安史之乱中,玄宗西幸,王维扈从不及,为叛军俘虏,被迫任伪职。长安收复后,降为太子中允。后任尚书右丞,故世称王右丞。王维晚年虽在朝为官,但长期隐居在长安郊外蓝田的辋川别墅,过着究心禅理、寄情山水的生活。他的山水诗,创造出明净清丽、秀美空灵、意蕴深厚的独特风貌,代表着唐代山水诗艺术的最高水平。有《王右丞集》传世。事见《旧唐书》卷二〇二、《新唐书》卷一九〇本传。

《田园乐》是由七首六言绝句构成的组诗,一题作《辋川六言》,从不同的角度展示了辋川田园生活与自然景致。各首既独立成章,又是一个整体。诗中貌似描写辋川山居的风光,但着重点在于借摹山范水以明志,体现诗人内在精神世界与处世态度。

本组诗选自王维撰、陈铁民校注《王维集校注》卷五,中华书局1997年版。

其三
采菱渡头风急①,策杖村西日斜②。杏树坛边渔父③,桃花源里人家。

其四
萋萋芳草春绿④,落落长松夏寒⑤。牛羊自归村巷,童稚不识衣冠⑥。

其五
山下孤烟远村,天边独树高原。一瓢颜回陋巷⑦,五柳先生对门⑧。

其六
桃红复含宿雨⑨,柳绿更带春烟。花落家僮未扫,莺啼山客犹眠。

其七
酌酒会临泉水,抱琴好倚长松。南园露葵朝折,东谷黄粱夜舂⑩。

【注释】
① 菱:一年生水生草本植物,夏天开白色花。果实有硬壳,有角,可供食用。 ② 策杖:扶杖。 ③ "杏树"句:出《庄子·渔父》:"孔子游乎缁帷之林,休坐乎杏坛之上。弟子读书,孔子弦歌鼓琴。奏曲未半,有渔父者,下船而来,须眉交白,被发揄袂,行原以上,距陆而止,左手据膝,右手持颐以听。" ④ 萋萋:草木茂盛的样子。 ⑤ 落落:挺傲高大的样子。晋孙绰《游天台山赋》:"藉萋萋之织草,荫落落之长松。" ⑥ 衣冠:指缙绅、士大夫等的穿戴。 ⑦ 颜回:即颜渊,孔子弟子。《论语·雍也》:"贤哉回也,一箪食,一瓢饮,在陋巷,人不堪其忧,回也不改其乐。" ⑧ 五柳先生:指陶渊明。 ⑨ 宿(sù)雨:经夜的雨水。 ⑩ 舂(chōng):用杵臼等捣去谷物的皮壳。

【集评】
味摩诘之诗,诗中有画;观摩诘之画,画中有诗。([宋]苏轼撰、李之亮笺注《苏诗文集编年笺注》卷七《书摩诘〈蓝田烟雨图〉》,巴蜀书社2011年版,第593—594页。)

六言绝句,如王摩诘"桃红复含夜雨",及王荆公"杨柳鸣蜩绿暗"二诗,最为警绝,后难继者。近世惟杨诚斋《醉归》一章:"月在荔枝梢上,人行豆蔻花间。但觉胸吞碧海,不知身落南蛮。"雄健富丽,殆将及之。([宋]黄升《玉林诗话》,[宋]魏庆之撰、王仲闻点校《诗人玉屑》卷一九,中华书局2007年版,第603页。)

  王摩诘诗如初祖达摩过江说法,又如翠竹得风,天然而笑。([清]牟原相《小澥草堂杂论诗》,郭绍虞编选《清诗话续编》,上海古籍出版社1983年版,下册第913页。)

  或问六言诗法,予曰:王右丞"花落家僮未扫,莺啼山客犹眠",康伯可"啼鸟一声村晚,落花满地人归",此六言之式也。必如此自在谐协方妙,若稍有安排,只是减字七言绝耳,不如无作也。([清]潘德舆撰、朱德慈辑校《养一斋诗话》,中华书局2010年版,第88页。)

【思考题】

1. 除本课文外,你还读过其他的六言诗吗?
2. 你如何看古人"隐居终南"与"终南捷径"间的矛盾?

【深度阅读】

1. 陈铁民选注《王维孟浩然诗选》,中华书局2005年版。
2. 刘宁撰《王维孟浩然诗选评》,上海古籍出版社2012年版。

四时田园杂兴(六十首选十六)
范成大

  范成大(1126—1193),字致能,自号石湖居士,宋平江吴县(今江苏苏州)人。高宗绍兴二十四年(1154)进士。累官至广西经略安抚使、四川制置使、权礼部尚书、参知政事进资政殿学士等。因病辞归,隐居石湖而终。诗学江西诗派,但又继承白居易、王建、张籍等新乐府的现实主义精神,自成一家。诗风既清新婉峭,又隽伟奔逸,与陆游、杨万里、尤袤并称南宋"中兴四大诗人"。有《范石湖集》三十五卷及多种著述传世。事见《宋史》卷三八六本传。

  《田时田园杂兴》是范成大晚年田园诗的代表作,也是中古田园诗的巅峰之作。自来叙田家者,或叙田园风光,或写田家乐,或诉田家苦,或述归隐田亩之悠然情怀。范成大久居石湖,对耕作桑蚕之事了然于心,于农家喜怒哀乐感同身受。因此,他将田家景色、四时风俗、雨雪风雷、耘田绩麻、稻谷蔬果、粗茶淡饭、家畜野禽、老幼妇孺、邻里往来、官府重税等，一一描绘，景从自然，句同天籁，生动鲜活，亲切有味，毫不矫造，是同类诗的集大成之作。

本组诗选自范成大撰、富寿荪标校《范石湖集》卷二七，上海古籍出版社1981年版。

淳熙丙午①，沉疴少纾②，复至石湖旧隐。野外即事，辄书一绝。终岁得六十篇，号《四时田园杂兴》。

土膏欲动雨频催③，万草千花一饷开。舍后荒畦犹绿秀，邻家鞭笋过墙来④。

社下烧钱鼓似雷，日斜扶得醉翁回⑤。青枝满地花狼藉，知是儿孙斗草来⑥。（以上为春日田园杂兴十二首选二）

三旬蚕忌闭门中⑦，邻曲都无步往踪。犹是晓晴风露下，采桑时节暂相逢。

乌鸟投林过客稀，前山烟暝到柴扉。小童一棹舟如叶，独自编阑鸭阵归⑧。（以上为晚春田园杂兴十二首选二）

梅子金黄杏子肥，麦花雪白菜花稀。日长篱落无人过，惟有蜻蜓蛱蝶飞。

昼出耘田夜绩麻，村庄儿女各当家。童孙未解供耕织，也傍桑阴学种瓜。

黄尘行客汗如浆，少住侬家漱井香。借与门前磐石坐，柳阴亭午正风凉。

采菱辛苦废犁锄，血指流丹鬼质枯⑨。无力买田聊种水，近来湖面亦收租。（以上为夏日田园杂兴十二首选四）

橘蠹如蚕入化机⑩，枝间垂茧似襄衣。忽然蜕作多花蝶，翅粉才干便学飞。

中秋全景属潜夫，棹入空明看太湖。身外水天银一色，城中有此月明无。

新筑场泥镜面平，家家打稻趁霜晴。笑歌声里轻雷动，一夜连枷响到明。

新霜彻晓报秋深，染尽青林作缬林。惟有橘园风景异，碧丛丛里万黄

金。(以上为秋日田园杂兴十二首选四)

屋上添高一把茅,密泥房壁似僧寮。从教屋外阴风吼⑪,卧听篱头响玉箫。

拨雪挑来踏地菘,味如蜜藕更肥醲。朱门肉食无风味,只作寻常菜把供。

榾柮无烟雪夜长⑫,地炉煨酒暖如汤。莫嗔老妇无盘飣,笑指灰中芋栗香。

村巷冬年见俗情,邻翁讲礼拜柴荆⑬。长衫布缕如霜雪,云是家机自织成。(以上为冬日田园杂兴十二首选四)

【注释】

① 丙午:南宋孝宗淳熙十三年(1186)。　② 沉疴(kē):久治不愈的疾病。纾:纾缓。此指病情缓解渐愈。　③ 土膏:土壤中所含适合植物生长的养分。　④ 鞭笋:宋僧赞宁《笋谱》卷上:"凡植竹,正月、二月引根鞭,必西南而行,负阴就阳也。谚曰:'东家种竹,西家理地。'谓其滋蔓而来生也。"　⑤ 醉翁:唐王驾《社日》:"桑柘影斜春社散,家家扶得醉人归。"　⑥ 斗草:亦称斗百草,古代一种游戏,常于端午行之,竞采百花,比赛多寡优劣。⑦ 蚕忌:吴地四月为蚕月,为防止蚕病传染,家家闭户,红纸贴门,妇女独宿,民间吊庆往来亦忌而不行,亦称"蚕禁""忌人"。　⑧ 编阑:亦作"编拦""约拦",宋人谓人群中开路、拦挡,以维持行路中的行列秩序。　⑨ 鬼质:憔悴枯槁,不成人形。范成大《采菱户》:"采菱辛苦似天刑,刺手朱殷鬼质青。"　⑩ 入化机:蠢虫化茧成蛹,复由蛹化蛾,日日暗化不已,故称入化机。　⑪ 从教:任凭。元好问《论诗》其三:"鸳鸯绣了从教看,莫把金针度与人。"⑫ 榾柮(gǔ duò):木柴,树根疙瘩。前蜀贯休《深山逢老僧》诗之一:"衲衣线粗心似月,自把短锄锄榾柮。"树根耐火燃久,故多用于烤炙或留残火。宋陆游《霜夜》诗之二:"榾柮烧残地炉冷,喔咿声断天窗明。"　⑬ 拜柴荆:周汝昌《范成大诗选》:"说贺冬节于柴门之间,不是来拜'门'这件东西。吴人最重冬至节,馈赠交贺,有'冬至大如年'之谚语。"

【集评】

今以杨、陆二集相较,其才调之健不及万里,而亦无万里之粗豪。气象之阔不及游,而亦无游之窠臼。初年吟咏,实沿溯中唐以下。观第三卷《夜宴曲》下注曰:"以下二首效李贺。"《乐神曲》下注曰:"以下四首效王建。"已明明言之。其他如《西江有单鹄行》《河豚叹》,则杂长庆之体。《嘲里人新婚诗》《春晚》三首、《隆师四图》诸作,则全为晚唐、五代之音。其门径皆可覆案。自官新安掾以后,骨力乃以渐而遒。盖追溯苏、黄遗法,而约以婉峭。自为一家，伯仲于杨、陆之间，固亦宜也。（[清]永瑢等纂《四库全书总目》卷一六〇集部一三别集类一三《石湖诗集》，中华书局1965年版，下册第1380页。）

　　范成大在他这些诗里则深刻而全面地反映了当时农家的景物、岁时、风俗、劳动、困难、忧虑、灾难、煎迫、奋斗、各式样的生活、各式样的琐事，我们觉得这样的作者才仿佛像是在一定程度上亲自体验过那种生活和遭遇的人，所以明朝人有过"虽老于犁锄者或不能及"的话，他的艺术似乎要把我们领入那种生活之中来共同参加体验，而不只是让我们看些仅仅带有鸡犬桑麻的图画——那些仅仅只有一个面的图画。（吴慧鹃等主编、周汝昌著《中国历代著名文学家评传·范成大》，山东教育出版社2009年版，第353页。）

　　（范成大）晚年所作的《四时田园杂兴》不但是他的最传诵、最有影响的诗篇，也算得中国古代田园诗的集大成。《诗经》里《豳风》的《七月》是中国最古的"四时田园"诗，叙述了农民一年到头的辛勤生产和刻苦生活。可是这首诗没有起示范的作用；后世的田园诗，正像江淹的《杂体》诗所表示，都是从陶潜那里来的榜样。陶潜当然有《西田获早稻》、《下潠田舍获》等写自己"躬耕"、"作苦"的诗，然而王维的《渭川田家》、《偶然作》、《春中田园作》、《淇上田园即事》和储光羲的《田家即事》（五古和七律）、《田家杂兴》等等建立风气的作品，是得了陶潜的《怀古田舍》、《归田园居》等的启示，着重在"陇亩民"的安定闲适、乐天知命，内容从劳动过渡到隐逸。宋代像欧阳修和梅尧臣分咏的《归田四时乐》更老实不客气的是过腻了富贵生活，要换个新鲜。西洋文学里牧歌的传统老是形容草多么又绿又软，羊多么既肥且驯，天真快乐的牧童牧女怎样在尘世的干净土里谈情说爱；有人读得腻了，就说这种诗里漏掉了一件东西——狼。我们看中国传统的田园诗，也常常觉得遗漏了一件东西——狗，地保公差这一类统治阶级的走狗以及他们所代表的剥削和压迫农民的制度。诚然，很多古诗描写到这种现象，例如柳宗元《田家》第二首、张籍《山农词》、元稹《田家词》、聂夷中《咏田家》等等，可是它们不属于田园诗的系统。梅尧臣的例可以说明这个传统的束缚力；上面选了他驳斥"田家乐"的《田家语》，然而他不但作了《续永叔〈归田乐〉》，还作了《田家四时》，只在第四首末尾轻描淡写的说农民过不了年，此外依然沿袭王维、储光羲以来的田园诗的情调和材料。秦观的《田居四首》只提到了"明日输绢租，邻儿入城郭"和"得谷不敢储，催科吏傍午"，一点没有描画发挥，整个格调也还是摹仿储、王，并且修词很有毛病。到范成大的

《四时田园杂兴》六十首才仿佛把《七月》、《怀古田舍》、《田家词》这三条线索打成一个总结,使脱离现实的田园诗有了泥土和血汗的气息,根据他的亲切的观感,把一年四季的农村劳动和生活鲜明地刻画出一个比较完全的面貌。田园诗又获得了生命,扩大了境地,范成大就可以跟陶潜相提并称,甚至比他后来居上。(钱锺书选注《宋诗选注》,三联书店2002年版,第312—313页。)

【思考题】

1. 结合从《诗经·豳风·七月》到陶渊明、王维等田园诗的发展变化,仔细阅读与欣赏本组诗歌。

2. 结合本组诗歌,对比阅读唐、宋诗歌相同与相异的风格与特点。

3. 请描摹你家乡(城市或乡村)的四季风光,写一篇诗歌或散文。

【深度阅读】

1. 周汝昌选注《范成大诗选》,人民文学出版社1959年版。

2. 钱锺书选注《宋诗选注》,三联出版社2002年版。

3. [宋]范成大撰、富寿荪标校《范石湖集》,上海古籍出版社1981年版。

4. [宋]吴渭等编《月泉吟社诗》,1985年中华书局缩印《丛书集成初编》本。

送行赠别第三

渭 阳
(《诗经·秦风》)

汉代学者认为这首诗是秦穆公的儿子康公送晋文公重耳返回晋国时所作,康公之母是重耳的姐姐。

本篇选自程俊英、蒋见元《诗经注析》,中华书局1991年版。

我送舅氏①,曰至渭阳②。何以赠之?路车乘黄③。
我送舅氏,悠悠我思④。何以赠之?琼瑰玉佩⑤。

【注释】

① 舅氏:舅父。　② 渭阳:渭水北边,山南水北为阳。　③ 路车:古代诸侯所乘的车。乘(shèng)黄:四匹黄色的马。　④ 悠悠:深长不尽。　⑤ 琼瑰:美石。

【集评】

……情真意挚,往复读之,悱恻动人,故知其有无限情怀也。然此种深情,触景即生,稍移易焉已不能及。……诗格老当,情致缠绵,为后世送别之祖,令人想见携手河梁时也。([清]方玉润撰、李先耕点校《诗经原始》卷七,中华书局1986年版,第278—279页。)

杜甫诗:"寒空巫峡曙,落日渭阳情。"储光羲诗:"停车渭阳暮,望望入秦京。"杜牧诗:"寒空金锡响,欲过渭阳津。"都用此诗典故,可见此诗之动人处,并不在舅甥之谊重,而在于送别之情深。方玉润列此为"送别之祖",是颇有眼力的。(程俊英、蒋见元《诗经注析》,中华书局1991年版,第359页。)

【思考题】

1. 这首诗在形式与技巧上有何特点?这一特点对于表现送别之情有何特殊效果?

2. 这首诗被前人称为"送别之祖",请思考其与后代的送别诗写法上的异同。

【深度阅读】

1. [清]方玉润撰、李先耕点校《诗经原始》,中华书局1986年版。
2. 程俊英、蒋见元《诗经注析》,中华书局1991年版。

送陈章甫

李　颀

李颀(690?—753?),嵩阳(今河南登封)人,一说东川(今四川三台)人。曾长期隐居颍阳(今河南许昌)读书,于唐玄宗开元二十三年(735)中进士,任新乡县尉,后仍隐居。与著名诗人王昌龄、王维等人都有交游。长于五古与七言歌行,尤以边塞和音乐题材诗成就最高,其诗风格慷慨激昂,豪迈奔放,气韵悠长。《全唐诗》卷一三二至一三四收入其诗三卷,后人辑有《李颀诗集》。傅璇琮《唐代诗人丛考》(中华书局1980年版)与谭优学《唐诗人行年考》(四川人民出版社1981年版)对其生平有详细考述。

陈章甫,江陵人,因故选官落第返乡,李颀作此诗相送。

本篇选自中国社会科学院文学研究所编《唐诗选》,人民文学出版社2003年版。

　　四月南风大麦黄,枣花未落桐阴长。青山朝别暮还见,嘶马出门思旧乡。陈侯立身何坦荡①,虬须虎眉仍大颡②。腹中贮书一万卷,不肯低头在草莽。东门酤酒饮我曹③,心轻万事皆鸿毛。醉卧不知白日暮,有时空望孤云高。长河浪头连天黑,津吏停舟渡不得④。郑国游人未及家⑤,洛阳行子空叹息⑥。闻道故林相识多⑦,罢官昨日今如何?

【注释】

①陈侯:陈章甫。　②虬须:卷曲的胡须。大颡(sǎng):宽脑门。　③酤(gū):买。我曹:我们。　④津吏:管理渡口的官吏。　⑤郑国游人:指陈章甫,江陵人,曾长期隐居嵩山,这一带春秋时属郑国。　⑥洛阳行子:指李颀自己。　⑦故林:故乡。

【集评】

　　在送行的题目下刻画人物,无疑是本诗最大特色,也使它对以后的诗人产生了很大影响。用诗来刻画人物不可能是工笔描绘,而应准确抓住对象的特点,以简洁生动的笔触作有力勾勒,并且必须在客观的描绘中灌注以诗人对描写对象的主观评价,从而使艺术形象具备立体感。李颀这首诗就很好地做到了这一点。……这首诗开头写景笔墨粗犷而清晰。结尾述事意带双关,"长河浪头连天黑,津吏停舟渡不得",既是写实,又以此实景喻人生之旅,且将对方的惶遽不安和自己的思念牵挂融为一体,因而含义隽永,使人倍感亲切,这也都是值得一提的艺术特色。(王镇远编、董乃斌评《古诗海》,上海古籍出版社1992年版,上册第514页。)

【思考题】

1. 这首诗多次转韵,这是歌行体的重要特点,请体会这一特点对于表达起伏变化情感的具体效果。

2. 请将这首七言歌行与你所读过的唐代七言律诗进行比较,看看二者在形式上的差异。

【深度阅读】

1. 刘宝和《李颀诗评注》,山西教育出版社1990年版。
2. 罗琴、胡嗣坤《李颀及其诗歌研究》,巴蜀书社2009年版。

金陵酒肆留别①
李　白

李白(701—762),字太白,号青莲居士。祖籍陇西成纪(今甘肃秦安),先祖隋时迁居西域,至其父始迁居绵州彰明县之青莲乡。李白少年、青年时代在蜀中读书交游,受到儒家、道家、纵横家思想之影响,立下了辅佐帝王,使"寰区大定,海县清一"的远大志向。在二十六岁那年,他怀抱"四方之志",出蜀远游,十余年间,游历了中国东部的许多名山大川。天宝元年(742),得人推荐,被唐玄宗召到长安,供奉翰林。但不久即遭到谗毁,被迫离开长安,继续漫游天下,"以诗酒自适"。"安史之乱"(755)爆发,进入永王李璘的幕府,后李璘叛乱,被唐肃宗镇压,李白受到牵连,被判长流夜郎,但在前往夜郎的途中遇赦。宝应元年(762),病死于当涂(在今安徽境内)。有《李太白全集》传世。事见《旧唐书》卷一九〇、《新唐书》卷二〇二本传。

李白流传至今的诗歌共九百多首,其中绝句、七言古体与乐府诗都取得了极高的成就。他的诗歌抒情色彩强烈,形式自由奔放,想象奇崛大胆,语言清新流利,表现出崇高的理想主义情怀与积极浪漫主义的激情,形成豪迈飘逸、壮浪纵恣、雄奇阔大的风格,是盛唐气象的典型代表。李白是中国诗歌史上伟大的天才诗人,在他自己的时代,就已经被称为"谪仙人",更被后来的人们誉为"诗仙",与比他时代略晚的杜甫一起,被并称为唐代诗坛的"双子星座"。

本篇选自王琦注,李长路、赵威点校《李太白全集》卷一五,中华书局1977年版。

风吹柳花满店香,吴姬压酒唤客尝②。金陵子弟来相送,欲行不行各尽觞③。请君试问东流水,别意与之谁短长。

【注释】

① 金陵:今江苏省南京市。留别:留诗赠别。 ② 吴姬:吴地女子,这里指酒店中的侍女。压酒:古时新酒酿熟,临饮时方压而取之。 ③ 欲行不行:要远行的人(李白)和送行的人(金陵子弟)。

【集评】

《诗眼》云:山谷言:学者不见古人用意处,但得其皮毛,所以去之更远。如"风吹柳花满店香",若人复能为此句,亦未是太白。至于"吴姬压酒唤客尝","压酒"二字他人亦难及。"金陵子弟来相送,欲行不行各尽觞",益不同。"请君试问东流水,别意与之谁短长",至此乃真太白妙处,当潜心焉。([宋]胡仔纂集、廖德明点校《苕溪渔隐丛话前集》卷五,人民文学出版社1962年版,第27页。)

太白《金陵留别》诗"请君试问东流水,别意与之谁短长",妙在结语。使坐客同赋,谁更擅场?谢宣城《夜发新林》诗:"大江流日夜,客心悲未央。"阴常侍《晓发金陵》诗:"大江一浩荡,离悲足几重?"二语突然而起,造语雄深,六朝亦不多见。太白能变化为法,令人叵测,奇哉!([明]谢榛撰、朱其铠点校《谢榛全集》卷二三《诗家直说》,齐鲁书社2000年版,第754页。)

【思考题】

1. 这首诗的结尾两句一直备受称道,你觉得到底好在哪里?你还能举出李白之后其他人的诗词中写法与此类似的句子吗?

2. 这首诗表现出诗人怎样的个性?

【深度阅读】

1. ［清］王琦注《李太白全集》，中华书局1977年版。
2. 复旦大学古典文学教研组选注《李白诗选》，人民文学出版社1983年版。
3. 林庚《诗人李白》，上海古籍出版社2000年版。
4. 周勋初《李白评传》，南京大学出版社2005年版。

赠卫八处士①

杜 甫

杜甫(712—770)，字子美，自号少陵野老，又称老杜、杜拾遗、杜工部，河南巩县人。杜甫三十五岁以前，正值盛唐时代，这是他读书和漫游的时期，在"读书破万卷"的同时，他度过了南游吴越、北游齐赵的十年游历生活，结识了李白、高适等著名诗人。从三十五到四十四岁，杜甫科考失利，滞留长安，生活困顿，这一时期唐代政治也日趋黑暗，他对社会现实有了更深入的认识，写出了不少杰作。从四十五到四十八岁，"安史之乱"爆发，杜甫逃出沦陷中的长安，辗转流离，亲身经历了战争给人民造成的深重灾难，写下了大量表现这一重大历史动乱的名篇，如《哀江头》《北征》"三吏""三别"等。从四十八岁到去世整整十一年，诗人"漂泊西南"，辗转成都、夔州、江陵、岳阳、潭州、衡阳等地，饱受乱离之苦，写下了一千多首诗，表现忧国忧民的情怀，嗟叹自己的命运。有《杜工部集》传世。事见《旧唐书》卷一九〇、《新唐书》卷二〇一本传。

杜甫是中国古代诗歌史上集大成的诗人，众体兼擅，尤长于七律，取得了极高的成就。他极大地拓展了诗歌的题材范围与艺术表现领域，并形成了沉郁顿挫、细腻深婉的个性化美学风格，为后代诗歌开启了无穷法门。他的诗歌以其高度的思想艺术成就在中国古代诗歌史上居有无可撼动的经典性地位，他被后人尊称为"诗圣"，他的诗则被称为"诗史"。杜甫作为唐代伟大的现实主义诗人，与伟大的浪漫主义诗人李白并称"李杜"。杜甫现存诗歌约一千四百余首，清人仇兆鳌所著《杜诗详注》是目前最权威的注本。这首诗是公元759年春天杜甫从洛阳返回华州途中拜访卫八处士之后所作。

本篇选自杜甫撰、仇兆鳌注《杜诗详注》卷六，中华书局1979年版。

人生不相见，动如参与商②。今夕复何夕③，共此灯烛光。少壮能几时，鬓发各已苍。访旧半为鬼,惊呼热中肠。焉知二十载,重上君子堂。昔别君未婚,儿女忽成行。怡然敬父执④,问我来何方。问答未及已,儿女罗酒浆。夜雨剪春韭,新炊间黄粱⑤。主称会面难,一举累十觞。十觞亦不醉,感子故意长。明日隔山岳,世事两茫茫。

【注释】

① 卫八处士:名字不详。处士指没有出去做官的读书人。 ② 参、商:星宿名,两星此升则彼降,不会同时出现。 ③ 今夕复何夕:出自《诗经·唐风·绸缪》"今夕何夕,见此良人"。 ④ 执:朋友。 ⑤ 黄粱:谷名,色黄。

【集评】

《漫斋诗话》云:"怡然敬父执,问我来何方。"若他人说到此,下须更有数句,此便接云:"问答未及已,驱儿(此二字一作'儿女')罗酒浆。"直有抔土障黄流气象。

周甸注:前日人生,后日世事;前日如参商,后日隔山岳,总见人生聚散无常,别易会难耳。([唐]杜甫撰、[清]仇兆鳌注《杜诗详注》卷六,中华书局1979年版,第513—514页。)

古趣盎然,少陵别调。一路皆属叙事,情真景真,莫乙其处。只起四句是总提,结两句是去路。([清]浦起龙《读杜心解》卷一,中华书局1961年版,第52页。)

子美乱离诗,有时看似平易,其实积郁极深。临楮迸发,往往以浩叹起总领全篇,然后折入叙事,其过接处,最见顿束开合之功,棱角勾折之态,遂免平衍散漫之病,而有沉郁顿挫之感。(王镇远编、赵昌平评《古诗海》,上海古籍出版社1992年版,上册第648页。)

【思考题】

1. 中国古典诗歌的基本功能是抒情言志,但这首诗有很多诗句都在叙事,请思考这种叙事对于抒情的意义。

2. 杜甫诗歌十分讲究章法(结构),请分析此诗在章法上的主要特点及其表达效果。

【深度阅读】

1. [唐]杜甫撰、[清]仇兆鳌注《杜诗详注》,中华书局1979年版。

2. 萧涤非《杜甫诗选注》，人民文学出版社 2002 年版。
3. 陈贻焮《杜甫评传》，北京大学出版社 2011 年版。
4. 莫砺锋《杜甫评传》，南京大学出版社 1998 年版。

轮台歌奉送封大夫出师西征①
岑 参

岑参(约715—770)，祖籍南阳(今属河南)，后徙居江陵(今属湖北)。天宝三年(744)，登进士第。八年，充安西节度使高仙芝幕府掌书记。十年，回长安，与李白、杜甫、高适等人交游。十三年，又充安西北庭节度使判官，其边塞诗名作大多作于此时。"安史之乱"爆发后，任右补阙。乾元二年(759)改任起居舍人，旋出为虢州长史。后又任太子中允、虞部、库部郎中，出为嘉州刺史。后罢官，客死成都旅舍。事见陈铁民等编《岑参年谱》(陈铁民、侯忠义《岑参集校注》附，上海古籍出版社2004年版)。

岑参诗富有浪漫主义的色彩，气势雄壮阔大，想象瑰丽奇崛，尤其擅长七言歌行，以边塞诗成就最高。现存诗四百零三首，收入《全唐诗》卷一九八至卷二〇一。《轮台歌奉送封大夫出师西征》作于天宝十三年(754)或十四年，当时岑参担任安西北庭节度使判官，是为送封常清出兵西征而作。

本篇选自岑参撰、廖立笺注《岑嘉州诗笺注》卷二，中华书局 2004 年版。

轮台城头夜吹角②，轮台城北旄头落③。羽书昨夜过渠黎④，单于已在金山西⑤。戍楼西望烟尘黑，汉兵屯在轮台北。上将拥旄西出征⑥，平明吹笛大军行。四边伐鼓雪海涌⑦，三军大呼阴山动⑧。虏塞兵气连云屯，战场白骨缠草根。剑河风急雪片阔⑨，沙口石冻马蹄脱⑩。亚相勤王甘苦辛⑪，誓将报主静边尘。古来青史谁不见，今见功名胜古人。

【注释】
① 轮台：唐代属北庭都护府，在今新疆米泉境内。封大夫：即封常清，时任安西节度使。　② 角：军中用来报时的号角。　③ 旄(máo)头：二十八宿中的昴宿。古人认为它是胡人的象征。旄头落：胡人失败之兆。　④ 羽书：军中的紧急文书，上插羽毛，表示军情

紧急。渠黎:汉代西域国名,在今新疆轮台东南。　⑤金山:指乌鲁木齐东面的博格多山。⑥上将:即大将,指封常清。旄:旄节,古代君王赐给大臣用以表明身份的信物。　⑦伐鼓:击鼓。雪海:在天山主峰与伊塞克湖之间。　⑧阴山:在今内蒙古自治区中部。⑨剑河:水名,在今新疆境内。　⑩沙口:地名,位置不详。　⑪亚相:封常清为节度使加御史大夫。在汉代,御史大夫地位仅次于宰相,故称亚相。勤王:勤劳王事,为国效力。

【集评】

　　(岑参)早岁孤贫,能自砥砺,遍览史籍,尤工缀文。属词尚清,用意尚切,其有所得,多入佳境,迥拔孤秀,出于常情。([唐]杜确《岑嘉州诗序》,[唐]岑参撰、廖立笺注《岑嘉州诗笺注》,中华书局2004年版,第1页。)

　　参累佐戎幕,往来鞍马风尘间十余载,极征行离别之情,城障塞堡,无不经行。博览史籍,尤工缀文。属词清尚,用心良苦。诗调尤高,唐兴罕见此作。放情山水,故常怀逸念,奇造幽致,所得往往超拔孤秀,度越常情。与高适风骨颇同,读之令人慷慨怀感,每篇绝笔,人辄传咏。([元]辛文房撰、傅璇琮编《唐才子传校笺》卷三,中华书局1987年版,第一册第443页。)

　　云间唐陈彝称此诗韵凡八转,如赤骥过九折坂,履险若平,足不一蹶。可谓知言。([清]王夫之撰、船山全书编辑委员会编《船山全书·唐诗评选》卷一,岳麓书社2011年版,第十四册第903页。)

【思考题】

　　1. 这首诗是岑参送他的上司封常清率军出征而作的,如果遣词用语的分寸把握不好,很容易流于阿谀谄媚,请仔细体会诗人是如何把握这种分寸感的。

　　2. 请把这首诗跟李颀的《送陈章甫》作对比,体会不同的韵脚在表情达意方面的微妙差异。

【深度阅读】

　　1. [唐]岑参撰,陈铁民、侯忠义校注《岑参集校注》,上海古籍出版社1981年版。

　　2. 周勋初、姚松《高适和岑参》,上海古籍出版社1994年版。

咏史第四

咏史(其二)
左 思

左思(250？—305？),字太冲,临淄(今山东淄博)人。出身寒素,后因妹左芬入宫为妃,移居京都,曾以十年时间写成《三都赋》,一时有"洛阳纸贵"之誉。晚年退居,专意典坟。诗今存十四首,表达儒家建功立业的抱负,揭露门阀政治的不合理。其中《咏史》诗八首,借托古抒怀,高亢雄迈,尤见清刚之气。作品见于《文选》和《玉台新咏》。事见《晋书》卷九二本传。

《咏史》(其二)有感金、张、冯公之事,而为英俊之士屈居下曹者鸣其不平所作。首四句以山苗涧松作譬,言山苗因居山上,能以彼径寸之茎,得以荫此涧松百尺之条。中四句即借此慨然兴叹:若今之世胄蹑居高位,英俊之沉滞下僚,亦犹山苗之掩涧松,地势使然,其来非一日矣。结四句证以史事,若汉之金、张无才而能七世珥貂,冯公虽伟然丈夫而终不见招,因此故耳。

本篇选自萧统编、李善注《文选》卷二一,上海古籍出版社 1997 年版。

  郁郁涧底松①,离离山上苗②。以彼径寸茎,荫此百尺条③。世胄蹑高位,英俊沉下僚④。地势使之然,由来非一朝⑤。金张藉旧业,七叶珥汉貂⑥。冯公岂不伟,白首不见招⑦。

【注释】

  ① 郁郁:严密浓绿。涧底松:比喻才高位卑的寒士。本篇取喻松、草,愤慨于当时"上品无寒门,下品无世族"的社会不平等现象。刘桢《赠从弟》、吴均《赠王桂阳》皆以松喻之,可参。 ② 离离:疏落下垂貌。山上苗:喻世之门阀世族。 ③ "以彼"二句:竟然凭它径寸之苗遮盖了涧底百尺高的枝条,这是因为势位的缘故。 ④ 世胄:世家子弟。蹑(niè):履、登。沉下僚:沉没于下级的官职。 ⑤ "地势"二句:这种情况像涧底松、山上苗一样,是因为地势所致,从来久矣。 ⑥ "金张"二句:金、张两家子弟凭借祖先世业,七代都做上了汉廷贵官。金:是指汉代金日䃅(mì dī)家族,自汉武帝到汉平帝,七代为内侍。张:指汉代张汤家族,自汉宣帝以后,子孙为侍中、中常侍者十余人。《汉书·张汤传》云:"功臣之世,唯有金氏、张氏亲近宠贵,比于外戚。"珥(ěr):插。珥汉貂:汉代侍中、中常侍的帽子上皆插貂尾。 ⑦ "冯公"二句:冯唐难道不奇伟吗?可是年老了还不被重用,仍是中郎署长的小官。指责汉文帝不懂用人。

【集评】

　　晋记室左思,其源出于公幹。文典以怨,颇为精切,得讽谕之致,虽野于陆机,而深于潘岳。谢康乐尝言:"左太冲诗,潘安仁诗,古今难比。"([梁]钟嵘撰、周振甫译注《诗品译注》,中华书局1998年版,第48页。)

　　咏史之名,起自孟坚,但指一事。魏杜挚《赠毌丘俭》,叠用八古人名,堆垛寡变。太冲题实因班,体亦本杜,而造语奇伟,创格新特,错综震荡,逸气干云,遂为古今绝唱。([明]胡应麟撰、王国安点校《诗薮》外编卷二,上海古籍出版社1979年版,第147页。)

　　太冲咏史,初非呆衍史事,特借史事以咏己之怀抱也。或先述己意,而以史事证之;或先述史事,而以己意断之;或止述己意而史事暗含;或止述史事而己意默寓。([清]张玉谷撰、许逸民点校《古诗赏析》卷一一,中华书局2017年版,第272页。)

　　太冲《咏史》,不必专咏一人,专咏一事,咏古人而己之性情俱见。此千秋绝唱也。后惟明远、太白能之。([清]沈德潜选编《古诗源》卷七,中华书局2006年版,第142页。)

　　又太冲胸次高旷,而笔力又复雄迈,陶冶汉魏,自制伟词,故是一代作手。([清]沈德潜选编《古诗源》卷七,中华书局2006年版,第140页。)

【思考题】

　　左思这首诗批评了世胄蹑居高位、英俊沉滞下僚的社会现象,你从中得出什么启示?有什么样的现实意义?

【深度阅读】

1. 叶日光《左思生平及其诗之析论》,台湾文史哲出版社1979年版。
2. 逯钦立《先秦汉魏晋南北朝诗》,中华书局1983年版。

明妃曲(其一)
王安石

　　王安石(1021—1086),字介甫,号半山,临川县(今江西临川)人。宋仁宗庆历二年(1042)进士。嘉祐三年(1058)上万言书,提出变法主张。神宗熙宁二年(1069)任参知政事,推行新法。七年罢相,次年复任宰相,九年再次罢相,退居江宁(今江苏南京)半山园,封舒国公,不久改封荆,世称"王荆公"。古文雄健峭拔,诗歌道劲清新。晚年退居江宁的小诗,风格深婉,意境新颖。著有《临川先生文集》。事见《宋史》卷三二七本传。

王昭君的故事一直是中国古代诗人乐于吟咏的题材,如卢照邻《昭君怨》、李白《王昭君》、杜甫《咏怀古迹五首》,但主题不出"悲怨"二字。王安石写于嘉祐四年(1059)的《明妃曲》二首,"却自出新意,一反前人旧说,除了对昭君的遭遇深表同情外,更把造成昭君的悲剧命运直接归咎于平庸无能的汉元帝,指责封建统治者的刚愎愚昧和对人才的埋没与扼杀。结语'人生失意无南北'一句力重千钧,借昭君家人之口抒发了作者的人生感慨。只有作为一个政治家的王安石,才能写出这样大胆的、甚至有悖于传统诗教的诗句。全诗不仅命意新警,而且声情激楚,哀婉动人,在艺术上取得了很高的成就"(高克勤《王安石诗文选注·前言》)。

本篇选自王安石撰、李壁笺注、高克勤点校《王荆文公诗笺注》卷六,上海古籍出版社2010年版。

明妃初出汉宫时①,泪湿春风鬓脚垂②。低徊顾影无颜色③,尚得君王不自持④。归来却怪丹青手,入眼平生几曾有⑤。意态由来画不成,当时枉杀毛延寿⑥。一去心知更不归,可怜着尽汉宫衣⑦。寄声欲问塞南事⑧,只有年年鸿雁飞。家人万里传消息,好在毡城莫相忆⑨。君不见咫尺长门闭阿娇,人生失意无南北⑩。

【注释】
① 明妃:即王昭君,汉元帝宫女,晋人避司马昭讳,改昭为明,即明妃。明妃入宫多年,一直无幸被召见,匈奴首领呼韩邪单于入朝求和亲,明妃自请远嫁。 ② 泪湿春风:泪流满面。春风:喻昭君姣美的面容。杜甫《咏怀古迹五首》其三有句"画图省识春风面"。 ③ "低徊"句:自顾身影而伤心。顾:看。低徊:徘徊。 ④ "尚得"句:即使"无颜色",仍让汉元帝的悔恨之情不容克制。君王:指汉元帝刘奭(shì)。起首四句写明妃辞宫远别悲泣之状,而以低徊无色尚使君王难持,状其容貌之美。 ⑤ "归来"二句:汉元帝回过来却怪罪宫廷里的画师,后悔以前未见过像明妃这样美的容颜。丹青手:宫廷画师。据载,汉元帝后宫嫔妃很多,不能尽见,就让画师画像,看图召见。于是宫女多贿赂画师,明妃没有这样做。 ⑥ "意态"二句:作者替画师毛延寿说话,意谓人的风神意象难以画出来,不能怪罪画师。"归来"四句以"意态犹来画不成",言元帝杀画工之非。此虽为画工开脱,实则具真才难识之慨,托意高远。 ⑦ "一去"二句:明妃知道自己此去不复回,可怜年复一年,带去的汉宫衣都已穿尽。 ⑧ 塞南:指汉王朝。"一去"四句,言明妃不得南归之痛。 ⑨ 毡城:指匈奴王宫。古代匈奴人居毡帐,故云。 ⑩ 咫尺:极言其近。长门闭阿娇:汉武帝曾

将陈皇后幽禁在长门宫。阿娇:陈皇后小名。见《汉书·外戚传》。这两句是说,你没有看见陈皇后离皇帝那么近,仍旧要遭受幽禁的命运吗?人生失意,没有南北远近之别。结尾四句借明妃家人万里传信相慰,致慨主人得意与否不关离君王之远近。此意与"意态"二句喻义相连,前后回护,章法完密。

【集评】

　　王荆公少以意气自许,故诗语唯其所向,不复更为涵蓄。如"天下苍生待霖雨,不知龙向此中蟠",又"浓绿万枝红一点,动人春色不须多","平治险秽非无力,润泽焦枯是有材"之类,皆直道其胸中事。后为群牧判官,从宋次道尽假唐人诗集,博观而约取,晚年始尽深婉不迫之趣。([宋]叶梦得《石林诗话》卷中,[清]何文焕辑《历代诗话》,中华书局1981年版,第419页。)

　　此等题各人有寄托,借题立论而已。如太白只言其乏黄金,乃自叹也。公此诗言失意不在近君,近君而不为国士之知,犹泥涂也。六一则言天下至妙非悠悠者能知,以自喻其怀,非俗众可知。

　　又半山有才而不深,欧公深而才短。

　　又荆公健拔奇气胜六一,而深韵不及,两人分得韩一体也。荆公才较爽健,而情韵幽深不逮欧公。二公皆从韩出,而雄奇排奡皆逊之。([清]方东树撰、汪绍楹点校《昭昧詹言》卷一二,人民文学出版社1961年版,第284页。)

【思考题】

　　1. 结合王安石的政治个性和当时的社会现实,说明《明妃曲》为何要这样立意。
　　2. 阅读王安石诗文,试述其写作的主体性问题。

【深度阅读】

　　1. [宋]王安石《临川先生文集》,中华书局1959年版。
　　2. [宋]王安石撰、[宋]李壁笺注、高克勤点校《王荆文公诗笺注》,上海古籍出版社2010年版。
　　3. 高克勤选注《王安石诗文选注》,上海古籍出版社1994年版。
　　4. [清]陈衍评点、曹中孚校注《宋诗精华录》,巴蜀书社1992年版。
　　5. 梁启超《王安石传》,百花文艺出版社2016年版。

念奴娇·赤壁怀古

苏 轼

苏轼(1037—1101),字子瞻,号东坡居士,北宋眉州眉山(今属四川)人。宋仁宗嘉祐二年(1057)进士。官至翰林学士、知制诰、礼部尚书。经历仁宗、英宗、神宗、哲宗、徽宗五朝,在新旧两党斗争中屡遭排挤打击,几经贬谪,仕途坎坷不平。他是艺术上的全才,北宋中叶以后的文坛领袖。政治上的主导思想是儒家,又深受佛老思想影响,表现出一种任其自然旷达恬淡的人生取向。作品题材广阔,既奔放灵动,姿态横生,又不失规矩法度,清新豪健,独具风格。词开豪放一派,与辛弃疾同是北宋豪放词派的代表作家,并称"苏辛"。有《东坡全集》《东坡乐府》等。事见《宋史》卷三三八本传。

《念奴娇》作于神宗元丰五年(1082),时作者因反对新法,贬官黄州(今湖北黄冈)。词气象恢宏,气势雄迈,是苏轼豪放词的代表作。

本篇选自朱孝臧编年、龙榆生校笺《东坡乐府笺》卷二,上海古籍出版社2009年版。

　　大江东去,浪淘尽,千古风流人物①。故垒西边,人道是、三国周郎赤壁②。乱石崩云,惊涛裂岸,卷起千堆雪③。江山如画,一时多少豪杰。遥想公瑾当年,小乔④初嫁了,雄姿英发。羽扇纶巾⑤,谈笑间、强虏灰飞烟灭⑥。故国神游,多情应笑我⑦,早生华发。人生如梦,一樽还酹江月⑧。

【注释】

①"大江"三句:诗人望着长江滚滚东去的流水,想到斯地的英雄人物随之一去不复返。　②故垒:旧的营垒。周郎:周瑜字公瑾,少年时帮助孙策平定长江下游,时人称周郎。　③崩云:一作"穿空"。言其势之高峻,赤鼻矶陡峭高耸的石壁像是将天刺破一样。千堆雪:层层浪花。孟郊《有所思》:"寒江浪起千堆雪。"　④小乔:周瑜之妻。与其姊大乔皆有美色,合称大小乔。　⑤羽扇纶(guān)巾:形容周瑜的儒将风度,雍容闲雅。纶巾:青丝带的头巾。　⑥"强虏"句:"强虏"又作"樯橹",气势浩大的曹军战船俱为烟烬。⑦"故国"三句:自慨之情,功未立而身先老。故国:即赤壁古战场。意指发生在汉献帝建安十三年(208)那场著名的赤壁之战,此地的赤壁非黄州之赤壁,乃今湖北省赤壁市境内的赤壁。华发:头发斑白。"故国"以上咏史怀古,以下则述写感慨。　⑧"人生如梦"二句:江山依旧,人事尽非,沦落无住,徒悲老大,顿觉人生如梦幻。既然如此,不如举杯消愁吧,强作达观。临着月光,将酒撒在江上,凭吊古人,亦抒怀抱。酹(lèi):将酒撒在地,以示祭奠。

【集评】

  公之于文,得之于天。少与辙皆师先君。初好贾谊、陆贽书,论古今治乱,不为空言。既而读《庄子》,喟然叹息曰:"吾昔有见于中,口未能言,今见《庄子》,得吾心矣。"乃出《中庸论》,其言微妙,皆古人所未喻。尝谓辙曰:"吾视今世学者,独子可与我上下耳。"既而谪居于黄,杜门深居,驰骋翰墨,其文一变,如川之方至,而辙瞠然不能及矣。后读释氏书,深悟实相,参之孔、老,博辩无碍,浩然不见其涯也。先君晚岁……作《易传》,未完,疾革,命公述其志。公泣受命,卒以成书,然后千载之微言,焕然可知也。复作《论语说》,时发孔氏之秘。最后居海南,作《书传》,推明上古之绝学,多先儒所未达。既成三书,抚之叹曰:"今世要未能信,后有君子当知我矣。"……公诗本似李、杜,晚喜陶渊明,追和之者几遍,凡四卷。([宋]苏辙撰,陈宏天、高秀芳点校《苏辙集·栾城后集》卷二二《亡兄子瞻墓志铭》,中华书局1990年版,第1126—1127页。)

  退之以文为诗,子瞻以诗为词,如教坊雷大使之舞,虽极天下之工,要非本色。今代词手,惟秦七、黄九耳,唐诸人不迨也。([宋]陈师道《后山诗话》,[清]何文焕辑《历代诗话》,中华书局1981年版,第309页。)

  (这首词在艺术上)最突出的一点就是它将不同的乃至于对立的事物、思想、情调有机地融合在一个整体中,而毫无痕迹。这里面有当前的景物与古代人事的融合,有对生活的热爱、对建功立业的渴望与达观、消极的人生态度的融合,有豪迈的气概与超旷的情趣的融合。而描写手段则虚实互用,变幻莫测,如"人道是、三国周郎赤壁",是实的地方虚写;"遥想公瑾当年",是虚的地方实写。有"人道是"三字,则其下化实为虚,对黄州赤壁并非当日战场作了暗示。有"遥想"二字,则其下虽所咏并非原来的战场,而且还掺入了虚构的细节,仍然使人读去有历史的真实感。(沈祖棻《宋词赏析》,北京出版社2014年版,第95页。)

【思考题】

  请结合"乌台诗案"政治事件,分析苏轼写作这首词的心境。

【深度阅读】

  1. 缪钺、叶嘉莹《灵谿词说》,上海古籍出版社1987年版。

  2. 沈祖棻《宋词赏析》,中华书局2008年版。

3. 王水照选注《苏轼选集》,上海古籍出版社1984年版。
4. 曾枣庄《苏轼评传》,四川人民出版社1981年版。

登金陵雨花台望大江
高 启

高启(1336—1373),字季迪,长洲(今江苏苏州)人。元末隐居吴淞江畔的青丘,自号"青丘子"。明洪武初,朱元璋召其修《元史》,授翰林院编修。洪武三年(1370),拟委户部右侍郎,固辞不赴,返青丘授徒自给,后因事被腰斩于南京。与杨基、张羽、徐贲并称"吴中四杰"。高启在明初有"海内诗宗"之称,其诗受李白影响明显,高华俊逸,雄健奔放。有诗集《高太史大全集》、文集《凫藻集》、词集《扣舷集》等。事见《明史》卷二八五本传。

本篇选自高启撰,金檀辑注,徐澄宇、沈北宗点校《高青丘集》卷一一,上海古籍出版社1985年版。

大江来从万山中,山势尽与江流东。钟山如龙独西上,欲破巨浪乘长风①。江山相雄不相让,形胜争夸天下壮②。秦皇空此瘗黄金,佳气葱葱至今王③。我怀郁塞何由开?酒酣走上城南台;坐觉苍茫万古意,远自荒烟落日之中来④!石头城下涛声怒,武骑千群谁敢渡⑤?黄旗入洛竟何祥?铁锁横江未为固⑥。前三国,后六朝⑦,草生官阙何萧萧。英雄乘时务割据,几度战血流寒潮⑧。我生幸逢圣人起南国,祸乱初平事休息。从今四海永为家,不用长江限南北⑨。

【注释】

① "大江"四句:前二句是客,后二句是主,状钟山气象,亦寓作者之气度。前二句既写江,又写山,山势绵亘江之两岸,水势奔流万山之中,一静一动,皆自西而东。只有那龙蟠虎踞的钟山(即紫金山)却与众山不同,巍然挺立于西头,若乘风破浪,欲与江流争衡。一是冲向大海作波涛,一是屹立西天作中流砥柱;一是惊涛拍岸,一是独立岸然:显然都是人格的化身。器宇之轩昂,气势之雄伟,是江山的传神,也是诗人的写照。金陵:今江苏南京市。雨花台:在南京市南的聚宝山上。相传梁武帝时,云光法师在此讲经,落花如雨,故名。地势高,可俯瞰长江,远眺钟山。 ② "江山"二句:分承"大江"与"钟山"两联。前句概括上四句,后句开拓下文。相雄:互相争雄。 ③ "秦皇"二句:相传秦始皇时,有善望气者,言金陵有天子气。秦始皇忧虑有人争天下,因而"埋金杂宝以压天子气,故名金陵"。空此:言秦始皇此举徒劳。瘗(yì):埋藏。佳气:山川灵秀气。葱葱:气象旺盛。王:通"旺"。

④"我怀"四句：乘着酒意，目睹荒烟落日之景，有推并万古之胸襟，启下文豪迈而飞动之势。汉方全盛，而贾谊以为天下事可为痛哭流涕者多。明方开国，而高启便有"我怀郁塞"之感，居安思危，忧患于未形。　⑤石头城：古城名，在今南京清凉山。武骑(jì)千群：千军万马。　⑥"黄旗"二句：举出历史上两位君主，他们坐拥长江之险，终贻笑天下，这是作者怀古而"郁塞"的起因。三国时，孙皓因听术士说自己有天子气象，率家人宫女数千人西入洛阳，以顺天命，而途中阻雪，士兵怨怒，被迫而返。"黄旗入洛"是吴亡的先兆，故云"竟何祥"。铁锁横江：晋太康元年(280)，吴军为阻止晋兵入侵，在江上设置铁锥铁缆，均被晋兵所破，孙皓投降，吴亡。　⑦前三国：魏、蜀、吴三国，这里指吴。六朝：先后建都于南京的东吴、东晋、宋、齐、梁、陈，这里指南朝。　⑧"英雄"二句：指六朝那些开国君主们无不致力于割据，然终归失败，几度战血，尽付空流。　⑨"我生"四句：看似歌颂明太祖朱元璋之圣业，实则是希望之辞——从此与民休息，四海一家，不再凭险割据，南北对峙。声调是欢快的，但欢快中带有一丝沉郁的感情；心境是爽朗的，但爽朗中蒙上了一层历史兴亡的阴影。诗写于洪武二年(1369)，作者在元代生活了三十多年，饱尝战乱之苦，面临明太祖的圣业，有这样的感情是自然而然的。

【集评】

季迪之作，隽逸而清丽，如秋空飞隼，盘旋百折，招之不肯下。又如碧水芙蕖，不假雕饰，翛然尘外，有君子之风焉。（[明]高启撰，[清]金檀辑注，徐澄宇、沈北宗点校《高青丘集》附录[明]王祎序，上海古籍出版社2013年版，第980页。）

其于诗，拟汉魏似汉魏，拟六朝似六朝，拟唐似唐，拟宋似宋。凡古人之所长，无不兼之。振元末纤秾缛丽之习，而返之于古，启实为有力，然行世太早，殒折太速，未能镕铸变化，自为一家。故备有古人之格，而反不能名启为何格。此则天实限之，非启过也。特其摹拟古调之中，自有精神意象存乎其间。（[清]永瑢等纂《四库全书总目》卷一六九集部类二二别集类二二《大全集》，中华书局1965年版，下册第1471页。）

【思考题】

比较这首诗与姚鼐《登永济寺阁是中山王旧园》诗的异同。

[附]姚诗："中山王亦起临濠，万马中原返节旄。坊第大功酬上将，江天小阁坐人豪。绮罗昔有岩花见，钟磬今流石殿高。凭槛碧云飞鸟外，夕阳天压广陵涛。"

【深度阅读】

1. ［明］高启撰，［清］金檀辑注，徐澄宇、沈北宗校点《高青丘集》，上海古籍出版社2013年版。
2. 金性尧《明诗三百首》，上海古籍出版社1995年版。

临江仙·滚滚长江东逝水
杨 慎

　　杨慎（1488—1559），字用修，号升庵，后因流放滇南，故自称博南山人，四川新都（今成都市新都区）人，祖籍庐陵。明武宗正德六年（1511）状元，官翰林院修撰，预修《武宗实录》。禀性刚直，每事直书。武宗微行出居庸关，上疏抗谏。世宗继位，任经筵讲官。嘉靖三年（1524），因"大礼议"受廷杖，谪戍云南，居三十余年，死于戍地。终明一世，记诵之博，著述之富，推杨慎为第一。著述后人辑为《升庵集》行世。事见《明史》卷一九二本传。

　　这首《临江仙》，是杨慎《廿一史弹词》中"说秦汉"一段开场词。毛宗岗父子评刻《三国演义》时将其放在卷首。《廿一史弹词》以弹词的方式，敷演中国几千年历史的大概风貌。《临江仙》没有具体落笔史实与史评，而是用大笔如椽、横空出世的手法，内涵丰富，气魄雄大，下片由庄而谐，饶有奇趣，只写两位渔樵老翁，饮酒闲话，这样使词境于沉郁中平添了清空高远的色调，又符合弹词开场的需要。

　　本篇选自王文才辑校《杨慎词曲集》，四川人民出版社1984年版。

　　滚滚长江东逝水，浪花淘尽英雄①。是非成败转头空②。青山依旧在，几度夕阳红③。　　白发渔樵江渚上，惯看秋月春风④。一壶浊酒喜相逢。古今多少事，都付笑谈中⑤。

【注释】

　　①"滚滚"二句：滚滚长江，奔流不息。与此相对的是，人生，即使是英雄豪杰，死后黄土一抔；王朝，纵然是强汉、盛唐，亡后烟消云散。　　②"是非"句：极言逝去之疾。用苏轼《西江月·平山堂》"休言万事转头空，未转头时是梦"词意。　　③"青山"二句：喻朝代更替之频，但青山依然未改。结上片，贯下片。青山：联系上文中的"长江"，指的是万里江山。　　④"白发"三句：两位饱经世事的渔父、樵翁，在江中小洲相遇，饮酒闲话。　　⑤"古今"二句：千秋功罪，更何人评说？渔父和樵翁在轻松明快的笑谈之中，已对历史作了高度的总结。词至此悠然而止，予人无限的余韵。陈与义《临江仙·夜登小阁》："古今多少事，渔

唱起三更。"

【集评】

　　这首词是评说秦汉兴亡的,可以说是一篇用词写的史论,但是全篇却并未提到任何英雄人物和具体历史事迹。前人论词说:"词要清空,不要质实。"(张炎《词源》)这首词正可以"清空"当之,唯其清空,才有较高的概括性,而给人以丰富的想像和联想,使词具有更大的容量。(王步高主编、丰家骅评《金元明清词鉴赏辞典》,南京大学出版社1989年版,第361页。)

【思考题】

　　比较杨慎这首词与苏轼《水调歌头·大江东去》思想内涵和艺术手法的异同。

【深度阅读】

　　1. [明]杨慎《升庵集》,上海古籍出版社1993年版《四库明人文集丛刊》本。

　　2. [明]杨慎撰、王仲镛笺证《升庵诗话笺证》,上海古籍出版社1987年版。

　　3. 丰家骅《杨慎评传》,南京大学出版社1995年版。

家国情怀第五

《离骚》(节选)
屈 原

屈原(约前340—前277)名平,字原,战国末期楚国人,与楚王同宗。"明于治乱,娴于辞令",二十多岁时曾任楚怀王左徒(仅次于令尹之职),得到怀王高度信任,"入则与王图议国事,以出号令;出则接遇宾客,应对诸侯"。但怀王庸懦无能,任用佞臣,屈原遭到排斥,被怀王免职,迁为三闾大夫,一度被流放到汉水北部一带。后怀王被诱骗至秦国,客死于秦。楚顷襄王即位,屈原又遭到佞臣令尹子兰和上官大夫的陷害,被放逐到江南。他看到楚国形势愈加危急,又不忍离开故土,悲愤交加,于是自投长沙附近的汨罗江而死。事见《史记》卷八四本传。

屈原的作品,据《汉书·艺文志》载有二十五篇,但没有具体的篇目。最早的楚辞集是东汉王逸的《楚辞章句》,所载屈原作品二十五篇为《离骚》《九歌》(共十一篇)、《天问》《九章》(共九篇)、《远游》《卜居》《渔父》。虽然后人对这些篇目仍旧提出不少疑问,但大多数作品出于屈原笔下,基本上是可以肯定的。

《离骚》是屈原最重要的代表作品,全诗共三百七十三句,二千四百九十字,是中国古代文学史上最长的抒情诗,是一首浪漫主义的杰作,表现了诗人执着的爱国理想,以及为理想不懈奋斗直至献身的光辉人格与崇高精神。

本篇选自洪兴祖撰、白化文等点校《楚辞补注》,中华书局1983年版。

帝高阳之苗裔兮[①],朕皇考曰伯庸[②]。摄提贞于孟陬兮[③],惟庚寅吾以降[④]。皇览揆余初度兮[⑤],肇锡余以嘉名[⑥]。名余曰正则兮,字余曰灵均[⑦]。纷吾既有此内美兮[⑧],又重之以修能[⑨]。扈江离与辟芷兮[⑩],纫秋兰以为佩[⑪]。汨余若将不及兮[⑫],恐年岁之不吾与[⑬]。朝搴阰之木兰兮[⑭],夕揽洲之宿莽[⑮]。日月忽其不淹兮[⑯],春与秋其代序[⑰]。惟草木之零落兮[⑱],恐美人之迟暮[⑲]。不抚壮而弃秽兮[⑳],何不改此度[㉑]?乘骐骥以驰骋兮,来吾道夫先路[㉒]。

昔三后之纯粹兮,固众芳之所在[㉓]。杂申椒与菌桂兮,岂维纫夫蕙茝[㉔]?彼尧舜之耿介兮,既遵道而得路[㉕]。何桀纣之猖披兮,夫唯捷径以窘步[㉖]。惟夫党人之偷乐兮,路幽昧以险隘[㉗]。岂余身之惮殃兮,恐皇舆之败绩[㉘]。

忽奔走以先后兮,及前王之踵武㉙。荃不察余之中情兮,反信谗而齌怒㉚。余固知謇謇之为患兮,忍而不能舍也㉛。指九天以为正兮,夫唯灵修之故也㉜。曰黄昏以为期兮,羌中道而改路㉝。初既与余成言兮,后悔遁而有他㉞。余既不难夫离别兮,伤灵修之数化㉟。

余既滋兰之九畹兮,又树蕙之百亩㊱。畦留夷与揭车兮,杂杜衡与芳芷㊲。冀枝叶之峻茂兮,愿竢时乎吾将刈㊳。虽萎绝其亦何伤兮,哀众芳之芜秽㊴。

众皆竞进以贪婪兮,凭不猒乎求索㊵。羌内恕己以量人兮,各兴心而嫉妒㊶。忽驰骛以追逐兮,非余心之所急㊷。老冉冉其将至兮,恐修名之不立㊸。朝饮木兰之坠露兮,夕餐秋菊之落英㊹。苟余情其信姱以练要兮,长顑颔亦何伤㊺?擥木根以结茝兮,贯薜荔之落蕊㊻。矫菌桂以纫蕙兮,索胡绳之纚纚㊼。謇吾法夫前修兮,非世俗之所服㊽。虽不周于今之人兮,愿依彭咸之遗则㊾。

长太息以掩涕兮,哀民生之多艰㊿。余虽好修姱以鞿羁兮,謇朝谇而夕替㉑。既替余以蕙纕兮,又申之以揽茝㉒。亦余心之所善兮,虽九死其犹未悔㉓。怨灵修之浩荡兮,终不察夫民心㉔。众女嫉余之蛾眉兮,谣诼谓余以善淫㉕。固时俗之工巧兮,偭规矩而改错㉖。背绳墨以追曲兮,竞周容以为度㉗。忳郁邑余侘傺兮,吾独穷困乎此时也㉘?宁溘死以流亡兮,余不忍为此态也㉙。

鸷鸟之不群兮,自前世而固然㉖。何方圜之能周兮,夫孰异道而相安㉑。屈心而抑志兮,忍尤而攘诟㉒。伏清白以死直兮,固前圣之所厚㉓。

悔相道之不察兮,延伫乎吾将反㉔。回朕车以复路兮,及行迷之未远㉕。步余马于兰皋兮,驰椒丘且焉止息㉖。进不入以离尤兮,退将复修吾初服㉗。制芰荷以为衣兮,集芙蓉以为裳㉘。不吾知其亦已兮,苟余情其信芳㉙。高余冠之岌岌兮,长余佩之陆离㉚。芳与泽其杂糅兮,唯昭质其犹未亏㉑。忽反顾以游目兮,将往观乎四荒㉒。佩缤纷其繁饰兮,芳菲菲其弥章㉓。民生各有所乐兮,余独好修以为常㉔。虽体解吾犹未变兮,岂余心之可惩㉕。

【注释】

① 帝:古帝王。高阳:传说中远古部族首领颛顼统治天下时的称号。苗:植物初生的茎叶;裔:衣服的边缘。苗裔指后代子孙。兮:句末语气词,《诗经》《楚辞》中常见。相传颛顼的后人熊绎事周成王,被封为楚子。熊绎的孙子熊通后僭号称王,是为楚武王,始都于郢。楚武王熊通有子名瑕,受封于屈邑,其子孙遂以屈为姓。屈原就是瑕的后人。此句谓

我是古帝王高阳氏的后代子孙。　②朕：我。先秦时期，不论贵贱上下，人人可自称朕。至秦始皇时始定为帝王的专用词。皇考：伟大的亡父。皇：大，美。考：父死称考。伯庸：皇考的字。此句谓我那伟大的亡父字伯庸。　③摄提：指寅年。贞：正。孟陬(zōu)：指寅月。　④惟：句首助词，引出时间。庚寅：庚寅日。降：出生。以上两句谓正当寅年寅月寅日的这天，我降生了。　⑤皇：皇考。览：观察。揆(kuí)：揣度，估量。余：我。初度：初生之时的长相与气度。此句谓我的父亲在我出生之时，仔细观察揣度我的长相与气度。　⑥肇：通"兆"，卦兆。锡：赐。嘉名：美好的名字。此句谓(我的父亲)告于祖庙通过卜兆而赐给我美好的名字。　⑦名：取名。字：取字。屈原名平，字原。正则：公正而有法则，隐含有"平"字之意。灵均：善而均平的土地，隐含有"原"字之意。　⑧纷：盛貌。内美：内在的美德。"纷"是修饰内美的，状语提前到句首，表示强调。　⑨重(chóng)：加。修：长。能：才能。"修能"即长才，指办事有能力。　⑩扈(hù)：披上。江离：香草名，又名蘼芜。辟：同"僻"，幽僻。芷：香草名。"辟芷"指生长在幽僻之处的芷草。　⑪纫：联缀，即把香草编成索。秋兰：一种秋天开花的香草。佩：佩饰。此二句谓我把江离和辟芷披在身上，又把香草编织成索，作为饰物佩戴在身上。这两句以采取各种香草比喻自己博采众善。　⑫汩(gǔ)：水流迅疾貌，形容时光飞逝。若：似。不及：赶不上。　⑬年岁：时间。不吾与：不等待我。与：等待。此二句谓光阴似流水一样飞逝，我似乎难以跟上时光的脚步，总是担心岁月不等待我。　⑭搴(qiān)：拔取。阰(pí)：大土山。木兰：香草名。　⑮揽：采。洲：水中可居之地。宿莽：楚人把经冬不死的草叫宿莽。这两句仍以采香草比喻修身勤德。　⑯日月：指时光。忽：迅速。淹：久留。　⑰代序：犹代谢。此二句谓时光不能久留，四季更相代谢。　⑱惟：思，想到。零落：飘零，坠落。　⑲美人：屈原自喻。迟暮：指年老。此二句谓想到草木零落，担心自己年老体衰。　⑳抚：趁。壮：壮盛之年。秽：秽恶之行。　㉑度：态度。这两句是互文，意思是：我何不趁着壮盛之年，抛弃秽恶的行为、改变自己的态度？　㉒骐骥：骏马，比喻贤臣。驰骋：纵马疾驰。来：作者呼王跟从自己的话。道：同"导"，引导。先路：前面的道路。此二句谓我骑上骏马而奔驰，君王您随我来吧！我愿在前为您带路。　㉓三后：有多种说法，旧说指禹、汤、周文王。戴震《屈原赋注》认为"三后"指"楚之先君贤而昭显者"，大概是指熊绎、若敖、蚡冒。纯粹：指德行完美无瑕疵。固：本来。众芳：比喻群贤。在：汇集。此二句谓以往三后德行之所以至善至美，皆因身边本来就汇集了众多贤臣。　㉔杂：夹杂。申椒：申地所产之椒。椒：香木名，其果实叫花椒。菌桂：香木名，即肉桂。菌，一作"箘"。维：通"唯"，只，独。蕙、茝(zhǐ)：都是香草名，比喻贤者。此二句谓禹、汤、文王虽有圣德，仍杂用众贤，并非独任一人。　㉕耿介：光明正直。既：已经。遵：遵循，沿着。得路：找到治国的正确方向。此二句谓那尧和舜光明正直，已经遵循正确道路而找到了治国的康庄大道。　㉖桀纣：夏桀和商纣。猖披：本指穿衣服而不系带的样子，引申为放纵不检点。捷径：斜出的小路。窘步：困窘难行。此二句谓桀纣为政不走正道，以至于寸步难行。　㉗党人：指结党营私的小人。偷乐：苟且贪图享乐。幽昧：昏暗不明。险隘：危险狭隘。此二句谓那帮结党营私的小人只知道苟且贪图享乐，导致国家前途黑暗而危险。　㉘余身：我自身。惮：畏惧。殃：灾祸。恐：担心。皇舆：本指君王所乘的车子，这里比喻国家。败绩：本指军队大败，比喻国家倾覆。此二句谓难道我害怕自身遭受灾祸吗？我担心

45　一　古代诗词

的是国家一朝倾覆！ ㉙忽：迅疾的样子。先后：在君王车前车后，比喻为国尽力。及：追赶上。前王：指上文"三后"和尧舜。踵武：足迹。踵：脚后跟。此二句谓我匆匆忙忙奔走在君王的车前车后，想要追踪先王的足迹，为国尽力。 ㉚荃(quán)：香草名，比喻君王。察：体察。中情：内心。齌(jī)怒：本指用猛火烧饭，此指暴怒。此二句谓君王不但不体察我的内心，反而听信谗言，对我暴怒。 ㉛謇謇(jiǎn)：忠贞直言的样子。为患：带来祸患。忍：不忍心。舍：停止。此二句谓我本来就知道忠贞之言会带来祸患，想要忍耐，但终于还是不能自止而不直言。 ㉜九天：古人以为天有九重，故曰"九天"。正：同"证"，意思是指天以作证，即对天发誓。灵修：指楚王。故：缘故。此二句谓我愿对天发誓，一切都是为了楚王的缘故。 ㉝期：约定。羌：楚人发语词。中道：半路，中途。此二句谓楚王当初已经与自己有了约定，后来忽然中途改变。洪兴祖《楚辞补注》认为这两句是后人所加的衍文，应该删去。 ㉞初：当初。成言：约定好的话。悔：反悔。遁：隐匿。有他：有了别的打算。此二句谓怀王开始还信任我，与我议论国政，后来听信谗言，中道反悔，而有其他的打算。 ㉟难：畏惧。数(shuò)化：(主意)屡次改变。此二句谓我并不畏惧被君王疏远而离别，我伤心的是君王屡次改变主意(屈原建议楚王联齐抗秦，而楚王为张仪所惑，合秦而绝齐)。 ㊱滋：栽种。畹(wǎn)：王逸说一畹是十二亩，班固说是二十亩，许慎说是三十亩。树：种植。此二句谓我已经种了九畹兰花，又种了百亩蕙草。 ㊲畦(qí)：本指田垄，这里用作动词，意思是分畦种植，即一垄一垄地栽种。留夷：香草名。一说即芍药。揭车：香草名，一名乞舆。杂：掺杂栽种。杜衡：香草名，似葵而香，俗名马蹄香。芳芷：香草名。留夷、揭车、杜衡、芳芷都是香草名，用来比喻君子、贤人。此二句谓我一垄一垄地种植了留夷和揭车，又在畦沟里套种了杜衡和芳芷。 ㊳冀：希望。峻：高大。茂：茂盛。竢(sì)：同"俟"，等待。时：时机。刈(yì)：收割。此二句谓我希望它们枝叶茂盛，待到时机成熟我就可以有所收获了。比喻等待人才成长后，择机加以任用。 ㊴虽：即使。萎绝：枯萎零落，比喻自己一手栽培的人才遭受摧折。哀：哀叹。众芳：指上文所说的兰、蕙、留夷、揭车、杜衡、芳芷等香草。芜秽：荒芜污秽，比喻人才变节堕落。此二句谓自己培养的人才即使遭受摧折又有什么值得伤心的，最可悲的是他们变节堕落。 ㊵众：指群小。竞进：指争相追逐功名利禄权势。贪婪：指品行污秽。凭：满。猒：同"厌"，满足。求索：贪得不已。此二句谓群小争相追逐功名利禄权势，品行污秽，私囊虽已装满，却仍然不知满足，贪得不已。 ㊶恕：忖度，这里不能解释为"宽恕"。己：自己。量：估量，揣度。杨宝忠《古代汉语词语考证》认为"内恕己以量人"犹"以小人之心度君子之腹"。兴心：生心。兴心而嫉妒：犹言"生嫉妒之心"。此二句谓这些人以小人之心度君子之腹，以为屈原也和他们一样，因而各生嫉妒之心。 ㊷驰骛(wù)：马奔跑的样子。追逐：追逐私利。此二句谓他们忙忙碌碌地奔走着追逐私利，这不是我的内心感到急切的事情。 ㊸冉冉：渐渐。修名：美名。立：树立。此二句谓我渐渐走向衰老，担心不能留下美好的名声。 ㊹坠露：坠落的露水。落英：一说为落花，一说为秋菊初开之花。此二句谓我早上饮用木兰花叶上坠下来的露水，晚上餐食秋菊落下来的花瓣。作者以此比喻修行洁身。 ㊺苟：只要。情：情感。信：确实，的确。姱(kuā)：美好。练要：精诚专一。顑颔(kǎnhàn)：吃不饱而面黄肌瘦的样子。此二句谓只要我的情感确实美好而且精诚专一，即使长期面黄肌瘦也不值得哀伤。 ㊻擥(qiān)：

同"揽",持,握。木根:树木的根,比喻人立身的根本。结:编结捆绑。贯:贯串。薜荔:香草名。蕊:花心。此二句谓我手持兰槐的细根来挽结白芷,贯串起薜荔的落蕊。 ㊼矫:举起。菌桂:即箘桂,见"杂申椒与菌桂兮"注解。索:这里用作动词,把胡绳搓成绳索的形状。胡绳:香草名。纚纚(xǐ):形容事物相连而下垂的样子。此二句谓我手持菌桂来连缀蕙草,把胡绳搓成绳索,绳索长而下垂。 ㊽謇:发语词。法:效法。前修:前代贤人。服:用。这两句意思是:我的饮食和服饰都效仿前代贤人,而不是一般世俗之人所用。 ㊾虽:虽然。不周:不合。依:依照。彭咸:殷贤大夫,谏其君不听,自投水而死。遗则:遗留下来的法则。此二句谓虽然不合于当今之人的思想,我却愿意以彭咸作为榜样。 50 太息:叹息。掩涕:擦拭眼泪。民生:人生。多艰:多难。此二句谓我长长地叹息,不停地擦拭眼泪,哀伤人生的路途如此艰难。 51 靰(jī):马缰绳。羁(jī):马络头。"靰羁"引申为被人所系累、束缚。谇(suì):谏诤。替:废弃。此二句谓我虽然有如此美好的品行,但是早上进谏晚上就被废弃。 52 纕(xiāng):佩带。申:重。此二句谓我虽然因为佩戴蕙草而被废弃,但我还是重持香茝来表示我坚定不移的志向和操守。 53 亦:假如,如果。善:爱好。九:形容次数多。此二句谓如果是我所向往和追求的,即使为此多次去死,我也决不后悔。 54 怨:怨恨。浩荡:一说放肆纵恣的样子,一说无思虑的样子。民心:人心。此二句谓怨恨君王过于放荡恣纵,始终不细心考察人的真情。 55 众女:群小。嫉:嫉妒。蛾眉:眉如蚕蛾,美好的样子,比喻贤才。谣:毁谤。诼:逸诬。淫:淫邪。此二句谓群小嫉妒我的贤能,反而造谣污蔑说我是淫邪之人。 56 时俗:世俗,流俗。工巧:善于取巧。偭(miǎn):背,违背。规:用来求圆形的工具。矩:用来求方形的工具。规矩:犹言"法则、法度"。错:同"措",措施。此二句谓本来世俗之人就善于取巧,违背法度,改变措施。 57 绳墨:用来画直线的工具,这里比喻正直之道。追曲:追随邪曲。竞:争相。周容:苟合取容。度:法则。此二句谓违背正直之道而追求邪曲,争相以苟合取容作为处世的法则。 58 忳(tún):忧愁、烦闷的样子。郁邑:郁悒,忧闷。"忳郁邑"之类的三字状语还有纷总总、班陆离、芳菲菲,等等。侘傺(chàchì):因失意而神情恍惚的样子。穷困:走投无路。乎:相当于"于",在。此二句谓我忧愁烦闷,常常因失意而神情恍惚,为何独独我现在如此穷途末路? 59 宁:宁愿。溘(kè)死:忽然死去。流亡:流放出亡。此态:指群小逸佞之态。此二句谓我宁肯忽然死去使灵魂四处飘荡、流浪,也不愿苟且偷生,做出竞相取悦的丑态来。 60 鸷(zhì)鸟:凶猛的鸟,比喻个性刚强正直。不群:指不与凡鸟同群。此二句谓刚强正直之人不与奸邪小人同流合污,从很久以前本来就是如此。 61 何:如何。圜:同"圆"。周:相合,相容。孰:怎么。异道:不同道。相安:相安无事。此二句谓方和圆怎么彼此相容,不同道的人又怎么能相安无事呢? 62 屈心:委屈自己的内心。抑志:压抑自己的情志。忍尤:忍受旁人加给自己的罪名。攘诟(rǎng gòu):容忍耻辱。诟:诟骂。 63 伏:通"服",保持。死直:守正直之道而死。厚:嘉许,重视。此二句谓保持清白,为坚守正直之道而死,本来就是前代圣贤所嘉许的。 64 相(xiàng)道:观察道路。不察:不明察,不清楚。延:长久。伫:伫立。反:后来写作"返"。此二句谓后悔当初查看道路不够清楚,我久久伫立不愿离去,打算返回原来所走过的道路。 65 回:回转。复路:回到旧路上去。及:趁。行迷:行走迷路。此二句谓我调转车头回到旧道,趁着迷失方向还不算太远。 66 步:徐行。皋:

近水高地。兰皋:皋上有兰,故曰"兰皋"。驰:使劲赶马。椒丘:长着椒树的山丘。且焉:暂且在此。止息:停下来休息。此二句谓我骑着马在兰皋上徐行,然后急驰到椒丘之上,暂且在那儿停下来休息。 ⑥⑦进:进身君前。不入:不被君王所接纳。离:通"罹",遭遇。尤:罪。离尤:犹言"获罪"。退:退下,离去。复修:重新整治。初服:当初的服饰,比喻初志。此二句谓进身君前不被接纳反而获罪,即使身退也一如既往,重申旧志,不改初衷。 ⑥⑧制:裁制。芰(jì)荷:指菱叶与荷叶。集:集合,集聚。芙蓉:荷花。衣:上衣。裳:下衣。此二句谓裁制菱叶与荷叶制作成上衣,缝缀荷花的花瓣制作成下裳。 ⑥⑨不吾知:不知吾,是宾语前置句。已:罢。信:的确。芳:芬芳。这两句是倒装句法,意思是:只要我的内心情感确实芬芳,即便没有人了解我也就算了吧! ⑦⑩高、长:形容词的使动用法,使……高,使……长。岌岌(jí):高高的样子。陆离:长长的样子。此二句谓把我的帽子加得更高,把我的佩饰加得更长。 ⑦①芳:香草。泽:污垢(用郭沫若《屈原赋今译》说),一说"泽"指玉佩的润泽。杂糅:同意并列复合词,混杂在一起。昭质:光明洁白的质地,比喻美好的品质。亏:亏损。此二句谓自己同那帮奸邪小人混在一起,只有我光明纯洁的品质没有缺失。 ⑦②忽反顾:忽然回头。游目:纵目远望。四荒:四方荒原之地。此二句谓我忽然回过头来,纵目四望,打算到四方荒远之地去寻求能够赏识我的知音。 ⑦③佩:佩饰。缤纷:盛多的样子。繁饰:众多的饰物。芳菲菲:形容香气很浓。弥:愈加。章:同"彰",显著。此二句谓我的佩戴五彩缤纷,我的饰物花样繁多,香气浓烈,愈益显著。 ⑦④民生:人生。乐:爱好,喜乐。好修:爱好修洁。此二句谓人生各有各自喜好的事情,我只把爱好修洁当作生活的常态。 ⑦⑤体解:肢解,古代的一种酷刑。惩(chéng):戒惧。此二句谓即使我遭受肢解之刑,我也不会更改心意,难道我的心会因为打击而心存戒惧?

【集评】

《离骚》之文,依《诗》取兴,引类譬谕,故善鸟香草,以配忠贞;恶禽臭物,以比谗佞;灵脩美人,以媲于君;宓妃佚女,以譬贤臣;虬龙鸾凤,以托君子;飘风云霓,以为小人。其词温而雅,其义皎而朗。凡百君子,莫不慕其清高,嘉其文采,哀其不遇,而愍其志焉。([汉]王逸《楚辞章句序》,[宋]洪兴祖撰、白化文等点校《楚辞补注》,中华书局1983年版,第2—3页。)

民生四句,总承篇首至此之意而结之,以起下文,实一篇之枢纽也。盖始之事君以修能,其遇谗以修姱;其见废而誓死,则法前修;即欲退以相君,亦修初服:固始终一好修也。自此以下又承往观四荒,而以好修之有合与否,反覆设辞,而终归于为彭咸之意。([清]蒋骥《山带阁注楚辞》卷一,上海古籍出版社1984年版,第39页。)

【思考题】

1. 谈谈《离骚》所体现的楚方言特色。

2. 结合原文,谈谈你对王逸《离骚序》"《离骚》之文,依《诗》取兴,引类譬谕,故善鸟香草,以配忠贞;恶禽臭物,以比谗佞;灵修美人,以媲于君"这段话的理解。

【深度阅读】

1. 姜亮夫校注《屈原赋校注》,人民文学出版社1957年版。
2. [汉]司马迁《史记·屈原贾生列传》,中华书局1959年版。
3. 梁启超《屈原研究》,中华书局1989年重印版《饮冰室合集·文集之三十九》。
4. 褚斌杰《楚辞要论》,北京大学出版社2003年版。

燕歌行
高 适

高适(约702—765),字达夫,一字仲武,渤海蓨(tiáo,今河北景县)人。天宝八年(749),中"有道科",经宋州刺史张九皋推荐任封丘尉。不久弃官入河西节度使哥舒翰幕府,为掌书记。"安史之乱"起,拜侍御史,迁谏议大夫。历任淮南、西川节度使和州刺史等职,官至散骑常侍,封渤海县侯。世称"高常侍"。有《高常侍集》十卷。事见《旧唐书》卷一一一、《新唐书》卷一四三本传。

高适的诗现存二百四十多首,或描写边塞生活,或反映人民疾苦,此外也有一些讽时伤乱诗和咏怀诗。其中,以边塞诗最为著名,在当时与岑参齐名,并称"高岑"。其诗直抒胸臆,不尚雕饰,以七言歌行最富特色;笔力雄健,风格粗犷豪放,洋溢着盛唐时期所特有的奋发进取、蓬勃向上的时代精神。《燕歌行》歌颂了战士们为保卫边疆而英勇杀敌、奋不顾身的英雄气概,同时也暗讽边塞将领用人不当。全诗悲壮豪放,感人至深,体现了高超的艺术手法。

本篇选自孙钦善校注《高适集校注》,上海古籍出版社1984年版。

开元二十六年,客有从元戎张公出塞而还者,作《燕歌行》以示,适感征戍之事,因而和焉①。

汉家烟尘在东北,汉将辞家破残贼②。男儿本自重横行,天子非常赐颜色③。摐金伐鼓下榆关,旌旆逶迤碣石间④。校尉羽书飞瀚海,单于猎火照狼山⑤。山川萧条极边土,胡骑凭陵杂风雨⑥。战士军前半死生,美人帐下犹歌舞⑦。大漠穷秋塞草腓,孤城落日斗兵稀⑧。身当恩遇常轻敌,力尽关山未解围⑨。铁衣远戍辛勤久,玉箸应啼别离后⑩。少妇城南欲断肠,征人蓟北空回首⑪。边庭飘飖那可度,绝域苍茫无所有⑫!杀气三时作阵云,寒声一夜传刁斗⑬。相看白刃血纷纷,死节从来岂顾勋⑭!君不见沙场征战苦,至今犹忆李将军⑮。

【注释】

① 开元二十六年:公元738年。元戎张公:指幽州节度使张守珪。《燕歌行》:乐府《相和歌辞·平调曲》旧题(见《乐府诗集》卷三十二),前人所作多为思妇怀念征夫,此则歌咏东北边地征戍之情。感征戍之事:开元二十三年(735),张守珪以战功拜辅国大将军、右羽林大将军,兼御史大夫。但后来恃功骄纵,不恤士卒。副将赵堪、白真陀罗矫张之命,逼迫平卢军使击契丹余部,先胜后败,张守珪隐瞒败状而虚报战功(参《旧唐书·张守珪传》)。高适获知实情,有感而作,即所谓"感征戍之事"。 ② 汉家:汉朝。唐人诗中写时事,经常托之汉代。烟尘:烽烟和尘土,代指战争。在东北:开元十八年(730)五月,契丹族和奚族叛唐降突厥,此后,唐和契丹、奚族的战争连年不断(参《资治通鉴》卷二一三)。汉将:指张守珪。 ③ 横行:纵横驰骋,不可阻挡。非常赐颜色:指破格赐予荣耀或礼遇。 ④ 摐(chuāng):撞击。金:指錞(chún)、镯之类。伐鼓:击鼓。下:犹言出。榆关:即山海关,是通往东北的要隘,在今河北省秦皇岛市东北。旌旆(pèi):泛指旗帜。逶迤(wēiyí):连绵不绝的样子。碣石:山名,在今河北昌黎县北,此泛指东北沿海一带。 ⑤ 校尉:武官名,泛指统兵的将帅。羽书:插有羽毛的紧急军用文书。瀚海:沙漠,此指蒙古高原大沙漠。单于(chányú):匈奴人对其首领的称号,这里泛指北方少数民族首领。猎火:狩猎时所举之火。古代游牧民族出征作战前,常举行大规模校猎,作为军事演习。此处以会猎代指战争。狼山:一名狼居胥山,在今内蒙古自治区西北部。此处非实指,而是泛指战场。 ⑥ 极:穷尽。胡骑(jì):指敌方的骑兵。凭陵:仗势逼压。杂风雨:形容敌人的骑兵来势凶猛,如狂风骤雨。一说指敌人在风雨交加之时冲过来。 ⑦ 军前:指战场上。半死生:半死半生,表示伤亡惨重。帐下:指将帅的营帐之中。此句是说将帅骄奢淫逸,不恤士卒。 ⑧ 穷秋:深秋。塞草:塞外的草。腓(féi):病。这里指枯萎。斗兵稀:能战斗的士兵越来越少。 ⑨ 身当恩遇:指主帅受到朝廷的恩宠与厚遇。恒:经常。 ⑩ 铁衣:铁甲,代指战士。玉箸:玉制的筷子,比喻眼泪。 ⑪ 城南:京城长安的住宅区在城南,此泛指征人的故乡。蓟北:从蓟州(今河北省蓟县)往北一带,此泛指唐朝东北边地。 ⑫ 边庭飘飖(yáo):形容边疆动荡、起伏。那可度:怎么能越过。绝域:极边远荒凉之地。苍茫:广阔无边的样子。更何有:更加荒凉,什么都没有。这两句是形容边疆战场动荡不安,环境险恶。 ⑬ 三时:指晨、午、晚,表示从早到晚,历时很长。阵云:战云。一夜:整夜,彻夜。刁斗:军中夜里打更、白天煮饭的两用铜器。 ⑭ 死节:为国牺牲。勋:功勋。 ⑮ 李将军:汉代名将李

广,他善骑射,作战勇敢,抚爱士卒,匈奴称之为"飞将军"。此句意思是当时没有像李将军那样的将领。

【集评】

适诗多胸臆语,兼有气骨,故朝野通赏其文。至于《燕歌行》等篇,甚有奇句。([唐]殷璠撰、王克让集注《河岳英灵集注》卷上,巴蜀书社2006年版,第180页。)

词浅意深,铺排中即为诽刺,此道自《三百篇》来,至唐而微,至宋而绝。"少妇""征人"一联倒,一语乃是征人想他如此。联上"应"字神理不爽。结句亦苦平淡,然如一匹衣着,宁令稍薄,不容有颣。([清]王夫之撰、船山全书编辑委员会编《船山全书·唐诗评选》卷一,岳麓书社2011年版,第十四册第900页。)

【思考题】

1. 分析高适《燕歌行》和岑参《走马川行》的思想内容,比较高适、岑参边塞诗在艺术表现手法上的不同。
2. "战士军前半死生,美人帐下犹歌舞"这两句诗有何深刻意蕴及艺术效果?

【深度阅读】

1. 孙钦善校注《高适集校注》,上海古籍出版社1984年版。
2. 刘开扬笺注《高适诗集编年笺注》,中华书局1981年版。
3. 蔡振念《高适研究》,台湾花木兰文化出版社2008年版。

水龙吟·登建康赏心亭[①]
辛弃疾

辛弃疾(1140—1207),原字坦夫,改字幼安,别号稼轩,历城(今山东济南)人。出生时中原已为金兵所占。二十一岁参加抗金义军,不久归南宋。历任湖北、江西、湖南、福建、浙东安抚使等职。一生力主抗金。由于与当政的主和派政见不合,后被弹劾落职,遂退隐。有《稼轩长短句》。今人辑有《辛稼轩诗文钞存》。事见《宋史》卷四○一本传。

辛弃疾艺术风格多样,以豪放为主。其词抒写力图恢复国家统一的爱国热情,倾诉壮志难酬的悲愤,对当时执政者的屈辱求和颇多谴责;也有不少吟咏祖国河山的作品。题材广阔又善化用前人典故入词,风格沉雄豪迈又不乏细腻柔媚之处。《破阵子·为陈同甫赋壮词以寄之》《永遇乐·京口北固亭怀古》《水龙吟·登建康赏心亭》《菩萨蛮·书江西造口壁》等均为名篇。但部分作品也流露出抱负不能实现而产生的消极情绪。

本篇选自辛弃疾撰、邓广铭笺注《稼轩词编年笺注》卷一,上海古籍出版社1978年版。

楚天千里清秋,水随天去秋无际②。遥岑远目,献愁供恨,玉簪螺髻③。落日楼头,断鸿声里,江南游子④。把吴钩看了,栏杆拍遍,无人会,登临意⑤。　休说鲈鱼堪脍,尽西风、季鹰归未⑥?求田问舍,怕应羞见,刘郎才气⑦。可惜流年,忧愁风雨,树犹如此⑧!倩何人、唤取红巾翠袖,揾英雄泪⑨?

【注释】

① 水龙吟:《水龙吟》出自李白诗句"笛奏水龙吟",又名《龙吟曲》《庄椿岁》《小楼连苑》。一百零二字,前后片各四仄韵。此调气势雄浑,适宜抒写激奋的思想感情。建康:今江苏南京。赏心亭,《景定建康志》:"赏心亭在(城西)下水门城上,下临秦淮,尽观赏之胜。"　② 楚天:泛指南方的天空。清秋:凄清的秋色。水随天去:长江向无边无际的天边流去。秋无际:秋色无边无际。　③ 遥岑(cén):远山。玉簪(zān):玉做的簪子。螺髻(jì):像海螺形状的发髻。二者比喻高矮和形状各不相同的山岭。　④ 断鸿:失群的孤雁。　⑤ 吴钩:古代吴地制造的一种宝刀。这里应该是以吴钩自喻,空有一身才华,但是得不到重用。　⑥ "休说鲈鱼堪脍"三句:用西晋张翰典,见《晋书·张翰传》。另外,《世说新语·识鉴》也有记载:张翰在洛阳做官,在秋季西风起时,想到家乡莼菜羹和鲈鱼脍的美味,便立即辞官回乡。后来的文人将思念家乡称为莼鲈之思。季鹰:张翰,字季鹰。　⑦ "求田问舍"三句:典出《三国志·魏书·陈登传》。东汉末年,有个人叫许汜,去拜访陈登。陈登胸怀豪气,喜欢交结英雄,而许汜见面时,谈的却都是"求田问舍"(买地买房子)的琐屑小事。陈登看不起他,晚上睡觉时,自己睡在大床上,叫许汜睡在下床。许汜很不满,后来把这件事告诉了刘备。刘备听了后说:"当今天下大乱,你应该忧国忧民,以天下大事为己任,而你却求田问舍。要是碰上我,我将睡在百尺高楼上,叫你睡在地下。"刘郎:刘备。　⑧ 忧愁风雨:风雨,比喻飘摇的国势。化用宋苏轼《满庭芳》:"百年里,浑教是醉,三万六千场。思量,能几许,忧愁风雨,一半相妨。"树犹如此:出自北周诗人庾信《枯树赋》:"树犹如此,人何以堪!"又典出《世说新语·言语》:"桓公北征经金城,见前为琅邪时种柳,皆已十围,慨然曰:'木犹如此,人何以堪!'攀枝执条,泫然流泪。"此处以"树"代"木",抒发自己不能抗击敌人、收复失地,虚度时光的感慨。　⑨ 倩(qìng):请托。红巾翠袖:女子装饰,代指女子。揾(wèn):擦拭。

【集评】

　　世称词之豪迈者,动曰苏、辛。不知稼轩词自有两派,当分别观之。如《金缕曲》之"听我三章约""甚矣吾衰矣"二首,及《沁园春》《水调歌头》诸作,诚不免一意迅驶,专用骄兵。若《祝英台近》之"是他春带愁来,春归何处,却不解带将愁去",《摸鱼儿》发端之"更能消几番风雨,匆匆春又归去",结语之"休去倚危阑,斜阳正在,烟柳断肠处",《百字令》之"旧恨春江流不尽,新恨云山千叠",《水龙吟》之"楚天千里清秋,水随天去秋无际。遥岑远目,献愁供恨,玉簪螺髻",《满江红》之"怕流莺乳燕,得知消息",《汉宫春》之"年时燕子,料今宵梦到西园",皆独茧初抽,柔豪欲腐,平欺秦、柳,下轹张、王。宗之者固仅袭皮毛,诋之者亦未分肌理也。([清]邓廷桢撰、冯惠民点校《双砚斋笔记》卷六,中华书局1987年版,第402页。)

　　辛稼轩词,慷慨豪放,一时无两,为词家别调。集中多寓意作,如《摸鱼儿》云:"更能消几番风雨……烟柳断肠处。"又如:"怕上层楼,十日九风雨。断肠点点飞红,都无人管,更谁劝流莺声住。"又如:"一番风雨,一番狼藉。""尺素如今何处也,绿云依旧无踪迹。谩教人、羞去上层楼,平芜碧。"又如:"把吴钩看了,阑干拍遍,无人会,登临意。"又如:"剩水残山无态度,被疏梅、料理成风月。两三雁,也萧瑟。"此类甚多,皆为北狩南渡而言。以是见词不徒作,岂仅批风咏月。([清]李佳《左庵词话》卷上,唐圭璋编《词话丛编》,中华书局1986年版,第四册第3107页。)

【思考题】

　　1. 这首词下阕连用三个典故,有何深意?
　　2. 谈谈辛弃疾的生平遭遇与其词风之间的关系。

【深度阅读】

　　1. [宋]辛弃疾撰、邓广铭笺注《稼轩词编年笺注》,上海古籍出版社1978年版。
　　2. 邓广铭《辛弃疾传·辛稼轩年谱》,三联书店2007年版。
　　3. 孙崇恩等主编《辛弃疾研究论文集》,中国文联出版公司1993年版。

贺新郎·国脉微如缕
刘克庄

刘克庄(1187—1269),初名灼,字潜夫,号后村,宋莆田(今属福建)人。一生经历了孝宗、光宗、宁宗、理宗、度宗五朝,曾四次被罢官。官至靖安主簿、建阳县令、枢密院编修官、袁州知州等。淳祐六年(1246),赐同进士出身,除秘书少监,兼中书舍人。后官至工部尚书、焕章阁学士,特授龙图阁学士。卒谥文定。诗词均擅,风格豪迈激越,是南宋江湖诗派重要诗人,词作深受辛弃疾影响。有《后村先生大全集》二百卷行世。事见《后村先生大全集》卷一九四林希逸撰刘克庄《行述》、卷一九五洪天锡撰《墓志铭》等。

这首《贺新郎·国脉微如缕》笔力雄壮,极尽抑扬顿挫之致;运用了大量典故,自然贴切,蕴意丰富,字里行间洋溢着济世救国的激情和宏伟志向。本篇选自刘克庄《后村先生大全集》,四川大学出版社2008年版。

实之三和有忧边之语,走笔答之①。

国脉微如缕②。问长缨、何时入手,缚将戎主③?未必人间无好汉,谁与宽些尺度④?试看取、当年韩五⑤。岂有谷城公付授,也不干、曾遇骊山母⑥。谈笑起,两河路⑦。　少时棋柝曾联句⑧。叹而今、登楼揽镜,事机频误⑨。闻说北风吹面急,边上冲梯屡舞⑩。君莫道、投鞭虚语⑪。自古一贤能制难,有金汤、便可无张许⑫?快投笔,莫题柱⑬。

【注释】

① 此词作于淳熙四年(1244),是作者和朋友王实之六首唱和词中的第三首。实之:即王迈,仙游人。宋嘉定十年(1217)进士,有《臞轩集》。时蒙古崛起,经常南侵,故王实之词中有"忧边之语"。　② 国脉:国家的命脉。微如缕:微弱得像一根细线那样容易断掉。形容国家的命运危在旦夕。　③ 此二句典出《汉书·终军传》:"军自请:'愿受长缨,必羁南越王而致之阙下。'"长缨:长绳子。"问长缨、何时入手"表示渴望参军杀敌。此二句谓何时能够出征擒住敌军首领。　④ 宽些尺度:放宽用人的标准。　⑤ 当年韩五:韩五,指南宋抗金名将韩世忠,排行第五,故称韩五。此句当与下面几句连起来理解,意思是:韩世忠出身卑微,既没有名师传授,也没有神仙指点,但是积极抗金,屡立战功。　⑥ 谷城公:又叫黄石公,楚汉相争时期,张良曾从其处得兵法书,后辅佐刘邦成就帝业。付授:传授。不干:不相干。骊山母:传说中的神仙,唐将李筌曾听其讲解《阴符经》,后终成名将,建立功勋。　⑦ 两河路:指河北东路和河北西路。　⑧ "棋柝(tuò)曾联"句:此句用唐韩愈与李正封联句事。《晚秋郾城夜会联句》李正封句:"从军古云乐,谈笑青油幕。灯明夜观棋,月

暗秋城桥。"此二句写自己年少时壮志凌云,欲投身于抗金复国的伟大事业之中。 ⑨登楼:喻有所期望。揽镜:持镜自照,喻年华渐逝。事机频误:指作者自己一生多次被罢官,频频失去收复失地、为国效力的机会。 ⑩北风吹面急:比喻元军南侵。冲梯:攻城用的高梯。屡舞:《后汉书·公孙瓒传》:"袁氏之攻,状若鬼神,梯冲舞吾楼上,鼓角鸣于地中,日穷月急,不遑启处。"此句谓敌军来势汹汹,多次攻我边城。 ⑪投鞭:《资治通鉴》卷一〇四:"今以吾之众,投鞭于江,足断其流,又何险之足恃乎!"意思是:把马鞭投入河中,足以截断水流。形容军队数量极其庞大。此句表明苻坚自恃军队人数众多,根本不把东晋放在眼里。作者将这个旧典活用,意谓蒙古兵人多势众,谁还敢说"投鞭断流"是一句空话呢?虚语:空话。 ⑫一贤能制难:《旧唐书·突厥传》载卢俌上唐中宗疏中语:"汉拜郅都,匈奴避境;赵命李牧,林胡远窜。则朔方之安危,边城之胜负,地方千里,制在一贤。"制难:解除危难。这句意思是:一个贤才便能解除危难。金汤:"金城汤池"的省略,金属造的城,沸水流淌的护城河。形容城池坚固。张许:张巡和许远,二人在唐代安史之乱中坚守睢阳城,最后战死(见《旧唐书》卷一八七《忠义传》)。此二句是反诘句,意思是:有金汤之固,难道就不需要像张巡和许远那样的贤才吗? ⑬投笔:典出《后汉书·班超传》:"(班超)久劳苦,尝辍业投笔叹曰:'大丈夫无它志略,犹当效傅介子、张骞立功异域,以取封侯,安能久事笔研间乎?'"此典故用来呼吁爱国人士积极投笔从戎,报效国家。题柱:据《华阳国志·蜀志》记载,司马相如初入长安前,离开成都途经升仙桥时,曾在送客观门柱上题词说:"不乘赤车驷马,不过汝下也。"意谓不建立功名,绝不还乡。此典故用来表达积极追求个人功名利禄的心情。此二句意在呼吁爱国人士要像班超那样不计个人名利,投笔从戎,报效国家,而不应像司马相如那样斤斤计较,太看重个人的荣辱得失。

【集评】

后村词与放翁、稼轩,犹鼎三足。其生丁南渡,拳拳君国,似放翁;志在有为,不欲以词人自域,似稼轩。([清]冯煦《宋六十一家词选·例言》,孔凡礼、齐治平编《陆游资料汇编》四《清代·冯煦》,中华书局1962年版,第357页。)

张安国词,热肠郁思,可想见其为人。刘后村则感激豪宕,其词与安国相伯仲,去稼轩虽远,正不必让刘(过)、蒋(捷)。世人多好推刘、蒋,直以为稼轩后劲,何耶?([清]陈廷焯《白雨斋词话》,吴熊和总主编、沈松勤主编《唐宋词汇评·两宋卷》,浙江教育出版社2004年版,第三册第2184页。)

【思考题】

1. 这首词在用典方面有何特色?
2. 结合注释,将这首词译成现代白话文。

【深度阅读】

1. [宋]刘克庄撰、钱仲联笺注《后村词笺注》,上海古籍出版社 1980 年版。
2. 欧阳代发、王兆鹏编著《刘克庄词新释辑评》,中国书店 2003 年版。

出嘉峪关感赋(四首其一)
林则徐

林则徐(1785—1850),字元抚,又字少穆、石麟,晚号俟村老人,清侯官(今福建福州)人。嘉庆十六年(1811)进士。官至江苏按察使,人颂"林青天"。其后历任陕西按察使、江宁布政使、湖北布政使、河南布政使、江苏巡抚、湖广总督等职,政绩卓著。道光十九年(1839),林则徐到广州开展禁烟运动,即举世闻名的"虎门销烟"。后被道光皇帝革职,发往新疆伊犁。三十年,清廷为镇压太平天国起义,再次征召林则徐,卒于赴任途中。谥文忠。著有《云左山房文钞》《云左山房诗钞》《使滇吟草》等,所遗奏稿、公牍、日记、书札等辑为《林则徐集》。事见《清史稿》卷三六九本传。

嘉峪关,明洪武五年(1372)设置,在今甘肃省嘉峪关市西,是长城西部终点,古代通往西域的交通要道,号称"天下第一关"。此诗是作者贬谪新疆伊犁途中有感而作。

本篇选自《林则徐全集》编委会编《林则徐全集》第六册,海峡文艺出版社 2002 年版。

严关百尺界天西①,万里征人驻马蹄②。飞阁遥连秦树直③,缭垣斜压陇云低④。天山巉峭摩肩立⑤,瀚海苍茫入望迷⑥。谁道崤函千古险⑦?回看只见一丸泥⑧。

【注释】

① 严关:险峻的关塞。这里指嘉峪关。百尺,形容嘉峪关的高峻。界天西:(嘉峪关)是西域与内地的分界。界:……的分界。天西:指西域,即新疆一带。 ② 万里:形容路途遥远。征人:指作者自己。 ③ 飞阁:嘉峪关城墙上雄伟的高阁。秦树:秦地的树木。秦:指今陕西一带。 ④ 缭垣:指蜿蜒盘旋在崇山峻岭上的城墙。陇云:甘肃地区上空的云。这句意思是说:蜿蜒盘旋的长城把甘肃一带的云都压低了。 ⑤ 天山:即祁连山,在嘉峪关南边。摩肩立:形容群峰高矗,一个挨着一个,像人的肩膀靠着肩膀站立着。 ⑥ 瀚海:指新疆的戈壁沙漠。迷:远望模糊之意。 ⑦ 崤函:崤山边的函谷关,在今河南灵宝东南

十二里,地势险要。 ⑧一丸泥:函谷关位处山谷狭道中,地势险峻,古人说只要用一丸泥就可以封住函谷关,形容地险易守。《后汉书·隗嚣传》载隗嚣的部将王元曰:"请以一丸泥为大王东封函谷关,此万世一时也。"作者在此反其意而用之,意谓函谷关虽险,但是站在雄伟的嘉峪关上回头望去,函谷关只不过是一小块丸泥而已,以此反衬嘉峪关之雄伟险要。

【集评】

《出嘉峪关》诗,风格高壮,音调凄清,读之令人唾壶击碎;然怨而不怒,得诗人温柔敦厚之旨。([清]林昌彝著,王镇远、林虞生标点《射鹰楼诗话》卷一,上海古籍出版社1988年版,第13—14页。)

林则徐最具文学价值的作品是诗词。他的友人尝评其诗"波澜壮阔,笔力雄健,于唐为工部,于宋为大苏""俊逸清新,盛唐遗响"。《射鹰楼诗话》称其"风格高壮",《石遗室诗话》谓:"使事稳却,对仗工整。"《晚晴簃诗汇》言其"缘情赋物,靡不裁量精到,中边俱澈,卓识闳论,亦时流露其间,非寻常诗人所及"。其中不乏感慨时事,壮怀激烈的直抒胸臆之作,不仅文采横溢,又可以作为史实来解读。(杨国桢选注《林则徐选集》,人民文学出版社2004年版,第6页。)

【思考题】

1. 这首诗运用了哪些修辞手法?
2. 试结合诗中"直""低""立""迷"等词,谈谈本诗在用词方面的特色。

【深度阅读】

1. 杨国桢选注《林则徐选集》,人民文学出版社2004版。
2. 《林则徐全集》编委会编《林则徐全集》,海峡文艺出版社2002年版。

二　古代散文(含应用文)、小说、戏曲

诸子与学术第一

孔子论孝
(《论语》)

孔子(前551—前479),名丘,字仲尼,春秋时期鲁国陬邑(今山东曲阜)人。儒家学派的创始人,中国古代著名思想家和教育家。《论语》为记载孔子及其主要弟子言行的语录,是研究孔子及儒家思想的原始文献与重要经典。

"孝"是孔子的重要思想。在孔子看来,"孝"是为人的根本,也是为政的根本,更是"仁"德的体现。"孝"包括孝顺、孝养和孝敬等不同层面,对身份地位、家庭条件与个性存在差异的人,"孝"也体现出不同的层次与要求。本篇摘取《论语》中论"孝"的语录,从中可以看出孔子对"孝"的不同解释与对"孝子"的不同标准和要求,也体现出孔子有教无类、因材施教的教育理念与思想。

本篇各条均选自孙钦善《论语本解》,三联书店2009年版。

有子曰①:"其为人也孝弟②,而好犯上者,鲜矣;不好犯上,而好作乱者,未之有也。君子务本,本立而道生。孝弟也者,其为仁之本与③!"

子曰:"弟子入则孝,出则弟,谨而信④,泛爱众而亲仁。行有馀力,则以学文。"

子夏曰⑤:"贤贤易色⑥,事父母能竭其力,事君能致其身,与朋友交言而有信:虽曰未学,吾必谓之学矣。"

子曰:"父在,观其志⑦;父没,观其行;三年无改于父之道⑧,可谓孝矣。"(以上《学而篇》)

孟懿子问孝⑨。子曰:"无违。"樊迟御⑩,子告之曰:"孟孙问孝于我,我对曰:'无违。'"樊迟曰:"何谓也?"子曰:"生,事之以礼;死,葬之以礼,祭之以礼。"

孟武伯问孝⑪。子曰:"父母唯其疾之忧⑫。"

子游问孝⑬。子曰:"今之孝者,是谓能养。至于犬马,皆能有养;不敬,何以别乎?"

子夏问孝。子曰:"色难⑭。有事,弟子服其劳,有酒食,先生馔⑮,曾是以为孝乎⑯?"

或谓孔子曰:"子奚不为政?"子曰:"《书》云:'孝乎惟孝,友于兄弟,施于有政。'是亦为政,奚其为为政?"(以上《为政篇》)

子曰:"事父母几谏⑰,见志不从,又敬不违,劳而不怨⑱。"
子曰:"父母在,不远游。游必有方⑲。"
子曰:"父母之年,不可不知也⑳。一则以喜,一则以惧。"(以上《里仁篇》)

子曰:"出则事公卿,入则事父兄,丧事不敢不勉,不为酒困㉑,何有于我哉?"(以上《子罕篇》)

子曰:"孝哉闵子骞㉒!人不间于其父母昆弟之言㉓。"(以上《先进篇》)

叶公语孔子曰㉔:"吾党有直躬者,其父攘羊,而子证之㉕。"孔子曰:"吾党之直者异于是:父为子隐,子为父隐,直在其中矣。"(以上《子路篇》)

宰我问㉖:"三年之丧,期已久矣。君子三年不为礼,礼必坏;三年不为乐,乐必崩。旧谷既没,新谷既升,钻燧改火㉗,期可已矣㉘。"子曰:"食夫稻,衣夫锦,于女安乎?"曰:"安。""女安,则为之!夫君子之居丧,食旨不甘,闻乐不乐,居处不安,故不为也。今女安,则为之!"宰我出。子曰:"予之不仁也!子生三年,然后免于父母之怀。夫三年之丧,天下之通丧也。予也有三年之爱于其父母乎?"(以上《阳货篇》)

【注释】

① 有子(前518—前458),名若,字子有,鲁国(今山东肥城)人。孔子弟子。 ② 孝弟:孝,敬事父母;弟,同"悌"(tì),尊重兄长。孙钦善《论语本解》:"孝弟是维系以血缘为纽带的父系家长制嫡长子继承的封建宗法关系的基本品德。" ③ 仁:《论语本解》:"仁:一种很高的道德规范,具有丰富的内涵,诸如爱人、忠恕、克己复礼、谨言、慎行等。"清王夫之《读通鉴论》卷八:"夫孝者,人之性也,仁之所由发也。"一说"仁"即"人",孝弟为人立身之本。 ④ 谨而信:即"敬事而信"。谨就事而言,信就言而言。李零《丧家狗:我读〈论语〉》:"'谨',是寡言。""'众'指民,'仁'读人。" ⑤ 子夏(前507—?):姓卜,名商,卫国温县(今山西温县西南)人。孔子弟子,以文学称。 ⑥ 贤贤:以贤为贤,与"贵贤"同。易,代替;易色,代替好色。一说易,轻视;色,容色。 ⑦《论语本解》:"志,意念。父亲在世,不得有所专行,故只能观察其意念是否与父亲志同道合。" ⑧ 三年:指父母逝后三年服丧期间。此句又见

《论语·里仁》。又《子张》:"曾子曰:'吾闻诸夫子:孟庄子之孝也,其他可能也;其不改父之臣与父之政,是难能也。'" ⑨ 孟懿子:鲁国大夫。姓仲孙,名何忌,懿为谥号。《论衡·问孔》:"毋违者,礼也。" ⑩ 樊迟(前515—?),名须,字子迟,齐人(一说鲁人)。孔子弟子,喜耕重农。 ⑪ 孟武伯:孟懿子之子,名彘,武为谥号。 ⑫ 《论语·颜渊》:"一朝之忿,忘其身,以及其亲,非惑与?"即此句之义。《孝经》:"身体发肤,受之父母,不敢毁伤,孝之始也。"或曰子女唯恐父母生病。 ⑬ 子游(前506—?):姓言,名偃,字子游,吴人。孔子弟子,以文学称。 ⑭ 色:敬爱和悦的容色态度。 ⑮ 先生:年长者,老年人。馔(zhuàn):吃喝。 ⑯ 曾(zēng):乃,竟。 ⑰ 几:微,委婉。 ⑱ 劳:忧,担忧。《礼记·内则》:"父母有过,下气怡色,柔声以谏。谏若不入,起敬起孝,说则复谏;不说,与其得罪于乡党州闾,宁孰谏。父母怒,不说而挞之流血,不敢疾怨,起敬起孝。"《礼记·曲礼》:"三谏而不听,则是泣而随之。" ⑲ 方:方向,去处。《礼记·玉藻》:"亲老,出不易方,复不过时。"不轻于远游或动辄远行。 ⑳ 朱熹《论语集注》:"知,犹记忆也。常知父母之年,则既喜其寿,又惧其衰,而于爱日之诚,自有不能已者。" ㉑ 因:乱。《论语·乡党》:"惟酒无量,不及乱。" ㉒ 闵子骞(前536—?):姓闵,名损,字子骞,鲁人。孔子弟子,以德行称。 ㉓ 间(jiàn):间言,非议。 ㉔ 叶(shè)公,即沈诸梁,芈姓,沈尹氏,名诸梁,字子高,史称叶公。春秋末期楚国大夫。封地在叶邑(今河南叶县南旧城),颇具治绩。曾任楚国相。 ㉕ 证:告,告发、揭发。 ㉖ 宰我(前522—前458):亦称宰予,字子我,鲁人。孔子弟子,以言语称。 ㉗ 钻燧改火:古时人们钻木或敲燧石以取火。古代钻木取火,四季用不同的木材,称改火。何晏《论语集解》引马融曰:"《周书·月令》有更火之文。春取榆柳之火,夏取枣杏之火,季夏取桑柘之火,季秋取柞楢之火,冬取槐檀之火。一年之中,钻火各异木,故曰改火也。" ㉘ 期(jī):同"朞",一年。

【集评】

公都子曰:"匡章,通国皆称不孝焉;夫子与之游,又从而礼貌之。敢问何也?"孟子曰:"世俗所谓不孝者五:惰其四支,不顾父母之养,一不孝也;博弈好饮酒,不顾父母之养,二不孝也;好货财,私妻子,不顾父母之养,三不孝也;从耳目之欲,以为父母戮,四不孝也;好勇斗狠,以危父母,五不孝也。章子有一于是乎?夫章子,子父责善而不相遇也。责善,朋友之道也。父子责善,贼恩之大者。夫章子,岂不欲有夫妻子母之属哉!为得罪于父,不得近,出妻屏子,终身不养焉。其设心以为不若是,是则罪之大者,是则章子而已矣。"(《孟子·离娄下》,《十三经注疏·孟子注疏》卷八下,中华书局2009年影印清嘉庆刊本,第5950页。)

子曰:"孝子之事亲也,居则致其敬,养则致其乐,病则致其忧,丧则致其哀,祭则致其严。五者备矣,然后能事亲。事亲者,居上不骄,为下不乱,在丑不争;居上而骄则亡,为下而乱则刑,在丑而争则兵。三者不除,虽日用三牲之养,犹为不孝也。"(《孝经·纪孝行章》,《十三经注疏·孝经注疏》卷六,中华书局2009年影印清嘉庆刊本,第5557页。)

古之孝者,立身行道,扬名于后世,以显父母。扬名者,扬己之名也。父母之乐,莫乐乎有令子;而人子之善,莫善于为圣贤。身为圣贤,而父母即为圣贤之父母。……后之君子,不务立己之身,而务饰亲之美。予见近人家传行述,日繁一日,学必程朱,文必韩柳,诗必李杜,书必钟王,究之皆妄说也。夫过情之声闻,君子耻之;子孙而以无实之名加诸先人,是耻其亲也。欺人而人不信,欺亲而亲不安,以是为孝,何孝之有!《论语》廿篇,尝言陬人之子,而不言陬人行事;孟母之贤,见于它书,而七篇略不及焉。岂孔孟之欲显其亲不如后之君子哉!显亲之道,在乎立身,亲果有善,何待子孙言之;子孙言之,徒使后人疑之,恶在其能显亲也!亲之名,听诸公论;而己之名,可以自勉。"君子疾没世而名不称",其斯以为孝乎!([清]钱大昕撰、吕友仁点校《潜研堂集》卷一七《原孝上》,上海古籍出版社1989年版,第280—281页。)

【思考题】

你认为孔子所讲的"孝"在今日社会还适用吗?是否有其普世意义?

【深度阅读】

1. [宋]朱熹《论语集注》,中华书局《四书章句集注》本,1983年版。
2. 孙钦善《论语本解》,三联书店2009年版。
3. 胡平生《孝经译注》,中华书局1996年版。
4. [清]钱大昕撰、吕友仁校点《潜研堂集》卷一七《原孝》(上、下),上海古籍出版社2009年版。

我善养吾浩然之气
(《孟子·公孙丑上》)

孟子(前372—前289),名轲,字子舆,战国邹(今山东邹城)人。受业于孔子之孙子思的弟子,是孔子之后儒家学派的主要代表人物,世称"亚圣"。《孟子》七篇,主要记载孟子及其后学的言行,是研究孟子及其学说的重要经典。

本篇为孟子与其弟子就"知言""养气"之说展开的对话与讨论。"知言"强调辨别言辞的能力,"养气"强调个人内在的道德修养功夫。所养者乃所谓"浩然之气",但需要"配义与道",经过长期修行培植,才能达到"充塞天地"的"至大至刚"境界。

本篇选自焦循撰、沈文倬点校《孟子正义》卷六,中华书局1987年版。

公孙丑问曰:"夫子加齐之卿相①,得行道焉,虽由此霸王不异矣②。如此,则动心否乎③?"孟子曰:"否。我四十不动心④。"曰:"若是,则夫子过孟贲远矣⑤。"曰:"是不难,告子先我不动心⑥。"

曰:"不动心有道乎?"曰:"有。北宫黝之养勇也⑦,不肤挠⑧,不目逃⑨;思以一豪挫于人⑩,若挞之于市朝⑪。不受于褐宽博⑫,亦不受于万乘之君。视刺万乘之君若刺褐夫。无严诸侯⑬,恶声至,必反之⑭。孟施舍之所养勇也⑮,曰:'视不胜犹胜也。量敌而后进,虑胜而后会⑯,是畏三军者也。舍岂能为必胜哉,能无惧而已矣!'孟施舍似曾子⑰,北宫黝似子夏。夫二子之勇,未知其孰贤;然而孟施舍守约也⑱。昔者曾子谓子襄曰⑲:'子好勇乎?吾尝闻大勇于夫子矣。自反而不缩⑳,虽褐宽博,吾不惴焉;自反而缩,虽千万人吾往矣。'孟施舍之守气,又不如曾子之守约也。"

曰:"敢问夫子之动心,与告子之不动心,可得闻与?""告子曰:'不得于言㉑,勿求于心㉒;不得于心,勿求于气㉓。'不得于心,勿求于气,可;不得于言,勿求于心,不可。夫志,气之帅也;气,体之充也㉔。夫志至焉,气次焉㉕。故曰'持其志,无暴其气'。""既曰'志至焉,气次焉',又曰'持其志㉖,无暴其气'者㉗,何也?"曰:"志壹则动气,气壹则动志也。今有蹶者、趋者㉘,是气也,而反动其心。"

"敢问夫子恶乎长?"曰:"我知言㉙,我善养吾浩然之气㉚。""敢问何谓浩然之气?"曰:"难言也。其为气也,至大至刚;以直养而无害㉛,则塞于天地之间。其为气也,配义与道㉜;无是,馁矣。是集义所生者,非义袭而取之也。行有不慊于心㉝,则馁矣。我故曰'告子未尝知义',以其外之也。必有事焉而勿正㉞,心勿忘,勿助长也。无若宋人然。宋人有闵其苗之不长而揠之者㉟,芒芒然归㊱,谓其人曰㊲:'今日病矣,予助苗长矣'。其子趋而往视之,苗则槁矣。天下之不助苗长者寡矣。以为无益而舍之者,不耘苗者也;助之长者,揠苗者也。非徒无益,而又害之。"

"何谓知言?"曰:"诐辞知其所蔽㊳,淫辞知其所陷㊴,邪辞知其所离㊵,遁辞知其所穷㊶。生于其心,害于其政;发于其政,害于其事。圣人复起,必从吾言矣。""宰我、子贡善为说辞㊷,冉牛、闵子、颜渊善言德行㊸,孔子兼之,曰‘我于辞命，则不能也’。”

“然则夫子既圣矣乎？”曰：“恶㊹！是何言也。昔者子贡问于孔子曰：‘夫子圣矣乎？’孔子曰：‘圣则吾不能，我学不厌而教不倦也。’子贡曰：‘学不厌，智也；教不倦，仁也。仁且智，夫子既圣矣。’夫圣，孔子不居，是何言也！”

“昔者窃闻之：子夏、子游、子张㊺，皆有圣人之一体㊻；冉牛、闵子、颜渊，则具体而微㊼。敢问所安？”曰：“姑舍是。”曰：“伯夷、伊尹何如？”曰：“不同道。非其君不事，非其民不使，治则进，乱则退，伯夷也；何事非君，何使非民，治亦进，乱亦进，伊尹也；可以仕则仕，可以止则止，可以久则久，可以速则速，孔子也。皆古圣人也。吾未能有行焉；乃所愿，则学孔子也。”

“伯夷、伊尹于孔子，若是班乎㊽？”曰：“否。自有生民以来，未有孔子也。”曰：“然则有同与？”曰：“有。得百里之地而君之，皆能以朝诸侯有天下。行一不义，杀一不辜，而得天下，皆不为也。是则同。”曰：“敢问其所以异？”曰：“宰我、子夏、有若㊾，智足以知圣人，污不至阿其所好㊿。宰我曰：‘以予观于夫子，贤于尧、舜远矣。’子贡曰：‘见其礼而知其政，闻其乐而知其德(51)；由百世之后，等百世之王(52)，莫之能违也。自生民以来，未有夫子也。’有若曰：‘岂惟民哉！麒麟之于走兽，凤凰之于飞鸟，泰山之于丘垤(53)，河海之于行潦，类也(54)。圣人之于民，亦类也。出于其类，拔乎其萃(55)。自生民以来，未有盛于孔子也。’”

【注释】

① 加：担任、居处。 ② 不异：朱熹《孟子集注》：“不足怪。” ③ 动心：朱熹《集注》：“任大责重如此，亦有所恐惧疑惑而动其心乎？” ④ “我四十”句：朱熹《集注》：“四十强仕，君子道明德立之时。孔子四十而不惑，亦不动心之谓。” ⑤ 孟贲：齐国人，一说卫国人。战国时著名勇士，据称其能生拔牛角。 ⑥ 告子：名不害。或以为孟子弟子，或以为兼治儒墨之道者，梁启超以为是孟子前辈。 ⑦ 北宫黝（yǒu）：生平事迹不详，盖亦勇士之流。《淮南子·主术训》中有北宫子，高诱注以为齐人，即孟子所称北宫黝。 ⑧ 桡（náo）：同“挠”，退却。赵岐注：“人刺其肌肤不为挠却。” ⑨ 目逃：朱熹《集注》：“目被刺而转睛逃避也。” ⑩ 豪：同“毫”。挫：受挫、受辱。 ⑪ 市朝：市，市场；朝，朝廷。此处为偏义复词，指市场人众之所。 ⑫ 受：受辱。褐：粗布衣。宽博：宽大之衣，贱者所服。褐宽博，即地位低贱的人。 ⑬ 严：畏惮、畏惧。 ⑭ “恶声”句：赵岐注：“以恶声加己，己必以恶声报之。” ⑮ 孟施舍，或称孟舍，或以为孟施为复姓，生平事迹不可考，殆亦勇士之类。 ⑯ 会：会战、交战。朱熹《集注》：“舍自言其战虽不胜，亦无所惧。若量敌虑胜而后进战，则是无勇而畏三军矣。” ⑰ 曾子：即曾参，与下句子夏皆为孔子弟子。 ⑱ 约：简

要、简约。 ⑲ 子襄:赵岐注:"曾子弟子也。" ⑳ 缩:直,指有道理。 ㉑ 不得于言:杨伯峻《孟子译注》:"谓人家能服我之言却未能服我之心。" ㉒ 勿求于心:杨伯峻《译注》:"就是不要在思想上寻找原因。" ㉓ 气:意气。 ㉔ 体之充:赵岐注:"气所以充满形体为喜怒也,志帅气而行之,度其可否也。" ㉕ 次:舍止、停止。谓志之所止,气即随之而止。 ㉖ 持:保守、坚定。 ㉗ 暴:乱。朱熹《集注》:"人固当敬守其志,然亦不可以致养其气,盖其内外本末交相培养。" ㉘ 蹶者、趋者:朱熹《集注》:"蹶,颠踬也;趋,走也。" ㉙ 知言:赵岐注:"闻人言能知其情所趋。" ㉚ 浩然,朱熹《集注》:"盛大流行之貌。" ㉛ 直养而无害:赵岐注:"养之义,不以邪事干害之。" ㉜ 配义与道:赵岐注:"言此气与道义相配俱行。" ㉝ 慊(qiàn):快。赵岐注:"自省所行仁义不备,干害浩气。" ㉞ 正:预期。 ㉟ 闵:忧虑、担忧。揠(yà):拔。赵岐注:"挺拔之欲亟长也。" ㊱ 芒芒:疲惫的样子。 ㊲ 其人:家人、家里人。 ㊳ 诐(bì):偏颇。蔽:遮蔽、片面。 ㊴ 淫:多余、过分。陷:缺陷、失实。 ㊵ 邪:邪僻、乖异。离:偏离、违离。 ㊶ 遁:逃遁、躲闪。穷:理穷、词穷。饶鲁曰:"当看四个'所'字,如看病相似。'诐''淫''邪''遁'是病症,'蔽''陷''离''穷'是病源,'所蔽''所陷''所离''所穷'是病源之所在。" ㊷ 宰我:即宰予。子贡:即端木赐。二人皆孔子弟子,在"孔门四科"中擅长言语。《史记·仲尼弟子列传》称宰我"利口辩辞"。 ㊸ 冉牛:即冉耕,字伯牛。闵子:即闵损,字子骞。颜渊:即颜回。三人皆孔子弟子,在"孔门四科"中属德行科。 ㊹ 恶:朱熹《集注》:"惊叹辞也。" ㊺ 子夏:即卜商。子游:即言偃。子张:即颛孙师。三人皆孔子弟子。 ㊻ 一体:赵岐注:"得一枝也。"又曰:"体以喻德也。" ㊼ 具体而微:朱熹《集注》:"谓有其全体,但未广大耳。" ㊽ 班:赵岐注:"齐等之貌也。" ㊾ 有若:字子有,孔子弟子。 ㊿ 污:低下。阿:阿谀、阿好。 51 见其句:朱熹《集注》:"见人之礼,则可以知其政,闻人之乐,则可以知其德。" 52 等:比较、衡量。 53 垤(dié):小土丘。 54 行潦(háng lào):水之薄者,即浅水、小河。 55 拔乎其萃:朱熹《集注》:"拔,特起也;萃,聚也。言自古圣人,固皆异于众人。"

【集评】

义以行勇,则不动心;养气顺道,无效宋人。圣人量时,贤者道偏。是以孟子究言情理,而归之学孔子也。([汉]赵岐《孟子章指》,[清]焦循撰、沈文倬点校《孟子正义》卷六,中华书局1987年版,第220页。)

浩然之气,须是识得分明,自会养得成。若不见得直是是,直是非,欲说不说,只恁地含含胡胡,依违鹘突,要说又怕不是,这如何得会浩然!人自从生时受天地许多气,自恁地周足。只缘少间见得没分晓,渐渐衰飒了。又不然,便是"行有不慊于心",气便馁了。若见得道理明白,遇事打并净洁,又仰不愧,俯不怍,这气自浩然。如猪胞相似,有许多气在里面,便恁地饱满周遍;若无许多气,便厌了,只有许多筋膜。这气只论个浩然与馁,又不然,只是骄吝。有些善,只是我自会,更不肯向人说。恁地包含,这也只会馁。天地吾身之气非二。([宋]黎靖德等纂、王星贤点校《朱子语类》卷五二,中华书局1986年版,第四册第1248页。)

"养气"章,道义与气,不可偏废。虽有此道义,苟气不足以充其体,则歉然自馁,道气亦不可行矣。如人能勇于有为,莫非此气。苟非道义,则亦强猛悍戾而已。道义而非此气以行之,又如人要举事,而终于委靡不振者,皆气之馁也。"必有事焉而勿正",赵氏以希望之意解"正"字,看来正是如此,但说得不甚分明。今以为期待之意,则文理不重复。盖必有事于此,然后心不忘于此。正之不已,然后有助长之患。言意先后,各有重轻。"孟施舍似曾子,北宫黝似子夏",数子所为,本不相侔;只论养勇,借彼喻此,明其所养之不同尔。正如公孙丑谓"夫子过孟贲远矣"!孟贲岂孟子之流!只是言其勇尔。([宋]黎靖德等纂、王星贤点校《朱子语类》卷五二,中华书局1986年版,第四册第1256页。)

【思考题】

1. 你如何理解孟子所讲的"浩然之气"?
2. 孟子说"自生民以来,未有盛于孔子也",你同意他的观点吗?为什么?

【深度阅读】

1. 杨伯峻《孟子译注》,中华书局2012年版。
2. [宋]朱熹《四书章句集注》,中华书局1983年版。
3. [清]焦循撰、沈文倬点校《孟子正义》,中华书局1987年版。

诸子略序
(班固《汉书》)

班固(32—92),字孟坚,东汉扶风安陵(今陕西咸阳)人,班彪子。博览群书,穷究九流百家之言,擅辞赋,精史学。曾官兰台令史、玄武司马等微职。汉和帝永元元年(89),为中护军,随大将军窦宪出征匈奴,窦宪败,班固受牵连下狱死。纂著有《汉书》《白虎通德论》《两都赋》等。事见《汉书》卷一〇〇《叙传》、《后汉书》卷四〇《班彪传》。

《汉书》是中国第一部纪传体断代史,沿用《史记》的体例而略有变更,如改"书"为"志",改"列传"为"传",改"本纪"为"纪"等。全书包括纪十二篇、表八篇、志十篇、传七十篇,共一百篇,后人划分为一百二十卷。记载了上自西汉高帝元年(前206),下至王莽新朝地皇四年(23),共二百三十余年历史。

《汉书·艺文志》是我国现存最早的一部官方图书目录,根据西汉刘歆的《七略》编纂而成。其中《诸子略序》主要是对先秦诸子中的"九流十家"进行论述与评价,并著录各家的代表著述,是研究先秦诸子学派与思想的宝贵资料。

本篇选自班固纂《汉书》卷三〇《艺文志》,中华书局1962年版。

昔仲尼没而微言绝①,七十子丧而大义乖②。故《春秋》分为五③,《诗》分为四④,《易》有数家之传⑤。战国从衡⑥,真伪分争,诸子之言纷然殽乱。至秦患之,乃燔灭文章⑦,以愚黔首⑧。汉兴,改秦之败,大收篇籍,广开献书之路⑨。迄孝武世,书缺简脱,礼坏乐崩,圣上喟然而称曰:"朕甚闵焉⑩!"于是建藏书之策,置写书之官,下及诸子传说,皆充祕府⑪。至成帝时,以书颇散亡,使谒者陈农求遗书于天下⑫。诏光禄大夫刘向校经传诸子诗赋⑬,步兵校尉任宏校兵书⑭,太史令尹咸校数术⑮,侍医李柱国校方技⑯。每一书已,向辄条其篇目,撮其指意⑰,录而奏之。会向卒,哀帝复使向子侍中奉车都尉歆卒父业⑱。歆于是总群书而奏其《七略》,故有《辑略》,有《六艺略》,有《诸子略》,有《诗赋略》,有《兵书略》,有《术数略》,有《方技略》。今删其要,以备篇辑⑲。

儒家者流⑳,盖出于司徒之官㉑,助人君顺阳阳明教化者也㉒。游文于六经之中㉓,留意于仁义之际,祖述尧舜,宪章文武,宗师仲尼,以重其言,于道最为高㉔。孔子曰:"如有所誉,其有所试㉕。"唐虞之隆,殷周之盛,仲尼之业,已试之效者也。然惑者既失精微,而辟者又随时抑扬㉖,违离道本,苟以哗众取宠。后进循之,是以《五经》乖析㉗,儒学浸衰㉘,此辟儒之患。

道家者流,盖出于史官㉙,历记成败存亡祸福古今之道,然后知秉要执本,清虚以自守㉚,卑弱以自持㉛,此君人南面之术也㉜。合于尧之克攘㉝,《易》之嗛嗛㉞,一谦而四益㉟,此其所长也。及放者为之㊱,则欲绝去礼学,兼弃仁义㊲。曰独任清虚,可以为治。

阴阳家者流㊳,盖出于羲和之官㊴,敬顺昊天㊵,历象日月星辰㊶,敬授民时㊷,此其所长也。及拘者为之㊸,则牵于禁忌㊹,泥于小数㊺,舍人事而任鬼神㊻。

法家者流,盖出于理官㊼。信赏必罚㊽,以辅礼制。《易》曰:"先王以明罚饬法⁴⁹。"此其所长也。及刻者为之⁵⁰,则无教化,去仁爱,专任刑法而欲以致治,至于残害至亲,伤恩薄厚⁵¹。

名家者流⁵²,盖出于礼官⁵³。古者名位不同,礼亦异数⁵⁴。孔子曰:"必也正名乎!名不正则言不顺,言不顺则事不成⁵⁵。"此其所长也。及警者为之⁵⁶,则苟钩鈲析乱而已⁵⁷。

墨家者流,盖出于清庙之守⁵⁸。茅屋采椽⁵⁹,是以贵俭;养三老五更⁶⁰,是以兼爱;选士大射⁶¹,是以上贤⁶²;宗祀严父⁶³,是以右鬼⁶⁴;顺四时而行,是以非命⁶⁵;以孝视天下⁶⁶,是以上同⁶⁷,此其所长也。及蔽者为之,见俭之利,因以非礼,推兼爱之意,而不知别亲疏。

从横家者流⁶⁹,盖出于行人之官。孔子曰:"诵《诗》三百,使于四方,不能专对,虽多亦奚以为⁷¹?"又曰:"使乎,使乎⁷²!"言其当权事制宜,受命而不受辞⁷³,此其所长也。及邪人为之,则上诈谖而弃其信⁷⁴。

杂家者流⁷⁵,盖出于议官⁷⁶。兼儒、墨,合名、法,知国体之有此⁷⁷,见王治之无不贯⁷⁸,此其所长也。及盪者为之⁷⁹,则漫羡而无所归心⁸⁰。

农家者流,盖出于农稷之官⁸¹。播百谷,劝耕桑,以足衣食,故八政一曰食,二曰货⁸²。孔子曰"所重民食⁸³",此其所长也。及鄙者为之⁸⁴,以为无所事圣王,欲使君臣并耕,悖上下之序⁸⁵。

小说家者流⁸⁶,盖出于稗官⁸⁷。街谈巷语,道听涂说者之所造也。孔子曰:"虽小道,必有可观者焉,致远恐泥,是以君子弗为也⁸⁸。"然亦弗灭也。闾里小知者之所及⁸⁹,亦使缀而不忘⁹⁰。如或一言可采,此亦刍荛狂夫之议也⁹¹。

诸子十家,其可观者九家而已⁹²。皆起于王道既微,诸侯力政⁹³,时君世主,好恶殊方。是以九家之说,蜂出并作,各引一端,崇其所善,以此驰说,取合诸侯。其言虽殊,辟犹水火,相灭亦相生也。仁之与义,敬之与和,相反而皆相成也。《易》曰:"天下同归而殊涂,一致而百虑⁹⁴。"今异家者各推所长,穷知究虑,以明其指⁹⁵,虽有蔽短,合其要归,亦《六经》之支与流裔。使其人遭明王圣主,得其所折中,皆股肱之材已⁹⁶。仲尼有言:"礼失而求诸野⁹⁷。"方今去圣久远,道术缺废,无所更索,彼九家者,不犹愈于野乎⁹⁸?若能修六艺之术,而观此九家之言,舍短取长,则可以通万方之略矣⁹⁹。

【注释】

① 仲尼:即孔子。微言:《汉书》颜师古注:"精微要妙之言耳。" ② 七十子:即七十二子,此言成数。据《史记·孔子世家》,孔子有弟子三千人,而身通六艺、有名姓可考者七十

二人。又《孟子·公孙丑上》:"以德服人者,中心悦而诚服也,如七十子之服孔子也。"大义:要义。 ③《春秋》分为五:指《左氏》《公羊》《穀梁》《邹氏》《郏氏》五家。 ④《诗》分为四:指《毛诗》《齐诗》《鲁诗》《韩诗》四家。 ⑤《易》有数家之传:指《易》有施雠、孟喜、梁丘贺等诸家之传。 ⑥从横:即纵横。 ⑦燔(fán):烧、焚烧。此指秦始皇焚书坑儒等事。 ⑧黔(qián)首:秦代对百姓的称呼。黔,黑。 ⑨"汉兴"一句:此谓汉武帝前诸帝,如高祖时萧何收秦图籍,惠帝时除挟书之令,文帝时置《论语》《孝经》《尔雅》《孟子》博士等兴文之事。 ⑩"朕甚闵焉":汉武帝元朔五年夏六月诏曰:"盖闻导民以礼,风之以乐,今礼坏乐崩,朕甚闵焉。" ⑪祕府:汉宫中藏书之所。 ⑫"至成帝"一句:此指汉成帝河平三年(前26)诏令。谒者,汉官名,掌宾赞受事。 ⑬光禄大夫:官名,掌顾问应对。刘向(约前77—前6)原名更生,字子政,西汉宗室,经学家、文献学家。主持编纂《七略》等书。惜《七略》已亡,唯存梗概于《汉书》中。 ⑭步兵校尉:官名,掌宿卫兵。 ⑮太史令:官名,掌天时星历。师古注:"星历,占卜之书;方技,医药之书。" ⑯侍医:侍候帝王的医者,相当于后世的御医。 ⑰撮:总取、总括。 ⑱奉车都尉:官名,掌御乘舆车。刘歆,刘向少子,字子骏,后更名秀。刘向卒,续其业纂成《七略》。 ⑲删其要:师古注:"辑,与集同。谓诸书之总要。六艺,《六经》也。删去浮冗,取其指要也。" ⑳流:流派、派别。 ㉑司徒:官名,秦以前掌管教化百姓诸事。 ㉒阴阳:王力《古代汉语》:"指儒家所说的阴阳之道,即天地人事自然之道。" ㉓游文:习文、学文。六经:即《诗经》《尚书》《仪礼》《乐经》《易经》与《春秋》。 ㉔祖述:奉行其道。宪章:守其法制。颜师古曰:"祖,始也;述,修也;宪,法也;章,明也;宗,尊也。言以尧舜为本始而遵修之,以文王、武王为明法,又师尊仲尼之道。" ㉕"如有"一句:语出《论语·卫灵公》。原文:"如有所誉者,其有所试矣。"谓如果我对人有所称誉,那是因为我试用过他。 ㉖辟(pì)者:邪僻不正的人。辟:同"僻"。抑扬:压抑与抬高。 ㉗乖:违背、相反,指违反五经本义。析:分离,指使经义支离破碎。 ㉘浸衰:逐渐衰微。 ㉙史官:记言记事之官。 ㉚清虚以自守:道家主张清虚自守,无为而治。如《老子》称"清静为天下正""致虚极""见素抱朴,少私寡欲"等。 ㉛卑弱以自持:道家倡柔道,主张以弱胜强,以柔克刚。如《老子》七十六章:"强大处下,柔弱处上。"七十八章:"天下莫柔于水,而攻坚强者莫之能胜。" ㉜君人:做百姓的国君。南面:古时以坐北朝南为尊位,故借指帝王之位。 ㉝克攘:能让。攘,同"让"。《尚书·尧典》:"允恭克让。"谓尧信恭而能让。 ㉞嗛(qiān):同"谦"。嗛嗛:谦而又谦。《周易·谦卦》:"君子谦谦。" ㉟四益:《周易·谦卦》:"天道亏盈而益谦,地道变盈而流谦,鬼神害盈而福谦,人道恶盈而好谦。"变盈而流谦,谓丘陵川谷等,高者渐下,下者渐高,与道家所言柔道一致。 ㊱放:放荡、放任,指道家无为而治。 ㊲绝去礼学,兼弃仁义:王力《古代汉语》:"道家主张纯任自然,反对仁义礼法,鼓吹无知识,反对学问。《老子》十九章:'绝圣弃智,民利百倍;绝仁弃义,民复教慈。'" ㊳阴阳家:研究阴阳律历的一个学派。 ㊴羲和:羲氏、和氏,相传上古掌天地四时之官。 ㊵昊(hào)天:天、上天。昊:大。 ㊶历象:推历观象,研究历法和天象。历,记载历法之书;象,观测天文的仪器。 ㊷敬:慎、谨慎。时:天时。 ㊸拘:固执不通。 ㊹牵:牵制。禁忌:有关凶吉的忌讳。 ㊺泥(nì):拘泥、拘执。小数:有关禁忌的小术。 ㊻舍:放弃。任:任凭。 ㊼理官:审理狱讼之官,即法官。　㊽ 信:诚。必:果。谓诚信奖励果敢处罚,赏罚分明。　㊾ "先王"一句:语出《周易·噬嗑》。饬:整饬、整顿。　㊿ 刻:刻薄,仁厚的反面。　㉕ 薄厚:使仁厚变为刻薄。　㉒ 名家:王力《古代汉语》:"战国时代的一个学派。这个学派企图用比较严密的推理方式来辩论问题,但是也有诡辩的倾向。"　㉓ 礼官:古代掌管礼仪之官。　㉔ 异数:谓等级差异。数,差等、等差。　㉕ "必也"二句:语出《论语·子路》。正名:使名分正。名,名称、名分。　㉖ 警(jiào):挑剔、找岔子。　㉗ 钩:取。鈲(pī):破。王力《古代汉语》:"钩鈲,钩取出诡怪的道理而破坏名实。析乱,分析得支离破碎而淆乱名实。"　㉘ 清庙:宗庙。守:官之误字。　㉙ 采:木名,即栎(lì)木。落叶乔木,叶可喂蚕,木质坚硬,可制家具。师古曰:"以茅覆屋,以採为椽,言其质素也。"　㉚ 三老五更:古代天子以父兄之礼养三老、五更各一人。更,或以为"叟"之误字。　㉛ 选士:相传周代有选士制度,命乡论秀士,升之司徒,曰选士。大射:古代射礼之一。　㉜ 上:同"尚"。　㉝ 宗祀:庙祭。　㉞ 右:崇尚、尊尚。　㉟ 非命:反对天命。　㊱ 视:同"示",宣示。　㊲ 上同:王力《古代汉语》:"指与在上者取得一致,然后天下太平。墨子主张上同于乡长、国君、天子,最后上同于天。"　㊳ 蔽:缺蔽,见解不全面。　㊴ 从横家:王力《古代汉语》:"指策辩之士。本来春秋时代的使臣就很讲究辞令。战国时代,苏秦、张仪合从连横,以雄辩的语言游说诸侯。从此策辩之士自成一家,叫做纵横家。"　㊵ 行人:《周礼》有大行人、小行人,掌朝觐聘问之事,相当于后世之外交官。　㊶ "诵《诗》"一句:语出《论语·子路》。师古曰:"谓人不达于事,诵《诗》虽多,亦无所用。"　㊷ "使乎"一句:语出《论语·宪问》。师古:"叹使者之难其人。"　㊸ 受命而不受辞:王力《古代汉语》:"只从国君那里接受出使的命令而不接受应对的话。"　㊹ 谖(xuān):欺诈、欺骗。　㊺ 杂家:王力《古代汉语》:"不主一说而糅合诸家之说的一个学派,其说以《吕氏春秋》《淮南子》所表现的思想为代表。"　㊻ 议官:谏官,谏议之官。　㊼ 国体:治国之体法。此:指儒、墨、名、法诸家之说。　㊽ 无不贯:对各家学说无不通贯。　㊾ 瀁者:学识浮泛的人。　㊿ 漫羡(yǎn):即漫衍,涉猎面广而不得要领。无所归心:使人心无所归宿。　㉘ 农稷之官:负责农耕之官。周之始祖在尧时为稷官,号"后稷"。　㉘ 八政:《尚书·洪范》:"农用八政。"分别指食、货、祀、司空、司徒、司寇、宾、师八个方面。　㉘ 所重民食:语出《论语·尧曰》。谓最重视的是百姓和吃的东西。　㉙ 鄙者:鄙野的人,鄙俗的人。实指主张亲自参加农业劳动的人。　㉚ 悖(bèi):背离、扰乱。　㉛ 小说:指文中所说街谈巷语、道听途说的议论,皆可称为小说。　㉜ 稗(bài)官:负责记述闾巷风俗言谈的官。　㉝ "虽小道"一句:语出《论语·子张》。今本《论语》称"子夏曰"。小道:小的道理。泥(nì):阻滞。　㉞ 小知者:知识浅薄的人。　㉟ 缀:连缀。此指拾掇记录。　㊱ 刍荛(chú ráo):割柴打草,泛指一般百姓。　㊲ 九家:即除小说家之外的儒、道、阴阳、法、名、墨、纵横、杂、农九家。　㊳ 力政:以武力相征伐。政,同征。　㊴ "天下"一句:语出《周易·系辞下》。　㊵ 指:同"旨",宗旨、要旨。　㊶ 股肱(gōng):大腿与上臂。　㊷ 野:乡野、民间。师古曰:"言都邑失礼,则于外野求之,亦将有获。"　㊸ 愈:胜、胜过。　㊹ 万方:天下。谓就可以通晓关于治理天下的一切道术了。

【集评】

《淮南·氾论篇》云:"百川异源,而皆归于海;百家殊业,而皆务于治。"此语足以发明《易系辞》同归殊途、一致百虑之旨。大抵诸子之兴,皆起于救世之急,咸思以其术易天下。虽各有短长,可相互为用。自古英才杰士,固于经艺之外,兼取诸子之长,以为匡济之具。先秦如管仲、商鞅,后世如王安石、张居正,悉有取道于道家、法家之要,得所折中,故能成股肱之材,立不朽之业。如徒拘泥于六经,羁绊于儒学,则胶柱鼓瑟,鲜有能收经世济民之效者,此读书之所以贵有通识也。(张舜徽《汉书艺文志通释》,湖北教育出版社1990年版,第202—203页。)

【思考题】

1. 你喜欢先秦诸子中的哪个学派?
2. 本文对各家学派的对比、分析、论述与评价手法,对你自己的写作有何启发?
3. 试研读《庄子·天下》、司马谈《论六家要旨》及本文内容,对先秦诸子学派作一简要概述(3000字以内)。

【深度阅读】

1. 张舜徽《汉书艺文志通释》,湖北教育出版社1990年版。
2. 陈国庆《汉书艺文志注释汇编》,中华书局1983年版。
3. 顾实《汉书艺文志讲疏》,上海古籍出版社2009年版。

原 道
韩 愈

韩愈(768—825),字退之,唐孟州河阳(今河南孟州)人。贞元八年(792)进士。官至监察御史、国子祭酒、兵部侍郎、吏部侍郎等。卒谥文。世称"韩吏部""韩文公"等。力主"文以载道",与柳宗元创导古文运动,崇儒排佛。有《韩昌黎集》行世。事见《旧唐书》卷一六〇、《新唐书》卷一七六本传。

本文以"博爱""仁义""道德"为引子起讲,层层剖析,步步论说,主张复古崇儒,排斥佛老之学。进而追溯儒家道统之初始,认为自尧、舜、禹、汤、文、武、周公、孔子、孟子,儒家道统祖述传递,至孟轲死而绝焉不传。作者隐然以尧、舜、孔、孟之继承者自居,也隐然以道统之承上启下者自居,所谓"山走海飞,发先儒所未发,为后学之阶梯"(吴调侯、吴楚材评语)。

本篇选自韩愈撰、马其昶校注《韩昌黎文集校注》卷一,上海古籍出版社2014年版。

博爱之谓仁,行而宜之之谓义①;由是而之焉之谓道②,足乎己,而无待于外之谓德③。仁与义,为定名;道与德,为虚位。故道有君子小人,而德有凶有吉。老子之小仁义,非毁之也,其见者小也。坐井而观天,曰天小者,非天小也。彼以煦煦为仁,孑孑为义④,其小之也则宜。其所谓道,道其所道,非吾所谓道也;其所谓德,德其所德,非吾所谓德也。凡吾所谓道德云者,合仁与义言之也,天下之公言也;老子之所谓道德云者,去仁与义言之也,一人之私言也。

周道衰,孔子没,火于秦,黄老于汉,佛于晋、魏、梁、隋之间。其言道德仁义者,不入于杨,则入于墨⑤;不入于老,则入于佛。入于彼,必出于此。入者主之,出者奴之;入者附之,出者污之。噫!后之人其欲闻仁义道德之说,孰从而听之?老者曰:"孔子,吾师之弟子也⑥。"佛者曰:"孔子,吾师之弟子也。"为孔子者,习闻其说,乐其诞而自小也,亦曰"吾师亦尝师之"云尔。不惟举之于口,而又笔之于其书。噫!后之人虽欲闻仁义道德之说,其孰从而求之?

甚矣,人之好怪也,不求其端,不讯其末,惟怪之欲闻。古之为民者四⑦,今之为民者六⑧。古之教者处其一,今之教者处其三⑨。农之家一,而食粟之家六;工之家一,而用器之家六;贾之家一,而资焉之家六⑩。奈之何民不穷且盗也?

古之时,人之害多矣。有圣人者立,然后教之以相生相养之道。为之君,为之师。驱其虫蛇禽兽,而处之中土。寒然后为之衣,饥然后为之食。木处而颠,土处而病也,然后为之宫室。为之工以赡其器用,为之贾以通其有无,为之医药以济其夭死,为之葬埋祭祀以长其恩爱,为之礼以次其先后,为之乐以宣其壹郁⑪,为之政以率其怠倦,为之刑以锄其强梗⑫。相欺也,为之符、玺、斗斛、权衡以信之⑬;相夺也,为之城郭甲兵以守之。害至而为之备,患生而为之防。今其言曰:"圣人不死,大盗不止。剖斗折衡,而民不争⑭。"呜呼!其亦不思而已矣。如古之无圣人,人之类灭久矣。何也?无羽毛鳞介以居寒热也,无爪牙以争食也。

是故:君者,出令者也;臣者,行君之令而致之民者也;民者,出粟米麻丝,作器皿,通货财,以事其上者也。君不出令,则失其所以为君;臣不行君之令而致之民,则失其所以为臣;民不出粟米麻丝,作器皿、通货财,以事其上,则诛。今其法曰,必弃而君臣⑮,去而父子,禁而相生养之道,以求其所谓清净寂灭者⑯。呜呼!其亦幸而出于三代之后,不见黜于禹、汤、文、武、周公、孔子也;其亦不幸而不出于三代之前,不见正于禹、汤、文、武、周公、孔子也。

帝之与王,其号虽殊,其所以为圣一也。夏葛而冬裘,渴饮而饥食,其事殊,其所以为智一也。今其言曰:"曷不为太古之无事?"是亦责冬之裘者曰:"曷不为葛之之易也?"责饥之食者曰:"曷不为饮之之易也?"传曰:"古之欲明明德于天下者,先治其国;欲治其国者,先齐其家;欲齐其家者,先修其身;欲修其身者,先正其心;欲正其心者,先诚其意⑰。"然则古之所谓正心而诚意者,将以有为也。今也欲治其心,而外天下国家,灭其天常,子焉而不父其父,臣焉而不君其君,民焉而不事其事。孔子之作《春秋》也,诸侯用夷礼则夷之,进于中国则中国之⑱。经曰:"夷狄之有君,不如诸夏之亡⑲。"《诗》曰:"戎狄是膺,荆舒是惩⑳。"今也举夷狄之法,而加之先王之教之上,几何其不胥而为夷也㉑?

夫所谓先王之教者,何也?博爱之谓仁,行而宜之之谓义。由是而之焉之谓道,足乎己无待于外之谓德。其文,《诗》《书》《易》《春秋》;其法,礼、乐、刑、政;其民,士、农、工、贾;其位,君臣、父子、师友、宾主、昆弟、夫妇;其服,麻、丝;其居,宫室;其食,粟米、果蔬、鱼肉。其为道易明,而其为教易行也。

是故以之为己,则顺而祥;以之为人,则爱而公;以之为心,则和而平;以之为天下国家,无所处而不当。是故生则得其情,死则尽其常。效焉而天神假㉒,庙焉而人鬼飨㉓。曰:"斯道也,何道也?"曰:"斯吾所谓道也,非向所谓老与佛之道也。尧以是传之舜,舜以是传之禹,禹以是传之汤,汤以是传之文、武、周公,文、武、周公传之孔子,孔子传之孟轲。轲之死,不得其传焉。荀与扬也㉔,择焉而不精,语焉而不详。由周公而上,上而为君,故其事行;由周公而下,下而为臣,故其说长。"然则如之何而可也?曰:"不塞不流,不止不行。人其人,火其书,庐其居㉕,明先王之道以道之,鳏、寡、孤、独、废、疾者有养也㉖,其亦庶乎其可也㉗。"

【注释】

①宜:合宜,适宜。《礼记·中庸》:"义者,宜也。" ②之:往、前往。 ③待:依靠、依仗。 ④煦煦(xù):和惠的样子。孑孑(jié):屑小的样子。此处煦煦孑子喻小恩小惠。 ⑤杨:杨朱,字子居,战国时魏国人。主张"轻物重生""为我",有治世之才。世人归其为道家杨朱学派创始者。墨:墨翟(前468—前376),春秋末战国初鲁山(今属河南)人。主张"兼爱""非攻""尚贤""节用"等,为墨家学派创始人。战国时杨朱、墨子之学盛行。《孟子·滕文公下》:"圣王不作,诸侯放恣,处士横议,杨朱、墨翟之言盈天下。天下之言不归杨则归墨。杨氏为我,是无君也;墨氏兼爱,是无父也。……能言距杨墨者,圣人之徒也。" ⑥《史记·老庄申韩列传》与《孔子家语·观周》等都载,孔子曾向老子请教,故后世道家举以夸示,以为道家高于儒家的理由。 ⑦四:指士、农、工、商,即下文所谓"士、农、工、贾"。 ⑧六:指士、农、工、商之外,增以和尚、道士。 ⑨此句谓上古教人只有儒家思想,而现在有儒、释、道三家,释道入儒,祸害人心。 ⑩资:依赖、依靠。焉:指商贾。 ⑪湮(yān)郁:忧郁、郁闷。 ⑫强梗:强横跋扈、为非歹的人。 ⑬符:符信、符验。玺(xǐ):印章、印信。斗斛:量器。权衡:秤锤及秤杆。 ⑭"圣人不死"句:语出《庄子·胠箧》。又《老子》:"绝圣弃智,民利百倍;绝仁弃义,民复孝慈;绝巧弃利,盗贼无有。" ⑮而:同"尔",你。 ⑯清净:佛教用语,指远离恶行与烦扰。《俱舍论》卷十六:"诸身语意三种妙行,名身语意三种清净,暂永远离一切恶行烦恼垢,故名为清净。"寂灭:佛教语,梵语"涅槃"的意译,指超脱生死的理想境界。《无量寿经》卷上:"超出世间,深乐寂灭。" ⑰此段引文见《礼记·大学》。 ⑱进:进化、同化。 ⑲此句见《论语·八佾》。 ⑳此句见《诗经·鲁颂·閟宫》。戎狄:上古西北方的少数民族。膺:攻打、攻伐。荆舒:上古东南方的少数民族。 ㉑几何:庶几,差不多。胥:沦落、沦为。 ㉒郊:郊祭、祭天。假(gé):同"格",至、到。 ㉓庙:庙祭、祭祖。 ㉔荀:即荀子。扬:即扬雄(约前53—18),字子云,西汉蜀郡成都人。少好学,博览群书,长于辞赋。汉成帝时任侍事黄门郎,王莽时为大夫,校书天禄阁。以辞赋称。著有《太玄》《法言》等。 ㉕人:指释道二教的人。此句谓将他们还原为普通人,烧掉释典与道家的书,将寺庙与道观改建成民居。 ㉖鳏(guān):老而无妻。《孟子·梁惠王下》:"老而无妻曰鳏,老而无夫曰寡,老而无子曰独,幼而无父曰孤。此四者,天下之穷民而无告者。"废:残疾人。疾:有疾病的人。 ㉗庶乎:差不多、大概。

【集评】

探道德之理,述性命之情,发天人之奥,明死生之变,此论理之文,如列御寇、庄周之作是也;别黑白阴阳,要其归宿,决其嫌疑,此论事之文,如苏秦、张仪之所作是也;考同异,次旧闻,不虚美,不隐恶,人以为实录,此叙事之文,如司马迁、班固之所作是也;原本山川,极命草木,比物属事,骇耳目,变心意,此托词之文,如屈原、宋玉之所作是也;钩庄、列之微,挟苏、张之辩,撼迁、固之实,猎屈、宋之英,本之以《诗》《书》,折之以孔氏,此成体之文,如韩愈之所作是也。盖前之作者多矣,而莫有备于愈;后之作者亦多也,而无以加于愈。故曰:总而论之,未有如韩愈者也。([宋]秦观撰、徐培均笺注《淮海集笺注》卷二二《韩愈论》,上海古籍出版社1994年版,第751页。)

《淮南子》以《原道》首篇,许氏笺云:"原,本也。"公所作《原道》《原性》等篇,史氏谓其"奥衍宏深,与孟轲、扬雄相表里,而佐佑《六经》。诚哉是言"!东坡尝曰:"自孟子后,能将许大见识,寻求古人,其断然曰孟子醇乎醇。荀与扬也,择焉而不精,语焉而不详。若非有见识,岂千余年后断得如此分明。"伊川亦曰:"退之晚年作文,所得甚多。如曰轲之死,不得其传。似此言语,非是蹈袭前人,又非凿空撰得,必有所见。"二先生之论,岂轻发者哉!山谷尝言:"文章必谨布置。每见后学,多告以《原道》命意曲折,后以此概求古人法度。如老杜赠韦见素诗,布置最得正体。如官府、甲第、厅堂、房室,各有定处,不可乱也。韩文公《原道》与《书》之《尧典》,盖如此。"石介守道曰:"孔子之《易》《春秋》,自圣人以来未有也。吏部《原道》《原性》《原毁》《行难》《禹问》《佛骨表》《诤臣论》,自诸子以来未有也。"([唐]韩愈撰、马通伯校注《韩昌黎集校注》卷一《原道》小题下引诸家语,上海古籍出版社1986年版,第13页。)

【思考题】

1. 本文采用了哪些叙事与议论的写作手法?对你平日的写作有何启发?
2. 你同意儒家"道统"之说吗?韩愈以"载道者"自居,你怎么看?

【深度阅读】

1. [唐]韩愈撰、马其昶校注《韩昌黎文集校注》,上海古籍出版社2014年版。
2. 卞孝萱等《韩愈评传》,南京大学出版社2007年版。

传记编年第二

晋楚城濮之战
（《左传》）

《左传》原名《左氏春秋》，又称《春秋左氏传》，是中国古代最早的一部编年体史书。相传是春秋末年鲁国史官左丘明为解释孔子的《春秋》而作，起自鲁隐公元年（前722），讫于鲁悼公十四年（前454），以《春秋》为本，通过记述春秋时期的具体史实来说明《春秋》的纲目，是儒家重要经典之一。西汉时称之为《左氏春秋》，东汉以后改称《春秋左氏传》，简称《左传》。与《公羊传》《穀梁传》合称"春秋三传"。据杨伯峻考证，《左传》大约作于公元前403—前386年。

《左传》是中国第一部大规模的叙事性作品，叙事能力较为突出，将头绪纷杂、变化多端的历史大事件处理得有条不紊、繁而不乱。其中关于战争的描写尤其出色。行文精练、严密有力，细节刻画生动，语言优美，人物形象鲜明。对后世的史学、文学均产生很大影响，形成文史结合的传统。

僖公二十八年（前632）四月初四日，楚军和晋军在城濮（今山东鄄城西南）交战。晋文公兑现当年流亡楚国时许下的"退避三舍"诺言，令晋军后退，避楚军锋芒。子玉不顾楚成王告诫，率军冒进，被晋军歼灭两翼，楚军大败。

本篇选自杨伯峻编著《春秋左传注》（僖公二十八年），中华书局1981年版。

二十八年，春，晋侯将伐曹，假道于卫。卫人弗许①。还，自南河济②。侵曹，伐卫。正月，戊申，取五鹿③。

二月，晋郤縠卒④。原轸将中军，胥臣佐下军，上德也⑤。

晋侯、齐侯盟于敛盂⑥。卫侯请盟，晋人弗许⑦。卫侯欲与楚，国人不欲，故出其君，以说于晋⑧。卫侯出居于襄牛⑨。

公子买戍卫⑩。楚人救卫，不克⑪。公惧于晋，杀子丛以说焉⑫。谓楚人曰："不卒戍也⑬。"

晋侯围曹，门焉，多死⑭。曹人尸诸城上⑮。晋侯患之，听舆人之谋⑯，称："舍于墓⑰。"师迁焉。曹人凶惧⑱，为其所得者，棺而出之⑲。因其凶也而攻之⑳。三月，丙午，入曹。数之以其不用僖负羁，而乘轩者三百人也㉑，且曰献状㉒。令无入僖负羁之宫，而免其族，报施也㉓。魏犨、颠颉怒曰㉔：

"劳之不图,报于何有㉕?"菽僖负羁氏㉖。魏犫伤于胸。公欲杀之,而爱其材㉗。使问,且视之。病,将杀之㉘。魏犫束胸见使者,曰㉙:"以君之灵,不有宁也㉚!"距跃三百,曲踊三百㉛。乃舍之。杀颠颉以徇于师㉜,立舟之侨以为戎右㉝。

宋人使门尹般如晋师告急㉞。公曰:"宋人告急,舍之则绝㉟,告楚不许。我欲战矣,齐、秦未可,若之何?"先轸曰:"使宋舍我而赂齐、秦,藉之告楚㊱。我执曹君,而分曹、卫之田以赐宋人㊲。楚爱曹、卫,必不许也㊳。喜赂、怒顽,能无战乎㊴?"公说。执曹伯,分曹、卫之田以畀宋人㊵。

楚子入居于申,使申叔去谷,使子玉去宋㊶,曰:"无从晋师㊷!晋侯在外,十九年矣,而果得晋国。险阻艰难,备尝之矣;民之情伪,尽知之矣㊸。天假之年,而除其害㊹,天之所置,其可废乎㊺?《军志》曰㊻:'允当则归㊼,'又曰:'知难而退。'又曰:'有德不可敌。'此三志者,晋之谓矣㊽。"子玉使伯棼请战㊾,曰:"非敢必有功也,愿以间执谗慝之口㊿。"王怒,少与之师,唯西广、东宫与若敖之六卒实从之㉛。

子玉使宛春告于晋师曰㊾:"请复卫侯而封曹,臣亦释宋之围㊿。"子犯曰:"子玉无礼哉!君取一,臣取二㊺,不可失矣㊻。"先轸曰:"子与之!定人之谓礼,楚一言而定三国,我一言而亡之㊼。我则无礼,何以战乎?不许楚言,是弃宋也。救而弃之,谓诸侯何㊽?楚有三施,我有三怨,怨仇已多,将何以战㊾?不如私许复曹、卫以携之,执宛春以怒楚㊿。既战而后图之㉛。"公说。乃拘宛春于卫,且私许复曹、卫,曹、卫告绝于楚。

子玉怒,从晋师㉜。晋师退。军吏曰:"以君辟臣,辱也㉝;且楚师老矣,何故退㉞?"子犯曰:"师直为壮,曲为老,岂在久乎?微楚之惠不及此㉟;退三舍辟之,所以报也㊱。背惠食言,以亢其仇,我曲楚直㊲,其众素饱,不可谓老㊳。我退而楚还,我将何求㊴?若其不还,君退、臣犯,曲在彼矣㊵。"退三舍。楚众欲止,子玉不可。

夏四月戊辰,晋侯、宋公、齐国归父、崔夭、秦小子慭次于城濮㊶。楚师背酅而舍,晋侯患之㊷。听舆人之诵曰:"原田每每,舍其旧而新是谋㊸。"公疑焉㊹。子犯曰:"战也!战而捷,必得诸侯㊺。若其不捷,表里山河,必无害也㊻。"公曰:"若楚惠何㊼?"栾贞子曰:"汉阳诸姬,楚实尽之。思小惠而忘大耻,不如战也㊽。"晋侯梦与楚子搏,楚子伏己而盬其脑,是以惧㊾。子犯曰:"吉。我得天,楚伏其罪,吾且柔之矣㊿。"

子玉使斗勃请战㉛,曰:"请与君之士戏,君冯轼而观之,得臣与寓目焉㉜。"晋侯使栾枝对曰:"寡君闻命矣㉝。楚君之惠,未之敢忘,是以在此㉞。

为大夫退,其敢当君乎⑧⑥?既不获命矣,敢烦大夫,谓二三子:'戒尔车乘,敬尔君事⑧⑦,诘朝将见⑧⑧。'"

晋车七百乘,韅、靷、鞅、靽⑧⑨。晋侯登有莘之虚以观师⑨⑩,曰:"少长有礼,其可用也⑨¹。"遂伐其木,以益其兵⑨²。

己巳,晋师陈于莘北⑨³,胥臣以下军之佐当陈、蔡⑨⁴。子玉以若敖之六卒将中军⑨⁵,曰:"今日必无晋矣⑨⁶。"子西将左,子上将右⑨⁷。胥臣蒙马以虎皮,先犯陈、蔡⑨⁸。陈、蔡奔,楚右师溃。狐毛设二旆而退之⑨⁹。栾枝使舆曳柴而伪遁,楚师驰之⑩⁰,原轸、郤溱以中军公族横击之⑩¹。狐毛、狐偃以上军夹攻子西,楚左师溃⑩²。楚师败绩。子玉收其卒而止,故不败。

晋师三日馆、谷,及癸酉而还⑩³。

【注释】

① 假道:借道。曹国在卫国之东,晋国在卫国之西,晋国往东进攻曹国,故向卫国借道通行。弗许:不同意。 ② 还:返回,掉头。自南河济:从卫国南面的黄河渡河。 ③ 五鹿:卫地。在今河南省濮阳县南。 ④ 郤縠(hú):姬姓,郤氏,名縠,春秋时代晋国公族,也是晋国第一任中军将。 ⑤ 原轸(zhěn):即先轸,晋国名将。胥臣:即司空季子。上:同"尚",崇尚,推崇。先轸有德,因此让他做中军将。 ⑥ 敛盂:卫地。在今河南濮阳县东南。 ⑦ 卫侯:卫成公,名郑,公元前634年即位。请盟:请求与齐晋结盟。 ⑧ 与:亲附,亲近。出:赶走,驱逐。说:同"悦",取悦。 ⑨ 襄牛:卫地名,今河南睢县。 ⑩ 公子买:鲁国大夫。戍:戍守,守卫。鲁与楚为同盟,故鲁僖公派遣大夫公子买戍守卫地。 ⑪ 不克:没有成功。 ⑫ 公:指鲁僖公。子丛:公子买的字。说焉:取悦晋国。指鲁僖公因为楚国救卫没能成功,担心晋国讨伐鲁国,因此杀了公子买来讨好晋国。 ⑬ 不卒戍:没能完成守卫任务。这一段讲鲁国处在楚国和晋国两个大国之间,左右为难。一方面担心晋国报复自己,于是杀了帮助楚国戍守卫国的公子买;另一方面又担心杀了公子买会遭到楚国责备,故不得不归罪于公子买,说他没有完成守卫任务。 ⑭ 门焉:攻打城门。多死:死了很多人。 ⑮ 尸诸城上:把晋国士兵的尸体排列在城墙上。诸:相当于"之于"。 ⑯ 舆人:古代操贱役的吏卒。 ⑰ 称:言。舍于墓:所言内容,即所谋。晋侯打算听从舆人的意见,把军队驻扎在曹人的墓地。因古人多族葬,晋师若驻扎在曹人墓地,则曹人坟墓势必会被发掘。如此,则曹军因担心祖坟被掘而恐惧。 ⑱ 凶惧:犹言"恐惧"。一说"凶惧"为乱哄哄。 ⑲ 为其所得者,棺而出之:曹人把得到的晋人的尸体都装入棺材中,送了出去。 ⑳ 因:趁着。晋师趁曹人恐惧而攻打曹城。 ㉑ 数(shǔ):数落,责备。之:指曹共公。僖负羁:曹臣。曹共公十六年,晋公子重耳流亡经过曹国,曹君无礼于重耳,在其洗澡时设帘偷窥。僖负羁进言,曹君不听。僖负羁妻劝其尽早结交重耳,于是他在送餐给重耳时,藏玉璧于盘中。重耳接受了餐食,送还玉璧,因之对僖负羁心存感激。乘轩者三百人:轩:大夫以上官员所乘的车。谓曹国虽小,但是大夫以上乘轩者多达三百人,可见曹国滥封官

爵。　㉒ 献状：观状，即观看重耳洗澡的样子。这是重耳数落曹君的话，表明曹君罪有应得。　㉓ 免其族：赦免僖负羁同族的人。报施：报答当年僖负羁送餐藏璧之举。　㉔ 魏犨(chōu)、颠颉(jié)：二人都跟随重耳流亡，后来重耳为晋侯，作三军，只任命魏犨为戎右(即兵车的右卫)，颠颉则职位更低，二人因此愤愤不平。　㉕ 劳：功劳。图：考虑。报于何有：即"何报之有"。二句意思是：对我们的功劳都不予考虑，还谈什么要报答僖负羁？　㉖ 爇(ruò)：焚烧。氏：犹"家"也、"室"也。　㉗ 爱：爱惜。　㉘ 问：慰问。视之：视察病情。病：伤势很重。　㉙ 束胸：绑紧胸膛。　㉚ 灵：威灵。不有宁也：您看我不是很安宁吗？　㉛ 距跃：直跳，向上跳，即今之高跳。曲踊：横跳，向前跳，即今之跳远也。三百：虚数，形容跳跃次数之多。魏犨用跳跃来表明自己受伤并不严重。　㉜ 徇(xún)：示众。　㉝ 舟之侨：虢(guó)国旧臣，鲁闵公二年奔晋。舟之侨被立为戎右，是为了代替魏犨，这说明此时魏犨已被免职。　㉞ 门尹般：宋大夫。　㉟ 舍之则绝：扔下宋国不救，则宋国将与晋国绝交。　㊱ 使宋舍我，而赂齐、秦：设法使宋国不来求救于晋国，而去用财物贿赂齐国和秦国。藉之告楚：假借齐国和秦国，让其出面向楚国请求从宋国退兵。　㊲ 执：抓住。分曹、卫之田，以赐宋人：把曹、卫之田送给宋国。这样做一方面可以激怒楚国，另一方面可以补偿宋国，因为宋国曾贿赂齐、秦。　㊳ 楚爱曹、卫，必不许也：楚国吝惜曹、卫之地，一定不会同意齐、秦两国的请求，从宋国撤军。爱：吝惜，舍不得。　㊴ 喜赂：(齐、秦两国)喜得宋国的贿赂。怒顽：对楚国的顽固很愤怒。能无战乎：能不参战吗？这是先轸设计激发齐、秦两国参战。　㊵ 畀(bì)：给予。　㊶ 楚子：楚成王。北方诸侯称楚君为子，楚君自称为王。申：国名，姜姓。鲁庄公之时即已为楚国所吞并，故城在今河南省南阳市。申叔：即楚国大夫申公叔侯，受命一直驻防在谷地。谷：今山东省谷县东北。去：离开。子玉：楚国统帅。　㊷ 从：追击。　㊸ 民之情伪：人事的真假虚实。情：实。情伪：犹"真伪"。　㊹ 天假之年，而除其害：天使晋侯高寿，同时除掉了晋国的祸害。重耳归国时已经六十二岁。"其害"指晋公公死，晋怀公及其心腹吕、郤等都被杀。　㊺ 其：相当于"岂"。此句谓天意要扶持他，怎么会废弃呢？　㊻《军志》：古代兵书。　㊼ 允当则归：犹今天所说的"适可而止"。　㊽ 三志：这三句所记载的。晋之谓矣："谓晋矣"的倒置，意思是说就是晋国的情况吧。　㊾ 伯棼：楚臣，即斗椒，又字子越，斗伯比之孙。请战：请求楚王批准对晋国开战。　㊿ 非敢必有功也：不敢保证一定有功。间执：堵塞。谗慝(tè)：喜欢说别人坏话的人。间执谗慝之口：指堵住那些不满于子玉、反对子玉的人(如蔿贾)的嘴。此前蔿贾批评过子玉，认为他一定会失败。子玉想用一次胜仗来堵住那些有意说他坏话的人的嘴。　㊿① 西广：右军。东宫：太子的卫队。若敖：楚武王的祖先，楚君之中没有谥号的都称"敖"，"若"是其所葬之地。"若敖"也是子玉的祖先，后用作部队名称。六卒：一百八十乘。一卒为三十乘。实：同"寔"，是。从之：跟从子玉。　㊿② 宛春：楚国大夫。　㊿③ 复卫侯：恢复卫侯的君位。封曹：重新封立曹国(意谓把土地退还给曹国)。释宋之围：解除对宋国的包围。　㊿④ 君取一，臣取二：晋文公为君，仅得楚释宋之围；子玉为臣，却一举两得(复卫、封曹)。　㊿⑤ 不可失矣：(进攻楚国的时机)不可失去。　㊿⑥ 与：许，同意。指同意子玉的请求。　㊿⑦ 定人之谓礼：安定别人的国家叫作礼。定三国：指宋国包围被解除、卫侯君位得以恢复、曹国得以重新建立。亡之：使之灭亡。　㊿⑧ 谓诸侯何：拿什么对齐、秦等诸侯解释呢？　㊿⑨ 三施：指楚国一言而复卫侯、封曹、释宋围这三种恩惠。三怨:指如果今后不听子犯的话,则会招致三国(曹、卫和宋)的埋怨。已:太。　⑥携之:离间曹、卫与楚国的同盟。怒楚:激怒楚国。　⑥既战而后图之:等战争结束以后再考虑这些事情。之:指曹、卫恢复与否的问题。　⑥从:追逐。楚子让子玉"无从晋师",即不要追逐晋师,但子玉不听,为楚师失败埋下伏笔。　⑥辟:后来写作"避",回避。辱:耻辱。　⑥老:疲惫。楚师去年冬开始围宋,至此时已近半年,故曰"老"。　⑥师直为壮,曲为老:出兵作战,理直的一方就气壮,理屈的一方就衰老。岂在久乎:哪里在于在外时间的长久呢?　⑥微楚之惠,不及此:如果没有楚国的恩惠,我们走不到今天。微:没有。当初晋文公流亡到楚国时,受到楚国的接待和支持。　⑥三舍:三个三十里。舍:古代行军,三十里为一舍。辟:即"避",躲避,回避。报:报答。所以报也:这就是我们报答楚国的方式。晋文公曾答应楚成王,如果晋楚交战,晋师将退避三舍,以报答楚成王的款待之恩。事见《左传·僖公二十三年》。　⑥背惠:背弃恩惠。食言:说话不算数。亢:捍御,犹言"保护"。此句谓晋国如果不退避三舍,就是对楚国忘恩负义,违背诺言。现在晋国竟然还去保护楚国的敌人宋国,这就是我方理曲,而楚国理直。　⑥众:素:向来。饱:士气饱满。　⑦我退而楚还,我将何求:如果我方退兵,楚国也退兵,我们还希望什么呢?　⑦若其不还,君退臣犯,曲在彼矣:如果他们不退兵,那么这就相当于为君的一方退走了,而为臣的一方进犯,他们就理曲了。　⑦晋侯:晋文公重耳。宋公:宋成公,名王臣,公元前636年即位。归父、崔夭:都是齐国大夫。秦小子憖(yìn):秦穆公的儿子。次:驻扎。城濮:卫地。　⑦郔(xī):险要的丘陵。舍:驻军。晋侯患之:晋侯对此很担忧。晋侯担心楚国背靠险要地形驻军,不易战胜。　⑦原田:休耕地。每每:茂盛的样子。休耕之时,青草茂盛。新是谋:谋求新的。　⑦公疑焉:晋侯对此怀疑。晋侯听到役卒唱的歌,又觉得晋军军容美盛,军士们希望谋立新功,所以很犹豫。　⑦捷:胜利。必得诸侯:一定会得到诸侯的信赖。　⑦表里山河:外有黄河,内有太行山。害:危害。　⑦若楚惠何:对楚国从前施与我们的恩惠怎么办?　⑦栾贞子:晋国将领栾枝。汉阳诸姬:汉水北面姬姓的诸侯国。阳:水北曰阳。楚实尽之:楚国把它们全部吞并完了。小惠:重耳流亡之时,楚成王厚待他,这是小惠。大耻:吞并与晋同姓之国,这是大耻。　⑧搏:搏斗。伏己:趴在自己身上。盬(gǔ)其脑:吸取晋文公的脑汁。　⑧我得天:我被压在下面,仰面朝天,得到上天的照顾。楚伏其罪:楚君面朝地,是认罪的表示。柔:柔服。这是子犯为了鼓舞晋文公的斗志,打消其疑虑而编造的解梦之语。　⑧斗勃:楚国大夫。　⑧戏:角力,竞赛。冯:同"凭"。冯轼:扶着车前的横木。得臣:即子玉。这几句谓请求同您的士兵较量一番,您可以扶着车前横木看看热闹,我自己也陪您看看,是斗勃以子玉的口气代表子玉向晋侯请战时说的话。　⑧闻命:听到命令。　⑧未之敢忘:未敢忘之。　⑧为:以为。大夫:指子玉。当:抵挡。君:指晋君。这句意思是:以为大夫已经退兵了(没想到楚大夫竟然没有退兵),臣下难道敢抵挡国君吗?　⑧既不获命:既然不能获得楚军退兵的命令。谓二三子:请转达你的几位将领。戒尔车乘:准备好你们的战车。敬尔君事:好好对待你们国君交给的任务。　⑧诘朝:明天早上。见:见面。　⑧七百乘(shèng):战车七百辆。古时每辆战车配备步兵七十五人,七百乘共有兵力五万二千五百人。鞙(xiǎn):系在马背部分的皮带。靷(yǐn):引车前行的皮带。骖马的外辔穿过服马的游环,系于车轴,以引车前进。鞅(yāng):套在牛马颈上的皮带。靽(bàn):驾车时套在牲口后股的皮带。鞲鞃鞅靽:形容晋军人马装备整齐。　⑨⓪有莘之虚:古国名,在山东省曹县北。虚,同"墟"。观师:视察军容。　⑨①少长:指士兵的长幼。有礼:指操练时年幼者尊敬年长者,年长者教导年幼者。其可用也:应该可以起用了。晋侯知道士兵已经懂得礼节,因此说"可用"。　⑨②益其兵:增加作战武器。兵:兵器。　⑨③莘北:即城濮。　⑨④胥臣:晋下军副帅。陈、蔡:楚国的盟国。　⑨⑤将中军:率领中军。　⑨⑥今日必无晋矣:今天一定可以消灭晋军。　⑨⑦子西:楚国司马斗申宜。将左:统帅左军。子上:即斗勃。　⑨⑧蒙马以虎皮:把虎皮蒙在马上。先犯:率先进攻。　⑨⑨狐毛:狐偃之兄,晋上军主将。旆(pèi):指前军。后亦泛指军队。刘书年《刘贵阳经说》:"两旆非旗名。设二旆,设前军之两队也……楚前军名旆,晋制亦然。"这句意思是:狐毛派出前军两队击退楚君的右翼部队。楚右师因为有陈、蔡的杂牌军队,因此先溃败。　⑩⓪栾枝:晋下军主将。舆:车。曳柴:拖着树枝。伪遁:假装逃跑。驰之:追赶晋军。　⑩①原轸:即先轸,晋中军主将。郤溱(Xì Zhēn):晋中军副将。公族:直接属于国君的亲兵。横击之:拦腰袭击。　⑩②以上军:率领上军。楚左师溃:楚国的左翼部队溃散。　⑩③馆:舍,宿营。谷:吃楚军的军粮。癸酉:四月初六日。

【集评】

　　左氏之叙事也,述行师则簿领盈视,哤聒沸腾;论备火则区分在目,修饰峻整;言胜捷则收获都尽;记奔败则披靡横前;申盟誓则慷慨有余;称谲诈则欺诬可见;谈恩惠则煦如春日;纪严切则凛若秋霜;叙兴邦则滋味无量;陈亡国则凄凉可悯。或腴辞润简牍,或美句入咏歌。跌宕而不群,纵横而自得,若斯才者,殆将工侔造化,思涉鬼神,著述罕闻,古今卓绝。([唐]刘知幾撰、[清]浦起龙释、王煦华整理《史通通释》卷六《杂说上》,上海古籍出版社2009年版,第422页。)

【思考题】

1. 试分析城濮之战晋军胜利、楚军失败的原因。
2. 本文在叙述战争方面有什么特点?

【深度阅读】

1. 杨伯峻编著《春秋左传注》,中华书局1981年版。
2. 朱东润选注《左传选》,上海古籍出版社2007年版。

淮阴侯列传(节选)
(司马迁《史记》)

　　司马迁(前145—约前87),字子长,汉朝左冯翊夏阳(今陕西韩城)人,汉代杰出的史学家、文学家和思想家。其父司马谈在汉武帝初期任太史令。司马迁自幼勤奋好学，博闻强记，又拜名师学习。二十岁开始游历各地，为他后来编纂《史记》打下了坚实的基础。公元前110年，司马谈病逝，司马迁继任太史令。公元前104年，他开始编纂《史记》。公元前99年，因替投降匈奴的李陵辩护，触怒了汉武帝，获罪入狱，被处以宫刑。司马迁忍辱负重，继续编写《史记》，大约在公元前93年前后纂成了这部史学巨著。事见《史记》卷一三〇《太史公自序》、《汉书》卷六二本传。

《史记》全书一百三十篇，分十二本纪、十表、八书、三十世家、七十列传，共五十二万多字，记载了上自黄帝、下至汉武帝太初四年共二千六百多年的历史，打破了过去以编年体著述史书的惯例，创造性地发明了以人物为主体的历史编纂学方法，是我国第一部纪传体通史。

韩信（前？—前196），秦末淮阴（今属江苏）人。出身贫寒，初事项羽，不受重用。后经萧何推荐，被刘邦拜为大将，在楚汉相争中立下汗马功劳，被封为齐王。后徙为楚王，再贬为淮阴侯，最后被吕后、萧何设计杀害。节选部分描述了韩信破赵、定燕、下齐的战争过程，歌颂了韩信杰出的军事才能，同时也描述韩信功高盖主，为后来遭杀害埋下了伏笔。

本篇选自《史记》卷九二《淮阴侯列传》，中华书局1963年版。

信与张耳以兵数万，欲东下井陉击赵①。赵王、成安君陈余闻汉且袭之也，聚兵井陉口，号称二十万②。广武君李左车说成安君曰③："闻汉将韩信涉西河，虏魏王，禽夏说，新喋血阏与，今乃辅以张耳，议欲下赵，此乘胜而去国远斗，其锋不可当④。臣闻千里馈粮，士有饥色；樵苏后爨，师不宿饱⑤。今井陉之道，车不得方轨，骑不得成列，行数百里，其势粮食必在其后⑥。愿足下假臣奇兵三万人，从间道绝其辎重⑦；足下深沟高垒，坚营勿与战⑧。彼前不得斗，退不得还，吾奇兵绝其后，使野无所掠，不至十日，而两将之头可致于戏下⑨。愿君留意臣之计。否，必为二子所禽矣。"成安君，儒者也，常称义兵不用诈谋奇计，曰："吾闻兵法'十则围之，倍则战'⑩。今韩信兵号数万，其实不过数千。能千里而袭我，亦已罢极⑪。今如此避而不击，后有大者，何以加之⑫！则诸侯谓吾怯，而轻来伐我。"不听广武君策，广武君策不用。

韩信使人间视，知其不用，还报，则大喜，乃敢引兵遂下⑬。未至井陉口三十里，止舍。夜半传发，选轻骑二千人，人持一赤帜，从间道萆山而望赵军⑭，诫曰："赵见我走，必空壁逐我，若疾入赵壁，拔赵帜，立汉赤帜⑮。"令其裨将传飧⑯，曰："今日破赵会食⑰！"诸将皆莫信，详应曰⑱："诺。"谓军吏曰：

"赵已先据便地为壁,且彼未见吾大将旗鼓,未肯击前行,恐吾至阻险而还⑲。"信乃使万人先行,出,背水陈⑳。赵军望见而大笑。平旦,信建大将之旗鼓,鼓行出井陉口,赵开壁击之,大战良久㉑。于是信、张耳详弃鼓旗,走水上军㉒。水上军开入之,复疾战。赵果空壁争汉鼓旗,逐韩信、张耳。韩信、张耳已入水上军,军皆殊死战,不可败㉓。信所出奇兵二千骑,共候赵空壁逐利,则驰入赵壁,皆拔赵旗,立汉赤帜二千。赵军已不胜,不能得信等,欲还归壁,壁皆汉赤帜,而大惊,以为汉皆已得赵王将矣,兵遂乱,遁走,赵将虽斩之,不能禁也。于是汉兵夹击,大破虏赵军,斩成安君泜水上,禽赵王歇㉕。

信乃令军中毋杀广武君,有能生得者购千金㉖。于是有缚广武君而致戏下者,信乃解其缚,东乡坐,西乡对,师事之㉗。

诸将效首虏,休,毕贺,因问信曰㉘:"兵法'右倍山陵,前左水泽',今者将军令臣等反背水陈,曰'破赵会食',臣等不服㉙。然竟以胜,此何术也㉚?"信曰:"此在兵法,顾诸君不察耳㉛。兵法不曰'陷之死地而后生,置之亡地而后存㉜'?且信非得素拊循士大夫也,此所谓'驱市人而战之',其势非置之死地,使人人自为战㉝;今予之生地,皆走,宁尚可得而用之乎㉞!"诸将皆服曰:"善。非臣所及也。"

于是信问广武君曰:"仆欲北攻燕,东伐齐,何若而有功㉟?"广武君辞谢曰:"臣闻败军之将,不可以言勇;亡国之大夫,不可以图存。今臣败亡之虏,何足以权大事乎㊱!"信曰:"仆闻之,百里奚居虞而虞亡,在秦而秦霸,非愚于虞而智于秦也,用与不用,听与不听也㊲。诚令成安君听足下计,若信者亦已为禽矣㊳。以不用足下,故信得侍耳。"因固问曰:"仆委心归计,愿足下勿辞㊴。"广武君曰:"臣闻智者千虑,必有一失;愚者千虑,必有一得。故曰'狂夫之言,圣人择焉㊵'。顾恐臣计未必足用,愿效愚忠。夫成安君有百战百胜之计,一旦而失之,军败鄗下,身死泜上㊶。今将军涉西河,虏魏王,禽夏说阏与,一举而下井陉,不终朝破赵二十万众,诛成安君㊷。名闻海内,威震天下,农夫莫不辍耕释耒,褕衣甘食,倾耳以待命者㊸。若此,将军之所长也。然而众劳卒罢,其实难用。今将军欲举倦罢之兵,顿之燕坚城之下,欲战恐久力不能拔,情见势屈,旷日粮竭,而弱燕不服,齐必距境以自强也㊹。燕齐相持而不下,则刘、项之权未有所分也㊺。若此者,将军所短也。臣愚,窃以为亦过矣㊻。故善用兵者不以短击长,而以长击短。"韩信曰:"然则何由?"广武君对曰:"方今为将军计,莫如案甲休兵,镇赵抚其孤,百里之内,牛酒日至,以飨士大夫醳兵,北首燕路,而后遣辩士奉咫尺之书,暴其所长于燕,燕必不敢不听从[48]。燕已从,使喧言者东告齐,齐必从风而服,虽有智者,亦不知为齐计矣[49]。如是,则天下事皆可图也。兵固有先声而后实者,此之谓也[50]。"韩信曰:"善。"从其策,发使使燕,燕从风而靡。乃遣使报汉,因请立张耳为赵王,以镇抚其国。汉王许之,乃立张耳为赵王。

楚数使奇兵渡河击赵,赵王耳、韩信往来救赵,因行定赵城邑,发兵诣汉[51]。楚方急围汉王于荥阳,汉王南出,之宛、叶间,得黥布,走入成皋,楚又复急围之[52]。六月,汉王出成皋,东渡河,独与滕公俱,从张耳军修武[53]。至,宿传舍[54]。晨,自称汉使,驰入赵壁。张耳、韩信未起,即其卧内,上夺其印符,以麾召诸将,易置之[55]。信、耳起,乃知汉王来,大惊。汉王夺两人军,即令张耳备守赵地,拜韩信为相国,收赵兵未发者击齐。

信引兵东,未渡平原,闻汉王使郦食其已说下齐,韩信欲止[56]。范阳辩士蒯通说信曰[57]:"将军受诏击齐,而汉独发间使下齐,宁有诏止将军乎[58]?何以得毋行也!且郦生一士,伏轼掉三寸之舌,下齐七十余城,将军将数万众,岁余乃下赵五十余城,为将数岁,反不如一竖儒之功乎[59]?"于是信然之,从其计,遂渡河[60]。齐已听郦生,即留纵酒,罢备汉守御,信因袭齐历下军,遂至临菑[61]。齐王田广以郦生卖己,乃亨之,而走高密,使使之楚请救[62]。韩信已定临菑,遂东追广至高密西。楚亦使龙且将,号称二十万,救齐[63]。

齐王广、龙且并军与信战,未合[64]。人或说龙且曰:"汉兵远斗穷战,其锋不可当。齐、楚自居其地战,兵易败散。不如深壁,令齐王使其信臣招所亡城,亡城闻其王在,楚来救,必反汉[65]。汉兵二千里客居,齐城皆反之,其势无所得食,可无战而降也[66]。"龙且曰:"吾平生知韩信为人,易与耳[67]。且夫救齐不战而降之,吾何功?今战而胜之,齐之半可得,何为止!"遂战,与信夹潍水陈[68]。韩信乃夜令人为万余囊,满盛沙,壅水上流,引军半渡,击龙且,详不胜,还走[69]。龙且果喜曰:"固知信怯也。"遂追信渡水。信使人决壅囊,水大至[70]。龙且军大半不得渡,即急击,杀龙且。龙且水东军散走,齐王广亡去。信遂追北至城阳,皆虏楚卒[71]。

汉四年,遂皆降平齐[72]。使人言汉王曰:"齐伪诈多变,反覆之国也,南边楚,不为假王以镇之,其势不定[73]。愿为假王便[74]。"当是时,楚方急围汉王于荥阳,韩信使者至,发书,汉王大怒,骂曰[75]:"吾困于此,旦暮望若来佐我,乃欲自立为王!"张良、陈平蹑汉王足[76],因附耳语曰:"汉方不利,宁能禁信之王乎?不如因而立,善遇之,使自为守。不然,变生。"汉王亦悟,因复骂曰:"大丈夫定诸侯,即为真王耳,何以假为[77]!"乃遣张良往立信为齐王,征其兵击楚。

……

汉王之困固陵,用张良计,召齐王信,遂将兵会垓下㉘。项羽已破,高祖袭夺齐王军。汉五年正月,徙齐王信为楚王,都下邳㉙。

【注释】

① 井陉(xíng):井陉口,太行山的险隘关口之一,在今河北省井陉西北。 ② 且:将要。 ③ 说:劝说。 ④ 喋(dié)血:血流遍地。喋,同"蹀",溅。锋:锋芒。当:抵挡。 ⑤ 樵苏:砍柴割草。爨(cuàn):烧火做饭。宿饱:常饱。"千里"二句意谓从千里之外运送粮食,士兵露出饥饿的脸色。"樵苏"二句意谓依靠就地砍柴割草烧火做饭,军队不可能经常吃饱饭。 ⑥ 方轨:两车并行。成列:排成行列。此二句极言山路之险要狭窄。 ⑦ 假:借,暂时调拨。间(jiàn)道:小道。绝:截断。辎(zī)重:军用物资。 ⑧ 深沟高垒:深挖护营的壕沟,加高兵营的围墙。坚营:牢固地守住营垒。 ⑨ 不得:不能。野无所掠:郊野不被掠夺。致:送达。 ⑩ "十则围之"二句:见《孙子·谋攻》:"故用兵之法,十则围之,五则攻之,倍则分之,敌则能战之,少则能逃之,不若则能避之。" ⑪ 罢:通"疲"。 ⑫ 何以加之:怎么再对付呢?加:胜。 ⑬ 间视:暗中窥探。 ⑭ 止舍:停下来过夜。裴骃《史记集解》引《汉书音义》:"传令军中使发。"赤帜:红旗。从间道萆山:从小道上山,隐蔽到山上。萆,通"蔽",隐蔽。望:观察。 ⑮ 空壁:倾巢而出。壁:营垒。 ⑯ 裨(pí)将:副将。传飧:传送充饥的小食。飧亦作"湌"。司马贞《索隐》引如淳曰:"小饭曰湌。谓立驻传湌,待破赵乃大食也。" ⑰ 会食:相聚进食,即聚餐。 ⑱ 皆莫信:谁都不相信。详,同"佯",假意,假装。 ⑲ 前行:先头部队。便地:有利的地势。 ⑳ 背水陈:背靠着河水摆开阵势。陈,同"阵"。 ㉑ 平旦:太阳刚升起来。建大将之旗鼓:竖起大将的旗号,排出战鼓。鼓行:击鼓前行。开壁:打开营门。 ㉒ 走水上军:逃向背水陈列的部队。走:逃跑,奔向。 ㉓ 复疾战:这三个字怀疑是衍文。 ㉔ 殊死:决死,拼死。 ㉕ 泜(chí)水:古水名,即今之槐河。源出河北省赞皇西南,东流入滏阳河。禽:同"擒",擒获。 ㉖ 生得:活捉。购:悬赏捉拿。 ㉗ 东乡坐:面朝东坐。汉初以东向为尊。乡:向。 ㉘ 效首虏:献上首级和俘虏。毕贺:全都祝贺。 ㉙ 右倍山陵,前左水泽:右面、背面要靠山,前面、左面要靠水。倍,通"背",背面。语出《孙子·行军》:"丘陵堤防,必处其阳而右背之。"反:反而。 ㉚ 以胜:以此取胜。术:战术。 ㉛ 顾:相当于"只是"。 ㉜ 语见《孙子·九地》:"投之亡地然后存,陷之死地然后生。"意思是若不把士兵置于非死战不可得生的境地,就不能发挥最大的战斗力。 ㉝ 非得素拊(fǔ)循士大夫:未能得到训练有素的将士。拊循:抚爱,抚慰。这里指有严格训练,有组织,有纪律的意思。士大夫:指部下众将士。市人:集市上的人,意为一群没有受过严格训练的乌合之众。非:非……不可。自为战:为自己(的生存)而战。"自为战"即"为自战"。 ㉞ 宁:难道。尚:还。 ㉟ 何若:即若何,如何,怎么样。 ㊱ "图存"句:这几句是当时的俗语。 ㊲ 权大事:策划天下大事。权:策划。 ㊳ 百里奚:虞国大夫,虞国灭亡之后,秦穆公打算用他做陪嫁之奴。百里奚感到羞耻,往南逃到宛地,被楚人抓住。秦穆公听说他很贤能,于是就用五张羊皮把他赎回来了,任命为

相，辅佐穆公称霸西戎。 ㊴ 诚：假如。为禽：成为俘虏。 ㊵ 委心归计：倾心听从您的计谋。委心：倾心。归计：听从计策。《汉书·陈汤传》："愿归计强汉，遣子入侍。"颜师古注："归计，谓归附而受计策也。" ㊶ 狂夫之言，圣人择焉：当时流行的成语。意思是即使是狂人所说的话，圣人也可有所择取。 ㊷ 鄗（hào）下：鄗县城下。鄗：秦县名，县治在今河北省高邑东南。泜上：泜水之上。 ㊸ 不终朝：不经过一个完整的早晨。形容破赵速度之快。 ㊹ 辍耕释耒：停止耕种，丢下耕田农具。褕（yú）衣甘食：华美的衣服，甜美的食物。褕：司马贞《索隐》："褕，邹氏音逾，美也。" ㊺ 倦罢：疲倦。顿：停留。情见势屈：实情显露，势力受挫。自强：使自己强大。 ㊻ 刘、项之权未有所分：刘邦、项羽两边的轻重没有见分晓。权：本义是秤锤，这里指轻重、比重。 ㊼ 过：错误。 ㊽ 飨士大夫醳（yì）兵：飨：宴请，以酒食犒劳、招待。醳兵：赏赐酒食，犒劳士兵。司马贞《索隐》："谓以酒食养兵士也。"北首燕路：指将队伍的行列排列成准备攻打燕国的架势。燕路：指通往燕国的道路。首：向。咫尺之书：一封信。咫：八寸。咫尺是当时简牍的长度，或八尺或一寸。暴（pù）：显示，暴露。 ㊾ 喧言者：指辩士。 ㊿ 先声而后实：意谓先虚后实。声：虚张声势。实：实际用兵。 (51) 行：即将，行将。 (52) 汉王南出：指汉三年七月汉王刘邦从被项羽包围的荥阳城中突围之事，详见《高祖本纪》。宛：秦县名，县治在今河南南阳市。叶（shè）：战国时楚邑名，汉代置县，县治在今河南上叶县南。黥（qíng）布：项羽的心腹猛将，秦灭亡后被封为九江王。后刘邦派说客隋何前去劝说，汉三年，黥布叛楚归汉。成皋：秦县名，县治在今河南荥阳西北。 (53) 修武：秦县名，即今河南省获嘉县。 (54) 传（zhuàn）舍：客馆，古时供行人休息住宿的处所。 (55) 麾召：命令，召集。易置之：调动诸将的位置。 (56) 平原：古邑名，在今山东省平原南。渡：指渡黄河。汉时黄河流经平原侧。郦（lì）食其（jī）：刘邦的谋士，封广野君，劝说齐王田广降汉。见《史记·郦生陆贾列传》。止：停止进兵。 (57) 范阳：今山东省梁山西，此时属齐。蒯（kuǎi）通：本名蒯彻，因避汉武帝刘彻讳，改称蒯通。
(58) 间使：暗中派往敌方进行反间或侦察等活动的使者。 (59) 一士：一介书生。伏轼掉三寸之舌：俯身靠在车前的横木上，摇动三寸之舌。轼：车前横木。掉：摇动，鼓动。这句话是形容郦生轻轻松松就说降齐王归汉。竖儒：对儒生的鄙称。《史记·郦生陆贾列传》："沛公骂曰：'竖儒！夫天下同苦秦久矣，故诸侯相率而攻秦，何谓助秦攻诸侯乎？'"司马贞《索隐》："竖者，僮仆之称，沛公轻之，以比奴竖，故曰'竖儒'也。" (60) 信然之：韩信认为他的话是对的。 (61) 纵酒：开怀畅饮。罢备汉守御：撤出了防备汉兵的守兵。临菑：齐王田广的国都，在今山东临淄。菑，同"淄"。 (62) 以郦生卖己：以为郦生出卖自己。亨：同"烹"，古代酷刑，将人活活煮死。高密：古邑名，古城在今山东省高密西南。之楚：到楚国去。
(63) 龙且（jū）：楚国猛将。 (64) 未合：（两军）还未交战。 (65) 深壁：犹"深垒"，筑高墙。谓构筑牢固的工事以自守。信臣：忠诚可靠之臣。所亡城：已经沦陷的城池。 (66) 客居：汉兵进入齐境，故为客居。其势无所得食：那形势一定是无从得到食物。 (67) 易与：容易对付。 (68) 潍水：今山东境内之潍河，发源于莒县北，注入莱州湾。 (69) 万余囊：一万多只袋子。壅水上流：堵塞住潍河的上游水流。详不胜：假装失败。详，同"佯"。还走：从原路逃回去。 (70) 决壅囊：挖开用来堵塞上游水流的沙袋。大至：突然流下来。 (71) 追北：追击败兵。城阳：秦县名，县治在今山东菏泽东北。 (72) 汉四年：公元前 203 年。 (73) 南边楚：

南边靠近楚国。边:靠近,临近。假王:暂署的、非正式受命的王。 ⑭为假王便:做一个暂时的假王比较有利。 ⑮发书:打开书信。 ⑯张良、陈平:刘邦的两大谋臣,分别见《留侯世家》《陈丞相世家》。蹑:踩。 ⑰何以假为:为什么要立假王呢? ⑱固陵:今河南省淮阳西北的固陵聚。用张良计:张良建议"自陈以东傅海,尽与韩信,睢阳以北至谷城,以与彭越,使自为战"。刘邦听从了张良的建议,韩信和彭越的部队才会师垓下。垓下:今安徽灵璧东南。 ⑲袭夺齐王军:此指汉五年十二月,刘邦消灭项羽之后,返回定陶,驰入韩信军中,收了韩信的兵权。汉五年:公元前202年。下邳(pī):秦县名,县治在今江苏邳州。

【集评】

信虏魏、破代、平赵、下燕、定齐,南摧楚兵二十万,杀龙且,而楚遂灭。汉并天下,皆信力也。武涉、蒯通说信背汉,而信终不忍,自以功多,汉终不夺我齐也。不知功之多者,忌之尤甚,今日破楚,明日袭夺齐王军。方信为汉取天下,汉之心已未尝一日不在取信也。([宋]黄震撰,张伟、何忠礼主编《黄震全集》卷四六《黄氏日抄·读史》,浙江大学出版社2013年版,第五册第1576页。)

予览观古兵家流,当以韩信为最,破魏以木罂,破赵以立汉赤帜,破齐以囊沙,彼皆从天而下,而未尝与敌人血战者。予故曰:古今来,太史公,文仙也;李白,诗仙也;屈原,辞赋仙也;刘、阮,酒仙也;而韩信,兵仙也。然哉!([明]茅坤《史记抄》卷五九,明昌泰元年乌程闵氏刊朱墨套印本,第19页。)

吕氏之杀淮阴,千古共愤,而予以为平实启之,吕氏特成之耳。伪游云梦之言,使高帝为无恩之主,元勋受无罪之诛,平亦不义之甚矣。([明]程敏政《史记评林》引,天津古籍出版社1998年版,第698页。)

【思考题】

1. 试分析韩信以少胜多、大败赵军的原因。
2. 试分析韩信最终因谋反罪名被吕后、萧何等杀害的自身原因。

【深度阅读】

1. [汉]司马迁《史记》,中华书局1962年点校本。
2. 韩兆琦编注《史记选注汇评》,中州古籍出版社1990年版。

淝水之战

（司马光《资治通鉴》）

司马光(1019—1086)，字君实，陕州夏县（今山西夏县）人，世称"涑水先生"。宋仁宗宝元元年(1038)进士，历任多职。英宗时，任龙图阁直学士。神宗时，任翰林学士兼侍读学士等职。因反对王安石新法，于熙宁三年(1070)出知永兴军（今陕西省西安市）。后退居洛阳，主编《资治通鉴》，至元丰七年(1084)编撰而成。八年(1085)，哲宗即位，高太后听政，任司马光为相，起用旧党，尽废新法，恢复旧制。同年九月病逝，谥文正。除《资治通鉴》外，还著有《稽古录》《涑水记闻》《司马文正公传家集》等。事见《宋史》卷三三六本传。

《资治通鉴》是一部编年体通史，上起周威烈王二十三年（前403），下讫后周世宗显德六年(959)，全书共二百九十四卷，另有《通鉴目录》《通鉴考异》各三十卷。文字质朴优美，叙事翔实生动，不少篇章脍炙人口，具有较高的文学价值。

东晋时，谢安、谢玄大败苻坚于淝水。淝水之战是我国历史上著名的以弱胜强的战例，并留有"风声鹤唳""草木皆兵""投鞭断流"等成语。

本篇选自《资治通鉴》卷一○五，中华书局1956年版。

太元八年，秋，七月。……

秦王坚下诏大举入寇①，民每十丁遣一兵；其良家子年二十已下，有材勇者，皆拜羽林郎②。又曰："其以司马昌明为尚书左仆射，谢安为吏部尚书，桓冲为侍中；势还不远，可先为起第③。"良家子至者三万余骑，拜秦州主簿赵盛之为少年都统④。是时，朝臣皆不欲坚行，独慕容垂、姚苌及良家子劝之⑤。阳平公融言于坚曰："鲜卑、羌虏，我之仇雠，常思风尘之变以逞其志，所陈策画，何可从也⑥！良家少年皆富饶子弟，不闲军旅，苟为谄谀之言以会陛下之意⑦。今陛下信而用之，轻举大事，臣恐功既不成，仍有后患，悔无及也⑧！"坚不听。

八月，戊午，坚遣阳平公融督张蚝、慕容垂等步骑二十五万为前锋⑨；以兖州刺史姚苌为龙骧将军，督益、梁州诸军事⑩。坚谓苌曰："昔朕以龙骧建业，未尝轻以授人，卿其勉之⑪！"左将军窦冲曰："王者无戏言，此不祥之征也⑫！"坚默然。

慕容楷、慕容绍言于慕容垂曰⑬："主上骄矜已甚，叔父建中兴之业，在此行也⑭！"垂曰："然。非汝，谁与成之⑮！"

甲子，坚发长安，戎卒六十余万，骑二十七万，旗鼓相望，前后千里⑯。九月，坚至项城，凉州之兵始达咸阳，蜀、汉之兵方顺流而下，幽、冀之兵至于彭城，东西万里，水陆齐进，运漕万艘⑰。阳平公融等兵三十万，先至颍口⑱。

诏以尚书仆射谢石为征虏将军、征讨大都督，以徐、兖二州刺史谢玄为前锋都督，与辅国将军谢琰、西中郎将桓伊等众共八万拒之⑲；使龙骧将军胡彬以水军五千援寿阳⑳。琰，安之子也。

是时，秦兵既盛，都下震恐㉑。谢玄入，问计于谢安，安夷然，答曰㉒："已别有旨㉓。"既而寂然。玄不敢复言，乃令张玄重请㉔。安遂命驾出游山墅，亲朋毕集，与玄围棋赌墅㉕。安棋常劣于玄，是日，玄惧，便为敌手而又不胜㉖。安遂游陟，至夜乃还㉗。桓冲深以根本为忧，遣精锐三千入卫京师㉘。谢安固却之，曰："朝廷处分已定，兵甲无阙，西藩宜留以为防㉙。"冲对佐吏叹曰："谢安石有庙堂之量，不闲将略㉚。今大敌垂至，方游谈不暇，遣诸不经事少年拒之，众又寡弱，天下事已可知，吾其左衽矣㉛！"

……

冬十月，秦阳平公融等攻寿阳。癸酉，克之，执平虏将军徐元喜等㉜。融以其参军河南郭褒为淮南太守㉝。慕容垂拔郧城㉞。胡彬闻寿阳陷，退保硖石，融进攻之㉟。秦卫将军梁成等帅众五万屯于洛涧，栅淮以遏东兵㊱。谢石、谢玄等去洛涧二十五里而军，惮成不敢进㊲。胡彬粮尽，潜遣使告石等曰㊳："今贼盛粮尽，恐不复见大军！"秦人获之，送于阳平公融。融驰使白秦王坚曰："贼少易擒，但恐逃去，宜速赴之㊴！"坚乃留大军于项城，引轻骑八千，兼道就融于寿阳㊵。遣尚书朱序来说谢石等㊶，以为："强弱异势，不如速降。"序私谓石等曰："若秦百万之众尽至，诚难与为敌。今乘诸军未集，宜速击之；若败其前锋，则彼已夺气，可遂破也㊷。"

石闻坚在寿阳，甚惧，欲不战以老秦师㊸。谢琰劝石从序言。十一月，谢玄遣广陵相刘牢之帅精兵五千人趣洛涧，未至十里，梁成阻涧为陈以待之㊹。牢之直前渡水，击成，大破之，斩成及弋阳太守王咏㊺；又分兵断其归津，秦步骑崩溃，争赴淮水，士卒死者万五千人㊻。执秦扬州刺史王显等，尽收其器械军实㊼。于是谢石等诸军，水陆继进。秦王坚与阳平公融登寿阳城望之，见晋兵部阵严整，又望八公山上草木，皆以为晋兵，顾谓融曰㊽："此亦勍敌，何谓弱也！"怃然始有惧色㊾。

秦兵逼肥水而陈，晋兵不得渡㊿。谢玄遣使谓阳平公融曰："君悬军深入，而置陈逼水，此乃持久之计，非欲速战者也㉛。若移陈少却，使晋兵得渡,以决胜负,不亦善乎㊽!"秦诸将皆曰:"我众彼寡,不如遏之,使不得上,可以万全。"坚曰:"但引兵少却,使之半渡,我以铁骑蹙而杀之,蔑不胜矣㊾!"融亦以为然,遂麾兵使却㊿。秦兵遂退,不可复止。谢玄、谢琰、桓伊等引兵渡水击之。融驰骑略陈,欲以帅退者,马倒,为晋兵所杀,秦兵遂溃㊌。玄等乘胜追击,至于青冈㊍。秦兵大败,自相蹈藉而死者,蔽野塞川㊎。其走者闻风声鹤唳,皆以为晋兵且至,昼夜不敢息,草行露宿,重以饥冻,死者什七、八㊏。初,秦兵少却,朱序在陈后呼曰:"秦兵败矣!"众遂大奔。序因与张天锡、徐元喜皆来奔㊐。获秦王坚所乘云母车㊑。复取寿阳,执其淮南太守郭褒。

　　坚中流矢,单骑走至淮北,饥甚,民有进壶飧、豚髀者,坚食之,赐帛十匹、绵十斤㊑。辞曰:"陛下厌苦安乐,自取危困。臣为陛下子,陛下为臣父,安有子饲其父而求报乎㊒!"弗顾而去。坚谓张夫人曰:"吾今复何面目治天下乎!"潸然流涕㊓。

　　……

　　谢安得驿书,知秦兵已败,时方与客围棋,摄书置床上,了无喜色,围棋如故㊔。客问之,徐答曰:"小儿辈遂已破贼㊕。"既罢,还内,过户限,不觉屐齿之折㊖。

【注释】

①太元八年:即东晋孝武帝太元八年,公元383年。入寇:指外敌入侵进犯。作者站在东晋王朝的立场上叙述,故称秦王苻坚进犯为入寇。　②丁:指到了服劳役年龄的人。良家子:指贵族地主的子弟。材勇:有材力而且勇武。羽林郎:禁军官名,掌宿卫、侍从。　③司马昌明:即司马曜,东晋孝武帝。尚书左仆射(yè):官职名,尚书省的次官。吏部尚书:主管官吏任免、考课、升降、调动等事的官吏,班列次序在其他各部之上。侍中:秦始置,两汉沿置,为正规官职外的加官之一。因侍从皇帝左右,出入宫廷,与闻朝政,逐渐变为亲信贵重之职。晋以后,曾相当于宰相。势还不远:根据形势,凯旋还朝之日不远。起第:建造府第。以上几句是苻坚预封东晋君臣的官职,表示必胜之心;同时也显示出苻坚的轻敌之心。　④秦州:前秦时州名,在今甘肃省天水市西南。主簿:主管文书簿籍的官吏。少年都统:带领青年士兵之将官。　⑤姚苌:字景茂,南安赤亭(今甘肃陇西)人,羌族首领之一,其兄姚襄被苻坚所杀,遂降秦,被任命为龙骧将军。淝水之战后,叛秦,杀苻坚,自称秦王,史称后秦。　⑥风尘之变:指突然发生的战乱。逞:满足,实现。其志:他们的心愿。策画:谋划,计谋。　⑦不闲军旅:不懂军事。闲,同"娴",娴熟,熟练。苟:只。谄(chǎn)谀:阿谀,奉承。会:迎合。　⑧悔无及也:后悔也来不及了。　⑨八月戊午:即公元383年八月初二日。督:统领,督率。张蚝(cī):前秦猛将。步骑:步兵和骑兵。　⑩兖(yǎn)州:治所在今山东曲阜。刺史:原为朝廷所派督察地方之官,后沿为地方官职名称。魏晋于

大学国文(第二版)　　92

重要州郡置都督兼领刺史,职权益重。龙骧将军:苻坚称帝前曾为龙骧将军。益:益州,治所在今四川成都。梁州:治所在今陕西省汉中市。　⑪ 昔朕以龙骧建业:苻坚是苻健之弟、苻雄之子,苻健称帝之后,苻坚被封为龙骧将军。355 年,苻健死,其子苻生即位,十分残暴。357 年,苻坚杀死苻生,自称秦王。现在苻坚把龙骧将军这一重要官职授予姚苌,足见其对姚苌的信任。　⑫ 左将军窦冲:前秦武都人,官拜征北将军、幽州刺史。　⑬ 慕容楷、慕容绍:都是慕容垂的哥哥慕容恪的儿子。　⑭ 骄矜:骄傲自负。中兴之业:指恢复前燕政权的事业。　⑮ 非汝,谁与成之:要不是你们,我与谁一块儿成就大事呢!"谁与成之"即"与谁成之"。　⑯ 甲子:八月初八日。戎卒:士兵。　⑰ 项城:即今河南省项城市。凉州:治所在今甘肃省武威市。咸阳:即陕西省咸阳市。蜀汉:蜀郡和汉中的并称。幽:幽州,治所在今北京市西南。冀:冀州,治所在今河北省冀州市。彭城:即今江苏省徐州市。运漕:由水路运粮。　⑱ 颖口:在今安徽省寿县西北,颖水由此流入淮河。　⑲ 诏:孝武帝的诏令。谢石:东晋将领,字石奴,谢安第六弟。谢玄:字幼度,谢安之兄谢奕之子。谢琰:字瑗度,谢安次子。桓伊:字叔夏,桓景之子。　⑳ 寿阳:地名,原名寿春,晋改名寿阳,即今安徽寿县。　㉑ 都下:京都。　㉒ 夷然:神情镇定、处变不惊的样子。　㉓ 已别有旨:(朝廷)已经另有打算。　㉔ 张玄:《晋书·谢玄传》:"时吴兴太守晋宁侯张玄之亦以才学显,自吏部尚书与玄同年之郡,而玄之名亚于玄,时人称为'南北二玄',论者美之。"　㉕ 赌墅:以别墅作为赌注。　㉖ 便为敌手而又不胜:便打了个平手而不能取胜。这说明张玄此时心中也很紧张,进而反衬出谢安十分沉着镇定。　㉗ 游陟:游历。　㉘ 根本:指东晋都城建康。　㉙ 处分:谋划、安排。无阙:不缺少。西藩:西部防线。指荆州、襄阳一带地区。　㉚ 佐吏:古代地方长官的僚属。庙堂之量:宰相的度量。将略:用兵的谋略。　㉛ 吾其左衽矣:衽,衣襟。左衽,我国古代少数民族的衣襟朝左边开。古代北方游牧民族披发左衽,而中原华夏民族则束发右衽。语出《论语·宪问》:"微管仲,吾其被发左衽矣。"桓冲在这里借用典故,意指东晋将会被前秦击败。　㉜ 癸酉:十月十八日。　㉝ 参军:官名,将军的幕僚,参与军务。晋以后军府和王国始置为官员。太守:官名。秦置郡守,汉景帝时改名太守,为一郡最高行政长官。隋初以州刺史为郡长官。　㉞ 拔:攻下。郧城:即今湖北省安陆市,涢水流经此地。　㉟ 寿阳陷:寿阳被攻破。保:依恃。硖石:山名,在寿阳西北。　㊱ 洛涧:洛水,又名洛河,即今安徽淮南市淮河支流。栅:用竹、木、铁条等围成的阻拦物。栅淮:在淮水边设立栅栏。遏东兵:阻挡东晋的增援军队。　㊲ 惮:害怕,畏惧。　㊳ 潜:暗中。　㊴ 赴:前往,奔赴。　㊵ 兼道:即兼程,以加倍的速度赶路。就:靠近,奔向。　㊶ 朱序:字次伦,义阳(今河南信阳)人,历任东晋鹰扬将军、江夏相,后任梁州刺史,镇守襄阳。公元 379 年二月,苻坚派兵攻下襄阳,朱序被俘降秦,被苻坚任命为度支尚书,但他心怀东晋王朝,暗中助晋。淝水之战前,朱序为东晋出谋划策;淝水之战中,扰乱前秦大军军心,为东晋以少胜多战胜苻坚百万大军立下大功,后被封为龙骧将军、豫州刺史。　㊷ 夺气:挫伤锐气,丧失勇气。　㊸ 石:指谢石。老:使……疲惫。　㊹ 广陵:即今江苏省扬州市。相:国相。刘牢之:字道坚,彭城(今江苏徐州市)人,东晋名将,骁勇善战。初为谢玄参军,后迁鹰扬将军、广陵相。趣:同"趋",迅速奔向。阻:倚仗,凭借。陈:古"阵"字,摆开阵势。　㊺ 弋阳:郡名。治所在今河南省潢川县。　㊻ 归津:返回的渡口。　㊼ 扬州:州名。

治所在今江苏省南京市。军实:军用器械和粮饷。　㊽八公山:在今安徽寿县北四里,淝水之北。　㊾勍(qíng)敌:强敌。怃(wǔ)然:惊愕丧气的样子。　㊿逼:迫近。肥水:又叫淝水,发源于安徽省合肥西南紫蓬山,分为两支:一支东南流入巢湖,另一支西北流经寿县入淮河。　㊼悬军深入:犹远隔千里,孤军深入。前秦军队战线很长,首尾不能相顾。置陈逼水:把阵势摆在淝水边。　㊾少却:稍微退却。　㊿蹙(cù):逼迫。蔑:没有。　㊾麾(huī):指挥。　㊿驰骑略陈:纵马压阵。帅退者:率领已经撤退的秦军(重新前进)。　㊾青冈:地名,在今安徽寿县西北三十里。　㊿蹈藉:犹践踏。蔽野塞川:形容死伤甚多,遍地都是。　㊾走者:逃跑的前秦士兵。鹤唳:鹤鸣声。草行露宿:涉草而行,露宿在外。重以饥冻:再加上又冷又饿。　㊿张天锡:前凉张骏之子,字纯嘏,安定乌氏(今甘肃省平凉市西北)人。张骏死后,继为前凉王。太元元年(376)苻坚攻破凉州,张天锡败降。淝水之战中复归东晋。　㊽云母车:以云母做装饰的奢华的车子。云母是一种晶体矿物,透明,有光泽,一般专为王侯贵族所用。　㊾壶飧(sūn):壶盛的汤饭熟食。豚髀(bì):猪腿。　㊿饷:拿食物给人吃。　㊾潸(shān)然:流泪的样子。　㊿驿书:经驿站递送的文书。摄书:把信合起来。了无喜色:毫无高兴的样子,形容不动声色。　㊿小儿辈:犹言"孩儿们"。　㊾户限:门槛。屐(jī)齿:古代木鞋上装的齿状物。

【集评】

　　安明于用人,考察既精,不以亲疏而废。玄有谋虑,善使人,而牢之勇锐出众,安所施置,各得其宜。盖用兵之道,当以奇正相须。使玄将重兵于后,此正也;使牢之将精兵迎击于前,此奇也。秦兵既近洛涧,牢之撄其锋,直搏而胜之,固已夺其心矣。淝水之战,其胜算已在目中,故秦兵一退,风声鹤唳,以至山川草木皆足以惧之,惟牢之先夺其心故也。安之方略可谓素定矣。惟其素定,故安静而不挠,其矫情镇物,岂固为是哉?夫有所恃故耳。([宋]张栻撰、[宋]朱熹编《南轩先生文集》卷一七《史论·谢安淝水之功》,华东师范大学出版社2010年版,第283页。)

【思考题】

　　1. 苻坚输掉"淝水之战"的原因有哪些?
　　2. 将此文与《左传》"晋楚城濮之战"一文对照阅读,比较其写作手法之异同。

【深度阅读】

　　1. [宋]司马光等《资治通鉴》,中华书局1956年版。
　　2. 李季平《淝水之战》,上海人民出版社1955年版。

书札第三

戒子益恩书
郑 玄

郑玄(127—200),字康成,东汉北海高密(今属山东)人,汉代著名的经学家、文献学家和教育家。十三岁即能诵读"五经",十六岁被称作"神童"。因家境清贫,十八岁就做了乡啬夫,后又改任乡佐。但他不乐为吏,一心为学,到二十一岁时已经博览群书,也很精通天文历算、图谶纬书。当时担任北海相的杜密召他到北海郡治学,并推荐他到太学深造。郑玄先后向今文学家第五元先和古文学家张恭祖等人学习,后来师从马融。游学十余年后回归故里,家贫躬耕,授徒讲学,弟子上千人。汉末党争,郑玄与孙嵩等四十余人被禁。到五十八岁禁解之时,郑玄已著书近百万余言。北海相孔融深敬之,特命高密县设立"郑公乡"。建安三年(198),郑玄拜为大司农。他曾注解过《周易》《尚书》《毛诗》《礼记》《论语》《孝经》等儒家经典,为汉代经学的集大成者。事见《后汉书》卷三五本传。

《后汉书》是南朝宋史学家范晔编纂的一部记载东汉历史的纪传体史书。书中分十纪、八十列传和八志(司马彪续作),记载了从王莽起至汉献帝的一百九十五年历史。唐代李贤注,清代王先谦有《后汉书集解》。本篇是郑玄晚年所作述志教子之文,益恩即其子。文中既回顾了自己的治学历程,又激励儿子追求学业,语言温和质朴,忠告层层深入,被刘熙载称为"雍雍穆穆,隐然涵《诗》《礼》之气"。

本篇选自范晔纂《后汉书》卷三五《郑玄传》,中华书局1965年版。

吾家旧贫,为父母群弟所容①,去厮役之吏,游学周秦之都,往来幽、并、兖、豫之域②。获觐乎在位通人,处逸大儒,得意者咸从捧手,有所受焉③。遂博稽六艺,粗览传记,时睹秘书纬术之奥④。年过四十,乃归供养,假田播殖,以娱朝夕⑤。

遇阉尹擅势,坐党禁锢,十有四年,而蒙赦令,举贤良、方正、有道,辟大将军三司府⑥。公车再召,比牒并名,早为宰相⑦。惟彼数公,懿德大雅,克堪王臣,故宜式序⑧。吾自忖度,无任于此,但念述先圣之元意,思整百家之不齐,亦庶几以竭吾才,故闻命罔从⑨。而黄巾为害,萍浮南北,复归邦乡,入此岁来,已七十矣⑩。

宿素衰落,仍有失误,案之礼典,便合传家⑪。今我告尔以老,归尔以事,将闲居以安性,覃思以终业⑫。自非拜国君之命,问族亲之忧,展敬坟墓,观省野物,胡尝扶杖出门乎⑬?家事大小,汝一承之⑭。

咨尔茕茕一夫,曾无同生相依⑮。其勖求君子之道,研钻勿替,敬慎威仪,以近有德⑯。显誉成于僚友,德行立于己志⑰。若致声称,亦有荣于所生⑱。可不深念邪!可不深念邪!

吾虽无绂冕之绪,颇有让爵之高⑲。自乐以论赞之功,庶不遗后人之羞⑳。末所愤愤者,徒以亡亲坟垄未成,所好群书率皆腐敝,不得于礼堂写定,传与其人㉑。日西方暮,其可图乎㉒?

家今差多于昔,勤力务时,无恤饥寒㉓。菲饮食,薄衣服,节夫二者,尚令吾寡恨㉔。若忽忘不识,亦已焉哉㉕。

【注释】

① 为父母群弟所容:得到父母兄弟的允许、宽容。 ② 厮役之吏:低贱小官。此指郑玄年青时所任的乡啬夫。周、秦之都:即今陕西的西安与咸阳一带。幽:州名,今河北省北部、辽宁一带。并:州名,大致为山西省范围。兖:州名,今山东省部分地区。豫:以开封为中心的河南地区。 ③ 觐:进见。通人:指学识渊博、贯通古今的人。处逸:与"在位"相对,隐逸。李贤注:处逸,谓处士,隐逸之大儒。得意者:指合己心意之人。捧手:犹"拱手",表示敬佩。有所受焉:从他们那里学到不少东西。焉:"于之"合音,在那里,从那里。 ④ 稽:考查。六艺:即《诗》《书》《礼》《易》《乐》《春秋》六本书。传记:书传、记载。秘书:指未公开的书,此指谶纬图箓之书。纬术:用儒家经义,附会吉凶祸福,预言治乱兴废,多有怪诞无稽之谈。在西汉末和东汉初达到鼎盛,对当时的政治影响很大。 ⑤ 供养:指供养父母。假:本义为"借",此处"假田"指"租种田地"。 ⑥ 阉(yān)尹:宦官。指汉灵帝时宦官曹节、王甫等人,杀害大将军窦武、太傅陈蕃等,独揽朝政,滥施淫威。曹节死后,又有张让、赵忠等十常侍擅权,朝政混乱。坐党:由于朋党获罪。坐:犯罪。此处指东汉桓灵之际,李膺等议论朝政,谋诛宦官,反被宦官捕杀、囚禁,累及孙嵩、郑玄等。有:又作"又",古汉语整数和零数之间常常用"有""又"二字。赦令:汉灵帝中平元年(184),黄巾农民起义风起云涌,朝廷为了缓和阶级矛盾,大赦天下。 ⑦ 贤良、方正、有道:均为汉代推荐官吏的科目名。公车:汉代官署名,掌管宫殿中司马门的警卫工作,臣民的上书和征召都由公车接待。再:两次。比牒并名:比牒谓连牒,并名谓齐名。比:并列、并排。牒:授官的文件。此句指被大将军何进召用。 ⑧ 懿:美好的。克:能够。式序:按次序被任用。式:发语词。 ⑨ 先圣:古代圣人,指周公、孔子之类。元:本来的、初始的。庶几:或许可以(表示希望之词)。罔:无、不。 ⑩ 黄巾:东汉桓、灵年间,张角等利用太平道发动的农民起义,起义军队以"黄巾"包头,故称为"黄巾军",后被镇压。复归邦乡:李慈铭谓碑作"乡邦",此处颠倒,是也。萍:像浮萍一样,指黄巾军入青州,郑玄南下徐州躲避。此岁:建安元年(196)。此时郑

玄年届七旬。　⑪ 宿素:往常、平素。衰落:指身体状态不好。仍:一再、频繁。案:查考。合:应当。传家:将家事托付给子孙。　⑫ 覃(tán):深。终业:完成著述事业。　⑬ 自非:倘若不是。拜:接受(官职)。展敬:祭拜,省候致敬。展:省视。野物:庄稼。胡:表反诘的疑问代词。　⑭ 一:完全。　⑮ 咨:叹息的声音。茕茕:孤单的样子。同生:指兄弟。　⑯ 其:表祈使语气。勖(xù):勉力、勉励。替:废,放弃。敬慎威仪,以近有德:言行恭敬谨慎,注意仪态要保持庄严,从而可以接近有德行的人。出自《诗·大雅·民劳》。　⑰ 此二句意为:美好的声誉来自同僚朋友,树立德行全在于自己内心的志向。僚:同僚。　⑱ 声称:声誉。所生:指父母。　⑲ 绂(fú)冕:古代大夫祭祀所穿的礼服礼冠,代称高官显位。绪:功业。颇:稍,略。让爵之高:指郑玄多次拒绝朝廷的征召。　⑳ 论赞:史书篇末所附评论史事或人物之文。论,谓篇末论辞;赞,谓论后韵语。此处比喻自己乐于著书立说之事。庶:也许可以(表示希望)。　㉑ 所愤愤者:所以内心愤懑的原因。率:大致。礼堂:讲学习礼之堂。其人:那样的人。此处指好学者。　㉒ 日西方暮:比喻到了晚年。方:正。　㉓ 差:略微,比较。恤(xù):忧虑。　㉔ 菲、薄、寡:形容词的使动用法。减少。恨:遗憾。　㉕ 忽:忽略。识:记住。亦已焉哉:那就算了吧。

【集评】

郑玄囊括大典,网罗众家,删裁繁芜,刊改漏失,自是学者略知所归。([南朝宋]范晔《后汉书》卷三五,中华书局1965年版,第五册第1213页。)

郑康成是个好人,考礼名数大有功。事事都理会得。如《汉律令》,亦皆有注。尽有许多精力。东汉诸儒煞好,卢植也好,康成也可谓大儒。([宋]黎靖德等纂、王星贤点校《朱子语类》卷八七,中华书局1986年版,第六册第2226页。)

【思考题】

1. 文中郑玄对自己的儿子(益恩)提出了哪几方面要求?
2. 文中郑玄言"吾虽无绂冕之绪,颇有让爵之高",《后汉书》记载他"不乐于吏",你认为他不爱仕途的原因是什么?

【深度阅读】

1. [南朝宋]范晔《后汉书》,中华书局1965年版。
2. 张舜徽《郑学丛著》,华中师范大学出版社2005年版。
3. 王振民主编《郑玄研究文集》,齐鲁书社1999年版。

与山巨源绝交书
嵇　康

嵇康(223—262),字叔夜,谯郡铚县(今安徽宿州市西南)人。早年丧父,由母、兄抚养长大。博览群书,学不师授,知识宏富,天姿奇伟,二十岁时被沛王曹林招为婿,成为曹魏宗室姻亲,被朝廷征为郎中,拜中散大夫。"竹林七贤"之一。当时正是魏晋易代之际,政治上非常黑暗,嵇康在政治上不与司马氏集团合作,又有老庄之好,嗜酒放诞,蔑弃礼法,否定时政,与司马氏当时利用礼教图谋篡位的做法发生了直接冲突,终被杀害。嵇康是魏晋时代著名的文学家,其主要文学成就是散文,代表作是《与山巨源绝交书》《难自然好学论》和《管蔡论》。他的文章善于持论,析理绵密,辞采壮丽。尽管文中宣扬老庄及服食养生,但"思想新颖,往往与古时旧说相反对"(鲁迅《魏晋风度及文章与药及酒之关系》)。有《嵇中散集》行世。事见《晋书》卷四九本传。

此篇是嵇康写给"竹林七贤"的另一个成员山涛(字巨源)的书信。此时山涛投向司马氏集团,在朝廷中做官;当他调升时,推荐嵇康担任他以前的官职。愤怒之下,嵇康写下此文,一方面指责山涛,另一方面批评时政,表现了反抗精神。文章述意畅达,跌宕多姿,比喻贴切,情感丰富。

本篇选自嵇康撰、戴明扬校注《嵇康集校注》卷二,人民文学出版社1962年版。

　　康白:足下昔称吾于颍川,吾尝谓之知言①。然经怪此意,尚未熟悉于足下,何从便得之也②?前年从河东还,显宗、阿都说足下议以吾自代;事虽不行,知足下故不知之③。足下傍通,多可而少怪;吾直性狭中,多所不堪,偶与足下相知耳④。间闻足下迁,惕然不喜;恐足下羞庖人之独割,引尸祝以自助,手荐鸾刀,漫之膻腥。故具为足下陈其可否⑤。

　　吾昔读书,得并介之人,或谓无之,今乃信其真有耳⑥。性有所不堪,真不可强⑦。今空语同知有达人而无所不堪,外不殊俗而内不失正,与一世同其波流而悔吝不生耳⑧。老子、庄周,吾之师也,亲居贱职;柳下惠、东方朔,达人也,安乎卑位。吾岂敢短之哉⑨!又仲尼兼爱,不羞执鞭;子文无欲卿相,而三登令尹;是乃君子思济物之意也⑩。所谓达能兼善而不渝,穷则自得而无闷⑪。以此观之,故尧、舜之君世,许由之岩栖,子房之佐汉,接舆之行歌,其揆一也⑫。仰瞻数君,可谓能遂其志者也。故君子百行,殊途而同致;循性而动,各附所安,故有处朝廷而不出,入山林而不返之论⑬。且延陵高子臧之风,长卿慕相如之节,志气所托,不可夺也⑭。

吾每读尚子平、台孝威传,慨然慕之,想其为人⑮。少加孤露,母兄见骄,不涉经学⑯。性复疏懒,筋驽肉缓,头面常一月十五日不洗;不大闷痒,不能沐也⑰。每常小便而忍不起,令胞中略转,乃起耳⑱。又纵逸来久,情意傲散,简与礼相背,懒与慢相成,而为侪类见宽,不攻其过⑲。又读《庄》《老》,重增其放⑳。故使荣进之心日颓,任实之情转笃㉑。此犹禽鹿,少见驯育则服从教制;长而见羁则狂顾顿缨,赴蹈汤火,虽饰以金镳,飨以嘉肴,愈思长林而志在丰草也㉒。

阮嗣宗口不论人过,吾每师之,而未能及㉓;至性过人,与物无伤,唯饮酒过差耳㉔。至为礼法之士所绳,疾之如仇,幸赖大将军保持之耳㉕。吾不如嗣宗之贤,而有慢驰之阙;又不识人情,暗于机宜;无万石之慎,而有好尽之累。久与事接,疵衅日兴,虽欲无患,其可得乎㉖?又人伦有礼,朝廷有法,自惟至熟,有必不堪者七,甚不可者二㉗。卧喜晚起,而当关呼之不置,一不堪也㉘。抱琴行吟,弋钩草野,而吏卒守之,不得妄动,二不堪也㉙。危坐一时,痹不得摇,性复多虱,把搔无已,而当裹以章服,揖拜上官,三不堪也㉚。素不便书,又不喜作书,而人间多事,堆案盈机,不相酬答,则犯教伤义,欲自勉强,则不能之,四不堪也㉛。不喜吊丧,而人道以此为重,已为未见恕者所怨,至欲见中伤者㉜;虽惧然自责,然性不可化,欲降心顺俗,则诡故不情,亦终不能获无咎无誉如此,五不堪也㉝。不喜俗人,而当与之共事,或宾客盈坐,鸣声聒耳,嚣尘臭处,千变百伎,在人目前,六不堪也㉞。心不耐烦,而官事鞅掌,机务缠其心,世故烦其虑,七不堪也㉟。又每非汤、武而薄周、孔,在人间不止,此事会显,世教所不容,此甚不可一也㊱。刚肠疾恶,轻肆直言,遇事便发,此甚不可二也。以促中小心之性,统此九患,不有外难,当有内病,宁可久处人间邪㊲?又闻道士遗言,饵术、黄精,令人久寿,意甚信之;游山泽,观鱼鸟,心甚乐之。一行作吏,此事便废,安能舍其所乐而从其所惧哉㊳!

夫人之相知,贵识其天性,因而济之。禹不逼伯成子高,全其节也�439。仲尼不假盖于子夏,护其短也㊵。近诸葛孔明不逼元直以入蜀,华子鱼不强幼安以卿相㊶。此可谓能相终始,真相知者也。足下见直木必不可以为轮,曲者不可以为桷,盖不欲以枉其天才,令得其所也㊷。故四民有业,各以得志为乐,唯达者为能通之,此足下度内耳㊸。不可自见好章甫,强越人以文冕也;己嗜臭腐,养鸳雏以死鼠也㊹。吾顷学养生之术,方外荣华,去滋味,游心于寂寞,以无为为贵,纵无九患,尚不顾足下所好者。又有心闷疾,顷转增笃,私意自试,不能堪其所不乐㊺。自卜已审,若道尽途穷则已耳。足下无事冤之,令转于沟壑也㊻。

吾新失母兄之欢,意常凄切。女年十三,男年八岁,未及成人,况复多病,顾此悢悢,如何可言!今但愿守陋巷,教养子孙;时与亲旧叙阔,陈说平生㊼。浊酒一杯,弹琴一曲,志愿毕矣。足下若嬲之不置,不过欲为官得人,以益时用耳。足下旧知吾潦倒粗疏,不切事情,自惟亦皆不如今日之贤能也㊽。若以俗人皆喜荣华,独能离之,以此为快;此最近之,可得言耳。然使长才广度,无所不淹,而能不营,乃可贵耳㊾。若吾多病困,欲离事自全,以保余年,此真所乏耳。岂可见黄门而称贞哉㊿!若趣欲共登王途,期于相致,时为欢益,一旦迫之,必发其狂疾。自非重怨,不至于此也(51)。

野人有快炙背而美芹子者,欲献之至尊,虽有区区之意,亦已疏矣(52)。愿足下勿似之。其意如此,既以解足下,并以为别(53)。嵇康白。

【注释】

① 白:陈述。称:称赞。此处指称赞嵇康不愿出仕的意志。颍川:山嵚(qīn),山涛的叔父,曾做过颍川太守,故以代称。知言:有识见、知己之言。 ② 经:经常。何从:从何。 ③ 前年:指公元260年。河东:郡名,今山西省南部黄河以东地区,嵇康曾避居于此。显宗:公孙崇,字显宗,谯(今安徽亳[bó]县)人,曾为尚书郎。阿都:吕安,字仲悌,小名阿都,东平(今山东东平县)人。二人均为嵇康好友。以吾自代:让我代替你自己。这里指山涛推荐嵇康代其职。故:原来。之:指代嵇康不愿出仕之志。 ④ 傍通:善于应变交际。可:许可。怪:怪疑。多可而少怪:指山涛处事圆滑。狭中:中心狭隘。堪:忍受。 ⑤ 间:最近。迁:升官,指山涛由曹郎升迁为大将军从事中郎。惕(tì)然:惧怕的样子。庖人:厨师。尸祝:尸谓神主,祝是祭祀的主持者,因对"尸"而祝祷,故称"尸祝",犹今语之"祭师"。荐:进。鸾刀:装饰有鸾铃的刀。漫:玷污。具:详尽。 ⑥ 并介之人:既能兼善天下,又孤僻不群之人。并:兼,指兼善天下。介:特、独,耿介孤独。这里讥刺山涛的圆滑。或:有时。⑦ 真:本性。强(qiǎng):勉强。 ⑧ 一世:同一时代。同其波流:谓同世俗沉浮。悔吝:灾祸。 ⑨ 贱职:老子任过周朝柱下史(即守藏吏,管理图书),庄子曾任宋国蒙之漆园吏,官职均甚低贱。柳下惠:春秋鲁大夫展禽。据《论语·微子》载:柳下惠任士师(法官)时,被黜免三次。有人劝他离开鲁国,他不听,说:"直道而事人,焉往而不三黜,枉道而事人,何必去父母之邦!"东方朔:汉武帝时人,常任郎官一类小职,虽曾上书,亦不见用。短:短处,批评,卑视。 ⑩ 仲尼:孔子字。兼爱:泛爱。羞:意动,以……为羞。执鞭:赶车人。子文:春秋时楚国人,曾三度任令尹,史称令尹子文。是:复指代词。济物:救济天下。 ⑪ 此句化用《孟子·尽心上》:"穷则独善其身,达则兼济天下。"渝:改变。 ⑫ 君世:统治天下。君,

名词作动词,做……的君王。许由:尧时隐士。尧曾致天下于许由,许由不受,隐居箕山。岩栖:栖居于山岩,即隐居。子房:张良,字子房,汉高祖刘邦的谋士。接舆:春秋时楚隐士。行歌:唱歌。其意在劝孔子归隐。揆(kuí):法度、原则。 ⑬遂:达成,实现。殊途而同致:此句化用《易·系辞下》"天下同归而殊途,一致而百虑"。各附所安:各自依循自以为心安理得的行为。附,寄托;安,安身。 ⑭延陵:名季札,春秋时吴国公子。居于延陵,人称延陵季子。子臧:一名欣时,曹国公子。曹宣公死后,曹人要立子臧为君,子臧拒不接受,离国而去。季札的父兄要立季札为嗣君,季札引子臧不为曹国君为例,拒不接受。风:风概,指高尚的情操。长卿:司马相如,字相如。 ⑮尚子平:即向子平,名长,曾做过小官,后归隐以砍柴为生。台孝威:名佟,以出仕为苦,故隐居武安山中,凿穴为居,以采药为生。慨然:赞叹貌。 ⑯少:从小。孤露:指幼年丧父。见:我,放在动词"骄(骄纵)"之前。 ⑰驽钝:笨拙。缓:松弛。大:十分。能:通"耐",禁受。沐:洗头。 ⑱胞:借作"脬"(pāo),膀胱。略转:略略转动到将胀出之时。 ⑲简:简略。谓行止随便,不拘礼俗。侪类:同类人。宽:宽容。 ⑳重:更加。放:放纵、放达。㉑荣进:以致仕为荣。任实:放任本性。笃:厚,强烈。 ㉒禽:通"擒"。禽鹿:被捕的鹿。狂顾:狂乱四顾。顿缨:挣脱绳索。镳(biāo):马笼头。飨(xiǎng):用酒食招待客人。长林:茂林。 ㉓阮嗣宗:阮籍,字嗣宗,"竹林七贤"之一。不拘礼法,常醉酒,以"口不臧否人物"来避祸。 ㉔至性:天性淳厚。过差:过分,失度。 ㉕为礼法之士所绳:被重守礼法的人所责难。礼法之士:拘守礼法的人,此处指维护司马氏统治的何曾等人。绳:纠弹,纠正过失。大将军:指司马昭。保持:保全。 ㉖阙:通"缺",缺点。暗:昏昧不明。机宜:事理、时宜。万石:指汉代石奋。石奋与其四子俸禄皆为二千石,合为万石,故时号石奋为"万石君"。石奋一家皆以谨慎小心著称。好尽:喜欢尽情直言,不知避讳。事:人事。疵(chī):毛病。衅(xìn):空隙,事端。 ㉗惟:思考。至熟:极为熟悉。 ㉘当关:守门人。汉始置当关一职,天刚亮时,即呼叫人起床。置:释,舍,停。 ㉙弋(yì):用带绳子的箭射,此处指射鸟。钩:钓鱼。 ㉚危坐:端坐。性:此处指身体。章服:以纹饰为等级标志的礼服。 ㉛便:善于。堆案盈机:公文堆满桌案。机:同"几",几案。把(pá)搔:挠痒。不能之:不能忍受这些。"之",一本作"久",亦通。 ㉜已为未见恕者所怨,至欲见中伤者:自己被不能原谅我的人怨恨,乃至想要中伤我。 ㉝惧:一本作"瞿",惊恐。降心:抑制心性。诡:违背。故:本愿。情:诚实。无咎无誉:不能达到不露声色、不着痕迹、无咎无誉的境界。 ㉞嚣尘臭处:喧嚣、灰尘、污臭之处。 ㉟鞅掌:(官务)纷繁忙乱。 ㊱非:否定。汤武:商汤和周武王。薄:轻视。周孔:周公和孔子。人间:相对隐居而言,指出仕。会显世教所不容:世俗礼教所不容之事将会显露出来。会,将会;显,暴露。 ㊲促中:狭隘的内心,与"小心"义同。 ㊳饵:吞食。术、黄精:中药名,古人认为久服可以轻身延年。 ㊴因而济之:根据他们的天性加以帮助。伯成子高:尧时诸侯。这里指禹不强迫他做诸侯。 ㊵仲尼不假盖于子夏:子夏,卜商,字子夏,春秋时卫国人,孔子弟子,生性吝啬。盖:遮雨的工具。 ㊶元直:徐庶,字元直,汉末人。据《三国志·蜀书·诸葛亮传》记载,曹操南征时,徐庶和诸葛亮都跟随刘备从樊城向南败逃。后因徐庶的母亲被曹军俘获,徐庶就辞别刘备归附曹操,诸葛亮并没有逼徐庶随刘备入蜀。华子鱼:华歆,字子鱼。幼安:管宁,字幼安。据《三国志·魏书·管宁传》载:华歆和管宁是同窗好友。后来华歆做了魏文帝的相国,举荐管宁为相,管宁不肯出仕,举家浮海而逃,华歆也不强留。 ㊷ 桷(jué):方形的橡子。 ㊸ 四民:指士、农、工、商四种人。度:考虑。度内,戴明扬注:"为所素知者也。" ㊹ 章甫:礼帽。文:带有花纹的。鸳雏:鸟名,凤属。 ㊺ 顷:近来。方:正在。外:疏远。滋味:丰美的食物,美味。无为:老庄哲学基本命题之一,顺应自然变化。私意:私下思考。 ㊻ 卜:选择、抉择。审:明确。无事:无缘无故。之:代"我"。令转于沟壑:让我陷入绝境,转于沟壑。出自《孟子·梁惠王下》"老弱转乎沟壑",指死无葬身之地。 ㊼ 新失母兄之欢:指母亲和兄长刚刚去世。恨恨(liàng):悲伤貌。阔:阔别,分离。叙阔:叙谈别离之情。 ㊽ 嬲(niǎo):缠绕,纠缠。为官拉人:为朝廷拉人做官。时用:当时的需要。旧:以往。不切:不近、不合。 ㊾ 使:假使。长才广度:优越的才能和宽宏的度量。淹:浸渍、贯通。营:营求,这里指求仕。 50 黄门:代指宦官。宦官因为阉割无性欲,用以比喻自己不能出仕也是由于天性缺失,而不是像"广才长度"之人那样不谋求出仕。 51 趣:同"趋",急于。相致:共同招致入仕。时:时时,常常。 52 野人:农夫。至尊:君主。区区:诚恳的样子。疏:迂阔,不切实际。 53 别:离别,这里是绝交的意思。

【集评】

嵇叔夜之为人也,岩岩若孤松之独立;其醉也,巍峨若玉山之将崩。([晋]山涛语,见[南朝宋]刘义庆撰、徐震堮校笺《世说新语校笺》卷下,中华书局1984年版,第335页。)

此书实峻绝可畏,千载之下,犹可想见其人。([明]李贽《焚书》卷五,刘幼生等整理《李贽文集》第一册,社会科学文献出版社2000年版,第190页。)

但最引起许多人的注意,而且于生命有危险的,是《与山巨源绝交书》中的"非汤武而薄周孔"。司马懿因这篇文章,就将嵇康杀了。非薄了汤武周孔,在现时代是不要紧的,但在当时却关系非小。汤武是以武定天下的;周公是辅成王的;孔子是祖述尧舜,而尧舜是禅让天下的。嵇康都说不好,那么,教司马懿篡位的时候,怎么办才是好呢?没有办法。在这一点上,嵇康于司马氏的办事上有了直接的影响,因此就非死不可了。(鲁迅《魏晋风度及文章与药及酒之关系》,《鲁迅全集》第三册《而已集》,人民文学出版社2005年版,第534页。)

【思考题】

1. 嵇康在文中指出自己不出仕的原因是自己天性中有"七不堪,二不可",请你找出其中蕴含的客观因素。

2. 文中最后用了《列子》的典故,有什么深意?

【深度阅读】

1. [唐]房玄龄等《晋书·嵇康传》,中华书局1974年版。
2. [晋]嵇康撰、戴明扬校注《嵇康集校注》,人民文学出版社1962年版。
3. 沈玉成《嵇康被杀的原因和时间:与李剑国先生商榷》,《辽宁大学学报》(哲学社会科学版)1993年第2期。

与是仲明论学书
戴 震

戴震(1724—1777),字慎修,又字东原,清徽州休宁(今属安徽)人。青年时学于江永,四十岁中举后,被乾隆帝赐以同进士出身,授翰林院庶吉士,特召为纂修官,纂修《四库全书》。他对经学、天文、历算、地理、音韵训诂等均有深入研究,为清代著名思想家和考据学家。著述有《毛郑诗考正》《声韵考》《声类表》《屈原赋注》《戴东原集》等。事见清江藩《汉学师承记》卷五、《清史稿》卷四八一本传。

《与是仲明论学书》是戴震写给友人是仲明(戴震同时期的学者,名镜,江苏常州人)的书信,他在信中批判了自宋代以来,学者只谈义理,忽略训诂名物的治经方法,认为要达到"于经有所会通,然后知圣人之道",必须先学习《说文解字》《十三经注疏》等文献,学习音韵、文字、训诂及古代天文地理、名物制度等方面的知识。

本篇选自戴震撰、戴震研究会等编纂《戴震全集》第5册,清华大学出版社1997年版。

仆所为经考,未尝敢以闻于人,恐闻之而惊顾狂惑者众。昨遇名贤枉驾,望德盛之容,令人整肃,不待加以诲语也。又欲观末学所事得失,仆敢以《诗补传序》并"辨郑卫之音"一条检出呈览①。今程某奉其师命来取《诗补传》,仆此书尚俟改正,未可遽进,请进一二言,惟名贤教之。

仆自少时家贫,不获亲师,闻圣人之中有孔子者,定六经示后之人。求其一经,启而读之,茫茫然无觉。寻思之久,计于心曰:经之至者道也,所以明道者其词也,所以成词者字也。由字以通其词,由词以通其道,必有渐。

求所谓字,考诸篆书,得许氏《说文解字》,三年知其节目,渐睹古圣人制作本始②。又疑许氏于故训未能尽,从友人假《十三经注疏》读之,则知一字之义,当贯群经,本六书,然后为定③。至若经之难明,尚有若干事:诵《尧典》数行,至"乃命羲和",不知恒星七政所以运行,则掩卷不能卒业④;诵《周南》《召南》,自《关雎》而往,不知古音,徒强以协韵,则龃龉失读⑤;诵古《礼经》,先《士冠礼》,不知古者宫室、衣服等制,则迷于其方,莫辨其用⑥;不知古今地名沿革,则《禹贡》《职方》失其处所⑦;不知"少广""旁要",则《考工》之器不能因文而推其制⑧;不知鸟兽、虫鱼、草木之状类名号,则比兴之意乖。而字学、故训、音声未始相离,声与音又经纬衡纵宜辨⑨。汉末孙叔然创立反语,厥后考经论韵悉用之。释氏之徒从而习其法,因窃为己有,谓来自西域,儒者数典不能记忆也⑩。中土测天用"句股",今西人易名"三角""八线",其"三角"即"句股","八线"即"缀术",然而"三角"之法穷,必以"句股"御之,用知"句股"者,法之尽备,名之至当也⑪。管、吕言五声十二律,宫位乎中,黄钟之宫,四寸五分,为起律之本,学者蔽于钟律失传之后,不追溯未失传之先,宜乎说之多凿也⑫。凡经之难明,右若干事,儒者不宜忽置不讲。仆欲究其本始,为之又十年,渐于经有所会通,然后知圣人之道,如悬绳树槷,毫厘不可有差⑬。

仆闻事于经学,盖有三难:淹博难,识断难,精审难。三者仆诚不足与于其间,其私自持,暨为书之大概,端在乎是⑭。前人之博闻强识如郑渔仲、杨用修诸君子,著书满家,淹博有之,精审未也⑮。别有略是而谓大道可以径至者,如宋之陆,明之陈、王,废讲习讨论之学,假所谓"尊德性"以美其名;然舍夫"道问学",则恶可命之"尊德性"乎?未得为中正可知。群经六艺之未达,儒者所耻,仆用是戒其颓惰,据所察知,特惧忘失,笔之于书。识见稍定,敬进于前不晚,名贤幸谅!震白⑯。

【注释】

① 枉驾:乃敬辞,屈尊相访。《诗补传序》并"辨郑卫之音":乾隆十八年(1758)《诗补传》完稿,并作序。"辨郑卫之音"为《诗补传》中的一条,乾隆三十一年又注《周南》《召南》,并入此书,更名《杲溪诗经补注》。　② 渐:循序渐进。《说文解字》:东汉许慎编撰,简称《说文》,为我国第一部系统分析字形和考究字源的字典。节目:条目。　③ 故训:即"训诂",又称"训故""诂训",解释古书中此句的意义。分而言之,"训"指用通俗之语阐释意义,"诂"指用当代通用语解释古代文献语言或者方言。六书:指古代制造和使用文字的六种方法,包括象形、指示、会意、形声、假借和转注。　④《尧典》:亦称《帝典》,为《尚书》篇名。羲和:传说中远古制订历书之人。七政:有多种说法:(一)北斗七星。见《史记·天

官书》。(二)春、秋、冬、夏、天文、地理、人道。见《尚书大传·唐传·尧典》。(三)日、月、五星(水、火、木、金、土)。见《史记·五帝本纪》裴骃《集解》引郑玄说。(四)北斗七星各主日、月、五星。见《史记·天官书》司马贞《索隐》引马融说。掩卷:合上书本。 ⑤《周南》《召南》:《诗经·国风》开头部分,《关雎》为《周南》首章。由于古今音不同,《诗经》中许多韵文用今音读出来已经不协韵,南北朝以来的学者不知道这是由于语音的变化造成的影响,用"叶音说"(临时改读)来解释这种现象。戴震在这里对这种做法加以批评。龃龉(jǔyǔ):不协调,差失。 ⑥《礼经》:即《仪礼》,也称《礼》《士礼》,为春秋战国时代一部分礼制的汇集。《士冠礼》是《仪礼》的首篇,记载古代男子成年时加冠、命字的礼仪规定。⑦《禹贡》:《尚书》中的一篇。用自然分区法,把全国分为九州,重点分述各州的山川、薮泽、土壤、物产、贡赋和交通等,为我国最早的一部科学价值很高的地理著作。《职方》:《周礼·夏官·大司马》中的一篇。对九州中重要的山镇、泽薮、川浸、物产、男女、畜种,一一列举。惟九州区划与《禹贡》九州略有不同。 ⑧《少广》:中国古算名,也指《九章算术》第四章章名。意即将一长方形或长方体改为正方形或正方体,以求其边长,也就是研究开平方和开立方问题。旁要:古代算学名词,九数之一,即勾股。《考工》:即《周礼·考工记》,中国先秦时期手工艺专著,记述了木工、金工、皮革工、染色工、玉工、陶工六大类各个工种的内容。书中分别介绍了车舆、宫室、兵器以及礼乐之器等的制作工艺和检验方法,涉及数学、力学、声学、冶金学、建筑学等方面的知识和经验总结。戴震著有《考工记图》。 ⑨"而字学"句:戴震主张"声音训诂,相为表里"(《六书音均表序》),即文字、训诂、音韵必须结合。⑩孙叔然:孙炎,三国时期经学家。旧说孙炎首创反切,但后来发现,开始使用反切的时间早于孙炎。孙炎的《尔雅音义》今已失传。释氏:释迦牟尼。自宋代起,有学者认为反切之法是受了梵文影响才产生的,实际上,早期的佛典翻译工作以"胡僧"为主,汉人只是"笔受",没有真正接触到梵文,所以也谈不上受梵文影响。黄侃认为"反切"来自于"反语"(《文字声韵训诂学笔记·推求古本音之法》),更符合实际。数典:即"数典忘祖",比喻忘掉自己本来的情况或事物的本源。 ⑪句股:即勾股,直角三角形夹直角的两边,短的叫"勾",长的叫"股"。八线:指三角函数。缀术:圆周率、三次方程解法和正确的球体积量法。 ⑫管吕:管乐律吕。五声:五声音节中的宫、商、角、徵、羽五个音级。十二律:古代音律制度分十二个不完全相等的半音,各律从低到高依次为黄钟、大吕、太簇、夹钟、姑洗、仲吕、蕤宾、林钟、夷则、南吕、无射、应钟,奇数各律称为"六律",偶数各律称为"六吕",或总称"律吕"。 ⑬讲:练习。悬绳:以绳测度。槷(niè):测日影的标杆。 ⑭淹博:广博。自持:自我坚持。暨:及,和。端:首端。 ⑮郑渔仲:郑樵(1104—1162),字渔仲,南宋兴化军莆田(今属福建)人,世称夹漈先生。宋代史学家、文献学家。著有《通志》二百卷,其中的《校雠略》和《艺文略》是研究中国目录学、校雠学的重要文献。杨用修:即杨慎。⑯陆:陆九渊(1139—1193),号象山,字子静,江西抚州金溪青田人。南宋著名哲学家、教育家,与当时著名的理学家朱熹齐名,史称"朱陆"。陆九渊是中国"心学"的创始人。陈:陈献章(即陈白沙,1428—1500),字公甫,号石斋,广东新会人,明代著名思想家。标立"以自然为宗"的为学宗旨,提出"天地我立,万化我出,宇宙在我"的心学命题,强调自我主观道德实践,倡导"静坐养心见性"的道德修养方法,开明代心学思潮之先河。王:王守仁

(1472—1529),字伯安,号阳明,浙江余姚人。明代哲学家,心学唯心主义集大成者。稍:逐渐。

【集评】

近日言学问者,戴东原氏实为之最。以其实有见于古人大体,非徒矜考订而求博雅也。然戴氏之言又有过者。([清]章学诚《章学诚遗书》卷二九《又与正甫论文》,文物出版社1985年据吴兴嘉业堂刘承幹刻本影印本,第337页。)

(戴震)少从婺源江慎修游,讲贯礼经制度名物及推步天象,皆洞彻其原本。既乃研精汉儒传注及《方言》《说文》诸书,由声音文字以求训诂,由训诂以寻义理,实事求是,不偏主一家,亦不过骋其辩以排击前贤。([清]钱大昕撰、吕友仁标校《潜研堂文集》卷三九《戴先生震传》,上海古籍出版社1989年版。)

【思考题】

1. 根据作者的说法,经之难明,体现在哪些方面?
2. 结合你的读书经历,谈谈你对"淹博难,识断难,精审难"的理解。

【深度阅读】

1. [清]戴震撰、赵玉新点校《戴震文集》,中华书局1980年版。
2. 余英时《论戴震与章学诚》,台湾东大图书股份有限公司1996年版。

家书两封
曾国藩

曾国藩(1811—1872),初名子城,字伯涵,号涤生,清湖南湘乡(今湖南双峰)人。二十八岁考取进士,三十七岁任礼部侍郎。次年,回乡创建湘军,与太平天国义军对垒,镇压有功,此后历任两江总督、直隶总督等。卒谥文正。为力挽狂澜的清代中兴名臣,在政治、军事、文化、经济领域内均影响深远。除了文治武功之外,曾国藩的治家思想一向为人所推崇。在他一系列的家政思想中,不仅吸取了中国传统文化中的居家睦邻思想,提出了诸如"八本""八宝""三不信"、勤俭孝悌等德行原则,而且做出了自己独特的发扬和创新。事见《清史稿》卷四〇五本传。

曾国藩的家书一共有三百三十多封,他的治家思想主要体现在写给儿子及诸弟的信件之中。本篇选取的两封家书,第一封是写给他的长子曾纪泽的,针对纪泽读《大学》《中庸》《论语》《孟子》无甚心得的情况,细致讲解朱子"虚心涵泳,切己体察"读书之法。授业解惑,孜孜不倦,父子情深,溢于言表。第二封是写给次子曾纪鸿的,他表示,对于子孙,不求其为官发财,不求其早日成名,只求其读书明理。接着针对官僚子弟易犯的骄奢习气,要求儿子尚勤俭而戒骄奢,并以自己俭朴的生活为例教育儿子。

本篇选自《曾国藩全集》,岳麓书社1994年版。

字谕纪泽儿①:

八月一日,刘曾撰来营,接尔第二号信并薛晓帆信,得悉家中四宅平安,至以为慰②。

汝读《四书》无甚心得,由不能"虚心涵泳,切己体察"。朱子教人读书之法,此二语最为精当③。尔现读《离娄》,即如《离娄》首章"上无道揆,下无法守",吾往年读之,亦无甚警惕;近岁在外办事,乃知上之人必揆诸道,下之人必守乎法,若人人以道揆自许,从心而不从法,则下凌上矣④。"爱人不亲"章,往年读之,不甚亲切;近岁阅历日久,乃知治人不治者,智不足也⑤。此切己体察之一端也。

"涵泳"二字,最不易识,余尝以意测之曰:涵者,如春雨之润花,如清渠之溉稻。雨之润花,过小则难透,过大则离披,适中则涵濡而滋液。清渠之溉稻,过小则枯槁,过多则伤涝,适中则涵养而浡兴。泳者,如鱼之游水,如人之濯足⑥。程子谓"'鱼跃于渊'活泼泼地";庄子言"'濠梁观鱼'安知非乐?"此鱼水之快也⑦。左太冲有"濯足万里流"之句,苏子瞻有《夜卧濯足》诗,有《浴罢》诗,亦人性乐水者之一快也⑧。

善读书者,须视书如水,而视此心如花、如稻、如鱼、如濯足,则"涵泳"二字,庶可得之于意言之表⑨。尔读书易于解说文义,却不甚能深入,可就朱子"涵泳""体察"二语悉心求之。

邹叔明新刊地图甚好⑩。余寄书左季翁,托购致十幅,尔收得后,可好藏之⑪。薛晓帆银百两宜璧还,余有复信,可并交季翁也,此嘱⑫。

父涤生字
咸丰八年八月初三日

字谕纪鸿儿⑬：

家中人来营者，多称尔举止大方，余为少慰。凡人多望子孙为大官，余不愿为大官，但愿为读书明理之君子⑭。勤俭自持，习劳习苦，可以处乐，可以处约，此君子也⑮。

余服官二十年，不敢稍染官宦气习。饮食起居，尚守寒素家风，极俭也可，略丰也可，太丰则吾不敢也⑯。凡仕宦之家，由俭入奢易，由奢返俭难⑰。尔年尚幼，切不可贪爱奢华，不可惯习懒惰，无论大家小家，士农工商，勤苦俭约未有不兴，骄奢倦怠未有不败⑱。尔读书写字，不可间断，早晨要早起，莫坠高曾祖考以来相传之家风⑲。吾父吾叔，皆黎明即起，尔之所知也。

凡富贵功名，皆有命定，半由人力，半由天事。惟学作圣贤，全由自己做主，不与天命相干涉。吾有志学为圣贤，少时欠居敬工夫，至今犹不免偶有戏言戏动⑳。尔宜举止端庄，言不妄发，则入德之基也㉑。

手谕（时在江西抚门外）
咸丰六年九月廿九日夜

【注释】

① 纪泽：曾纪泽(1839—1890)，曾国藩长子，清代外交官。此信写于1858年。 ② 刘曾撰：曾国藩幕僚，曾任辰州知府。薛晓帆：薛湘(1806—1858)，字衡瞻，号晓帆，无锡西漳乡寺头人，清代官吏。有子六人，第三子薛福成为清末著名外交家。 ③《四书》：指《论语》《孟子》《大学》《中庸》四部著作，为儒家的重要典籍。"虚心涵泳，切己体察"：朱熹的弟子根据朱熹的读书治学经验，概括出"朱子读书法"六条，此为其中两条。意思大致为：读书要持虚心的态度，仔细体会书中的意思；不能只在字面上下功夫，还必须结合自己的切身情况进行体会，身体力行。涵泳：沉潜而游泳，这里指深入体会。朱熹(1130—1200)，字元晦、仲晦，号晦庵，别称紫阳，江西婺源(今属江西)人。南宋时期理学家和教育家。著有《四书章句集注》《周易本义》《诗集传》《楚辞集注》及后人编纂的《晦庵先生朱文公文集》和《朱子语类》等。 ④《离娄》：《孟子》篇目。上无道揆，下无法守：在上的没有道德规范，在下的没有应遵守的法度。揆：揣度。凌：侵犯。 ⑤"爱人不亲"：语出《孟子·离娄上》第四章，讲的是反躬自省的道理。治人不治：管理别人，却没有管理好。 ⑥ 涵：在"涵泳"一词中，本为沉、潜入水中之义，此处曾国藩用了它另外一个义项"浸润"。测：揣测。离披：摧残、凋敝貌。涵濡：润泽。滋液：汁液渗透。伤：受伤，"涝"是它的原因。涵养：滋润养育。浡(bó)：兴起的样子。濯：洗。 ⑦ 程子：对程颐的尊称。程颐(1033—1107)，字正叔，人称伊川先生，洛阳人。北宋教育家、思想家。 ⑧ 左太冲：左思（约250—305)，字太冲，临淄(今山东淄博)人。西晋著名文学家。"濯足万里流"出自他的《咏史八首》其五。苏子瞻：即苏轼。《夜卧濯足》是苏轼《谪居三适》的第三首，表达了烧水洗脚的可喜和适意。《浴罢》本题《次韵子由浴罢》，描写"干浴"的景象和感受。 ⑨ 庶：差不多。意言：也

作"言意",即语言和思想的关系,"意"指思想,"言"指语言。 ⑩ 邹叔明:邹汉章(1816—1861),字五津,号叔明,清代湖南新化(今隆回县)人。平日留心地图与兵制,致力于历史地理与地图研究,仿晋代"制图六体"绘成《舆地图》,分绘一州一县,能拼幅接边而无误;所编《皇朝图记》十六卷,列举府县疆里、山川、道路、驿站、古郡县等,都经详稽细核。 ⑪ 左季翁:左宗棠(1812—1885),字季高,湖南湘阴人。清末大臣,洋务派首领之一。道光十二年(1832)中举。太平军起,投靠湖南巡抚骆秉章,后从曾国藩攻打太平军,奉曾国藩命募勇五千,号称"楚军"。 ⑫ 璧还:敬语,原璧退还,用于归还原物或推辞谢绝赠品。出自蔺相如"完璧归赵"的典故。 ⑬ 纪鸿:曾纪鸿(1848—1881),曾国藩次子,数学家。此信写于1856年。 ⑭ 尔:第二人称代词,你。少:稍微、少许。 ⑮ 自持:自我克制。习:本指雏鸟反复练习飞翔,此处指践行。以:介词,表凭借。约:贫困。 ⑯ 为官:做官。气习:风气和习俗。丰:富裕。 ⑰ 由俭入奢易,由奢返俭难:由俭朴变得奢侈很容易,由奢侈返回俭朴很困难。 ⑱ 惯习:习惯于。骄:骄横。倦:疲倦懈怠。 ⑲ 坠:丢弃,败坏。祖考:祖先。 ⑳ 少:年少。欠:缺少。居敬:谓持身恭敬。戏:开玩笑。 ㉑ 妄:胡乱,没有约束。基:基础。

【集评】

　　曾文正者,岂惟近代,盖有史以来不一二睹之大人也已;岂惟中国,抑全世界不一二睹之大人也已。然而文正而非有超群绝伦之天才,在并时诸贤杰中,最称钝拙,其所遭值事会,亦终身在拂逆之中,然乃立德、立功、立言三并不朽,所成就震古铄今而莫与京者。(梁启超《曾文正公嘉言钞序》,《曾文正公嘉言钞》,商务印书馆1916年版,第1页。)

【思考题】

　　1. 请结合文章和自身经历谈一下你对"涵泳"的看法。
　　2. 请谈一下第二封家书曾国藩治家思想中的积极和消极观念。

【深度阅读】

　　1. 曾国藩《曾国藩全集》,岳麓书社1994年版。
　　2. 唐浩明《唐浩明评点曾国藩家书》(上、下),华夏出版社2009年版。

游记第四

钴鉧潭西小丘记
柳宗元

柳宗元(773—819),字子厚,河东(今山西永济)人。贞元九年(793)进士。中博学宏词,拜监察御史。参与王叔文集团的政治革新,变革失败后,贬为永州司马,迁柳州刺史,卒于柳州,世称"柳柳州"。为文雄深雅健,议论卓厉奋发。坐事贬永州司马,涉履蛮瘴,湮厄感郁,一寓之于文,仿效骚体,词旨悲恻。有《柳河东集》。事见《旧唐书》卷一六〇、《新唐书》卷一六八本传。

柳宗元的山水游记,师法六朝,在唐宋古文家中属最善摹景者,又因其遭遇和峻厉卓荦之个性,笔下山水冷峻幽深,峭丽激越。《钴鉧潭西小丘记》先刻镂小丘之胜,后写弃掷之感,转折处独见幽冷。

本篇选自《柳宗元集》卷二九,中华书局1979年版。

得西山后八日,寻山口西北道二百步①,又得钴鉧潭。潭西二十五步,当湍而浚者为鱼梁②。梁之上有丘焉,生竹树。其石之突怒偃蹇,负土而出争为奇状者,殆不可数③。其嵚然相累而下者④,若牛马之饮于溪;其冲然角列而上者⑤,若熊罴之登于山。丘之小,不能一亩,可以笼而有之⑥。

问其主,曰:"唐氏之弃地,货而不售⑦。"问其价,曰:"止四百⑧。"余怜而售之。李深源、元克己时同游⑨,皆大喜,出自意外。即更取器用,铲刈秽草⑩,伐去恶木,烈火而焚之。嘉木立,美竹露,奇石显。由其中以望,则山之高,云之浮,溪之流,鸟兽之遨游,举熙熙然回巧献技,以效兹丘之下⑪。枕席而卧,则清泠之状与目谋,瀯瀯之声与耳谋,悠然而虚者与神谋,渊然而静者与心谋⑫。不匝旬而得异地者二,虽古好事之士,或未能至焉⑬。

噫!以兹丘之胜,致之沣、镐、鄠、杜⑭,则贵游之士争买者,日增千金而愈不可得。今弃是州也,农夫渔父过而陋之,贾四百,连岁不能售。而我与深源、克己独喜得之,是其果有遭乎⑮?书于石,所以贺兹丘之遭也。

【注释】

① 本文为"永州八记"其三,作于元和四年(809)。寻:循着。道,行走。　② 湍:水流

急。浚:深。鱼梁:用石垒成的拦水堰,中间留有空洞,以放置捕鱼用的笱(gǒu)。 ③偃蹇(yǎn jiǎn):盘旋高耸。偃:堰石障水而中空,以通鱼之往来。"突怒偃蹇",状石之突兀,巍然高起,若人之有傲然。 ④嵚(qīn)然:(石势)高耸倾欹。相累:山石相连缀,远看如迭。"嵚然相累"四句,状潭处向上向下之石,工妙绝伦,殆即从《无羊》诗"或降于阿,或饮于池"悟出。后"清泠之状"四句,与此相映带。 ⑤冲(chòng)然:向前突起。角列:倾斜角立,并峙而不相下。 ⑥不能:不足。笼而有之:谓装进笼子,完全能占有它。极言小丘之小。 ⑦货而不售:卖而卖不出去。何焯曰:"此地比迁客。" ⑧止,只。四百:当指四百文。"文"是唐代最小的货币单位。 ⑨李深源、元克己:皆柳宗元友人。李深源,名幼清,曾任太府卿,后贬柳州。柳宗元有《零陵赠李卿元侍御简吴武陵》诗。 ⑩更:轮流。刈(yì):割。 ⑪"举熙熙然"二句:熙熙,和乐貌。回:与"献"意同。伎:才能。效:呈。 ⑫"清泠"四句:状景之宜人。《周礼·考工记》:"进则与马谋,退则与人谋。"郑《注》:"言进退之易,与人马之意相应。"谋:应合。柳宗元师其句法。潆潆(yíng):水声。渊然:深沉幽静。 ⑬不匝(zā)旬:不满十天。匝:周。异地有二:指西山和钴鉧潭两地。异地:胜地。好事之士:以喜爱山水为事者。《汉书·扬雄传》:"时有好事者,载酒肴从游学。"以上得丘之始末。 ⑭沣(fēng):水名。今陕西省户县东。镐(hào):陕西省西安市西南。鄠(hù):陕西省户县。杜:杜陵,今西安市东南。以上四地皆唐朝长安附近,为豪族居地。 ⑮遭:际遇。

【集评】

　　俊杰廉悍,议论证据今古,出入经史百子,踔厉风发,率常屈其座人;名声大振。一时皆慕之与交,诸公要人争欲令出我门下,交口荐誉之。

　　子厚前时少年,勇于为人,不自贵重顾藉,谓功业可立就,故坐废退;既退,又无相知有气力得位者推挽,故卒死于穷裔,材不为世用,道不行于时也。使子厚在台省时,自持其身已能如司马、刺史时,亦自不斥;斥时有人力能举之,且必复用不穷。然子厚斥不久,穷不极,虽有出于人,其文学辞章,必不能自力以致必传于后如今,无疑也。虽使子厚得所愿,为将相于一时,以彼易此,孰得孰失,必有能辨之者。([唐]韩愈撰、马其昶校注、马茂元整理《韩昌黎文集校注·柳子厚墓志铭》,上海古籍出版社1987年版,第511—513页。)

　　柳文如奇峰异嶂,层见叠出,所以致之者有四种笔法:突起,纡行,峭收,缦回也。

　　柳州记山水,状人物,论文章,无不形容尽致;其自命为"牢笼百态",固宜。([清]刘熙载《艺概》,上海古籍出版社1986年版,第24页。)

【思考题】

明代茅坤说:"柳醇正不如韩,而气格雄绝,亦韩所不及。"结合柳宗元的政治个性,谈谈你对这句话的理解。

【深度阅读】

1. [唐]柳宗元《柳宗元集》,中华书局1979年版。

2. [清]姚鼐编,吴孟复、蒋立甫评注《古文辞类纂评注》,安徽教育出版社1995年版。

3. 吴孟复《唐宋古文八家概述》,安徽教育出版社1985年版。

虎丘记
袁宏道

袁宏道(1568—1610),字中郎,公安人(今属湖北)人。万历二十年(1592)进士,先后任吴县知县、顺天教授、礼部主事、考功员外郎等职。与兄宗道、弟中道齐名,时称"公安三袁",以袁宏道文学成就最高。他反对明代前后七子的复古和摹拟写作理念,主张写"趣""新奇",倡导"独抒性灵,不拘格套",要"一一从自己胸中流出",是"公安派"的代表人物。其散文小品清隽清畅,活泼生动,真率自然。有《袁中郎全集》。事见《明史》卷二八八本传。

《虎丘记》写于万历二十三年(1595)袁宏道任吴县县令时,在此期间他六次游览虎丘。二十四年解职之前,留连胜景,写下这篇描写吴中民俗的散文。这样的散文,要联系他的思想倾向去解读。

本篇选自袁宏道撰、钱伯城笺校《袁宏道集笺校》卷四,上海古籍出版社2008年版。

虎丘去城可七八里①,其山无高岩邃壑,独以近城故,箫鼓楼船,无日无之。凡月之夜,花之晨,雪之夕,游人往来,纷错如织。而中秋为尤胜。每至是日,倾城阖户②,连臂而至,衣冠士女,下迨蔀屋③,莫不靓妆丽服,重茵累席,置酒交衢间④。从千人石上至山门⑤,栉比如鳞,檀板丘积,樽罍云泻⑥,远而望之,如雁落平沙,霞铺江上,雷辊电霍⑦,无得而状。

布席之初,唱者千百,声若聚蚊,不可辨识。分曹部署,竟以歌喉相斗,雅俗既陈,妍媸自别⑧。未几而摇头顿足者,得数十人而已。已而明月浮空,石光如练⑨,一切瓦釜⑩,寂然停声,属而和者,才三四辈⑪。一箫,一寸管,一人缓拍而歌,竹肉相发⑫,清声亮彻,听者魂销。比至夜深,月影横斜,荇藻凌乱⑬,则箫板亦不复用。一夫登场,四座屏息,音若细发,响彻云际,每度一字⑭,几尽一刻,飞鸟为之徘徊,壮士听而下泪矣。

剑泉深不可测⑮,飞岩如削⑯。千顷云得天池诸山作案⑰,峦壑竞秀,最可觞客。但过午则日光射人,不堪久坐耳。文昌阁亦佳,晚树尤可观。面北为平远堂旧址,空旷无际,仅虞山一点在望⑱。堂废已久,余与江进之谋所以复之⑲,欲祠韦苏州、白乐天诸公于其中⑳,而病寻作;余既乞归,恐进之之兴亦阑矣㉑。山川兴废,信有时哉!吏吴两载,登虎丘者六。最后与江进之、方子公同登,迟月生公石上。歌者闻令来,皆避匿去。余因谓进之曰:"甚矣,乌纱之横,皂隶之俗哉㉒!他日去官,有不听曲此石上者如月㉓。"

今余幸得解官,称"吴客"矣,虎丘之月,不知尚识余言否耶?

【注释】

① 虎丘:山名,在江苏省苏州西北,相传吴王阖闾葬此,三日而虎踞其上,故名。泉石奇胜,登眺则全城在望,为苏州之胜地。 ② 倾城阖户:一城之人全家出游。 ③ 下迨(dài)蔀(pǒu)屋:下至小户人家。迨:至。蔀屋:草席盖顶的屋子,指穷苦人家昏暗的屋子,这里指贫民。 ④ 靓(jìng)妆:涂抹脂粉。重茵累席:席地而坐,铺着层层的垫褥或席子。交衢:路交叉的地方,此指道路的繁华处。 ⑤ 千人石:相传梁时高僧生公于此说法,大石如削,面平坦,可供千余人听讲。 ⑥ 檀板:即板。此指一切乐器。丘积:像小丘那样堆积,状其数量之多。樽罍(léi):谓杯盘饮食之具。 ⑦ 雷辊(gǔn)电霍:雷鸣电闪。 ⑧ 分曹部署:分组布置。妍媸(chī):美丑。 ⑨ 石光:月亮照耀在大石头上的月光。 ⑩ 瓦釜:用黏土烧制的锅。与"黄钟"相对,指俚歌俗曲。《楚辞》:"黄钟毁弃,瓦釜雷鸣。" ⑪ 属(zhǔ)而和(hè)者,才三四辈:随声唱和的就只有三四群人。 ⑫ 竹肉相发:管乐与人的歌声相和。《晋书·孟嘉传》:"丝不如竹,竹不如肉。" ⑬ 荇(xìng)藻:本为水草,这是借以比喻月下斑驳参差的树影。 ⑭ 音若细发:如头发一样轻柔细弱。每度一字:每歌唱一字。 ⑮ 剑泉:在千人石下,崖石百尺,中缝劈立,下有清泉,阴森可畏。 ⑯ 飞岩:山名,即灵岩,在吴中区木渎镇西北,山高三百六十丈。 ⑰ 千顷云:山名,在虎丘山上。天池:山名,在苏州阊门外。作案:作为几案。 ⑱ 虞山:江苏常熟市西北。 ⑲ 江进之:江盈科,字进之,桃源(今湖南桃源县)人。万历二十年(1592)进士,官至四川提学副使,时任长洲县令。著有《雪涛阁集》。 ⑳ 韦苏州、白乐天:唐代诗人韦应物和白居易,两人都曾任过苏州刺史。 ㉑ 阑:尽。 ㉒ 乌纱:帽名,代指官吏。东晋时,宫官着乌纱帽,即乌纱帽。其后贵贱于私宴皆着之,唐时遂为官服。皂隶:贱役也。后世以役于官署,出司呼殿,入执刑杖侍立者曰皂隶。 ㉓ 如月:指月为誓。

【集评】

　　先生既见龙湖,始知一向掇拾陈言,株守俗见,死于古人语下,一段精光,不得披露。至是浩浩焉如鸿毛之遇顺风,巨鱼之纵大壑。能为心师,不师于心;能转古人,不为古转。发为语言,一一从胸襟流出,盖天盖地,如象截急流,雷开蛰户,浸浸乎其未有涯也。([明]袁中道撰、钱伯城点校《珂雪斋集》卷一八《吏部验封司郎中中郎先生行状》,上海古籍出版社1976年版,第756页。)

　　(前后七子)迨其末流,渐成伪体,涂泽字句,钩棘篇章,万喙一音,陈因生厌,于是公安三袁又乘其弊而排诋之。……其诗文变板重为轻巧,变粉饰为本色,致天下耳目于一新,又复靡然而从之。([清]永瑢等《四库全书总目》卷一七九集部别集类存目六《袁中郎集》,中华书局1965年版,下册第1618页。)

【思考题】

　　1. 比较袁宏道《虎丘记》与李流芳《游虎丘小记》《游虎山桥小记》等游记写作特点之异同。

　　2. 如何看待晚明小品的得失?评价20世纪30年代周作人、林语堂等提倡以闲适笔调做文章的文学现象。

【深度阅读】

　　1. [明]袁宏道撰、钱伯城笺校《袁宏道集笺校》,上海古籍出版社2008年版。

　　2. 薛时进《三袁文精选》,上海文化服务社1936年版。

　　3. 施蛰存《晚明二十家小品》,上海书店1984年版。

过云木冰记
黄宗羲

　　黄宗羲(1610—1695),字太冲,号南雷,又号梨洲,世称"梨洲先生",浙江余姚人。明末清初著名的思想家、史学家、文学家。他自述一生有三变:"初锢之为党人,继指之为游侠,终厕之于儒林。"明亡,在家乡招募义兵,参与抗清斗争。入清,隐居著述讲学,屡拒清廷征召,表现了坚贞的气节。在文学方面,主张言之有物,以史笔为文,散文纵横恣肆、浑朴壮伟。学问渊博,著作宏富,有《明夷待访录》《明儒学案》《宋元学案》《南雷文定》等。事见江藩《汉学师承记》卷八、《清史稿》卷四八〇本传。

《过云木冰记》是一篇奇绝的游记。四明山过云地区的木冰,景观罕见,正与作者缘心所造之景相谋,声色意境,晶莹荒寒,夺魄惊心,糅细腻之工笔与磅礴之气势于一体。中间"故为愆阳之所不入""故为勃郁烦冤之所不散""故为玄冥之所长驾""故为曜灵之所割匿""皆足以兴吐云雨""故恒寒而无燠",犹如飞瀑直下,敷陈拟状。四字整句,排沓往来,与主题之结论相应和,将木冰引起之观感和遐思说足,又使下段之感慨有着落。"同一寒暑,有不听于造化之地"云云,寄托作者身世与人格,如此绘景,引人长叹。

本篇选自黄宗羲撰、沈善洪主编《黄宗羲全集》,浙江古籍出版社 1994 年版。

岁在壬午①,余与晦木、泽望入四明②,自雪窦返至过云③,雾霭澒浊④,蒸满山谷;云乱不飞,瀑危弗落;逴路窈然⑤,夜行撤烛;雾露沾衣,岚寒折骨;相视褫气⑥,呼嗟咽续。忽而冥雾地表,云敛天末⑦;万物改观,浩然目夺;小草珠圆,长条玉洁,珑松插于幽篁⑧,缨络缠于萝阙⑨;玲琮俯仰⑩,金奏石搏⑪;虽一叶一茎之微,亦莫不冰缠而雾结。余愕眙而叹曰⑫:"此非所谓木冰⑬乎?《春秋》书之⑭,《五行》志之⑮。奈何当吾地而有此异也?"言未卒,有居僧笑于傍。曰:"是奚足异!山中苦寒,才入冬月,风起云落,即冻洛飘山⑯,以故霜雪常积也。"

盖其地当万山之中,嚣尘沸响,扃镝人间⑰;村烟佛照⑱,无殊阴火之潜⑲,故为愆阳之所不入⑳。去平原一万八千丈,刚风疾轮㉑,侵铄心骨,南箕哆口㉒,飞廉弭节㉓,土囊大隧㉔,所在而是,故为勃郁烦冤之所不散㉕。溪回壑转,蛟螭蝼蚁㉖,山鬼窈窕㉗,腥风之冲动,震瀑之敲嗑㉘,天呵地吼,阴崖沍穴㉙,聚雹堆冰,故为元冥之所长驾㉚;群峰灌顶,北斗堕胁,藜蓬臭蔚,虽焦原竭泽,巫吁魃舞㉛,常如夜行秋爽,故为曜灵之所割匿㉜。且其怪松人枫㉝,礜石㉞冈草,碎碑埋砖,枯骴㉟碧骨,皆足以兴吐云雨。而仙宫神治,山岳炳灵㊱,高僧悬记㊲,治鸟木客㊳,峭崒幽深㊴,其气皆敛而不扬,故恒寒而无燠㊵。

余乃喟然曰:"嗟乎!同一寒暑,有不听命于造化之地㊶,同一过忒㊷,有无关系吉凶之占。居其间者,亦岂无凌峰掘药,高言畸行㊸,无与于人世治乱之数者乎㊹?"余方龃龉世度㊺,将欲过而问之。

【注释】

①壬午:明崇祯十五年(1642)。 ②晦木:黄宗羲之弟,名宗炎,世称鹧鸪先生。泽望:黄宗羲之弟,名宗会,号缩斋,世称石田先生。四明:山名,在浙江宁波市西南,属天台山支脉。 ③雪窦:山名,在浙江奉化市西,为四明山分支,有"四明第一山"之誉。山上有乳峰,乳峰有窦,水从窦出,色白如乳,故名乳泉,窦称雪窦,山名亦因此得名。成廷珪《送澄上人游浙东》诗云:"晓饭天童笋,春泉雪窦茶。"过云:四明山内的一个地段。据唐代陆龟蒙《四明山诗序》云:"山中有云不绝者二十里,民皆家云之南北,每相徙,谓之过云。" ④雰(fēn):雾气。溴(diǎn)浊:混浊,污垢。 ⑤窈然:深远貌。 ⑥岚:山林的雾气。褫(chǐ):剥,夺。 ⑦冥:晦暗。霁:本指雨止,这里指云雾散。天末:天际,天边。 ⑧珑松:同"珑璁",即玉簪。篁:竹林,竹丛。 ⑨缨络:由珠玉串成的装饰物,多用为颈饰。阙:通"缺",空隙处。 ⑩玪琮:玉石碰击声。俯仰:高低。 ⑪金:金属乐器,如钟、钹。石:石制的乐器,如磬。 ⑫愕眙(è chì):惊视。眙:直视貌。 ⑬木冰:一种自然现象,雨着木即凝结成冰,又称"木介"。 ⑭《春秋》书之:《春秋》成王十六年载,"春王正月,雨木冰"。雨:下也。 ⑮《五行》志之:刘向《五行传》曰:"木先寒,故得雨而冰也。" ⑯洛(luò):冰冻。 ⑰"嚣尘"二句:指过云这个地方山深木崇,人世间的一切喧闹尘埃都被隔绝。扃镢(jué):关锁,引申为隔绝。 ⑱佛照:寺庙的灯火。 ⑲阴火:磷火,山野夜间常见的青色火焰,俗称鬼火,实际是磷的氧化现象。 ⑳愆(qiān)阳:阳气过盛,多指天旱或酷热。愆:超过。《左传·昭公四年》:"冬无愆阳。" ㉑去:距离。刚风:强大的风。 ㉒南箕:星宿名,古人认为南箕主风。哆(chǐ):张口貌。 ㉓飞廉:风神。弭节:驱车。弭:止。节:策,马鞭。 ㉔土囊:土穴。隧:洞。 ㉕勃郁:壅塞。烦冤:风回旋貌。宋玉《风赋》:"勃郁烦冤,冲孔袭门。" ㉖蛟:传说中的动物,龙类,能发洪水。螭(chī):传说中的动物,龙类。蠖(huò)蛰:像蠖一样伏藏。蠖:一种昆虫。 ㉗窈窕:深远貌。 ㉘嗑(kè):撞击。 ㉙冱(hù):闭塞。 ㉚玄冥:水神。《礼记·月令》孟冬之月:"其神玄冥。"驾:乘。 ㉛魃(bá):神话中的旱神。 ㉜曜(yào)灵:太阳。割匿:割舍和躲藏。 ㉝人枫:即"枫人",枫树上生成的人形瘿瘤。晋嵇含《南方草木状》曾有记载。 ㉞礜(yù)石:《山海经》中记载的有毒矿石。罔草:纠结的丛草。 ㉟胔(zì):肉腐烂。 ㊱炳灵:显赫的魂灵。 ㊲悬记:高处的题记。 ㊳冶鸟:晋干宝《搜神记》中所载的鸟名。木客:山中的精怪。 ㊴萃:通"萃",聚集。 ㊵燠(yù):暖。 ㊶造化:自然界。 ㊷过忒(tè):此处犹言"变更"。 ㊸畸行:异行。 ㊹与(yù):参预,在其中。数:气数,命运。 ㊺龃龉(jǔyǔ):不合。

【集评】

今观先生之文,有褒讥予夺、微显阐幽者一,圣贤中正之矩也;有痛哭流涕、感动激发者一,忠孝旁薄之气也;有研析精微、发挥宏巨者一,穷理尽性、彰教辨治之本也。若其力厚思深,包举万有,海涵地负,睥睨千秋,要皆有实际可循,而非徒工鞶帨者所得而埒也。所谓载夫道者,非欤?([清]靳治荆

《南雷文定序》,[清]黄宗羲撰、沈善洪主编《黄宗羲全集》,浙江古籍出版社1994年版,第十一册第424页。)

【思考题】
1. 结合黄宗羲的思想和时代析论这篇文章。
2. 模仿本文的风格,写一篇描写自然景观的游记。

【深度阅读】
1. [清]黄宗羲撰、宁波大学黄宗羲研究室编选《黄宗羲诗文选》,华东师范大学出版社1990年版。
2. [清]黄宗羲撰、沈善洪主编《黄宗羲全集》,浙江古籍出版社1994年版。
3. 刘操南、平慧善《古代游记选注》,上海古籍出版社1982年版。

赋体文第五

登楼赋
王粲

王粲(177—217),字仲宣,山阳高平(今山东邹城)人。在"建安七子"中以擅长诗赋见称,被誉为"七子之冠冕"。他出身于大官僚世家,十七岁离开长安往荆州避难,依附刘表十五年,后归附曹操,历任丞相掾属、军谋祭酒、魏国侍中等职。建安二十二年(217)在大瘟疫中去世。由于遭遇离乱,长期做客,其诗文反映当时社会的动乱和人民的离苦为多,怀土思乡,情调悲凉。有辑本《王侍中集》。事见《三国志》卷二一《魏书》本传。

本篇选自萧统编、李善注《文选》,上海古籍出版社1986年版。

登兹楼以四望兮①,聊暇日以销忧②。览斯宇之所处兮③,实显敞而寡仇④。挟清漳之通浦兮⑤,倚曲沮之长洲⑥。背坟衍之广陆兮⑦,临皋隰之沃流⑧。北弥陶牧⑨,西接昭丘⑩。华实蔽野⑪,黍稷盈畴⑫。虽信美而非吾土兮⑬,曾何足以少留⑭!

遭纷浊而迁逝兮⑮,漫逾纪以迄今⑯。情眷眷而怀归兮⑰,孰忧思之可任⑱?凭轩槛以遥望兮⑲,向北风而开襟。平原远而极目兮,蔽荆山之高岑⑳。路逶迤而修迥兮㉑,川既漾而济深㉒。悲旧乡之壅隔兮㉓,涕横坠而弗禁㉔。昔尼父之在陈兮,有归欤之叹音㉕。钟仪幽而楚奏兮㉖,庄舄显而越吟㉗。人情同于怀土兮㉘,岂穷达而异心㉙!

惟日月之逾迈兮㉚,俟河清其未极㉛。冀王道之一平兮㉜,假高衢而骋力㉝。惧匏瓜之徒悬兮㉞,畏井渫之莫食㉟。步栖迟以徙倚兮㊱,白日忽其将匿㊲。风萧瑟而并兴兮㊳,天惨惨而无色㊴。兽狂顾以求群兮㊵,鸟相鸣而举翼㊶。原野阒其无人兮㊷,征夫行而未息㊸。心凄怆以感发兮㊹,意忉怛而憯恻㊺。循阶除而下降兮㊻,气交愤于胸臆㊼。夜参半而不寐兮㊽,怅盘桓以反侧㊾。

【注释】

① 兹:此。麦城楼旧址在今湖北当阳(一说在襄阳)东南。作者从西京逃难至荆州,刘表见其貌丑体弱,不予重用,因而登斯楼而聊感怀。 ② 聊:姑且。暇:借。销忧:解除忧虑。 ③ 斯宇之所处:楼所处的环境。 ④ 实显敞而寡仇:楼宽阔豁亮,很少能有与它相比的。 ⑤ 挟清漳之通浦:漳水和沮水在这里会合,言城楼正临于漳水与别支相通的水口

之上。　⑥倚:靠。曲沮:弯曲的沮水。长洲:水中长形陆地。　⑦背坟衍之广陆:楼的北面是地势较高的广袤原野。坟:高。衍:平。　⑧临皋(gāo)隰(xí)之沃流:楼南是地势低洼的低湿之地。皋隰:水边低洼之地。　⑨北弥陶牧:北接陶朱公的墓地江陵。　⑩昭丘:楚昭王的坟墓,在当阳郊外。　⑪华实蔽野:形容花果的繁盛,花和果实将原野都遮住了。　⑫黍稷盈畴:庄稼遍布田野。黍稷:泛指农作物。　⑬信美:实在美好。吾土:作者的故乡。　⑭曾何足以少留:风物实在美好,无奈非故乡,又怎能作片刻的停留呢!　⑮遭纷浊而迁逝:生逢乱世到处迁徙流亡。以下作者追溯遭逢乱世以来情形,述迁离故土之慨。　⑯漫逾纪以迄今:流亡生活至今超过了十二年。纪:十二年。　⑰眷眷:念念不忘。　⑱孰忧思之可任:忧思谁能经受得住呢?　⑲"凭轩槛"二句:王粲想念的是汉朝都城。洛阳和长安都在荆州以北,故云凭阑望远,迎着北风。　⑳"平原远"二句:尽目力所望,荆州以北大都是平原地带,又被高耸的荆山挡住视线。　㉑路逶迤(wēiyí)而修迥:道路曲折漫长。修迥:长而远。　㉒川既漾而济深:水势汪洋深邃,难以渡越。　㉓悲旧乡之壅(yōng)隔兮:想到与故乡阻塞隔绝就悲伤不已。　㉔涕横坠而弗禁:禁不住泪流满面。　㉕"昔尼父"二句:孔子周游列国,在陈、蔡绝粮时感叹"归欤,归欤"。比喻志向不伸,有思归之叹。　㉖钟仪幽而楚奏兮:春秋时期楚国人钟仪被囚,仍不忘弹奏家乡的乐曲。晋侯称赞说:"乐操土风,不忘旧也。"　㉗庄舄(xì)显而越吟:指庄舄身居要职,仍说家乡方言。事见《史记·张仪列传》。　㉘人情同于怀土兮:人都有怀念故乡的心情。　㉙岂穷达而异心:哪能因为不得志和显达就不同了呢?引孔子、钟仪、庄舄者,以喻己志。　㉚逾迈:(时光)消逝。　㉛俟(sì)河清其未极:黄河水还没有到澄清的那一天。　㉜冀王道之一平:希望国家统一安定。　㉝假高衢而骋力:可以施展才能和抱负。高衢:大道。　㉞惧匏(páo)瓜之徒悬:担心像匏瓜那样被白白地挂在那里,不为世用。《论语·阳货》:"吾岂匏瓜也哉?焉能系而不食?"　㉟畏井渫(xiè)之莫食:害怕井淘好了,却没有人来打水吃。渫,淘井。《周易·井卦》:"井渫不食,为我心恻。"喻洁身自持,不为重用。　㊱步栖迟以徙倚:《诗经·陈风·衡门》:"衡门之下,可以栖迟。"《楚辞》:"步徙倚而遥思。"　㊲白日忽其将匿(nì):太阳将要沉没。　㊳风萧瑟而并兴:林涛阵阵,八面来风。　㊴天惨惨而无色:天空暗淡无光。　㊵兽狂顾以求群:野兽惊恐张望寻找伙伴。　㊶鸟相鸣而举翼:鸟张开翅膀鸣叫。　㊷原野阒(qù)其无人:原野静寂无人。阒,静寂。　㊸征夫行而未息:指乱世的人们流离失所。　㊹心凄怆以感发:因景物而凄凉悲怆。　㊺意切(dāo)怛(dá)而憯(cǎn)恻:指心情悲痛。切怛,忧劳貌。憯,同"惨"。　㊻循阶除而下降:沿阶梯而下楼。　㊼气交愤于胸臆:胸中愤懑难平。　㊽夜参半而不寐:直到半夜还难以入睡。　㊾怅盘桓以反侧:惆怅难耐,辗转反侧。盘桓,内心不平。

【集评】

　　王粲长于辞赋,徐幹时有齐气,然粲之匹也。如粲之《初征》《登楼》《槐赋》《征思》,幹之《玄猿》《漏卮》《圆扇》《橘赋》,虽张、蔡不过也。然于他文,未能称是。([魏]曹丕《典论·论文》,《六臣注文选》,中华书局1987年版,第967页。)

其源出于李陵。发愀怆之词,文秀而质羸。在曹、刘间,别构一体。方陈思不足,比魏文有余。([梁]钟嵘撰、周振甫译注《诗品译注》,中华书局1998年版,第35页。)

这篇赋作的结构非常完整,段落非常分明,文字也非常平正。从大体说来,第一段说荆州地区的富美,暗中就是为刘表的昏庸感到惋惜。第二段说思乡怀归,意思也就是说荆州非可居之地。第三段说自己无从舒展抱负,而以所见的凄凉景物作为余波,托出苦痛。开端表示为了销忧而登楼,结尾表示为登楼反而更引起愁闷。前后照应,一丝不乱,文气从容,不露筋骨。曹丕评论他说:"仲宣独自善于辞赋,惜其体弱,不起其文,至于所善,古人无以远过也。"这里所说的"所善",也正是指他的从容柔曼的长处而言的。(瞿蜕园《汉魏六朝赋选》,中华书局1979年版,第58—59页。)

【思考题】

1. 分析王粲《登楼赋》地理方位词的运用。
2. 李商隐《安定城楼》:"贾生年少虚垂泪,王粲春来更远游。"杜甫《短歌行·赠王郎司直》:"欲向何门趿珠履,仲宣楼头春色深。"《夜雨》:"天寒出巫峡,醉别仲宣楼。"《将赴荆南,寄别李剑州》:"戎马相逢更何日,春风回首仲宣楼。"后世常用王粲、仲宣楼的典故,试分析这一现象。

【深度阅读】

1. 瞿蜕园《汉魏六朝赋选》,上海古籍出版社1964年版。
2. 许梿评选、黎经诰笺注《六朝文絜笺注》,上海中华书局1962年版。
3. 俞绍初辑校《建安七子集》,中华书局1989年版。

秋兴赋
潘 岳

潘岳(274—300),字安仁,荥阳中牟(今属河南)人。累官至黄门给事侍郎,世称"潘黄门",西晋文学家。天资聪明,早负才名,作品善写哀,清绮哀艳,笔触细腻,与陆机齐名,被誉为"陆才如海,潘才如江"。然为人趋附势利,是当时权贵贾谧集团的"二十四友"之首。赵王伦及其亲信孙秀当权后,因旧隙被杀。有《潘黄门集》。事见《晋书》卷五五本传。

《秋兴赋》写于西晋咸宁四年(278),抒发因仕途不达而发"江湖山薮之思",以及临秋景而伤迟暮之怀,是悲秋名篇。《文选》本题下有"并序"二字。本篇选自萧统编、李善注《文选》,上海古籍出版社1986年版。

晋十有四年,余春秋三十有二,始见二毛①。以太尉掾,兼虎贲中郎将②,寓直于散骑之省③。高阁连云,阳景罕曜④,珥蝉冕而袭纨绮之士,此焉游处⑤。仆,野人也⑥,偃息不过茅屋茂林之下,谈话不过农夫田父之客。摄官承乏,猥厕朝列⑦,夙兴晏寝,匪遑底宁⑧,譬犹池鱼笼鸟,有江湖山薮之思⑨。于是染翰操纸,慨然而赋。于时秋也,故以秋兴命篇⑩。其辞曰:

四时忽其代序兮,万物纷以回薄⑪。览花蒔之时育兮⑫,察盛衰之所托。感冬索而春敷兮⑬,嗟夏茂而秋落。虽末士之荣悴兮,伊人情之美恶⑭。善乎宋玉之言曰:"悲哉秋之为气也,萧瑟兮草木摇落而变衰;憀栗兮若在远行⑮,登山临水送将归。"夫送归怀慕徒之恋兮⑯,远行有羁旅之愤;临川感流以叹逝兮,登山怀远而悼近⑰。彼四戚之疚心兮,遭一涂而难忍⑱;嗟秋日之可哀兮,谅无愁而不尽。

野有归燕,隰有翔隼⑲;游氛朝兴,槁叶夕殒⑳。于是乃屏轻箑,释纤绤㉑,藉莞蒻㉒,御夹衣。庭树槭以洒落兮,劲风戾而吹帷㉓。蝉嘒嘒而寒吟兮,雁飘飘而南飞㉔。天晃朗以弥高兮,日悠扬而浸微㉕。何微阳之短晷兮,觉凉夜之方永㉖。月朣胧以含光兮,露凄清以凝冷㉗。熠耀粲于阶闼兮,蟋蟀鸣乎轩屏㉘。听离鸿之晨吟兮,望流火之余景㉙。宵耿介而不寐兮,独辗转于华省㉚。悟时岁之遒尽兮㉛,慨俯首而自省。斑鬓髟以承弁兮㉜,素发飒以垂领。仰群隽之逸轨兮,攀云汉以游骋㉝。登春台之熙熙兮,珥金貂之炯炯㉞。苟趣舍之殊途兮㉟,庸讵识其躁静?

闻至人之休风兮,齐天地于一指㊱。彼知安而忘危兮,故出生而入死㊲,行投趾于容迹兮,殆不践而获底㊳,阙侧足以及泉兮,虽猴猿而不履㊴。龟祀骨于宗祧兮,思反身于绿水㊵。且敛衽以归来兮,忽投绂以高厉㊶,耕东皋之沃壤兮,输黍稷之余税㊷。泉涌湍于石间兮,菊扬芳于崖澨㊸,澡秋水之涓涓兮,玩游鲦之潎潎㊹,逍遥乎山川之阿,放旷乎人间之世㊺。优哉游哉,聊以卒岁㊻!

【注释】

① 春秋:年龄。二毛:头发斑白。 ② 太尉掾(yuàn):太尉的属官。详见《汉书·百官公卿表》及《晋书·职官志》。 ③ "寓直"句:指在散骑常侍的官署内值勤。 ④ "高阁"二句:言阁之高且深。 ⑤ "珥(ěr)蝉冕"二句:言此地是贵人游赏的处所。珥:戴。蝉

冕:汉时武冠。纨(wán)绮:两种丝绢织物。袭:穿。 ⑥ 仆:谦称。野人:乡野之人。《左传·僖公二十三年》:"(重耳)乞食于野人,野人与之块。" ⑦ 摄:代理官职。承:接替。乏:缺乏人选。猥(wěi):辱,谦辞。厕:杂置。 ⑧ "夙兴"二句:夙,早。宴,晚。匪遑厎(zhǐ)宁:不暇致安。 ⑨ 山薮(sǒu):山深林密之地。⑩ 命篇:吕本作"名篇"。其:吕本无此字。以上序仕宦失意,兴秋日之思。 ⑪ 回薄:动荡迁迫。 ⑫ 莳(shì):移栽。 ⑬ 冬索:冬尽。春敷:春长。敷:布,谓生长。 ⑭ "虽末事"二句:花木之荣枯虽是小事,犹有感爱,况且是人情的善恶。 ⑮ 憀栗:凄怆貌。 ⑯ 怀慕:思慕。徒:伴侣。宋玉《九辩》:"廓落兮羁旅而无友生。" ⑰ "临川"二句:李善注引《晏子春秋》:"景公游于牛山,临齐国,乃流涕而叹曰:'奈何去此堂堂之国而死乎!使古而无死,不亦乐处?'左右皆泣。晏子独笑曰:'夫盛之有衰,生之有死,天之数也。物必至,事有当然,曷有悲老而哀死!古无死,古之乐也,君何有焉?'"按,李善引文与今本不同。 ⑱ 四戚:指上文所说的"送归""远行""临川""登高"而引起的悲伤。 ⑲ 隰(xí):《说文》:"阪下湿也。"隼(sǔn):鹰类。 ⑳ 游氛:浮动的云气。殒:坠落。槁:吕本作"稿"。 ㉑ 屏:弃除。轻箑(shà):轻扇。绨(chī):细葛布的衣服。 ㉒ 莞(guǎn)蒻(ruò):莞,小蒲之草。蒻,蒻席。㉓ 槭(sè):枝空之貌。戾:劲疾之貌。 ㉔ 嘒(huì)嘒:蝉鸣声。《文选·秋风辞》:"秋风起兮白云飞,草木黄落兮雁南归。" ㉕ 晃朗:天高气清。悠阳:日入。浸:渐也。 ㉖ 短晷(guǐ):日短。《说文》:"日景(影)也。" ㉗ 朣胧:《文选》李善注:"《埤苍》曰:朣胧,欲明也。"凝冷:犹言寒冷。 ㉘ 熠(yì)耀:萤火闪亮。闼(tà):《说文》:"门也。"轩:《文选·琴赋》李善注:"长廊之有窗也。" ㉙ 流火:《诗·豳风·七月》:"七月流火,九月授衣。" ㉚ 耿介:烦躁不安。王逸注:"执节守度,不枉顾也。"华省:散骑省。 ㉛ 遒尽:将尽。宋玉《九辩》:"岁忽忽而遒尽兮,恐余寿之弗将。" ㉜ 斑鬓髟(biāo):鬓发黑白相间。髟:长发貌。五臣本作"彪",发下垂貌。弁(biàn):帽。 ㉝ "仰群隽"二句:谓群俊致高位。逸轨:行迹高卓。云汉:天河,喻高远。《诗·大雅·棫朴》:"倬彼云汉,为章于天。" ㉞ 登春台:游览胜处。《老子》:"如享太牢,如登春台。"金貂:侍中、常侍所戴饰。详见《晋书·舆服志》。 ㉟ 趣舍:即趋舍。庸讵:《古书虚字集释》训"何"。躁静:《老子》:"静为躁君。" ㊱ 至人:境界很高的人。休:美。"齐天地"句:《庄子·齐物论》:"天地一指也,万物一马也。" ㊲ "彼知安"二句:《文选》刘良注:"彼谓荣利之人也,言以荣利为安而忘危。" ㊳ 容迹:容其足迹之所。《庄子·外物》:"夫地非不广且大也,人之所用,容足耳。"获底:获安。 ㊴ 阙:挖掘。《左传·隐公元年》:"若阙地及泉。"侧足:《庄子·外物》:"然则厕足而垫之,至黄泉,人尚有用乎?"猴猿而不履:指危险之地。 ㊵ 宗祧(tiāo):宗庙。 ㊶ 敛衽:收起衣襟以示敬,此指谢绝。投:弃。绂(fú):系官印的丝带,此指官位。高厉:高蹈,弃官而去。厉:奋。 ㊷ 东皋:泛指田野。《汉书·贾山传》注:"水边淤地也。" ㊸ "泉涌湍"以下六句:想象优游山东之乐境。崖潨(shì):水边。 ㊹ 秋水:《庄子·秋水》:"秋水时至,百川灌河。"涓涓:水流貌。游鲦(tiáo)之潎潎:鱼儿从容游动貌。阿:谓山凹河湾。 ㊺ 逍遥:安闲自得。《庄子·让王》:"逍遥于天地之间,而心意自得。"放旷:无拘束。 ㊻ 优哉游哉:悠然自乐。卒岁:终其天年。以上感叹仕途艰危而向往山水之乐。

【集评】

其(潘岳诗)源出于仲宣。《翰林》叹其翩翩然如翔禽之有羽毛,衣服之有绡縠,犹浅于陆机。谢混云:"潘诗烂若舒锦,无处不佳;陆文如披沙简金,往往见宝。"嵘谓益寿轻华,故以潘为胜;《翰林》笃论,故叹陆为深。余常言陆才如海,潘才如江。([梁]钟嵘撰、周振甫译注《诗品译注》,中华书局1998年版,第44页。)

按此篇与《闲居赋》俱是忘情膴仕,而热中则同,意已见于序中。其曰始见二毛,叹老也;其曰寓直散骑之省,嗟卑也。《闲居赋》亦是嗟卑,此则并及叹老,因秋而发之。末则本老庄学问,发出均物我、齐得丧、一种居安虑危道理,归于敛衽投绂,可谓思患预防,急流勇退矣。卒以恋栈贪饵,见杀于赵王伦。然则有诚不如无用,有用之用,诚不如无用之用也。噫!([清]方廷珪《增订昭明文选集成评注》卷一三,扫叶山房石印本,第8页。)

【思考题】

1. 古今咏秋之题的赋文甚多,请举出有代表性的篇章,谈谈中国文人述写秋日的抒情方式。

2. 试以你所在大学校园中某一景物为题,赋文一篇。

3. 试体会赋体文"铺采摛文,体物写志"的汉语写作特点。

【深度阅读】

1. [晋]潘岳撰、董志广校注《潘岳集校注》(修订版),天津古籍出版社2005年版。

2. [梁]萧统编、[唐]李善注《文选》,上海古籍出版社1986年版。

3. [清]严可均辑校《全上古三代秦汉三国六朝文》,中华书局1958年版。

笔记杂说第六

言　语(两则)
(刘义庆《世说新语》)

刘义庆(403—约444),彭城(今江苏徐州)人。南朝宋著名文学家。袭封临川王,曾任南京州刺史、都督。自幼才华出众,爱好文学。史称"性简素,寡嗜欲,爱好文义,才词虽不多,然足为宗室之表"。除《世说新语》外,还有志怪小说《幽明录》传世。事见《宋书》卷五一、《南史》卷一三本传。

《世说新语》是一部主要记载汉末、三国、两晋士族阶层逸闻趣事的书。唐代时又称《世说新书》。"新语"这一名称在宋代以后通行。此书采集逸闻轶事,错综比类,分"德行""言语"等三十六门,所涉及的重要人物不下五百人,上至帝王卿相,下至士庶僧徒,都有记载。人们从中可以观察到当时人物的风貌、言行、思想和社会的风尚。文辞优美,简练隽永,所以一直为研究汉末魏晋间历史、语言和文学的人所重视和称道。梁刘孝标为之作注十卷,见《隋书·经籍志》。今存者三卷。"孝标作注,又征引浩博。或驳或申,映带本文,增其隽永。所用书四百余种,今又多不存,故世人尤珍重之。"(鲁迅《中国小说史略》)

本篇选自刘义庆撰、余嘉锡笺疏《世说新语笺疏·言语篇》,中华书局2007年版。

王右军与谢太傅共登冶城①。谢悠然远想,有高世之志。王谓谢曰:"夏禹勤王,手足胼胝②;文王旰食,日不暇给③。今四郊多垒,宜人人自效④。而虚谈废务,浮文妨要,恐非当今所宜⑤。"谢答曰:"秦任商鞅,二世而亡,岂清言致患邪⑥?"

支公好鹤,住剡东岇山⑦。有人遗其双鹤,少时翅长欲飞⑧。支意惜之,乃铩其翮⑨。鹤轩翥不复能飞,乃反顾翅,垂头⑩。视之,如有懊丧意。林曰:"既有凌霄之姿,何肯为人作耳目近玩⑪!"养令翮成,置使飞去⑫。

【注释】
① 王右军:即王羲之(303—361),字逸少,又称右军、临川。祖籍琅琊(今属山东临沂),后迁会稽山阴(今浙江绍兴)。曾任会稽内史,领右将军。东晋时期著名书法家,有

"书圣"之称。谢太傅：即谢安。冶城：在今福州屏山一带，一说在今浙江南部。《扬州记》："冶城，吴时鼓铸之所。" ②勤：劳苦、辛苦。胼胝(piánzhī)：手掌脚掌磨出的厚茧。这句是说，夏禹为匡王辛苦奔波操劳，手脚掌都磨出了厚厚的老茧。 ③旰(gàn)：天色晚。日不暇给(jǐ)：天天没有空闲时间，形容事务繁忙。暇：空闲、闲暇；给：丰足。 ④四郊多垒：指敌军四面逼近，形势危急；也比喻竞争对手众多。垒：营垒。自效：也作"自劾"，指愿为别人或集团贡献自己的力量或生命。效：奉、献。这句是说，现在忧患四起，形势危急，人人都应该为国出力。 ⑤此处批评当时社会崇尚清谈的风气。 ⑥商鞅：《史记·商君列传》："商鞅者，卫之诸庶孽子也，名鞅，姓公孙氏。鞅少好刑名之学。"商鞅通过变法将秦国改造成富裕强大之国，史称"商鞅变法"。但秦孝公去世的同年，商鞅因被公子虔诬陷谋反，战败死于彤地，其尸身被带回咸阳，处以车裂之刑。世：三十年为一世，引申为父子相继的世代。清言：又称清谈、玄谈。指魏晋时期名士崇尚《老》《庄》，摈弃世务，不做文章，而竞谈玄理的风气。致：使到来、招来，引申为导致。邪(yé)：也作"耶"，表疑问、探询语气。 ⑦支公：即支遁(314—366)，字道林，又称林道人、林公。陈留(今河南开封市)人。东晋高僧、佛学家、文学家。初隐余杭山，二十五岁出家。精通佛理，有诗文传世。剡(shàn)东，剡县之东。岇(áng)山：山名，在今绍兴东二百里。 ⑧遗(wèi)：给予、赠送。少(shǎo)时：不久。 ⑨铩(shā)：摧折、伤残。翮(hé)：羽毛中间的空心硬管。成语有"铩羽而归"。 ⑩轩：高。鹜(zhù)：鸟向上飞。《楚辞·远游》："鸾鸟轩鹜而高飞。"反顾：回头看。 ⑪凌：逾越、超过。姿：通"资"，资质，才能。玩：供人玩弄的东西。 ⑫置：搁放。去：离开。

【集评】

晋人崇尚清谈，临川王变史家为说家，撮略一代人物于清言之中，使千载而下，如闻声欬，如睹须眉。([清]钱曾撰、丁瑜点校《读书敏求记》卷三，书目文献出版社1984年版，第78页。)

《世说》一书，人但见其娴婉新粲，足以鼓吹休明，而不知点染生动，能使读其书者如承乐、卫之韶音，躬接殷、刘之玄绪，神明意用，跃跃毫端，若长康之貌裴令颊上三毛，识具顿现，非擅化工之笔者，其能之乎！([清]钱荣《玉剑尊闻序》，丁锡根编著《中国历代小说序跋集》上，人民文学出版社1996年版，第443页。)

文章蹊径好尚，自《庄》《列》出而一变，佛书入中国又一变，《世说新语》成书又一变。此诸书，人鲜不读，读鲜不嗜，往往与之俱化。([清]刘熙载《艺概·文概》，[清]刘熙载撰、袁津琥校注《艺概注稿》，中华书局2009年版，第47页。)

记言则玄远冷峻，记行则高简瑰奇，下至缪惑，亦资一笑。(鲁迅《中国小说史略》，《鲁迅全集》第九册，人民文学出版社2005年版，第63页。)

【思考题】

1. 结合所选课文，简要分析《世说新语》的语言之美。
2. 魏晋南北朝时期清谈风气形成的原因有哪些？对当时的政治和文学有什么影响？

【深度阅读】

1. [南朝宋]刘义庆撰、余嘉锡笺疏《世说新语笺疏》，中华书局2007年第二版。
2. 鲁迅《魏晋风度及文章与药及酒之关系》，《鲁迅全集》第三册《而已集》，人民文学出版社2005年版。
3. 宗白华《论〈世说新语〉与晋人的美》，《美学散步》，上海人民出版社1981年版。

朋友之义
（洪迈《容斋随笔》）

洪迈（1123—1202），字景卢，号容斋，别号野处，宋饶州鄱阳（今江西鄱阳）人。出生于官宦家庭，学识渊博，一生涉猎典籍颇多，被称为博洽通儒，卒谥文敏。一生勤于笔耕，著述丰富，代表作为《容斋随笔》（包括续笔、三笔、四笔、五笔），编纂《四朝史记》《钦宗实录》《唐人万首绝句》《夷坚志》等。事见《宋史》卷三七三本传。

《容斋随笔》是洪迈撰写的读书笔记，他解释说："余老去习懒，读书不多，意之所之，随即记录，因其先后，无复全次，故目之随笔。"此书创作前后经历四十年时间，直到洪迈病逝还未完稿。它是一部涉及领域极为广泛的著作，自经史诸子百家、诗词文翰以至历代典章制度、医卜星历等，以内容丰富、格调高雅、评论精当闻名于当时，并受到后世的珍爱。作为宋代乃至中国古代笔记中的精华，它在中国历史文献上有着重要的地位和影响。

本篇选自洪迈撰、孔凡礼点校《容斋随笔》卷九，中华书局2005年版。

朋友之义甚重。天下之达道五：君臣、父子、兄弟、夫妇而至朋友之交①。故天子至于庶人，未有不须友以成者②。"天下俗薄，而朋友道绝"，见于《诗》③。"不信乎朋友，弗获乎上"，见于《中庸》《孟子》④。"朋友信之"，孔子之志也⑤;"车马衣裘与朋友共",子路之志也⑥;"与朋友交而信",曾子之志也⑦。《周礼》六行,五曰任,谓信于友也⑧。

汉、唐以来,犹有范张、陈雷、元白、刘柳之徒,始终相与,不以死生贵贱易其心⑨。本朝百年间,此风尚存。呜呼,今亡矣!

【注释】

① 达道:通则,普遍通行的法则。父子、君臣、夫妇、兄弟、朋友,是中国传统社会五种基本的人伦关系,即"五伦",是狭义的"人伦",以忠、孝、悌、忍、善为关系准则。　② 庶人:平民。须:需要、依靠。　③ 俗薄:风俗不醇厚。　④ 不信乎朋友,弗获乎上:如果得不到朋友的信任,也就得不到上位者的信任。弗获:不能得到。　⑤《论语·公冶长》:"老者安之,朋友信之,少者怀之。"此句意思是:使老年人安逸,使朋友信任我,使年轻人怀念我。　⑥《论语·公冶长》:"愿车马衣裘与朋友共,敝之而无憾。"共:共享、同有。敝:损坏、毁坏。　⑦《论语·学而》:"吾日三省吾身:为人谋而不忠乎?与朋友交而不信乎?传不习乎?"　⑧ 六行(háng):西周大司徒教民的六项行为标准,即:孝、友、睦、姻、任、恤。任:信任。　⑨ 范张:范式和张劭。陈雷:陈重和雷义。元白:元稹和白居易。刘柳:刘禹锡和柳宗元。

【集评】

可劝可戒,可喜可谔,可以广见闻,可以证讹谬,可以祛疑贰,其于世教未尝无所裨补。予得而览之,大豁襟抱,洞归正理,如跻明堂,而胸中楼阁四通八达也。([明]李瀚《容斋随笔序》,[宋]洪迈《容斋随笔》,上海古籍出版社1978年版,第3页。)

其书自经史典故,诸子百家之言,以及诗词文翰、医卜星历之类,无不纪载,而多所辩证。昔人尝称其考据精确,议论高简,如执权度而称量万物,不差累黍,欧(欧阳修)、曾(曾巩)之徒所不及也。([清]洪璟《重刻容斋随笔纪事》,[宋]洪迈《容斋随笔》,上海古籍出版社1978年版,第二册第7页。)

【思考题】

1. 你知道更多历史上以朋友之义闻名的人物吗?谈谈自己对朋友之义的理解。

2. 结合《容斋随笔》,谈谈中国古代笔记在学术文化史上的价值和作用。

【深度阅读】

1. [宋]洪迈撰、孔凡礼点校《容斋随笔》,中华书局2005年版《历代史料笔记丛刊》本。

2. 刘叶秋《历代笔记概述》，北京出版社2011年版。

廉　耻
（顾炎武《日知录》）

顾炎武(1613—1682)，原名绛，后改为炎武，字宁人，号亭林，江苏昆山人。青年时发愤为经世致用之学，并参加昆山抗清义军，失败后漫游南北，潜心研究学问。广泛涉足于经学、史学、音韵文字学、金石考古等领域，学识渊博，气象宏大，著作等身；与黄宗羲、王夫之并称"清初三大儒"，也被视为清代考据学开山祖师，影响深远。最重要的代表作《日知录》三十二卷，一生为学所得大都荟萃其中，是17世纪我国知识界一部足以反映时代风貌的学术名著。又有《音学五书》《天下郡国利病书》《肇域志》《顾亭林诗文集》等传世。清江藩《汉学师承记》卷八、《清史稿》卷四八一有传。

《日知录·廉耻》是一篇专门论述中国传统文化基本价值心理——廉耻的文章，作者把"廉耻"上升到了关乎国家存亡的高度，阐述了礼义廉耻对于一个国家、社会和军队的重要意义。这对当今社会进行道德教育，培养廉耻的风尚，发挥社会舆论的监督作用，仍具有一定的启发意义。

本篇选自顾炎武撰，黄汝成集释，栾保群、吕宗力点校《日知录集释》卷一三，上海古籍出版社2006年版。

《五代史·冯道传论》曰："'礼义廉耻，国之四维；四维不张，国乃灭亡[1]。'善乎，管生之能言也[2]！礼义，治人之大法；廉耻，立人之大节[3]：盖不廉则无所不取，不耻则无所不为。人而如此，则祸败乱亡亦无所不至[4]。况为大臣而无所不取，无所不为，则天下其有不乱，国家其有不亡者乎？"然而四者之中，耻尤为要。故夫子之论士，曰："行己有耻[5]。"孟子曰："人不可以无耻。无耻之耻，无耻矣[6]。"又曰："耻之于人大矣，为机变之巧者，无所用耻焉[7]。"所以然者，人之不廉而至于悖礼犯义，其原皆生于无耻也[8]。故士大夫之无耻，是谓国耻。

吾观三代以下，世衰道微，弃礼义，捐廉耻，非一朝一夕之故[9]。然而松柏后凋于岁寒，鸡鸣不已于风雨，彼昏之日，固未尝无独醒之人也[10]！顷读《颜氏家训》有云[11]："齐朝一士夫尝谓吾曰：'我有一儿，年已十七，颇晓书疏[12]。教其鲜卑语及弹琵琶，稍欲通解，以此伏事公卿，无不宠爱[13]。吾时俯而不答。异哉,此人之教子也!若由此业自致卿相,亦不愿汝曹为之⑭。"嗟乎!之推不得已而仕于乱世,犹为此言,尚有《小宛》诗人之意,彼阉然媚于世者,能无愧哉⑮!

罗仲素曰:"教化者,朝廷之先务;廉耻者,士人之美节;风俗者,天下之大事。朝廷有教化,则士人有廉耻;士人有廉耻,则天下有风俗⑯。"

古人治军之道,未有不本于廉耻者。《吴子》曰:"凡制国治军,必教之以礼,励之以义,使有耻也。夫人有耻,在大足以战,在小足以守矣。"《尉缭子》言:"国必有慈孝廉耻之俗,则可以死易生⑰。"而太公对武王:"将有三胜,一曰礼将,二曰力将,三曰止欲将⑱。"故礼者,所以班朝治军,而《兔罝》之武夫,皆本于文王后妃之化⑲;岂有淫刍荛,窃牛马,而为暴于百姓者哉⑳!《后汉书》:"张奂为安定属国都尉,羌豪帅感奂恩德,上马二十匹,先零酋长又遗金镮八枚㉑。奂并受之,而召主簿于诸羌前,以酒酹地曰:'使马如羊,不以入厩;使金如粟,不以入怀㉒。'悉以金马还之。羌性贪而贵吏清,前有八都尉,率好财货,为所患苦,及奂正身洁己,威化大行㉓。"呜呼!自古以来,边事之败,有不始于贪求者哉㉔?吾于辽东之事有感㉕。

杜子美诗:"安得廉颇将,三军同晏眠㉖。"一本作"廉耻将"。诗人之意,未必及此。然吾观《唐书》言:"王伾为武灵节度使。先是,吐蕃欲成乌兰桥,每于河壖先贮材木,皆为节帅遣人潜载之,委于河流,终莫能成㉗。蕃人知伾贪而无谋,先厚遗之㉘,然后并役成桥,仍筑月城守之。自是朔方御寇不暇,至今为患。由伾之黩货也㉙。"故贪夫为帅,而边城晚开。得此意者,郢书燕说,或可以治国乎㉚?

【注释】

① 语见《管子·牧民》。维:用以维系事物使其稳定的大绳。古书常称礼、义、廉、耻为四维。张:展开,推行。四维不能伸张,比喻纲纪废弛,政令不行。乃:于是,就。 ② 管生:即管仲(前719—前645),名夷吾,字仲,谥敬。颍上(今安徽省颍上县)人。春秋时期法家先驱,杰出的政治家、改革家,曾辅佐齐桓公成就霸业。 ③ 节:准则、法度,同上句中的"法"意思相近,指一定的道德规范。 ④ 而:相当于如、若。 ⑤ 语见《论语·子路》,意为:自己行事保持羞耻之心。 ⑥ 语见《孟子·尽心上》,意为:人不可以没有羞耻,不知羞耻的那种羞耻,真是不知羞耻啊。 ⑦ 语见《孟子·尽心上》,意为:羞耻对于人关系重大,干机谋巧诈事情的人,是没有地方用得着羞耻的。 ⑧ 原:本意指水源,引申为根本、本源的意思。 ⑨ 捐:舍弃。 ⑩ 松柏后凋于岁寒:语出《论语·子罕》:"子曰:'岁寒,然后知松柏之后凋。'" 鸡鸣不已于风雨:语出《诗经·郑风·风雨》:"风雨如晦,鸡鸣不已。"独醒

之人:语出屈原《九章·渔父》:"举世皆浊我独清,众人皆醉我独醒。"大意是说:在世道衰微的情况下,不乏清醒的有志之士,还保持着廉耻之心。　⑪ 见《颜氏家训·教子篇》。顷:近来。　⑫ 书疏:六朝人习用语,指书札、书信。　⑬ 稍:逐渐。伏:表谦敬。　⑭ 致:使到来、招来,引申为导致、获得。曹:指一班人。常用在人称代词后,表达复数,相当于"辈"、"类"。　⑮《小宛》:见《诗经·小雅·小旻之什》,是大夫讽谏宣王的作品。阘然:形容迎合讨好别人的样子。　⑯ 见罗从彦《豫章文集》卷十一《议论要旨》。罗从彦是北宋末年理学家杨时的学生。可参看《宋史》卷四二八《道学传》。　⑰ 以死易生:易:交换、换取。此句是说,军人有了廉耻之心则能不怕牺牲,勇于为国效命。《尉缭子》:我国古代兵书,相传为战国时尉缭所作。语见卷一《战威篇》第二。　⑱ 语见《太公六韬》二十三。　⑲ 班朝治军:见《礼记·曲礼上》。班:规定等级次序。朝:朝廷。这是说,理正朝仪位次,整治师旅卒伍。兔罝(jū):捕兔的网。　⑳ 淫刍荛:见《左传·召公十三年》。放纵军人去乱割草、乱伐柴薪。刍荛(chúráo):割草打柴,也指割草打柴的人,引申指草野之人。　㉑ 张奂:东汉后期凉州名将,事见《后汉书》卷六五。安定:郡名,治所临泾在今甘肃镇原东面。属国都尉:边远郡设置,相当于郡太守。先零(xiānlián):先零羌为古代羌人部落之一。金镮(qú):金耳环。镮,通"璖",耳环一类的物品。　㉒ 厩(jiù):马棚。酹:把酒洒在地上表示祭奠。　㉓ 贵吏清:看重官吏的清廉。贵:崇尚、看重。由于羌人贪官很多,清吏就更显得可贵。大行:广泛流行、普遍推行。　㉔ 边事:指边防事务,也指边境上的战事或争端。　㉕ 辽东之事:指明万历时镇守辽东的大将李成梁等贪财腐化,女真努尔哈赤(清太祖)乘机扩展势力,占有辽东,到清世祖时即入关灭明。　㉖ 晏眠:安睡。语见杜甫《遣兴》诗之一。　㉗ 吐蕃(bō):中国古代藏族政权名,公元7—9世纪建立于青藏高原。先是:在这以前。是:此、这。下文"自是"的"是",义同。壖(ruán):古同"堧",河边空地。潜:偷偷地、秘密地。委:堆积。　㉘ 遗(wèi):给予、赠送。　㉙ 黩货:贪求财货。《南史·刘怀珍传》:"累为州郡,颇黩财货。"　㉚ 郢书燕说:语出《韩非子·外储说左上》,比喻牵强附会,曲解原意。这里是说杜诗本作"廉颇将",作"廉耻将"虽非原文,却也讲了治国的大道理。

【集评】

　　先生著述不一种,此《日知录》则其稽古有得,随时札记,久而类次成书者。凡经义、史学、官方、吏治、财赋、典礼、舆地、艺文之属,一一疏通其源流,考正其谬误。至于叹礼教之衰迟,伤风俗之颓败,则古称先,规切时弊,尤为深切著明。学博而识精,理到而辞达。是书也,意惟宋、元名儒能为之,明三百年来,殆未有也。([清]潘耒《日知录原序》,[清]顾炎武撰、栾保群等校点《日知录校释》,上海古籍出版社2006年版,上册第2页。)

　　昆山顾亭林先生,质敏而学勤,谊醇而节峻,出处贞亮,固已合于大贤。虽遭明末丧乱,迁徙流离,而撰述不废,先后成书两百余卷,闳廓奥赜,咸职体要,而智力尤萃者,此也。其言经史之微文大义、良法善政,务推礼乐德刑之本,以达质文否泰之迁嬗,错综其理,会通其旨。至于赋税、田亩、职官、选举、钱币、权量、水利、河渠、漕运、盐铁、人材、军旅,凡关家国之制,皆洞悉其所由盛衰利弊,而慨然著其化裁通变之道,词尤切至明白。其余考辨,亦极赅洽。([清]黄汝成《日知录集释叙》,[清]顾炎武撰、栾保群等校点《日知录校释》,上海古籍出版社2006年版,上册第1页。)

【思考题】

1. 顾炎武《廉耻》一文强调礼、义、廉、耻关系到国家的兴亡,而这四者之中,哪一个最为重要?作者在文中主要斥责的对象是哪种人?

2. 有关廉耻,文中引用了不少古人古书的话,此外你还知道哪些?搜集一下,与同学们交流。

【深度阅读】

1. [清]顾炎武撰,[清]黄汝成集释,栾保群、吕宗力点校《日知录集释》,上海古籍出版社2006年版。

2. 钱仲联《顾炎武文选》,苏州大学出版社2001年版。

3. 赵俪生《〈日知录〉导读》,巴蜀书社1992年版。

赏鉴第七

酒德颂

刘　伶

刘伶(约221—300),字伯伦,魏晋沛国(今安徽濉溪)人。与阮籍、嵇康为友,不介意家产有无。仕魏为建威参军。泰始初,对策,盛言无为而治。时辈皆以高第得进,伶独罢,而竟以寿终。《文选》李善注引臧荣绪《晋书》曰:"伶志气旷放,以宇宙为狭,著《酒德颂》。"《世说新语·文学》篇注引《名士传》曰:"伶未尝措意文章,终其世,凡著《酒德颂》一篇。"事见《晋书》卷四九本传。

本文命篇之旨在于托酒以明其忘思虑、蔑视礼法、绝是非而断利欲之德。虽不辨是非,然是非自辨;是酒话,亦是达语。只有懂庄周之人,具真性情者,方可做到这一点。刘伶嗜酒如命,是酒中仙,有独得体悟,故为文潇洒而有物。刘伶能超越世俗之不合人情的礼法,进入无我的境界,故而为寓言亦是真言,是酒言亦是日常生活语也。

本篇选自萧统编、李善注《文选》,上海古籍出版社1986年版。

有大人先生①,以天地为一朝,万期为须臾,日月为扃牖,八荒为庭衢②。行无辙迹,居无室庐,幕天席地,纵意所如。止则操卮执觚,动则挈榼提壶③,唯酒是务,焉知其余?

有贵介公子,搢绅处士,闻吾风声,议其所以④。乃奋袂攘襟,怒目切齿,陈说礼法,是非锋起⑤。

先生于是方捧罂承槽,衔杯漱醪⑥,奋髯踑踞,枕曲藉糟⑦。无思无虑,其乐陶陶⑧。兀然而醉,豁尔而醒⑨。静听不闻雷霆之声,熟视不睹泰山之形,不觉寒暑之切肌,利欲之感情⑩。俯观万物扰扰,焉如江汉之载浮萍;二豪侍侧,焉如蜾蠃之与螟蛉⑪。

【注释】

① 大人:圣贤之徒。《易·乾》:"夫大人者,与天地合其德。"　② 天地:张铣注:"言志广大也。以天地开辟以来为一日也,万岁之期为少时也。"期(jī):一年。《世说新语·放诞》:"刘伶恒纵酒放达,或脱衣裸形在屋中。人见讥之,伶曰:'我以天地为栋宇,屋室为裈,诸君何为入我裈中?'"须臾:片刻。扃(jiōng):门。牖(yǒu):窗。八荒:谓四方及四隅,

以喻荒远。"以天地"四句,写大人先生的天地时间观念。 ③ 卮(zhī):酒杯。觚(gū):酒杯。操、挈(qiè):执也。榼(kē):酒壶。以上假设其人以自喻。 ④ "有贵介"四句:社会上那些达官贵人,批评大人先生的作风。贵介:地位显要。介,大也。搢绅:亦作缙绅,古代做过官的人的代称。处士:怀才而隐居不仕之人。应劭《风俗通》:"处士者,隐居放言也。"所以:所为。张铣曰:"闻我好酒之声,议论我所以得失。" ⑤ 奋袂攘襟:卷起袖子,挽上衣襟(准备大放厥词)。吕延济注:"言其是非,如剑戟之锋刃,相竞逐之起。"以上假言非难有人。 ⑥ 罌(yīng):酒坛。醪(láo):浊酒。 ⑦ 奋髯(rán):胡须飘飘。踑踞:箕踞,伸开两腿而坐,傲慢不敬之貌。《庄子·至乐》:"庄子妻死,惠子吊之,庄子则方箕踞鼓盆而歌。"曲:酒曲。藉(jiè):枕、靠。 ⑧ 陶陶:悠然自得,和乐貌。 ⑨ 兀:茫然无知。⑩《淮南子·俶真篇》曰:"耳不闻雷霆之声,目不睹泰山之形。"泰,通"太",太山即谓大山,非必指实东岳泰山。切肌:侵入肌肤。感情:感乱心情。 ⑪ 扰扰:《广雅·释训》:"扰扰,乱也。"焉如:犹何如。言万物纷乱,何如江、汉之载浮萍,任其去留。蜾(guǒ)蠃(luǒ):蜂的一种。螟(míng)蛉(líng):蛾的幼虫。蜾蠃是一种寄生蜂,将幼虫产在螟蛉等蛾的幼虫体内,古人误以为蜾蠃不产子,将螟蛉看成义子来养。螟蛉引申为养子的代称。李善注:"二豪,公子、处士也。随己而化,类蜾蠃之变螟蛉。"言二豪与己相处,终将随己而化。清人何焯评曰:"撮庄生之旨,为有韵之文,仍不失潇洒自得之趣,真逸才也。"

【集评】

自古圣王,其为飨也,玄酒在堂,而醇酒在下,所以崇本重源,降于滋味。虽泛爵旅行,不及于乱;故能礼章而敬不亏,事毕而仪不忒。非由斯致,是失其道。将何以范时轨物,垂之于世?历观往代成败之效,吉凶由人,不在数也。商辛耽酒,殷道以之亡;公旦陈《诰》,周德以之昌。子反昏酣而致毙,穆生不饮而身光;或长世而为戒,或百代而流芳。酒之为状,态惑性情,虽曰哲人,孰能自竞!

在官者殆于政也,为下者慢于令也,聪达之士荒于听也,柔顺之伦兴于诤也,久而不悛,致于病也。岂止于病,乃损其命。谚亦有云:"其益如毫,其损如刀。"言所益者,止于一味之益,不亦寡乎?言所损者,夭年乱志。夭乱之损,不亦夥乎?无以酒荒而陷其身,无以酒狂而丧其伦。迷邦失道,流浪漂津,不师不遵,反将何因。《诗》不言乎,"如切如磋,如琢如磨"。朋友之义也。作官以箴之,申谟以禁之,君臣之道也。其言也善,则三覆而佩之;言之不善,则哀矜而贷之,此实先王纳规之意。

往者有晋,士多失度,肆散诞以为不羁,纵长酣以为高达,调酒之颂,以相眩曜。称尧舜有千钟百觚之饮,著非法之言,引大圣为譬,以则天之明,岂其然乎?且子思有云:夫子之饮,不能一升。以此推之,千钟百觚,皆为妄也。

今大魏应图,重明御世,化之所暨,无思不服,仁风敦洽于四海。太皇太后以至德之隆,诲而不倦,忧勤备于皇情,诰训行于无外,故能道协两仪,功同覆载;仁恩下逮,罔有不遵;普天率士,靡不蒙赖。在朝之士,有志之人,宜克己从善,履正存贞,节酒以为度,顺德以为经,悟昏饮之美疾,审敬慎之弥荣,遵孝道以致养,显父母而扬名,蹈冈、曾之前轨,遗仁风于后生,仰以答所授,俯以保其成,可不勉欤!可不勉欤!([北齐]魏收撰《魏书》卷四八《高允传》,中华书局1974年版,第1086—1088页。)

【思考题】

1."李白斗酒诗百篇,长安市上酒家眠",自古以来文人与酒的关系相当密切。谈谈酒与创作的内在关联。

2.请比较中国文人的"酒德"与尼采所说的酒神精神。

【深度阅读】

1.高步瀛选注、陈新点校《魏晋文举要》,中华书局2000年版。

2.罗宗强《魏晋南北朝文学思想史》,中华书局1996年版。

论画六法
(张彦远《历代名画记》)

张彦远(815—907),字爱宾,蒲州猗氏(今山西临猗)人,唐代著名画家、书画理论家。出身宰相世家,曾任舒州刺史、左仆射补阙、祠部员外郎、大理寺卿。家藏法书名画甚丰,精于鉴赏,擅长书画。著有《历代名画记》《法书要录》《彩笺诗集》等。

《历代名画记》十卷,成于唐宣宗大中元年(847),分为绘画历史发展评述、画家传记及相关资料、作品鉴藏三部分内容,是我国第一部系统的关于绘画艺术的通史,包蕴宏富,见解深微,所保存的资料十分珍贵。它继承了史论相结合的传统,开创了绘画通史的科学体例,是我国绘画史和绘画理论方面的"百科全书",被后世誉为"画史中的《史记》"。

张彦远对绘画理论作了精详阐述,如明确提出绘画的功用问题,在谢赫"六法论"基础上,又提出了"自然""神""妙""能""谨细"等审美标准,将画分为"自然、神、妙、精、谨细"五等,首推"自然"。"自然为上"的思想在唐代未有很大作用,却成了北宋文人以意为主,重平淡、自然之美的艺术先声。

本篇选自俞剑华编《中国古代画论类编》,人民美术出版社2007年版。

昔谢赫云①:"画有六法:一曰气韵生动②,二曰骨法用笔③,三曰应物象形④,四曰随类赋彩⑤,五曰经营位置⑥,六曰传模移写⑦。"自古画人,罕能兼之。

彦远试论之曰:"古之画,或能移其形似而尚其骨气,以形似之外求其画,此难可与俗人道也。今之画纵得形似,而气韵不生,以气韵求其画,则形似在其间矣。上古之画,迹简意澹而雅正,顾、陆之流是也⑧。中古之画,细密精致而臻丽,展、郑之流是也⑨。近代之画,焕烂而求备;今人之画,错乱而无旨,众工之迹是也⑩。夫象物必在于形似,形似须全其骨气。骨气形似,皆本于立意而归乎用笔,故工画者多善书。然则古之嫔,擘纤而胸束;古之马,喙尖而腹细;古之台阁竦峙,古之服饰容曳。故古画非独变态有奇意也⑪,抑亦物象殊也。至于台阁树石,车舆器物,无生动之可拟,无气韵之可侔,直要位置向背而已。"顾恺之曰:"画:人最难,次山水,次狗马,其台阁一定器耳,差易为也。"斯言得之。至于鬼神人物,有生动之可状,须神韵而后全。若气韵不周,空陈形似,笔力未遒,空善赋彩,谓非妙也。故《韩子》曰:"狗马难,鬼神易。狗马乃凡俗所见,鬼神乃谲怪之状⑫。"斯言得之。至于经营位置,则画之总要。自顾、陆以降,画迹鲜存,难悉详之。唯观吴道玄之迹⑬,可谓六法俱全,万象毕尽,神人假手,穷极造化也。所以气韵雄状,几不容于缣素⑭;笔迹磊落,遂恣意于墙壁;其细画又甚稠密,此神异也。至于传模移写,乃画家末事。然今之画人,粗善写貌,得其形似,则无其气韵;具其彩色,则失其笔法。岂曰画也!呜呼!今之人斯艺不至也。

宋朝顾骏之⑮尝结构高楼以为画所,每登楼去梯,家人罕见。若时景融朗,然后含毫;天地阴惨,则不操笔。今之画人,笔墨混于尘埃,丹青和其泥滓,徒污绢素,岂曰绘画!自古善画者,莫匪衣冠贵胄⑯,逸士高人,振妙一时,传芳千祀,非闾阎鄙贱之所能为也⑰。

【注释】

① 谢赫(479—502):南朝齐、梁间画家、绘画理论家。著有《古画品录》,是我国最古的绘画理论著作。他提出中国绘画上的"六法",成为后世画家、批评家、鉴赏家们所遵循的原则。　② 气韵生动:指作品和作品所刻画的形象具有一种生动的气度韵致,富有生命力。气韵是魏晋品藻人物的重要尺度,它是从人物的姿态、表情而呈现的气质韵致。钱锺书《管锥编》解读为:"六法者何?一、气韵,生动是也;二、骨法,用笔是也;三、应物,象形是

也；四、随类，赋彩是也；五、经营，位置是也；六、传移，模写是也。"可备一说。　③ 骨法用笔：指绘画中的骨法及与其密切相关的笔法。骨法：也称为"骨气"，指画的笔力和法则。人物画线条以笔立骨，以墨赋彩，要有刚正的骨力。魏晋人物品藻，除了"风韵"一类词外，常见的就是"骨""风骨"之类。书论用"骨"字，如"善笔力者多骨，不善笔力者多肉"（《笔阵图》）等，指的是力量、笔力。画论中出现"骨"始于顾恺之，如他评《周本纪》"重叠弥纶有骨法"，评《汉本纪》"有天骨而少细美"等。这里的"骨法""天骨"诸词，指的是所画人物形象的骨相所体现出的身份气质。谢赫使用"骨法"则已转向骨力、力量美即用笔的艺术表现。　④ 应物象形：指画家的描绘要与所反映的对象形似。早于谢赫的画家宗炳说："以形写形，以色貌色。"（《画山水序》）　⑤ 随类赋彩：指着色，根据不同的事物，赋予不同的色彩。《文心雕龙·物色》："写气图貌，既随物以宛转。"王延寿《鲁灵光殿赋》："随色象类，曲得其情。"　⑥ 经营位置：作画的结构安排、意象部署。　⑦ 传移模写：又作"传模移写"。这是指创作中的摹拟、临摹作品。把"模写"看作绘画美学要义之一，表明古人对这一技巧的重视，但谢赫并不将它等同于创作，故置之六法之末。　⑧ 顾、陆之流：顾恺之(348—409)，字长康，小字虎头，晋陵无锡(今江苏无锡)人。博学有才气，工诗赋、书法，尤善绘画。精于人像、佛像、禽兽、山水等，时人称之为"三绝"(画绝、文绝和痴绝)。顾恺之作画，意在传神，其"迁想妙得""以形写神"等论点，为中国传统绘画的发展奠定了基础。陆探微(？—约485)，吴县(今江苏苏州)人，南朝宋明帝时期著名宫廷画家，创造出画史上的"一笔法"。唐代张怀瓘云："顾、陆及张僧繇，评者各重其一，皆为当矣。陆公参灵酌妙，动与神会。笔迹劲利，如锥刀焉，秀骨清像，似觉生动，令人懔懔若对神明。虽妙极象中，而思不融乎墨外。夫象人风骨，张亚于顾也。"（《画断》）　⑨ 展、郑之流：北周末隋初的两位画家展子虔和郑法士。展子虔(约550—604)，北周末隋初画家杰出画家，渤海(今山东阳信县)人。传世作品《游春图》是中国现存最古的卷轴山水画。郑法士：北周末隋初画家，吴县(今江苏苏州)人。善画人物，仪表风度，冠缨佩带，无不有法。诸如浮云、流水，率无完态，亦得形容之妙。　⑩ 众工：众多工匠。　⑪ 嫔：古妇人之美称。擘(bò)纤：大拇指纤细。马喙：马嘴。竦峙：耸立。容曳：宽舒。变态：事物的变化。　⑫ 韩子：韩非子。《韩非子·外储传》："夫犬马人所知也，旦暮罄于前，不可类之，故难。鬼魅无形者，不罄于前，故易之也。"凡俗：世俗之人。谲怪：奇异怪诞。　⑬ 吴道子(约680—759)，唐代画家，阳翟(今河南禹县)人。被后世尊称为"画圣"，尤精于佛道、人物，长于壁画创作。张彦远认为"山水之变，始于吴，成于二李"。苏轼认为"诗至于杜子美，文至于韩退之，书至于颜鲁公，画至吴道子，古今之变，天下之能事毕矣"。　⑭ 雄状：刚健豪放之状。缣(jiān)素：作画用的白绢。　⑮ 顾骏之：南朝宋人，善画人物，师法张墨。　⑯ 莫匪：莫非。　⑰ 千祀：千年。闾阎：借指平民。张彦远在卷六"宗炳"条、卷七"陶弘景"条、卷十"张志和"条所记皆此类高公逸士。他还记载了叔祖张谂的生活片断："约与主客皆同谢荣宦，琴尊自乐，终日陶然，士流企望莫及也。由是万卷之书，尽归王粲；一厨之画，惟寄桓玄。李兵部又于江南得萧子云壁书飞白'萧'字，匣之以归洛阳，授余叔祖，致以修善里，构一亭，号曰'萧斋'。"

【集评】

彦远既世其家,乃富有典刑,而落笔不愧作者。观其为论,以谓书非小道,道本以助人伦,穷物理,神化不能以藏其秘,灵怪不能以遁其形,则知盘礴胸次者固已吞云梦之八九矣,其流于笔端自应过人。矧夫历代奇观,一一到眼,而手传心受处,复有家学耶?尝作《法书要录》一十卷,具载古人论书语,具以完列传之,又以九等品第书学人物,自汉至唐上下千百载间,其大笔名流,几不逃彀中矣。更撰《历代名画记》为十卷,自序其右云,得此二书,则书画之事毕矣。观其编次之善,果非虚语。又当以八分录前人诗什数章,至其仿古出奇,亦非凡子可到。([宋]佚名编、王群栗校注《宣和书谱》卷二〇,浙江人民美术出版社2012年版,第188页。)

【思考题】

《历代名画记》为什么被称为画史上的《史记》,请谈谈它有哪些理论贡献?

【深度阅读】

毕斐《〈历代名画记〉论稿》,中国美术出版社2008年版。

笔阵图

卫铄

卫铄(272—349),字茂漪,河东安邑(今山西夏县)人,东晋女书法家。汝阴太守李矩妻,卫恒从女,世称卫夫人。工书,楷书尤善,师钟繇,妙传其法。王羲之少时曾从她学书。她的书法已由钟繇的扁方书变为长方形,线条清秀平和,娴雅婉丽。《书评》评曰:"如插花少女,低昂美容;又如美女登台,仙娥弄影,红莲映水,碧海浮霞。"

《笔阵图》一篇,旧题卫夫人撰,是论述写字笔画的著作,阐述执笔、用笔的方法,并列举七种基本笔画的写法。书道精微,难以明言,卫铄把书法用笔之妙列在"三端"之先,而笔势的遒劲有力又在"六艺"奥妙之上,这与钟繇所提出"用笔者天也"(通过用笔以达到参悟天道)相同。书法最重要的是"多力丰筋",即筋劲力强。多"肉"则是下品,是"墨猪",臃肿无神。魏晋书法重"风骨",重"清奇险峻",崇尚瘦硬为美,与后人所崇尚的"丰腴"美不同。卫铄把"筋""骨""肉"三者之说首次引入书论,成为影响深远的书法审美范畴。

本篇选自《历代书法论文选》,上海书画出版社1979年版。

夫三端之妙,莫先乎用笔①;六艺之奥,莫重乎银钩②。昔秦丞相斯见周穆王书③,七日兴叹,患其无骨;蔡尚书邕入鸿都观碣④,十旬不返,嗟其出群。故知达其源者少,暗于理者多⑤。近代以来,殊不师古⑥,而缘情弃道⑦,才记姓名,或学不该赡⑧,闻见又寡,致使成功不就,虚费精神。自非通灵感物⑨,不可与谈斯道矣!今删李斯《笔妙》,更加润色,总七条,并作其形容,列事如左,贻诸子孙,永为模范,庶将来君子,时复览焉。

笔要取崇山绝刃中兔毫⑩,八九月收之,其笔头长一寸,管长五寸,锋齐腰强者⑪。其砚取煎涸新石,润涩相兼,浮律耀墨者⑫。其墨取庐山之松烟,代郡之鹿角胶⑬,十年以上,强如石者为之。纸取东阳鱼卵⑭,虚柔滑净者。凡学书字,先学执笔,若真书,去笔头二寸一分,若行草书,去笔头三寸一分,执之⑮。下笔点画波撇屈曲⑯,皆须尽一身之力而送之。初学先大书,不得从小⑰。善鉴者不写,善写者不鉴⑱。善笔力者多骨,不善笔力者多肉。多骨微肉者谓之筋书,多肉微骨者谓之墨猪⑲;多力丰筋者圣,无力无筋者病。——从其消息而用之⑳。

一　如千里阵云,隐隐然其实有形㉑。

、　如高峰坠石,磕磕然实如崩也㉒。

丿　陆断犀象㉓。

乁　百钧弩发㉔。

丨　万岁枯藤㉕。

乁　崩浪雷奔㉖。

㇉　劲弩筋节㉗。

右七条笔阵㉘出入斩斫图。执笔有七种。有心急而执笔缓者㉙,有心缓而执笔急者。若执笔近而不能紧者,心手不齐,意后笔前者败;若执笔远而急,意前笔后者胜。又有六种用笔:结构圆备如篆法㉚,飘风洒落如章草㉛,凶险可畏如八分㉜,窈窕出入如飞白㉝,耿介特立如鹤头㉞,郁拔纵横如古隶㉟。然心存委曲㊱,每为一字,各象其形,斯造妙矣,书道毕矣。

永和四年,上虞制记㊲。

【注释】

① 三端:是谓文士的笔端、武士的锋端、辩士的舌端。　② "六艺"句:是说儒家六艺

的奥妙,最重要莫过于书法这一项。银钩:指的是汉字书法本身,即古代"六艺"中的"书"。因为汉字中的"钩"这种笔画,它的优美表现婉媚有力,故谓之"银钩"。　③斯:李斯(约前284—前208),楚国上蔡(今河南上蔡)人,秦国著名的政治家、书法家。周穆王:西周国王,昭王之子。姓姬,名满。　④鸿都:东汉时的皇家藏书之所。古时石碑方顶谓之墓,圆顶谓之碣,此指碑碣文字。　⑤达其源:通达文字产生发展的源流。暗于理:昧于书法的道理。　⑥殊:竟然。师古:师法古人。　⑦缘情:抒情,凭情致而发。弃道:背弃书道。　⑧该赡:渊博丰赡。该,通"赅"。　⑨通灵感物:通于神灵,感化他物。　⑩崇山绝仞:指高山最高的地方。　⑪锋齐:锋毫要齐。腰强:笔毫中部要有强度、有弹力。腰:笔毫的中部。　⑫煎涸:通"蔫涸",指浅黑干涸。浮津耀墨:浮耀墨汁的光泽。　⑬鹿角胶:由鹿角熬制成的胶。　⑭东阳鱼卵:一种产于东阳的鱼卵纸。东阳:今安徽天长市。　⑮真书:又称楷书,魏晋之后对正体的称呼。行草书:又称草行,一种比较流动而近于草书的书体。　⑯点画:文字点与横竖笔画的总称。波撇:指磔(zhé)和掠,即捺和撇。　⑰大书:写大字。从小:写小字。　⑱"善鉴者"二句:指艺术界创作实践和批评实践常常脱离,不能有效统一。盖人之才智所偏,功效殊致。可参阅曹丕《典论·论文》、曹植《与杨德祖书》。　⑲筋书:瘦劲有力的书。墨猪:笔画肥而无力的书。　⑳圣:超凡、卓越。消息:奥妙,真谛。　㉑"如千里"二句:像长空排云,仔细看却有高低不同的形状。　㉒"如高峰"二句:像高山坠落巨石,能听到崩裂之声。　㉓"如陆断"二句:像锋锐的剑锷一样能在陆地上裁断犀角象牙。　㉔"如百钧"二句:像重弓张弩箭发之势。　㉕"如万岁"二句:像久老而结下的枯藤那样古瘦峭健。　㉖"如崩浪"二句:像巨浪雷奔一样徐迟而有力。　㉗"如劲弩"二句:像劲弩一样遒劲。以上七种笔法,首重骨力。　㉘笔阵:将书法比喻为作战的行阵。　㉙执笔急缓:指执笔的紧与松。近:指执笔处离笔毫近。执笔近不能很好地运腕行笔,执笔不紧则运笔无力。　㉚结构圆备:指字的点画安排和形势布置完备。篆法:大、小篆的总称。　㉛飘扬洒落:章草笔势的特点,自由奔放。　㉜八分:东汉后期的准隶书体,相传为王次仲所创,尽其笔势,舒展波撇,其势凶险可畏。　㉝飞白:相传是蔡邕所创的书体,窈窕出入:喻其笔势在丝丝露白处的入与出,娴静而优美。　㉞耿介:高耸突兀貌。　㉟古隶:西汉至东汉前期通行的隶书,尚有篆书意味,无明显的波挑,无篆书的圆润之态,其笔画显得纵横而粗壮、朴拙而厚实。　㊱心存委曲:谓作书前,要思考透彻周全。　㊲"永和"二句:写作的落款。永和:即东晋穆帝的年号。上虞:在今浙江上虞市西。

【集评】

字有果敢之力,骨也;有含忍之力,筋也。用骨得骨,故取指实;用筋得筋,故取腕悬。卫瓘善草书,时人谓瓘得伯英之筋,犹未言骨。卫夫人《笔阵图》乃始以"多骨丰筋"并言之。至范文正《祭石曼卿文》有"颜筋柳骨"之语,而筋骨之辨愈明矣。([清]刘熙载《艺概》卷五,上海古籍出版社1986年版,第167页。)

卫夫人:名铄,字茂漪,李矩妻。《书品》云:"卫氏出自华宗。"《唐人书评》云:"卫夫人书如插花舞女,低昂美容,又如美女登台,仙娥弄影,红莲映水,碧沼浮霞。"《翰墨志》云:"夫人善钟法,能正书入妙,王逸少师也。"(陈云君《中国书法史论》,人民日报出版社1987年版,第125页。)

【思考题】

传统书法家认为"用笔"第一,当代书法家启功先生却说"结字重于用笔",主张结构第一。你如何看?

【深度阅读】

1. [宋]朱长文编辑、何立民校点《墨池编》,浙江人民美术出版社2012年版。

2. 张伯荣《中国书法笔力详解》,齐鲁书社2010年版。

3. 中国书画社编《历代书法论文选》,上海书画出版社1979年版。

古代应用文第八

求贤良诏
汉武帝

汉武帝刘彻(前157—前87),景帝子,十六岁登基,在位达五十四年。一生雄才大略,文治武功,功绩显赫。加强中央集权,设地方刺史;创立察举制度,选拔人才;罢黜百家,独尊儒术;开疆拓土,幅员万里。然亦穷兵黩武,终至国力由鼎盛走向衰微。乃中国历史上与秦始皇、唐太宗、清高宗等并称的帝王。谥孝武皇帝,庙号世宗,葬茂陵。事见《汉书》卷六《武帝纪》。

《求贤良诏》为汉武帝元光元年(前134)五月所下求贤良之诏书。诏书先对夏、商、周三代之治进行了讴歌与赞美,然后设问如何治国才能达到三代理想之境。其后董仲舒、公孙弘等纷纷上书对策,提出了一系列尊儒术、黜百家的国策。

本篇选自班固纂《汉书》卷六《武帝纪》,中华书局1962年版。

朕闻昔在唐虞①,画象而民不犯②,日月所烛,莫不率俾③。周之成康④,刑错不用⑤,德及鸟兽,教通四海。海外肃眘⑥,北发渠搜,氐羌徕服⑦。星辰不孛,日月不蚀,山陵不崩,川谷不塞;麟凤在郊薮,河洛出图书。呜虖!何施而臻此与⑧!

今朕获奉宗庙,夙兴以求,夜寐以思⑨,若涉渊水,未知所济。猗与伟与⑩!何行而可以章先帝之洪业休德⑪,上参尧舜,下配三王⑫!朕之不敏,不能远德⑬,此子大夫之所睹闻也。贤良明于古今王事之体,受策察问,咸以书对,著之于篇,朕亲览焉。

【注释】

① 唐虞:即唐尧、虞舜。　② "画象"句:应劭曰:"二帝但画衣冠,异章服,而民不敢犯也。"　③ "日月"二句:颜师古注:"烛,照也。率,循也。俾,使也。言皆循其贡职而可使也。"　④ 成康:指周成王、周康王。　⑤ 错:弃置、废置。　⑥ 肃眘(shèn):亦作肃慎、息慎等,上古东北民族。　⑦ 搜渠:上古东夷族的一支。战国与秦汉间,越岷山山脉,沿川西迁徙,与羌族融合,成为叟人。氐(dī)、羌(qiāng):皆古代西北与西部民族,大抵生活在今甘肃、陕西、四川等地。徕(lái),同"来"。　⑧ 呜虖:同"呜呼",叹辞。臻:至。　⑨ 夙兴:早起。夜寐:夜久方寐。　⑩ 猗与伟与:师古曰:"猗,美也;伟,大也;与,辞也。言美而且

大也。" ⑪ 章先帝之洪业休德:师古曰:"章,明也;洪,大也;休,美也。" ⑫ 三王:指夏、商、周三代。 ⑬ 不能远德:师古曰:"言德不及远也。"

【集评】

　　文帝诏曰:"朕以不敏不明,而久临天下,朕甚自愧。"又诏曰:"间者岁比不登,朕甚忧之。愚而不明,未达其咎。"元帝诏曰:"元元大困,盗贼并兴,是皆朕之不明。政有所亏,咎至于此,朕甚自耻。为民父母,若是之薄,谓百姓何。"又诏曰:"朕晻于王道,靡瞻不眩,靡听不惑,是以政令多违,民心未得。"东汉明帝诏曰:"朕承大运,继体守文,不知稼穑之艰难。惧有废失,若涉渊冰,而无舟楫。实赖有德左右小子。"又诏曰:"比者水旱不时,边人食寡。政失于上,人受其咎。"章帝即位诏曰:"朕以无德,奉承大业。夙夜战栗,不敢荒宁。而灾异仍见,与政相应。朕既不明,涉道日寡。又选举乖实,俗吏伤人,官职耗乱,刑章不中。可不忧欤。"岐山得铜器,诏曰:"今上无明天子,下无贤方伯,民之无良,相怨一方。斯器曷为来哉?"和帝诏曰:"朕奉承鸿烈,阴阳不和,水旱违度,而未获忠言至谋,所以匡救之策。瘖瘝永叹,用思孔疚。"又诏曰:"比年不登,百姓虚匮,京师去冬无雪,今春无雨,黎民流离,困于道路。朕痛心疾首,靡知所济。瞻仰昊天,何辜今人。"安帝诏曰:"朕以不德,不能兴和降善。灾异蜂起,寇贼纵横,百姓匮乏,疲于征发。朕以不明,统理失中,亦未获忠良,以毗阙政。"顺帝诏曰:"朕涉道日寡,政失厥中,阴阳气隔,寇盗肆暴。忧瘁永叹,疢如疾首。"

　　以上诸诏,虽皆出自继体守文之君,不能有高、武英气,然皆小心谨畏,故多蒙业而安。两汉之衰,但有庸主而无暴君,亦家风使然也。([清]赵翼撰、王树民校证《廿二史札记校证》卷二"汉诏多惧词"条,中华书局2001年版,第42页。)

【思考题】

　　古代帝王大臣的诏令奏议与今天国家的各类文告有什么区别?

【深度阅读】

1. [汉]班固纂《汉书·武帝纪》,中华书局1962年版。
2. [宋]宋敏求等纂《唐大诏令集》,中华书局2008年版。

陈情事表
李 密

李密(224—287),一名虔,字令伯,晋犍为武阳县(今四川彭山县)人。幼年丧父,母何氏改嫁,由祖母抚养成人。师事名儒谯周,博览五经,尤精《春秋左传》。初仕蜀汉,为尚书郎等。入晋,官至太子洗马、汉中太守等。后因怀怨免官,终老于家。事见《晋书》卷八八本传。

表为古代文体的一种,是臣民对国君有所陈请的一种文书。李密的《陈情事表》,说白了就是一封委婉动情、诚挚动人的辞职信。全文"纯是一片至性语,不事雕饰,惟见天真烂漫"(清林云铭《古文析义》卷一〇)。晋武帝读后,亦为李密孝心感动,嗟叹其"不空有名也"。

本篇选自萧统编、李善注《文选》卷三七,上海古籍出版社1986年版。

臣密言:臣以险衅①,夙遭闵凶②。生孩六月③,慈父见背④。行年四岁,舅夺母志⑤。祖母刘愍臣孤弱⑥,躬亲抚养。臣多疾病,九岁不行,零丁孤苦,至于成立。既无伯叔,终鲜兄弟;门衰祚薄⑦,晚有儿息⑧。外无期功强近之亲⑨,内无应门五尺之僮⑩。茕茕独立⑪,形影相吊⑫。而刘夙婴疾病⑬,常在床蓐⑭;臣侍汤药,未曾废离。

逮奉圣朝,沐浴清化。前太守臣逵察臣孝廉⑮,后刺史臣荣举臣秀才⑯。臣以供养无主,辞不赴命。诏书特下,拜臣郎中⑰,寻蒙国恩,除臣洗马⑱。猥以微贱⑲,当侍东宫⑳,非臣陨首所能上报㉑。臣具以表闻,辞不就职。诏书切峻㉒,责臣逋慢㉓;郡县逼迫,催臣上道;州司临门,急于星火。臣欲奉诏奔驰,则刘病日笃;欲苟顺私情,则告诉不许。臣之进退,实为狼狈。

伏惟圣朝以孝治天下,凡在故老,犹蒙矜育㉔,况臣孤苦,特为尤甚。且臣少仕伪朝㉕,历职郎署㉖;本图宦达,不矜名节㉗。今臣亡国贱俘,至微至陋,过蒙拔擢,宠命优渥㉘,岂敢盘桓,有所希冀!但以刘日薄西山,气息奄奄,人命危浅,朝不虑夕。臣无祖母,无以至今日;祖母无臣,无以终余年。母孙二人,更相为命。是以区区不能废远㉙。

臣密今年四十有四,祖母今年九十有六,是臣尽节于陛下之日长,报养刘之日短也。乌鸟私情㉚,愿乞终养。臣之辛苦㉛,非独蜀之人士及二州牧伯所见明知㉜,皇天后土,实所共鉴。愿陛下矜愍愚诚,听臣微志,庶刘侥幸,保卒馀年。臣生当陨首,死当结草㉝。臣不胜犬马怖惧之情,谨拜表以闻。

【注释】

① 险衅:艰难坎坷,深重祸罪。　② 夙:早,此指幼年时期。闵凶:忧患凶丧之事。闵,同悯,忧伤。　③ 孩:小儿笑。此句谓刚生下来六个月会笑的时候。　④ 见背:相弃,此指死亡,委婉语。背,违背、违弃。　⑤ 舅夺母志:谓舅父强迫母亲再嫁,剥夺了其守节的志向。　⑥ 愍(mǐn):同悯,可怜、怜悯。　⑦ 门衰:家门衰微。祚(zuò):福、福运。　⑧ 儿息:子嗣。　⑨ 期(jī)功:古代丧服的名称。期,丧服一年;功,按关系亲疏分大功与小功,大功服丧九月,小功服丧五月。　⑩ 应门五尺之僮:指照管客来开门等事的小童。僮,同"童"。　⑪ 茕茕(qióng):孤单的样子。　⑫ 吊:慰、安慰。　⑬ 婴:纠缠。此指疾病缠身。　⑭ 蓐(rù):草垫子,此泛指褥子等。　⑮ 太守:秦汉以降郡一级最高行政长官,至隋废。察:察举、推荐。孝廉:汉以降察举制科目,初分孝与廉两种,后多合为一科。孝谓善事父母者,廉谓清洁有廉誉者。　⑯ 刺史:州一级最高行政长官。秀才:才能优异之人才,汉代与孝廉并举为科名。　⑰ 拜:授官、任命。郎中:官名。晋武帝置尚书诸曹郎中,为尚书曹司之长。⑱ 除:任命。洗马:太子属官,太子出行时为先导,兼掌图籍。　⑲ 猥:鄙、鄙俗,谦辞。　⑳ 东宫:太子所居之宫殿,代指太子。　㉑ 陨(yǔn)首:杀身。陨:坠、坠落。　㉒ 切峻:急切严厉。　㉓ 逋(bū)慢:逃避怠慢。逋:逃避。　㉔ 矜育:怜惜恩育。　㉕ 伪朝:僭伪、非正统的王朝。此指李密以前所事之蜀汉朝廷。　㉖ 郎署:指李密曾在蜀汉担任过尚书郎等官职。　㉗ 矜:夸、夸示。　㉘ 优渥(wò):优厚。　㉙ 区区:款款。谓孝敬祖母的诚挚私心。　㉚ 乌鸟:乌鸦。相传乌鸦能反哺,所以常用来比喻人之孝道。　㉛ 辛苦:辛酸苦楚。　㉜ 二州:益州、梁州。牧伯:刺史。上古一州的长官称牧,又称方伯,故后世以牧伯称刺史。　㉝ 结草:《左传》宣公十五年,晋国大夫魏武子临死的时候,嘱咐他的儿子魏颗,把遗妾杀死以殉葬。魏颗未遵父愿,将此妾嫁人。后魏颗与秦军交战,见老者结草将秦大力士杜回绊倒,杜回被俘。魏颗夜梦结草老者,自称魏武子遗妾之父,来报答魏颗不杀其女之恩。后世即用"结草"表示报答恩人之心愿。

【集评】

读诸葛孔明《出师表》而不堕泪者,其人必不忠;读李令伯《陈情表》而不堕泪者,其人必不孝;读韩退之《祭十二郎文》而不堕泪者,其人必不友。青城山隐士安子顺世通云。([宋]赵与旹撰、傅成点校《宾退录》卷九,上海古籍出版社2012年版,第89页。)

历叙情节,俱从天真写出,无一字虚言驾饰。晋武览表,嘉其诚款,赐奴婢二人,使郡县供祖母奉膳。至性之言,自尔悲恻动人。([清]吴楚材、吴调侯选《古文观止》卷七,中华书局1959年版,第285页。)

层次说来,无一语不委婉动人,固是至性至情之文。而通体局势浑成,步骤安详,更极尽结构之妙。读者须细玩其词旨,及其转落承接,方不辜负作者苦心,而得此文之益。若徒随人道好,何以读为!([清]余诚《重订古文释义新编》卷七,武汉古籍出版社1986年版,第367页。)

【思考题】

1. 古人评价此文以情动人、以诚动人,你同意吗?为什么?
2. 请模拟此文,以某事由写一篇请假报告或辞职书(求职书亦可)。

【深度阅读】

1. [梁]萧统编、[唐]李善注《文选》,上海古籍出版社1986年版。
2. [宋]祝穆、[元]富大用、[元]祝渊等纂《古今事文类聚》,上海古籍出版社1992年版。

修史馆(二条选一)
(张鷟《龙筋凤髓判》)

张鷟(约660—740),字文成,自号浮休子,唐深州陆泽(今河北深州)人。聪警绝伦,书无不览。唐高宗调露初进士。曾官岐王府参军,再授长安尉,迁鸿胪丞。开元初,坐贬岭南,后为司门员外郎,卒于官。下笔敏速,对策精绝,言颇诙谐,尤工判辞,时称"青钱学士"。天下知名,士无贤不肖皆记诵其文。新罗、日本等国尤重其文,每遣使入朝,必重出金贝以购。著有《朝野佥载》六卷、《龙筋凤髓判》四卷与《游仙窟》等。事见唐莫休符《桂林风土记》,《旧唐书》卷一四九、《新唐书》卷一六一《张荐传》附。

《龙筋凤髓判》四卷,存判词近八十条,是我国目前所见传世最早的一部官定判词。其内容涉及皇亲国戚、中央要员、地方官吏与庶民百姓。判词程序从呈报、审理、复核至终审诸方面,都较为完整地体现了唐代的司法程式;而其骈文属对工整,文采斐然,更受当时及后世所重。

本篇选自张鷟撰,田涛、郭成伟校注《龙筋凤髓判校注》卷三,中国政法大学出版社1995年版。

著作郎杨安期①,学艺浅钝,文词疏野,凡修书不堪行用②,御史弹才不称职,官失其人。掌选侍郎崔彦③,既亏清鉴④,并请贬退。

著作之司,艺文之府⑤,既藉贤良,实资英俊。自非干宝赡学⑥,无以措其锋颖⑦;孙盛宏词⑧,讵可尘其简牍⑨。安期才无半古⑩,学未全今,性无异于朽材,文有同于敝帚⑪。画虎为犬⑫,疏拙有余;刻凤为鸱,庸才何甚。文词蹇钝⑬,理路乖疏,终取笑于牛毛⑭,徒自矜于鸡口⑮。崔彦位参藻镜⑯,职掌权衡,未分麟鹿之殊⑰,莫辨枭鸾之异⑱。投鼠尸于玉府⑲,有秽奇珍;掷鱼目于珠丛⑳,深轻宝物。躄士之追蹇兔㉑,罕见成功;盲人之配瞎驴㉒,自然俱败。选曹简要,秘局清高。理须放还,以俟来哲㉓。

【注释】

① 著作郎:官名。唐代有著作局,设著作郎二人,掌撰碑志、祝文、祭文等事,唐初亦掌修定国史之责。 ② 行用:使用、动用。 ③ 掌选侍郎:即吏部侍郎,吏部尚书之副。吏部掌文选、勋封、考课之政,以三铨之法掌天下官吏,以身、言、书、判、德行、才用、劳效较其优劣,而定其留放,为之注拟。 ④ 清鉴:明鉴、明察。 ⑤ 府:聚集的处所,聚集的地方。 ⑥ 干宝(? —336),字令升,东晋新蔡(今属河南)人。少勤学,博览书记,以才器召为著作郎,后领修国史。纂《晋纪》《搜神记》等。《晋书》卷八二有传。 ⑦ 锋颖:犀利的才辩。晋葛洪《抱朴子·外篇·知止》:"括锋颖而如讷,韬修翰于彤管。" ⑧ 孙盛(302—373),字安国,晋太原中都(今山西平遥)人。笃学不倦,自少至老手不释卷,博学,善言名理。于时殷浩擅名,与抗论者,唯盛而已。官至长沙太守、秘书监加给事中。著《晋阳秋》,"词直理正,咸称良史"。《晋书》卷八二有传。 ⑨ 讵(jù)可:岂可。尘其简牍:使简牍蒙上灰尘。 ⑩ 半古:谓才能与功业仅及古人一半。《孟子·公孙丑上》:"故事半古之人,功必倍之,惟此时为然。"晋陆机《豪士赋》:"才不斗古,而功已倍之,盖得之于时势也。" ⑪ 文有同于敝帚:曹丕《典论·论文》:"夫人善于自见,而文非一体,鲜能备善。是以各以所长,相轻所短。里语曰:'家有敝帚,享之千金。'斯不自见之患也。" ⑫ 画虎为犬:汉马援《戒兄子严敦书》:"效伯高不得,犹为谨敕之士,所谓刻鹄不成尚类鹜者也;效季良不得,陷为天下轻薄子,所谓画虎不成反类狗者也。" ⑬ 蹇(jiǎn)钝:迟钝、滞涩。 ⑭ 牛毛:出《魏书·文苑传序》:"肃宗历位,文雅大盛。学者如牛毛,成者如麟角。" ⑮ 鸡口:出《史记·苏秦列传》:"鄙谚曰:'宁为鸡口,无为牛后。'" ⑯ 藻镜:品藻与鉴别。《陈书·姚察传》:"藻镜人伦,良所期寄。" ⑰ 麟鹿之殊:出释法琳《辨正论》:"鹿马殊形,秦人一其貌;麟麋(jūn)异质,鲁俗迷其容。" ⑱ 枭鸾之异:相传枭为恶鸟,鸾为神鸟,此对举以喻善恶、优劣。南朝梁刘孝标《辩命论》:"薰莸不同器,枭鸾不接翼。" ⑲ 投鼠尸于玉府:出《尹文子·大道下》:"郑人谓玉未理者为璞,周人谓鼠未腊者为璞。周人怀璞谓郑贾曰:'欲买璞乎?'郑贾曰:'欲之。'出其璞视之,乃鼠也。" ⑳ 掷鱼目于珠丛:《初学记》卷二五《器用部》引《尚书考灵曜》:"秦失金镜,鱼目入珠。" ㉑ 躄(bì)士:跛脚的人。蹇兔:跛脚的兔子。 ㉒ 盲人之配瞎驴:出《世说新语·排调》:"盲人骑瞎马,夜半临深池。" ㉓ 俟:等、等待。

【集评】

　　其文胪比官曹,条分件系,组织颇工。盖唐制以身、言、书、判,铨试选人,今见于《文苑英华》者颇多,大抵不著名氏。惟白居易编入文集,与鸶此编之自为一书者,最传于世。居易判主流利,此则缛丽,各一时之文体耳。洪迈《容斋随笔》尝讥其堆垛故事,不切于蔽罪议法。然鸶作是编,取备程试之用,则本为隶事而作,不为定律而作,自以征引赅洽为主。言各有当,固不得指为鸶病也。([清]永瑢等纂《四库全书总目》卷一三五子部四五类书类一《龙筋凤髓判》,中华书局 1965 年版,下册第 1142 页。)

【思考题】

　　1. 如何理解古代公案文书中的用典与雅洁?对今日的公文写作有无参考作用?
　　2. 仿此文体裁,起草一份结婚请柬或法院判词。

【深度阅读】

　　1. [唐]张鸶撰,田涛、郭成伟校注《龙筋凤髓判校注》,中国政法大学出版社 1995 年版。
　　2. [清]汪辉祖《佐治药言》,中华书局 1985 年缩印《丛书集成初编》本。

愿无伐善　二句①
钱世熹

　　钱世熹,字绍文,号康侯,安徽五河人。明崇祯朝拔贡,考授司李衔,因未由制科,不就选,益自刻励读书。入清,至康熙九年(1670)成进士,年已七十余。为人秉义执礼,孤峭持身,不苟合于俗。临场制艺三百余首,纸贵一时,号称名家,合郡执经受业者指不胜屈。未仕而卒,人争以理学推之。著述今存《周礼汇纂》二卷。《康熙五河县志》卷三、《光绪重修五河县志》卷一四有传。

　　八股文,又称"制艺""制义""四书文"等,是中国明清时期科举考试相对固定的考试文体。文章主要由破题、承题、起讲、四比(即八股)等格式组成,题目全部出自"四书""五经"原文,内容必须用古人的语气,所谓"代圣贤立言",极少自由发挥个人见解,股股对偶成文,字数有严格限制。

　　本篇选自方苞等纂,王同舟、李澜校注《钦定四书文校注》卷三,武汉大学出版社2009年版。

　　大贤克己之学②，征诸言志焉③。夫善、劳何以有伐、施？则己私之为累也，愿两无之，非志克己者不能④。意谓：

　　学者苟不思自胜，则不独身外之物为累也，即身内之理亦为累也；苟思自胜，则不独身外之物宜忘也，即身内之理亦宜忘也⑤。

　　回何志哉？万理具足者，皆备之初，是当游其心于广大之内；一私不存者，至虚之体，是当忘其心于澹漠之中⑥。

　　若之何有伐善者？性命之精微，岂有分数可量，而尺寸遂欲据之以为奇，微论非善也，即云善，善亦仅此耳，回也不敏⑦，无由坐进高深，倘敕夫子之教，有所知，当更求知焉，有所能，当更求能焉，而顾片长自诩欤⑧？彼学问安于小成⑨，英华销于末路，未必非"伐"之一念启之也，愿无之也；若之何有施劳者？事功之明备，岂有时日可期，而壶餐乃欲市之以见德⑩，微论非劳也，即云劳，劳亦止此耳，回也贫居⑪，无由设施焜耀⑫，倘从夫子之后，用则行⑬，当思功在一时焉，舍则藏，当思功在万世焉，而顾薄绩自张欤⑭？彼道德流为骍虞⑮，功名流于亢悔⑯，未必非"施"之一念阶之也，愿无之也⑰。

　　而如曰伐善，人将忌其善，施劳，人将没其劳，是以无伐、施，避善、劳之害也，非回志也，夫为善之故而辞善，则争之为伐，让之亦为伐，为劳之故而辞劳，则居之为施，去之亦为施，回愿与之化而已；而如曰不伐，则善将亦高，不施，则劳将益大，是又以无伐、施，收善、劳之利也，非回志也。夫知不伐之为美，则伐之迹去，而伐之意存，知不施之为难，则施之事捐，而施之心伏，回愿与之忘而已⑱。

　　嗟乎！大道何私，无非不近名、不近功之事；至人无欲，即此不求知、不求报之心。回之志如此⑲。

【注释】

　　①"愿无伐善"二句：即《论语·公冶长》颜渊曰"愿无伐善，无施劳"二句。此类八股文题目可称"小题"，另有"大题""截搭题"等。《论语》此段孔子与弟子完整的对话为："颜渊、季路侍。子曰：'盍各言尔志？'子路曰：'愿车马、衣轻裘，与朋友共，敝之而无憾。'颜渊曰：'愿无伐善，无施劳。'子路曰：'愿闻子之志。'子曰：'老者安之，朋友信之，少者怀之。'"
　　② 大贤：才德超群的人，此指颜回。三国魏李康《运命论》："仲尼至圣，颜、冉大贤。"克己：谓克制私欲，严以律己。　　③ 征：同"证"，证明、证实。此二句为"破题"，点明与概括题义。
　　④ 此四句为"承题"与"起讲"。承上启下，进一步申明题义，为下文做铺垫与准备。
　　⑤ 此段为第一、二股，强调"自胜"亦即"自志"，才能达到身内与内心不为伐、施所拘牵。

⑥ 澹漠:恬淡寡欲。此段为第三、四股,谓颜回的个人修为,达到了"万理具足",不计较、不牵念的程度。　⑦ 回也不敏:出《论语·颜渊》:"颜渊问仁。子曰:'克己复礼为仁。一日克己复礼,天下归仁焉。为仁由己,而由人乎哉?'颜渊曰:'请问其目。'子曰:'非礼勿视,非礼勿听,非礼勿言,非礼勿动。'颜渊曰:'回虽不敏,请事斯语矣。'"　⑧ 顾:难道。片长:一点点长处。　⑨ 小成:略有成就。《礼记·学记》:"一年视离经辨志,三年视敬业乐群,五年视博习亲师,七年视论学取友。谓之小成。"　⑩ 壶餐:壶中所盛汤饭,指施舍他人微薄的东西。《战国策·中山策》中山君曰:"吾以一杯羊羹,亡国;以一壶餐,得士二人。"　⑪ 回也贫居:出《论语·雍也》:"子曰:'贤哉,回也!一箪食,一瓢饮,在陋巷。人不堪其忧,回也不改其乐。贤哉,回也!'"　⑫ 设施:摆设、措置。焜(kūn)耀:同"煜耀",光耀,此指奢华、奢侈。　⑬《论语·述而》:"子谓颜渊曰:'用之则行,舍之则藏,唯我与尔有是夫!'　⑭ 薄绩自张:小小的成绩就自我夸大。　⑮ 驩(huān)虞:同欢娱。《孟子·尽心上》:"霸者之民,驩虞如也;王者之民,皞皞如也。"　⑯ 亢(kàng)悔:倨傲而招来祸端。《周易·乾卦》上九:"亢龙有悔。"　⑰ 此段为第五、六股,以"伐善""施劳"者与颜渊两相对比,高下立判。　⑱ 此段为第七、八股,进一步论述与评价颜回"克己",不伐、不施至"化"与"忘"之境而已。　⑲ 此段为收结,用对句作结束,落实总结颜回之志。

【集评】

　　贴切"克己",才是颜子身份。剖析精细,两"无"字底蕴尽搜。([清]方苞等纂《钦定国朝四书文》卷三《论语上之中》"愿无伐善"一文评论,王同舟、李澜校注《钦定四书文校注》,武汉大学出版社2009年版,第718页。)

【思考题】

　　1. 有人认为,中国明清时期科技不发达而落后于西方的原因,是由于八股文束缚了人们的思想,你怎么看这个问题?
　　2. 尝试用简单的对偶句式模写一篇八股文(现代文亦可)。

【深度阅读】

　　1. 启功、张中行、金克木《说八股》,中华书局2000年版。
　　2. [清]方苞等纂,王同舟、李澜校注《钦定四书文校注》,武汉大学出版社2009年版。

传奇小说第九

东阳夜怪录
（《唐宋传奇集》）

《东阳夜怪录》见于北宋人所编纂的大型类书《太平广记》，作者不明。有学者认为此文作者就是小说开篇所提到的王洙，中唐元和（806—820）前后人。但这一说法得不到其他的证据，只能聊备一说。

小说中运用了大量谐隐手法来暗示精怪主人公的真实身份，阅读时请注意这一特点。

本篇选自鲁迅校录《唐宋传奇集》卷五，人民文学出版社1999年版《鲁迅辑录古籍丛编》本。文中括号内注释文字乃小说中原有的，今一仍其旧。

前进士王洙，字学源，其先琅琊人。元和十三年春擢第①。尝居邹鲁间名山习业。洙自云，前四年时，因随籍入贡②，暮次荥阳逆旅③。值彭城客秀才成自虚者，以家事不得就举，言旋故里。遇洙，因话辛勤往复之意。自虚字致本，语及人间目睹之异。是岁，自虚十有一月八日东还（乃元和八年也）。翼日，到渭南县，方属阴曀④，不知时之早晚。县宰黎谓留饮数巡，自虚恃所乘壮，乃命僮仆辎重，悉令先于赤水店俟宿，聊踟蹰焉。东出县郭门，则阴风刮地，飞雪霁天⑤，行未数里，迨将昏黑。自虚僮仆，既悉令前去。道上又行人已绝，无可问程。至是不知所届矣。路出东阳驿南，寻赤水谷口道。去驿不三四里，有下坞⑥。林月依微，略辨佛庙，自虚启扉，投身突入。雪势愈甚。自虚窃意佛宇之居，有住僧，将求委焉⑦，则策马入。其后才认北横数间空屋，寂无灯烛。久之倾听，微似有人喘息声。遂系马于西面柱，连问："院主和尚，今夜慈悲相救。"徐闻人应："老病僧智高在此。适僮仆已出使村中教化⑧，无从以致火烛。雪若是，复当深夜，客何为者？自何而来？四绝亲邻，何以取济？今夕脱不恶其病秽⑨，且此相就，则免暴露。兼撤所藉刍藁分用，委质可矣。"自虚他计既穷，闻此内亦颇喜。乃问："高公生缘何乡？何故栖此？又俗姓云何？既接恩容，当还审其出处。"曰："贫道俗姓安（以本身肉鞍之故也），生在碛西⑩。本因舍力，随缘来诣中国。到此未几，房院疏芜。秀才卒降，无以供待，不垂见怪为幸。"自虚如此问答，颇忘前倦。乃谓高公曰："方知探宝化城⑪，如来非妄立喻。今高公是我导师矣。高公本宗，固有如是降伏其心之教。"俄则沓沓然若数人联步而至者。遂闻云:"极好雪。师丈在否?"高公未应间,闻一人云:"曹长先行⑫。"或曰:"朱八丈合先行。"又闻人曰:"路甚宽,曹长不合苦让,偕行可也。"自虚窃谓人多,私心益壮。有顷,即似悉造座隅矣。内谓一人曰:"师丈,此有宿客乎?"高公对曰:"适有客来诣宿耳。"自虚昏昏然,莫审其形质。唯最前一人,俯檐映雪,仿佛若见着皂裘者,背及肋有搭白补处。其人先发问自虚云:"客何故瑀瑀(丘主反)然犯雪⑬昏夜至此?"自虚则具以实告。其人因请自虚姓名。对曰:"进士成自虚。"自虚亦从而语曰:"暗中不可悉揖清扬⑭,他日无以为子孙之旧。请各称其官及名氏。"便闻一人云:"前河阴转运巡官,试左骁卫胄曹参军卢倚马。"次一人云:"桃林客⑮,副轻车将军朱中正。"次一人曰:"去文,姓敬。"次一人曰:"锐金,姓奚。"此时则似周坐矣。初,因成公应举,倚马旁及论文。倚马曰:"某儿童时,即闻人咏师丈《聚雪为山》诗,今犹记得。今夜景象宛在目中。师丈,有之乎?"高公曰:"其词谓何?试言之。"倚马曰:"所记云:'谁家扫雪满庭前,万壑千峰在一拳。吾心不觉侵衣冷,曾向此中居几年。'"自虚茫然如失,口呿眸眙⑯,尤所不测。高公乃曰:"雪山是吾家山。往年偶见小儿聚雪,屹有峰峦山状,西望故国,怅然因作是诗。曹长大聪明,如何记得。贫道旧时恶句,不因曹长诚念在口,实亦遗忘。"倚马曰:"师丈骋逸步于遐荒,脱尘机('机'当为'羁')于维系,巍巍道德,可谓首出侪流。如小子之徒,望尘奔走,曷('曷'当为'褐',用毛色而讥之)敢窥其高远哉!倚马今春以公事到城,受性顽钝,阙下桂玉,煎迫不堪,旦夕羁('羁'当为'饥')旅。虽勤劳夙夜,料入况微,负荷非轻,常惧刑责。近蒙本院,转一虚衔(谓空驱作替驴),意在苦求脱免。昨晚出长乐坡下宿,自悲尘中劳役,慨然有山鹿野麋之志。因寄同侣,成两篇恶诗。对诸作者,辄欲口占,去就未敢。"自虚曰:"今夕何夕,得闻佳句。"倚马又谦曰:"不揆荒浅。况师丈文宗在此,敢呈丑拙邪?"自虚苦请:"愿闻,愿闻!"倚马因朗吟其诗曰:"长安城东洛阳道,车轮不息尘浩浩。争利贪前竞着鞭,相逢尽是尘中老。(其一)日晚长川不计程,离群独步不能鸣。赖有青青河畔草,春来犹得慰('慰'当作'喂')羁('羁'当作'饥')情。"合座咸曰:"大高作!"倚马谦曰:"拙恶,拙恶!"中正谓高公曰:"比闻朔漠之士,吟讽师丈佳句绝多。今此是颍川,况侧聆卢曹长所念,开洗昏鄙,意爽神清。新制的多,满座渴咏。岂不能见示三两首,以沃群瞩。"高公请俟他日。中正又曰:"眷彼名公悉至,何惜兔园。雅论高谈,抑一时之盛事。今去市肆苦远,夜艾兴余,杯觞固不可求,炮炙无由而致。宾主礼阙,惭恧空多⑰。吾辈方以观心朵颐(谓龁草之性,与师丈同)⑱,而诸公通宵无以充腹,赧然何补?"高公曰:"吾闻嘉话可以忘乎饥渴。只如八郎,力济生人,动循轨辙,攻城犒士,为己所长。但以十二因缘⑲,皆从触起⑳。茫茫苦海,烦恼随生。何地而可见菩提('提'当为'蹄')㉑?何门而得离火宅(亦用事讥之)㉒?"中正对曰:"以愚所谓,覆辙相寻,轮回恶道,先后报应,事甚分明。引领修行,义归于此。"高公大笑,乃曰:"释氏尚其清净,道成则为正觉('觉'当为'角')。觉则佛也。如八郎向来之谈,深得之矣。"倚马大笑。自虚又曰:"适来朱将军再三有请和尚新制。在小生下情,实愿观宝。和尚岂以自虚远客,非我法中而见鄙之乎?且和尚器识非凡,岸谷深峻,必当格韵才思,贯绝一时,妍妙清新,摆落俗态。岂终秘咳唾之余思,不吟一两篇以开耳目乎?"高公曰:"深荷秀才苦请,事则难于固违。况老僧残疾衰羸,习读久废,章句之道,本非所长。却是朱八无端挑抉吾短。然于病中,偶有两篇自述,匠石能听之乎?"曰:"愿闻。"其诗曰:"拥褐藏名无定踪,流沙千里度衰容。传得南宗心地后,此身应便老双峰。""为有阎浮珍重因㉓,远离西国赴咸秦。自从无力休行道,且作头陀不系身㉔。"又闻满座称好声,移时不定。去文忽于座内云:"昔王子猷访戴安道于山阴㉕,雪夜皎然,及门而返。遂传'何必见戴'之论。当时皆重逸兴。今成君可谓以文会友,下视袁安、蒋诩㉖。吾少年时颇负隽气,性好鹰鹯。曾于此时,畋游驰骋。吾故林在长安之巽维㉗,御宿川之东畔(此处地名苟家觜也)㉘。咏雪有献曹州房一篇,不觉诗狂所攻,辄污泥高鉴耳。"因吟诗曰:"'爱此飘飖六出公,轻琼洽絮舞长空。当时正逐秦丞相㉙,腾踯川原喜北风。'献诗讫,曹州房颇甚赏仆此诗,因难云:'呼雪为公,得无检束乎?'余遂征古人尚有呼竹为君,后贤以为名论,用以证之。曹州房结舌莫知所对。然曹州房素非知诗者。乌大尝谓吾曰:'难得臭味同。'斯言不妄。今涉彼远官,参东州军事(义见《古今注》)㉚,相去数千。苗十(以五五之数,故第十)气候哑吒,凭恃群亲,索人承事。鲁无君子者,斯焉取诸㉛!"锐金曰:"安敢当。不见苗生几日?"曰:"涉旬矣。""然则苗子何在?"去文曰:"亦应非远。知吾辈会于此,计合解来。"居无几,苗生遽至。去文伪为喜意,拊背曰:"适我愿兮㉜!"去文遂引苗生与自虚相揖。自虚先称名氏。苗生曰:"介立姓苗。"宾主相谕之词,颇甚稠沓。锐金居其侧曰:"此时则苦吟之矣。诸公皆由,老奘诗病又发,如何如何?"自虚曰:"向者承奘生眷与之分非浅,何为尚各瑰宝,大失所望?"锐金退而逡巡曰:"敢不贻广席一噱乎?"辄念三篇近诗云:"舞镜争鸾彩,临场定鹘拳㉝。正思仙仗日,翘首仰楼前㉞。""养斗形如木㉟,迎春质似泥㊱。信如风雨在㊲,何惮迹卑栖㊳。""为脱田文难㊴,常怀纪渻恩㊵。欲知疏野态,霜晓叫荒村。"锐金吟讫,暗中亦大闻称赏声。高公曰:"诸贤勿以武士见待朱将军。此公甚精名理,又善属文。而乃犹无所言。皮里臧否吾辈,抑将不可。况成君远客,一夕之聚,空门所谓多生有缘,宿鸟同树者也。得不因此留异时之谈端哉!"中正起曰:"师丈此言,乃与中正树荆棘耳。苟众情疑阻,敢不唯命是听。然卢探手作事,自诒伊戚㊶,如何?"高公曰:"请诸贤静听。"中正诗曰:"乱鲁负虚名㊷,游秦感宁生㊸。候惊丞相喘㊹,用识葛卢鸣㊺。黍稷滋农兴,轩车乏道情。近来筋力退,一志在归耕。"高公叹曰:"朱八文华若此,未离散秩,引驾者又何人哉!屈甚,屈甚!"倚马曰:"扶风二兄,偶有所系(意属自虚所乘),吾家龟兹,苍文尨甚,乐喧厌静,好事挥霍,兴在结束,勇于前驱(谓般轻货首队头驴)。此会不至,恨可知也。"去文谓介立曰:"胃家兄弟,居处匪遥,莫往莫来,安用尚志。《诗》云:'朋友攸摄㊻',而使尚有遐心。必须折简见招,鄙意颇成其美。"介立曰:"某本欲访胃大去,方以论文兴酣,不觉迟迟耳。敬君命予。今且请诸公不起。介立略到胃家即回。不然,便拉胃氏昆季同至,可乎?"皆曰:"诺。"介立乃去。无何。去文于众前窃是非介立曰:"蠢兹为人,有甚爪距,颇闻洁廉,善主仓库。其如蜡姑之丑,难以掩于物论何?"殊不知介立与胃氏相携而来,及门,瞥闻其说。介立攘袂大怒曰:"天生苗介立,斗伯比之直下㊼。得姓于楚远祖棼皇茹,分二十族,祀典配享,至于《礼经》(谓《郊特牲》八蜡迎虎迎猫也)。奈何一敬去文,盘瓠之余㊽,长细无别,非人伦所齿,只合驯狎稚子,狞守酒旗,诣同妖狐,窃脂媚灶,安敢言人之长短。我若不呈薄艺,敬子谓我咸秩无文,使诸人异日藐我。今对师丈念一篇恶诗,且看如何?"诗曰:"为惭食肉主恩深,日晏蟠蜿卧锦衾。且学志人知白黑,那将好爵动吾心。"自虚颇甚佳叹。去文曰:"卿不详本末,厚加矫诬。我实春秋向戍之后。卿以我为盘瓠裔,如辰阳比房㊾,于吾殊所华('华'疑当作'乖',编者注)阔。"中正深以两家献酬未绝为病,乃曰:"吾愿作宜僚以释二忿㊿,可乎?昔我逢丑父[51]实与向家棼皇,春秋时屡同盟会。今座上有名客,二子何乃互毁祖宗,语中忽有绽露。是取笑于成公齿冷也。且尽吟咏,固请息喧。"于是介立即引胃氏昆仲与自虚相见。初襜襜然若白色[52]。二人来前,长曰胃藏瓠,次曰藏立。自虚亦称姓名。藏瓠又巡座云:"令兄令弟。"介立乃于广众延誉胃氏昆弟:"潜迹草野,行著及于名族;上参列宿,亲密内达肝胆。况秦之八水,实贯天府,故林二十族,多是咸京。闻弟新有《题旧业》诗,时称甚美,如何,得闻乎?"藏瓠对曰:"小子谬厕宾筵,作者云集,欲出口吻,先增惭怍。今不得已,尘污诸贤耳目。"诗曰:"鸟鼠是家川[53],周王昔猎贤[54]。一从离子卯(鼠兔皆变为猬也)[55],应见海桑田。"介立称好:"弟他日必负重名,公道若存,斯文不朽。"藏瓠敛躬谢曰:"藏瓠幽蛰所宜,幸陪群彦。兄揄扬太过。小子谬当重言,若负芒刺。"座客皆笑。时自虚方聆诸客嘉什,不暇自念己文。但曰:"诸公清才绮靡,皆是目牛游刃㊱。"中正将谓有讥,潜然遁去。高公求之不得,曰:"朱八不告而退,何也?"倚马对曰:"朱八世与炮氏为仇,恶闻发硎之说而去耳。"自虚谢不敏。此时去文独与自虚论诘,语自虚曰:"凡人行藏卷舒,君子尚其达节。摇尾求食,猛虎所以见几。或为知己吠鸣,不可以主人无德而废斯义也。去文不才,亦有两篇言志奉呈。"诗曰:"事君同乐义同忧,那校糟糠满志休。不是守株空待兔,终当逐鹿出林丘。""少年尝负饥鹰用,内愿曾无宠鹤心。秋草殿除思去宇,平原毛血兴从禽。"自虚赏激无限,全忘一夕之苦。方欲自夸旧制,忽闻远寺撞钟,则比膊鍧然声尽矣㊲。注目略无所睹。但觉风雪透窗,臊秽扑鼻。唯窣飒如有动者,而厉声呼问,绝无由答。自虚心神恍惚,未敢遽前扪撄。退寻所系之马,宛在屋之西隅。鞍鞯被雪,马则龁柱而立。迟疑间,晓色已将辨物矣。乃于屋壁之北,有橐驼一,贴腹跪足,儳耳龁口㊳。自虚觉夜来之异,得以遍求。室外北轩下,俄又见一瘠瘠乌驴,连脊有磨破三处,白毛茁然将满。举视屋之北拱,微若振迅有物,乃见一老鸡蹲焉。前及设像佛宇塌座之北,东西有隙地数十步。牖下皆有彩画处,土人曾以麦麸之长者㊴,积于其间。见一大驳猫儿眠于上。咫尺又有盛饷田浆破瓠一,次有牧童所弃破笠一。自虚因蹴之,果获二刺猬,蠕然而动。自虚周求四顾,悄未有人。又不胜一夕之冻乏,乃揽辔振雪,上马而去。绕("绕"原作"周",据明钞本改)出村之北道,左经柴栏旧圃,睹一牛踏雪龁草。次此不百余步,合村悉辇粪幸此蕴崇㊵。自虚过其下,群犬喧吠。中有一犬,毛悉齐骒㊶,其状甚异,睥睨自虚。自虚驱马久之,值一叟,辟荆扉,晨兴开径雪。自虚驻马讯焉。对曰:"此故友右军彭特进庄也。郎君昨宵何止?行李间有似迷途者。"自虚语及夜来之见。叟倚篲惊讶曰:"极差,极差! 昨晚天气风雪,庄家先有一病橐驼,虑其为所毙,遂覆之佛宇之北,念彼社屋下。有数日前,河阴官脚过,有乏驴一头,不任前去。某哀其残命未舍,以粟斛易留之,亦不羁绊。彼栏中瘠牛,皆庄家所畜。适闻此说,不知何缘如此作怪。"自虚曰:"昨夜已失鞍驮,今馁冻且甚。事有不可率话者。大略如斯,难于悉述。"遂策马奔去。至赤水店,见僮仆方讶其主之相失,始忙于求访。自虚慨(明钞本"慨"作"怃")然,如丧魂者数日。

【注释】

　　① 元和十三年:公元818年,唐宪宗在位期间。擢第:进士及第。　② 随籍入贡:随着

地方州府的税收一起进贡给朝廷。籍:税收。　③ 荥阳:在今河南省境内。逆旅:旅店。　④ 瞖(yì):阴沉多风。　⑤ 霿(méng):天气昏蒙。　⑥ 坞(wù):谷地。　⑦ 委:寄托,托身。　⑧ 教化:化缘。　⑨ 脱:倘若,如果。　⑩ 碛(qì)西:西域。　⑪ 探宝化城:《妙法莲华经·化城喻品第七》载,一群人寻宝途中疲极而生退心,一导师化出一座城郭供他们休息,第二天这些人得以继续前进。　⑫ 曹长:唐代下层官吏名称。后文的"左骁卫胄曹参军""轻车将军"之类是古代官名,不再一一出注。　⑬ 瑀瑀:疑当作"踽踽",独行貌。　⑭ 清扬:出自《诗经·野有蔓草》"有美一人,清扬婉兮"。指眉目之间,引申为容貌。　⑮ 桃林客:《尚书·武成》载,武王灭商以后,偃武修文,归马于华山之阳,放牛于桃林之野。这里暗示朱中正的真实身份就是牛。　⑯ 口呿(qù)眸眙(chì):目瞪口呆。呿:张口。眙:直视。　⑰ 惭恧(nǜ):惭愧。　⑱ 观心:佛教以心为万法之本体,观心即明一切事理。朵颐:指鼓动腮颊嚼食,出自《周易·颐》"观我朵颐,凶"。齕(hé):咬。　⑲ 因缘:佛教以无明、识、爱、触受、生、老、死等为因缘。　⑳ 触:指事物因接触而可以感知的本质,与色、声、香、味、法合称"六尘"。　㉑ 菩提:即正觉,指觉悟真理。　㉒ 火宅:《法华经·譬喻品》云"三界无安,犹如火宅,人处俗界之中,如堕火坑也"。　㉓ 阎浮:中国与东方各国。　㉔ 头陀:行脚乞食之僧。　㉕ 此事出自《世说新语·任诞》。　㉖ 袁安:东汉末年名士,大雪天在室内高卧,人皆以为冻死。蒋诩:西汉末年人,王莽以病归卧乡里,足不出户。　㉗ 巽(xùn)维:指东南方向。　㉘ 御宿川:长安郊外的地名。　㉙ 秦丞相:指李斯,临刑前对其子说:欲复牵黄犬,出上蔡东门逐狡兔,岂可得乎?　㉚ 参……军事:古人戏称猪为参军,乃古代官职名称。　㉛ "鲁无君子"两句:出自《论语·公冶长》。　㉜ 这一句出自《诗经·野有蔓草》。　㉝ 鹘(hú)拳:猎鹘利爪。　㉞ "正思"二句出典不明,可能指古代建筑物飞檐上的脊兽骑鸡仙人。　㉟ "养斗"句:古代有斗鸡游戏,高明的斗鸡在发起攻击之前,看上去呆若木鸡。　㊱ "迎春"句:出处不明,大概与古代迎春风俗有关,古代迎春时鞭打泥牛,不知是否有泥鸡?　㊲ "信如"句:出自《诗经·风雨》"风雨凄凄,鸡鸣喈喈(jiē)"。　㊳ "何惮"句:出自《诗经·君子于役》"鸡栖于塒(shí),日之夕矣,羊牛下来"。　㊴ 齐国的孟尝君从秦国逃跑,夜半至函谷关,按规定鸡鸣后关门才能开启,他的随从中有一人学鸡叫,其他的鸡都跟着叫起来,关门遂启,他们得以顺利逃脱。　㊵《庄子·达生》云:纪渻(shěng)子为周宣王养斗鸡。"纪渭"当为"纪渻"。　㊶ "自诒"句:出自《诗经·小雅·小明》"心之忧矣,自诒伊戚",指自寻烦恼。　㊷ 乱鲁负虚名:《左传·昭公四年》载,鲁人穆子逃亡途中与庚宗之妇人发生私情,有子。他逃到齐国,"娶于国氏,生孟丙、仲壬。梦天压己,弗胜。顾而见人,黑而上偻,深目而豭喙。号之曰:'牛,助余。'乃胜之。旦而皆召其徒,无之。且曰:'志之。'"后穆子归鲁国为卿,庚宗之妇人向他献雉,他召其子而见之,则所梦也,未问其名,号之曰:"牛!"曰:"唯。"皆召其徒,使视之,遂使为竖。有宠,长使为政。后来牛干预、扰乱了穆子的家政与鲁国的国政。　㊸ 游秦感宁生:春秋时宁戚欲见齐桓公以谋求出仕,扣牛角而歌,为桓公所赏识。　㊹ 候惊丞相喘:西汉丞相丙吉春季出行,见牛热喘而问之,因为他认为这是涉及气候与农业生产的大事,见人斗殴却置之不问,因为他认为这是该由地方官管的事。　㊺《左传·僖公二十九年》载:春秋时介国国君葛卢朝见鲁僖公,闻牛鸣,知其生三牺,皆用为祭祀之牺牲。　㊻ "朋友攸摄":出自《诗经·大雅·既醉》:"朋友攸摄,摄以威仪。"意思是朋友之间要互相帮助。 ㊼ 斗伯比:春秋时楚国令尹,因其是私生子,出生后被弃于荒野,虎见而乳之。楚人谓"乳"为"彀",谓"虎"为"於菟",故名之曰"斗彀於菟"。 ㊽ 盘瓠(hù):《玄中记》载,高辛氏时犬戎叛乱,曰:有讨之者,妻以美女,封三百户。其犬槃(pán)护杀犬戎,乃妻以女,流之会稽东南二万一千里海上。 ㊾ 辰阳比房:谓与盘瓠同宗也。盘瓠之裔乃武陵蛮,武陵之辰州多有盘瓠遗迹,见《后汉书·南蛮西南夷传》李贤注、《元和郡县志》卷三十"辰州"。"辰阳"唐时为辰溪,为辰州属县,此处"辰阳比房"之"辰阳",略同辰州之意,泛称其地也。 ㊿ 宜僚:春秋时楚之勇士,楚白公胜谋作乱,将杀令尹子西。以宜僚勇士,可敌五百人,遂遣使屈之。宜僚不为利谄,又不为威惕,卒不从命。白公不得宜僚,反事不成,遂使白公、子西两家之难解。后因以宜僚为除难解纷的代表人物。 (51) 逄(páng)丑父:春秋时齐国的勇士,曾在晋齐之战中救了齐侯的命。 (52) 襜襜(chān)然:摇动貌。 (53) 此句指渭水发源于甘肃的鸟鼠山。 (54) 此句指周文王得姜尚于渭水之滨。 (55) 根据十二时辰与十二生肖的对应规则,子鼠卯兔,而古人认为兔、鼠皆变为刺猬。 (56) 目牛游刃:指庖丁解牛。 (57) 訇(hōng)然:轰然。 (58) 傝(àn):垂。齝(chī):牛反刍。 (59) 麧(yì):碎麦壳。 (60) 蕴祟:堆积。 (61) 髁(kē):踝骨。

【集评】

所言姓字官衔,隐栝意义,具有巧思。([明]袁宏道评语,袁宏道参评、屠隆点阅《虞初志》卷七,中国书店1986年版,第190页。)

谈诗托道,野兴苍然。([明]汤显祖评语,袁宏道参评、屠隆点阅《虞初志》卷七,中国书店1986年版,第197页。)

成自虚者,成之以虚,则袭子虚乌有亡是公之意。其行文描摹细微,情真景切,又屡发诗咏,足堪讽玩,乃使俳谐之文演为传奇。(李剑国《唐五代志怪传奇叙录》,南开大学出版社1993年,上册第415页。)

【思考题】

1. 这篇小说用了哪些具体技巧来暗示精怪的原型?造成了什么样的艺术效果?

2. 这篇小说的写法及其艺术特征与童话、寓言有何差别?

3. 这篇小说表达了什么样的主题思想?请结合唐代社会的历史背景进行分析。

【深度阅读】

1. 鲁迅校录《唐宋传奇集》,人民文学出版社1999年版《鲁迅辑录古籍丛编》本。

2. 张友鹤选注《唐宋传奇选》,人民文学出版社1997年版。
3. 李宗为《唐人传奇》,中华书局2003年版。
4. 程毅中《唐代小说史》,人民文学出版社2011年版。

水浒传(节选)
施耐庵

关于《水浒传》的作者,最早的记载是明代嘉靖年间高儒的《百川书志》所云"钱塘施耐庵的本,罗贯中编次"("的本"即真本之意),明代郎瑛《七修类稿》也有类似记载。有人认为是施耐庵或罗贯中独立创作,明末的评点家金圣叹则认为前七十回是施耐庵所作,后三十回是罗贯中所作。现在一般认为是由二人先后在元末明初编次、修订而成。

北宋末年发生过宋江领导的一次武装起义,首领三十六人,起义最后被镇压了。但其事在《宋史》之《徽宗本纪》《侯蒙传》与《张叔夜传》中均有记载。此后,关于这次起义的传说开始在民间流行,宋元讲史话本与元杂剧中出现了不少以这次起义为题材的文艺作品。到元末明初,施耐庵对这些作品加以融合、加工,整理成《水浒传》,全书一百回,但后来被人增入平田虎、王庆故事,变成一百二十回。这部小说语言生动传神,故事性、情节性强,塑造了一大批英雄侠士的鲜明形象,歌颂了行侠仗义、敢于反抗的英雄主义气质。

本篇节选自李永祜点校百回本《诸名家先生批评忠义水浒传》,中华书局1997年版。

第七十四回　燕青智扑擎天柱　李逵寿张乔坐衙

古风一首:

罡星飞出东南角,四散奔流绕寥廓。徽宗朝内长英雄,弟兄聚会梁山泊。中有一人名燕青,花绣遍身光闪烁。凤凰踏碎玉玲珑,孔雀斜穿花错落。一团俊俏真堪夸,万种风流谁可学。锦体社内夺头筹,东岳庙中相赛博。功成身退避嫌疑,心明机巧无差错。世间无物堪比论,金风未动蝉先觉。

话说这一篇诗,单道着燕青。他虽是三十六星之末,果然机巧心灵,多见广识,了身达命,都强似那三十五个。当日燕青禀宋江道:"小乙自幼跟着卢员外,学得这身相扑,江湖上不曾逢着对手。今日幸遇此机会,三月二十八日又近了,小乙并不要带一人,自去献台上,好歹攀他撷一交。若是输了撷死,永无怨心。倘或赢时,也与哥哥增些光彩。这日必然有一场好闹。哥哥却使人救应。"宋江说道:"贤弟,闻知那人身长一丈,貌若金刚,约有千百斤气力。你这般瘦小身材,总有本事,怎地近傍得他?"燕青道:"不怕他长大身材,只恐他不着圈套。常言道:相扑的有力使力,无力斗智。非是燕青敢说口,临机应变,看景生情,不到的输与他那呆汉。"卢俊义便道:"我这小乙,端的自小学成好一身相扑。随他心意,叫他去。至期,卢某自去接应他回来。"宋江问道:"几时可行?"燕青答道:"今日是三月二十四日了,来日拜辞哥哥下山,路上略宿一宵,二十六日赶到庙上,二十七日在那里打探一日,二十八日却好和那厮放对。"当日无事。

次日,宋江置酒与燕青送行。众人看燕青时,打扮得村村朴朴,将一身花绣,把衲袄包得不见。扮做山东货郎,腰里插着一把串鼓儿,挑一条高肩杂货担子。诸人看了都笑。宋江道:"你既然装做货郎担儿,你且唱个山东货郎转调歌与我众人听。"燕青一手捻串鼓,一手打板,唱出货郎太平歌,与山东人不差分毫来去。众人又笑。酒至半酣之后,燕青辞了众头领下山。过了金沙滩,取路望泰安州来。有诗为证:

骁勇燕青不可扳,当场铁扑有机关。欲寻敌手相论较,特地驱驰上泰山。

当日天晚,正待要寻店安歇,只听得背后有人叫道:"燕小乙哥,等我一等。"燕青歇下担子看时,却是黑旋风李逵。燕青道:"你赶来怎地?"李逵道:"你相伴我去荆门镇走了两遭,我见你独自个来,放心不下,不曾对哥哥说知,偷走下山,特来帮你。"燕青道:"我这里用你不着,你快早早回去。"李逵焦燥起来,说道:"你便是真个了得的好汉!我好意来帮你,你倒翻成恶意。我却偏鸟要去!"燕青寻思怕坏了义气,便对李逵说道:"和你去不争,那里圣帝生日,都有四山五岳的人聚会,认的你的颇多。你依的我三件事,便和你同去。"李逵道:"依得。"燕青道:"从今路上和你前后各自走,一脚到客店里,入得店门,你便自不要出来。这是第一件了。第二件,到得庙上客店里,你只推病,把被包了头脸,假做打齁睡,便不要做声。第三件,当日庙上,你挨在稠人中看争交时,不要大惊小怪。大哥,依得么?"李逵道:"有甚难处!都依你便了。"

当晚两个投客店安歇。次日五更起来,还了房钱,同行到前面,打火吃了饭。燕青道:"李大哥,你先走半里,我随后来也。"那条路上只见烧香的人来往不绝,多有讲说任原的本事,"两年在泰岳无对,今年又经三年了。"燕青听得,有在心里。申牌时候,将近庙上,傍边众人都立定脚,仰面在那里看。燕青歇下担儿,分开人丛,也挨向前看时,只见两条红标柱,恰似坊巷牌额一般相似。上立一面粉牌,写道:"太原相扑擎天柱任原";傍边两行小字道:"拳打南山猛虎,脚踢北海苍龙。"燕青看了,便扯匾担将牌打得粉碎,也不说什么,再挑了担儿,望庙上去了。看的众人多有好事的,飞报任原,说今年有劈牌放对的。

且说燕青前面迎着李逵,便来寻客店安歇。原来庙上好生热闹,不算一百二十行经商买卖,只客店也有一千四五百家,延接天下香官。到菩萨圣节之时,也没安着人处,许多客店都歇满了。燕青、李逵只得就市梢头赁一所客店安下,把担子歇了,取一床夹被教李逵睡着。店小二来问道:"大哥是山东货郎,来庙上赶趁,怕敢出房钱不起?"燕青打着乡谈说道:"你好小觑人!一间小房,值得多少,便比一间大房钱。没处去了,别人出多少房钱,我也出多少还你。"店小二道:"大哥休怪。正是要紧的日脚,先说得明白最好。"燕青道:"我自来做买卖,倒不打紧,那里不去歇了。不想路上撞见了这个乡中亲戚,见患气病,因此只得要讨你店中歇。我先与你五贯铜钱,央及你就锅中替我安排些茶饭。临起身一发酬谢你。"小二哥接了铜钱,自去门前安排茶饭,不在话下。有诗为证:

    李逵平昔性刚强,相伴燕青上庙堂。只恐途中闲惹事,故令推病卧枯床。

没多时候,只听得店门外热闹。二三十条大汉走入店里来,问小二哥道:"劈牌定对的好汉在那房里安歇?"店小二道:"我这里没有。"那伙人道:"都说在你店中。"小二哥道:"只有两眼房,空着一眼,一眼是个山东货郎扶着一个病汉赁了。"那一伙人道:"正是那个货郎儿劈牌定对。"店小二道:"休道别人取笑!那货郎儿是一个小小后生,做得甚用!"那伙人齐道:"你只引我们去张一张。"店小二指道:"那隔落头房里便是。"众人来看时,见紧闭着房门;都去窗子眼里张时,见里面床上,两个人脚厮抵睡着。众人寻思不下,数内有一个道:"既是敢来劈牌,要做天下对手,不是小可的人。怕人算他,以定是假装做害病的。"众人道:"正是了。都不要猜,临期便见。"不到黄昏前后,店里何止三二十伙人来打听,分说得店小二口唇也破了。当晚搬饭与二人吃,只见李逵从被窝里钻出头来,小二哥见了吃一惊,叫声:"阿也!这个是争交的爷爷了!"燕青道:"争交的不是他,他自病患在身。我便是径来争交的。"小二哥道:"你休要瞒我,我看任原吞得你在肚里。"燕青道:"你休笑我,我自有法度教你们大笑一场,回来多把利物赏你。"小二哥看他两个吃了晚饭,收了碗碟,自去厨头洗刮,心中只是不信。

次日,燕青和李逵吃了些早饭,分付道:"哥哥,你自拴了房门高睡。"燕青却随了众人,来到岱岳庙里看时,果然是天下第一。但见:

庙居岱岳,山镇乾坤,为山岳之至尊,乃万神之领袖。山头伏槛,直望见弱水蓬莱;绝顶攀松,尽都是密云薄雾。楼台森耸,疑是金乌展翅飞来;殿角棱层,定觉玉兔腾身走到。雕梁画栋,碧瓦朱檐。凤扉亮槅映黄纱,龟背绣帘垂锦带。遥观圣像,九旒冕舜目尧眉;近睹神颜,衮龙袍汤肩禹背。九天司命,芙蓉冠掩映绛绡衣,炳灵圣公,赭黄袍偏称蓝田带。左侍下玉簪珠履,右侍下紫绶金章。阊殿威严,护驾三千金甲将;两廊勇猛,勤王十万铁衣兵。五岳楼相接东宫,仁安殿紧连北阙。蒿里山下,判官分七十二司;白骡庙中,土神按二十四气。管火池铁面太尉,月月通灵;掌生死五道将军,年年显圣。御香不断,天神飞马报丹书;祭祀依时,老幼望风皆获福。嘉宁殿祥云杳霭,正阳门瑞气盘旋。万民朝拜碧霞君,四远归依仁圣帝。

当时燕青游玩了一遭,却出草参亭,参拜了四拜。问烧香的道:"这相扑任教师在那里歇?"便有好事人说:"在迎恩桥下那个大客店里便是。他教着三二百个上足徒弟。"燕青听了,径来迎恩桥下看时,见桥边栏杆子上,坐着二三十个相扑子弟,面前遍插铺金旗牌,锦绣帐额,等身靠背。燕青闪入客店里去看,见任原坐在亭心上。真乃有揭谛仪容,金刚貌相。坦开胸脯,显存孝打虎之威;侧坐胡床,有霸王拔山之势。在那里看徒弟相扑。数内有人认得燕青曾劈牌来,暗暗报与任原。只见任原跳将起来,扇着膀子,口里说道:"今年那个合死的,来我手里纳命。"燕青低了头,急出店门,听得里面都笑。急回到自己下处,安排些酒食,与李逵同吃了一回。李逵道:"这们睡,闷死我也。"燕青道:"只有今日一晚,明日便见雌雄。"当时闲话,都不必说。

三更前后,听得一派鼓乐响,乃是庙上众香官与圣帝上寿。四更前后,燕青、李逵起来,问店小二先讨汤洗了面,梳光了头,脱去了里面衲袄,下面牢拴了腿绷护膝,匾扎起了熟绢水裩,穿了多耳麻鞋,上穿汗衫,搭膊系了腰。两个吃了早饭,叫小二分付道:"房中的行李,你与我照管。"店小二应道:"并无失脱,早早得胜回来。"只这小客店里,也有三二十个烧香的,都对燕青道:"后生,你自斟酌,不要枉送了性命。"燕青道:"当下小人喝采之时,众人可与小人夺些利物。"众人都有先去了的。李逵道:"我带了这两把板斧去也好。"燕青道:"这个却使不得。被人看破,误了大事。"当时两个杂在人队里,先到廊下做一块儿伏了。那日烧香的人,真乃亚肩叠背。偌大一个东岳庙,一涌便满了。屋脊梁上,都是看的人。朝着嘉宁殿,扎缚起山棚。棚上都是金银器皿,锦绣段匹。门外拴着五头骏马,全副鞍辔。知州禁住烧香的人,看这当年相扑献圣。一个年老的部署,拿着竹批,上得献台,参神已罢,便请今年相扑的对手出马争交。

说言未了,只见人如潮涌,却早十数对哨棒过来,前面列着四把绣旗,那任原坐在轿上。这轿前轿后,三二十对花胳膊的好汉,前遮后拥,来到献台上。部署请下轿来,开了几句温暖的呵会。任原道:"我两年到岱岳,夺了头筹,白白拿了若干利物。今年必用脱膊。"说罢,见一个拿水桶的上来。任原的徒弟都在献台边,一周遭都密密地立着。且说任原先解了膆膊,除了巾帻,虚笼着蜀锦袄子,喝了一声参神喏,受了两口神水,脱下锦袄。百十万人齐喝一声采。看那任原时,怎生打扮?

  头绾一窝穿心红角子,腰系一条绛罗翠袖。三串带儿拴十二个玉蝴蝶牙子扣儿,主腰上排数对金鸳鸯楚裰衬衣。护膝中有铜裆铜裤,缴腠内有铁片铁环。扎腕牢拴,踢鞋紧系。世间架海擎天柱,岳下降魔斩将人。

那部署道:"教师两年在庙上不曾有对手,今年是第三番了。教师有甚言语,安复天下众香官?"任原道:"四百座军州,七千余县治,好事香官恭敬圣帝,都助将利物来。任原两年白受了。今年辞了圣帝还乡,再也不上山来了。东至日出,西至日没,两轮日月,一合乾坤,南及南蛮,北济幽燕,敢有和我争利物的么?"说犹未了,燕青捺着两边人的肩臂,口中叫道:"有,有!"从人背上直飞抢到献台上来。众人齐发声喊。那部署接着问道:"汉子,你姓甚名谁?那里人氏?你从何处来?"燕青道:"我是山东张货郎,特地来和他争利物。"那部署道:"汉子,性命只在眼前,你省得么?你有保人也无?"燕青道:"我是保人,死了要谁偿命!"部署道:"你且脱膊下来看。"燕青除了头巾,光光的梳着个角儿,脱下草鞋,赤了双脚,蹲在献台一边,解了腿绷护膝,跳将起来,把布衫脱将下来,吐个架子。则见庙里的看官,如搅海翻江相似,迭头价喝采。众人都呆了。任原看了他这花绣急健身材,心里倒有五分怯他。

殿门外月台上,本州太守坐在那里弹压,前后皂衣公吏,环列七八十对。随即使人来叫燕青下献台,直到面前。太守见了他这身花绣,一似玉亭柱上铺着软翠,心中大喜,问道:"汉子,你是那里人家?因何到此?"燕青道:"小人姓张,排行第一。山东莱州人氏。听得任原搦天下人相扑,特来和他争交。"知州道:"前面那匹全副鞍马,是我出的利物,把与任原;山棚上应有物件,我主张分一半与你,你两个分了罢。我自抬举你在我身边。"燕青道:"相公,这利物倒不打紧,只要撷翻他,教众人取笑,图一声喝采。"知州道:"他是金刚般一条大汉,你敢近他不得!"燕青道:"死而无怨。"再上献台来,要与任原定对。部署问他先要了文书,怀中取出相扑社条,读了一遍,对燕青道:"你省得么?不许暗算。"燕青冷笑道:"他身上都有准备,我单单只这个水裈儿,暗算他甚么?"知州又叫部署来分付道:"这般一个汉子,俊俏后生,可惜了。你去与他分了这扑。"部署随即上献台,又对燕青道:"汉子,你留了性命还乡去。我与你分了这扑。"燕青道:"你好不晓事!知是我赢我输?"众人都和起来。只见分开了数万香官,两边排得似鱼鳞一般,廊庑屋脊上也都坐满,只怕遮着了这对相扑。任原此时,有心恨不得把燕青丢去九霄云外,跌死了他。部署道:"既然你两个要相扑,今年且赛这对献圣。都要小心着,各各在意。"净净地献台上只三个人。

此时宿雾尽收。旭日初起。部署拿着竹批,两边分付已了,叫声:"看扑。"这个相扑,一来一往,最要说得分明。说时迟,那时疾,正如空中星移电掣相似,些儿迟慢不得。当时燕青做一块儿蹲在右边,任原先在左边立个门户。燕青则不动惮。初时,献台上各占一半,中间心里合交。任原见燕青不动惮,看看逼过右边来。燕青只瞅他下三面。任原暗忖道:"这人必来算我下三面,你看我不消动手,只一脚踢这厮下献台去。"有诗为证:

百万人中较艺强,轻生捐命等寻常。试看两虎相吞啖,必定中间有一伤。

任原看看逼将入来,虚将左脚卖个破绽。燕青叫一声:"不要来!"任原却待奔他,被燕青去任原左胁下穿将过去;任原性起,急转身又来拿燕青,被燕青虚跃一跃,又在右胁下钻过去。大汉转身终是不便,三换换得脚步乱了。燕青却抢将入去,用右手扭住任原,探左手插入任原交裆,用肩胛顶住他胸脯,把任原直托将起来,头重脚轻,借力便旋,五旋旋到献台边,叫一声:"下去!"把任原头在下,脚在上,直撺下献台来。这一扑,名唤做鹁鸽旋。数万香官看了,齐声喝采。那任原的徒弟们,见撷翻了他师父,先把山棚拽倒,乱抢了利物。众人乱喝打时,那二三十徒弟抢入献台来。知州那里治押得住？

不想傍边恼犯了这个太岁,却是黑旋风李逵看见了,睁圆怪眼,倒竖虎须,面前别无器械,便把杉刺子撷葱般拔断,拿两条杉木在手,直打将来。香官数内有人认得李逵的,说将出名姓来,外面做公的人齐入庙里,大叫道:"休教走了梁山泊黑旋风!"那知州听得这话,从顶门上不见了三魂,脚底下疏失了七魄,便投后殿走了。四下里的人涌并围将来,庙里香官各自奔走。李逵看任原时,跌得昏晕,倒在献台边,口内只有些游气。李逵揭块石板,把任原头打得粉碎。两个从庙里打将出来,门外弓箭乱射入来。燕青、李逵只得扒上屋去,揭瓦乱打。不多时,只听得庙门前喊声大举,有人杀将入来。当头一个头领,白范阳毡笠儿,身穿白段子袄,胯口腰刀,挺条朴刀。那汉是北京玉麒麟卢俊义。后面带着史进、穆弘、鲁智深、武松、解珍、解宝七筹好汉,引一千余人,杀开庙门,入来策应。燕青、李逵见了,便从屋上跳将下来,跟着大队便走。李逵又去客店里拿了双斧,赶来厮杀。这府里整点得官军来时,那伙好汉已自去得远了。官兵已知梁山泊人众难敌,不敢来追赶。

却说卢俊义便叫收拾李逵回去。行了半日,路上又不见了李逵。卢俊义又笑道:"正是招灾惹祸!必须使人寻他上山。"穆弘道:"我去寻他回寨。"卢俊义道:"最好。"

且不说卢俊义引众还山。却说李逵手持双斧,直到寿张县。当日午衙方散,李逵来到县衙门口,大叫入来:"梁山泊黑旋风爹爹在此!"吓得县中人手脚都麻木了,动惮不得。原来这寿张县贴着梁山泊最近,若听得"黑旋风李逵"五个字,端的医得小儿夜啼惊哭。今日亲身到来,如何不怕!当时李逵径去知县椅子上坐了,口中叫道:"着两个出来说话,不来时便放火。"廊下房内众人商量,只得着几个出去答应,"不然,怎地得他去?"数内两个吏员出来厅上,拜了四拜,跪着道:"头领到此,必有指使。"李逵道:"我不来打搅你县里人,因往这里经过,闲耍一遭。请出你知县来,我和他厮见。"两个去了,出来回话道:"知县相公却才见头领来,开了后门,不知走往那里去了。"李逵不信,自转入后堂房里来寻,却见有那幞头衣衫匣子在那里放着。李逵扭开锁,取出幞头,插上展角,将来带了,把绿袍公服穿上,把角带系了,再寻朝靴,换了麻鞋,拿着槐简,走出前厅,大叫道:"吏典人等,都来参见!"众人没奈何,只得上去答应。李逵道:"我这般打扮也好么?"众人道:"十分相称。"李逵道:"你们令史祗候,都与我排衙了便去。若不依我,这县都翻做白地。"众人怕他,只得聚集些公吏人来,擎着牙杖骨朵,打了三通擂鼓,向前声喏。李逵呵呵大笑。又道:"你众人内,也着两个来告状。"吏人道:"头领在此坐地,谁敢来告状。"李逵道:"可知人不来告状。你这里自着两个装做告状的来告,我又不伤他,只是取一回笑耍。"公吏人等商量了一回,只得着两个牢子,装做厮打的来告状。县门外百姓都放来看。两个跪在厅前,这个告道:"相公可怜见,他打了小人。"那个告:"他骂了小人,我才打他。"李逵道:"那个是吃打的?"原告道:"小人是吃打的。"又问道:"那个是打了他的?"被告道:"他先骂了,小人是打他来。"李逵道:"这个打了人的是好汉,先放了他去。这个不长进的,怎地吃人打了?与我枷号在衙门前示众。"李逵起身,把绿袍抓扎起,槐简揣在腰里,掣出大斧,直看着枷了那个原告人,号令在县门前,方才大踏步去了,也不脱那衣靴。县门前看的百姓,那里忍得住笑。正在寿张县前,走过东,走过西,忽听得一处学堂读书之声。李逵揭起帘子,走将入去,吓得那先生跳窗走了。众学生们哭的哭,叫的叫,跑的跑,躲的躲。李逵大笑出门来,正撞着穆弘。穆弘叫道:"众人忧得你苦,你却在这里风!快上山去!"那里由他,拖着便走。李逵只得离了寿张县,径奔梁山泊来。有诗为证:

> 牧民县令古贤良,想是腌臜没主张。怪杀李逵无道理,琴堂闹了闹书堂。

【集评】

和尚读《水浒传》,第一当意黑旋风李逵,谓为梁山泊第一尊活佛,特为手订《寿张县令黑旋风集》。此则令人绝倒也,不让《世说》诸书矣。艺林中亦似少此一段公案不得。([明]怀林《批评水浒传述语》,[明]施耐庵《水浒传》[校注本],中央编译出版社2014年版,第1199页。)

夫固以为《水浒》之文精严,读之即得读一切书之法也。汝真能善得此法,而明年经业既毕,便以之遍读天下之书,其易果如破竹也者,夫而后叹施耐庵《水浒传》真为文章之总持。([明]施耐庵撰、[清]金圣叹批评、刘一舟校点《金圣叹批评水浒传》,齐鲁书社2014年版,上册第11页。)

阮小二、阮小五、张横、张顺,都是中上人物。燕青是中上人物。刘唐是中上人物。徐宁、董平是中上人物。(同上书,第20页。)

【思考题】
1. 这一回写燕青与任原比赛相扑采用了什么样的叙事手法?
2. 李逵坐衙这一段表现出了一种什么样的趣味?
3. 请去网上找一段日本相扑比赛的视频,跟此文所描写的相扑比赛的过程对比一下,看看二者之间有何异同。

【深度阅读】
1. 罗尔纲《水浒传原本与著者研究》,江苏古籍出版社1992年版。
2. 竺青选编《名家解读水浒传》,山东人民出版社1998年版。
3. 萨孟武《水浒传与中国社会》,北京出版社2005年版。
4. 陈曦钟、侯忠义、鲁玉川辑校《水浒传会评本》(正文以金圣叹删改本为主),北京大学出版社1987年版。

红楼梦(节选)
曹雪芹

曹雪芹(1715?—1763?),名霑,字芹圃,号雪芹。家族以军功起家,入清后受到皇室器重,其高祖、祖父、父亲都曾担任过江宁织造。祖父曹寅是当时著名的文人、藏书家和刻书家,深得康熙皇帝信任。康熙死后,雍正对曹家进行打击,先后两次查抄曹家。曹雪芹的青少年时代大概是在北京城度过的,在这里他结交了一些朋友。后来因生活贫困,搬往西郊香山附近居住,据说他曾穷到举家食粥的地步。《石头记》(即《红楼梦》)的前八十回,在他死前十年(1754,乾隆甲戌)即已传抄问世,八十回之后的部分也已基本完成,但在传抄时丢失了。后来无名氏(以前都认为是高鹗,近年这一说法被否定了)增补后四十回,并在乾隆辛亥年(1791)由程伟元刊行,遂成为此后最流行的本子。

《红楼梦》以贾宝玉、林黛玉与薛宝钗这三位贵族少男、少女的情感纠葛为中心,深入细致地描绘了一个贵族家庭日常生活的方方面面,并由此反映出广阔的社会生活。小说也包含了中国古典文化极其丰富的内涵,有人认为它是中国古典文化的全息图像。《红楼梦》的主题思想也十分复杂、深刻,历来对其主题的解说层出不穷,很难达成一致,因此又有所谓"说不尽的《红楼梦》"的说法。小说一共塑造了九百多个人物,有大量人物都塑造得极其成功,成为超越真实人物的艺术典型。在语言上,《红楼梦》也取得了杰出的成就。这一切都使得这部小说成为中国古典小说的巅峰之作,即使放到世界小说史上,也堪称当之无愧的一流作品。

本篇选自中国艺术研究院红楼梦研究所整理的《红楼梦》,人民文学出版社2008年版。

第四十一回　栊翠庵茶品梅花雪　怡红院劫遇母蝗虫

话说刘姥姥两只手比着说道:"花儿落了结个大倭瓜。"众人听了哄堂大笑起来。于是吃过门杯,因又逗趣笑道:"实告诉说罢,我的手脚子粗笨,又喝了酒,仔细失手打了这瓷杯。有木头的杯取个子来,我便失了手,掉了地下也无碍。"众人听了,又笑起来。

凤姐儿听如此说,便忙笑道:"果真要木头的,我就取了来。可有一句先说下:这木头的可比不得瓷的,他都是一套,定要吃遍一套方使得。"刘姥姥听了心下掂掇道:"我方才不过是趣话取笑儿,谁知他果真竟有。我时常在村庄乡绅大家也赴过席,金杯银杯倒都也见过,从来没见有木头杯之说。哦,是了,想必是小孩子们使的木碗儿,不过诓我多喝两碗。别管他,横竖这酒蜜水儿似的,多喝点子也无妨。"想毕,便说:"取来再商量。"凤姐乃命丰儿:"到前面里间屋,书架子上有十个竹根套杯取来。"

丰儿听了,答应才要去,鸳鸯笑道:"我知道你这十个杯还小。况且你才说是木头的,这会子又拿了竹根子的来,倒不好看。不如把我们那里的黄杨根整抠的十个大套杯拿来,灌他十下子。"凤姐儿笑道:"更好了。"鸳鸯果命人取来。刘姥姥一看,又惊又喜:惊的是一连十个,挨次大小分下来,那大的足似个小盆子,第十个极小的还有手里的杯子两个大;喜的是雕镂奇绝,一色山水树木人物,并有草字以及图印。因忙说道:"拿了那小的来就是了,怎么这样多?"凤姐儿笑道:"这个杯没有喝一个的理。我们家因没有这大量的,所以没人敢使他。姥姥既要,好容易寻了出来,必定要挨次吃一遍才使得。"刘姥姥唬的忙道:"这个不敢。好姑奶奶,饶了我罢。"贾母、薛姨妈、王夫人知道他上了年纪的人,禁不起,忙笑道:"说是说,笑是笑,不可多吃了,只吃这头一杯罢。"刘姥姥道:"阿弥陀佛!我还是小杯吃罢。把这大杯收着,我带了家去慢慢的吃罢。"说的众人又笑起来。鸳鸯无法,只得命人满斟了一大杯,刘姥姥两手捧着喝。

贾母薛姨妈都道:"慢些,不要呛了。"薛姨妈又命凤姐儿布了菜。凤姐笑道:"姥姥要吃什么,说出名儿来,我搛了喂你。"刘姥姥道:"我知什么名儿,样样都是好的。"贾母笑道:"你把茄鲞㩦些喂他。"凤姐儿听说,依言㩦些茄鲞送入刘姥姥口中,因笑道:"你们天天吃茄子,也尝尝我们的茄子弄的可口不可口。"刘姥姥笑道:"别哄我了,茄子跑出这个味儿来了,我们也不用种粮食,只种茄子了。"众人笑道:"真是茄子,我们再不哄你。"刘姥姥诧异道:"真是茄子?我白吃了半日。姑奶奶再喂我些,这一口细嚼嚼。"凤姐儿果又㩦了些放入口内。

刘姥姥细嚼了半日,笑道:"虽有一点茄子香,只是还不像是茄子。告诉我是个什么法子弄的,我也弄着吃去。"凤姐儿笑道:"这也不难。你把才下来的茄子把皮刨了,只要净肉,切成碎钉子,用鸡油炸了,再用鸡脯子肉并香菌、新笋、蘑菇、五香腐干、各色干果子,俱切成钉子,用鸡汤煨了,将香油一收,外加糟油一拌,盛在瓷罐子里封严,要吃时拿出来,用炒的鸡瓜一拌就是。"刘姥姥听了,摇头吐舌说道:"我的佛祖!倒得十来只鸡来配他,怪道这个味儿!"一面说笑,一面慢慢的吃完了酒,还只管细玩那杯。

凤姐笑道:"还是不足兴,再吃一杯罢。"刘姥姥忙道:"了不得,那就醉死了。我因为爱这样范,亏他怎么作了。"鸳鸯笑道:"酒吃完了,到底这杯子是什么木的?"刘姥姥笑道:"怨不得姑娘不认得,你们在这金门绣户的,如何认得木头!我们成日家和树林子作街坊,困了枕着他睡,乏了靠着他坐,荒年间饿了还吃他,眼睛里天天见他,耳朵里天天听他,口儿里天天讲他,所以好歹真假,我是认得的。让我认一认。"一面说,一面细细端详了半日,道:"你们这样人家断没有那贱东西,那容易得的木头,你们也不收着了。我掂着这杯体重,断乎不是杨木,这一定是黄松的。"众人听了,哄堂大笑起来。

只见一个婆子走来请问贾母,说:"姑娘们都到了藕香榭,请示下,就演罢还是再等一会子?"贾母忙笑道:"可是倒忘了他们,就叫他们演罢。"那个婆子答应去了。不一时,只听得箫管悠扬,笙笛并发。正值风清气爽之时,那乐声穿林度水而来,自然使人神怡心旷。

宝玉先禁不住,拿起壶来斟了一杯,一口饮尽。复又斟上,才要饮,只见王夫人也要饮,命人换暖酒,宝玉连忙将自己的杯捧了过来,送到王夫人口边,王夫人便就他手内吃了两口。一时暖酒来了,宝玉仍归旧坐,王夫人提了暖壶下席来,众人皆都出了席,薛姨妈也立起来,贾母忙命李、凤二人接过壶来:"让你姨妈坐了,大家才便。"王夫人见如此说,方将壶递与凤姐,自己归坐。贾母笑道:"大家吃上两杯,今日着实有趣。"说着擎杯让薛姨妈,又向湘云宝钗道:"你姐妹两个也吃一杯。你妹妹虽不大会吃,也别饶他。"说着自己已干了。湘云、宝钗、黛玉也都干了。当下刘姥姥听见这般音乐,且又有了酒,越发喜的手舞足蹈起来。宝玉因下席过来向黛玉笑道:"你瞧刘姥姥的样子。"黛玉笑道:"当日圣乐一奏,百兽率舞,如今才一牛耳。"众姐妹都笑了。

须臾乐止,薛姨妈出席笑道:"大家的酒想也都有了,且出去散散再坐罢。"贾母也正要散散,于是大家出席,都随着贾母游玩。贾母因要带着刘姥姥散闷,遂携了刘姥姥至山前树下盘桓了半晌,又说与他这是什么树,这是什么石,这是什么花。刘姥姥一一的领会,又向贾母道:"谁知城里不但人尊贵,连雀儿也是尊贵的。偏这雀儿到了你们这里,他也变俊了,也会说话了。"众人不解,因问什么雀儿变俊了,会讲话。刘姥姥道:"那廊下金架子上站的绿毛红嘴是鹦哥儿,我是认得的。那笼子里黑老鸹子怎么又长出凤头来,也会说话呢。"众人听了都笑将起来。

一时只见丫鬟们来请用点心。贾母道:"吃了两杯酒,倒也不饿。也罢,就拿了这里来,大家随便吃些罢。"丫鬟听说,便去抬了两张几来,又端了两个小捧盒。揭开看时,每个盒内两样:这盒内一样是藕粉桂糖糕,一样是松穰鹅油卷。那盒内一样是一寸来大的小饺儿。贾母因问什么馅儿,婆子们忙回是螃蟹的。贾母听了,皱眉说:"这油腻腻的,谁吃这个!"那一样是奶油炸的各色小面果,也不喜欢。因让薛姨妈吃,薛姨妈只拣了一块糕。贾母拣了一个卷子,只尝了一尝,剩的半个递与丫鬟了。

刘姥姥因见那小面果子都玲珑剔透,便拣了一朵牡丹花样的笑道:"我们那里最巧的姐儿们,也不能铰出这么个纸的来。我又爱吃,又舍不得吃,包些家去给他们做花样子去倒好。"众人都笑了。贾母道:"家去我送你一坛子。你先趁热吃这个罢。"别人不过拣各人爱吃的一两点就罢了;刘姥姥原不曾吃过这些东西,且都作的小巧,不显盘堆的,他和板儿每样吃了些,就去了半盘子。剩的,凤姐又命攒了两盘并一个攒盘,与文官等吃去。

忽见奶子抱了大姐儿来,大家哄他顽了一会。那大姐儿因抱着一个大柚子玩的,忽见板儿抱着一个佛手,便也要佛手。丫鬟哄他取去,大姐儿等不得,便哭了。众人忙把柚子与了板儿,将板儿的佛手哄过来与他才罢。那板儿因顽了半日佛手,此刻又两手抓着些果子吃,又忽见这柚子又香又圆,更觉好顽,且当球踢着玩去,也就不要佛手了。

当下贾母等吃过茶,又带了刘姥姥至栊翠庵来。妙玉忙接了进去。至院中见花木繁盛,贾母笑道:"到底是他们修行的人,没事常常修理,比别处越发好看。"一面说,一面便往东禅堂来。妙玉笑往里让,贾母道:"我们才都吃了酒肉,你这里头有菩萨,冲了罪过。我们这里坐坐,把你的好茶拿来,我们吃一杯就去了。"妙玉听了,忙去烹了茶来。

宝玉留神看他是怎么行事。只见妙玉亲自捧了一个海棠花式雕漆填金云龙献寿的小茶盘,里面放一个成窑五彩小盖钟,捧与贾母。贾母道:"我不吃六安茶。"妙玉笑说:"知道,这是老君眉。"贾母接了,又问是什么水。妙玉笑回:"是旧年蠲的雨水。"贾母便吃了半盏,便笑着递与刘姥姥说:"你尝尝这个茶。"刘姥姥便一口吃尽,笑道:"好是好,就是淡些,再熬浓些更好了。"贾母众人都笑起来。然后众人都是一色官窑脱胎填白盖碗。

那妙玉便把宝钗和黛玉的衣襟一拉,二人随他出去,宝玉悄悄的随后跟了来。只见妙玉让他二人在耳房内,宝钗坐在榻上,黛玉便坐在妙玉的蒲团上。妙玉自向风炉上扇滚了水,另泡一壶茶。宝玉便走了进来,笑道:"偏你们吃梯己茶呢。"二人都笑道:"你又赶了来餐茶吃。这里并没你的。"妙玉刚要去取杯,只见道婆收了上面的茶盏来。妙玉忙命:"将那成窑的茶杯别收了,搁在外头去罢。"宝玉会意,知为刘姥姥吃了,他嫌脏不要了。

又见妙玉另拿出两只杯来。一个旁边有一耳,杯上镌着"瓟斝"三个隶字,后有一行小真字是"晋王恺珍玩",又有"宋元丰五年四月眉山苏轼见于秘府"一行小字。妙玉便斟了一斝,递与宝钗。那一只形似钵而小,也有三个垂珠篆字,镌着"点犀盉"。妙玉斟了一盉与黛玉。仍将前番自己常日吃茶的那只绿玉斗来斟与宝玉。

宝玉笑道:"常言'世法平等',他两个就用那样古玩奇珍,我就是个俗器了。"妙玉道:"这是俗器?不是我说狂话,只怕你家里未必找的出这么一个俗器来呢。"宝玉笑道:"俗说'随乡入乡',到了你这里,自然把那金玉珠宝一概贬为俗器了。"妙玉听如此说,十分欢喜,遂又寻出一只九曲十环一百二十节蟠虬整雕竹根的一个大盉出来,笑道:"就剩了这一个,你可吃的了这一海?"宝玉喜的忙道:"吃的了。"妙玉笑道:"你虽吃的了,也没这些茶糟踏。岂不闻'一杯为品,二杯即是解渴的蠢物,三杯便是饮牛饮骡了'。你吃这一海便成什么?"说的宝钗、黛玉、宝玉都笑了。妙玉执壶,只向海内斟了约有一杯。宝玉细细吃了,果觉轻浮无比,赏赞不绝。妙玉正色道:"你这遭吃的茶是托他两个福,独你来了,我是不给你吃的。"宝玉笑道:"我深知道的,我也不领你的情,只谢他二人便是了。"妙玉听了,方说:"这话明白。"

黛玉因问:"这也是旧年的雨水?"妙玉冷笑道:"你这么个人,竟是大俗人,连水也尝不出来。这是五年前我在玄墓蟠香寺住着,收的梅花上的雪,共得了那一鬼脸青的花瓮一瓮,总舍不得吃,埋在地下,今年夏天才开了。

我只吃过一回,这是第二回了。你怎么尝不出来?隔年蠲的雨水那有这样轻浮,如何吃得。"黛玉知他天性怪僻,不好多话,亦不好多坐,吃完茶,便约着宝钗走了出来。

宝玉和妙玉陪笑道:"那茶杯虽然脏了,白撂了岂不可惜?依我说,不如就给那贫婆子罢,他卖了也可以度日。你道可使得?"妙玉听了,想了一想,点头说道:"这也罢了。幸而那杯子是我没吃过的,若我使过,我就砸碎了也不能给他。你要给他,我也不管你,只交给你,快拿了去罢。"宝玉笑道:"自然如此,你那里和他说话授受去,越发连你也脏了,只交与我就是了。"妙玉便命人拿来递与宝玉。

宝玉接了,又道:"等我们出去了,我叫几个小幺儿来河里打几桶水来洗地如何?"妙玉笑道:"这更好了,只是你嘱咐他们,抬了水只搁在山门外头墙根下,别进门来。"宝玉道:"这是自然的。"说着,便袖着那杯,递与贾母房中小丫头拿着,说:"明日刘姥姥家去,给他带去罢。"交代明白,贾母已经出来要回去。妙玉亦不甚留,送出山门,回身便将门闭了,不在话下。

且说贾母因觉身上乏倦,便命王夫人和迎春姊妹陪了薛姨妈去吃酒,自己便往稻香村来歇息。凤姐忙命人将小竹椅抬来,贾母坐上,两个婆子抬起,凤姐李纨和众丫鬟婆子围随去了,不在话下。这里薛姨妈也就辞出。王夫人打发文官等出去,将攒盒散与众丫鬟们吃去,自己便也乘空歇着,随便歪在方才贾母坐的榻上,命一个小丫头放下帘子来,又命他搥着腿,吩咐他:"老太太那里有信,你就叫我。"说着也歪着睡着了。

宝玉湘云等看着丫鬟们将攒盒搁在山石上,也有坐在山石上的,也有坐在草地下的,也有靠着树的,也有傍着水的,倒也十分热闹。一时又见鸳鸯来了,要带着刘姥姥各处去逛,众人也都赶着取笑。一时来至"省亲别墅"的牌坊底下,刘姥姥道:"嗳呀!这里还有个大庙呢。"说着,便爬下磕头。众人笑弯了腰。刘姥姥道:"笑什么?这牌楼上字我都认得。我们那里这样的庙宇最多,都是这样的牌坊,那字就是庙的名字。"众人笑道:"你认得这是什么庙?"刘姥姥便抬头指那字道:"这不是'玉皇宝殿'四字?"众人笑的拍手打脚,还要拿他取笑。刘姥姥觉得腹内一阵乱响,忙的拉着一个小丫头,要了两张纸就解衣。众人又是笑,又忙喝他"这里使不得!"忙命一个婆子带了东北上去了。那婆子指与地方,便乐得走开去歇息。

那刘姥姥因喝了些酒,他脾气不与黄酒相宜,且吃了许多油腻饮食,发渴多喝了几碗茶,不免通泻起来,蹲了半日方完。及出厕来,酒被风禁,且年迈之人,蹲了半天,忽一起身,只觉得眼花头眩,辨不出路径。四顾一望,皆是树木山石楼台房舍,却不知那一处是往那里去的了,只得认着一条石子路慢慢的走来。及至到了房舍跟前,又找不着门,再找了半日,忽见一带竹篱,刘姥姥心中自忖道:"这里也有扁豆架子。"

一面想,一面顺着花障走了来,得了一个月洞门进去。只见迎面忽有一带水池,只有七八尺宽,石头砌岸,里面碧浏清水流往那边去了,上面有一块白石横架在上面。刘姥姥便度石过去,顺着石子甬路走去,转了两个弯子,只见有一房门。于是进了房门,只见迎面一个女孩儿,满面含笑迎了出来。刘姥姥忙笑道:"姑娘们把我丢下来了,要我碰头碰到这里来。"说了,只觉那女孩儿不答。刘姥姥便赶来拉他的手,"咕咚"一声,便撞到板壁上,把头碰的生疼。细瞧了一瞧,原来是一幅画儿。刘姥姥自忖道:"原来画儿有这样活凸出来的。"一面想,一面看,一面又用手摸去,却是一色平的,点头叹了两声。一转身方得了一个小门,门上挂着葱绿撒花软帘。

刘姥姥掀帘进去,抬头一看,只见四面墙壁玲珑剔透,琴剑瓶炉皆贴在墙上,锦笼纱罩,金彩珠光,连地下踩的砖,皆是碧绿凿花,竟越发把眼花了,找门出去,那里有门?左一架书,右一架屏。刚从屏后得了一门转去,只见他亲家母也从外面迎了进来。刘姥姥诧异,忙问道:"你想是见我这几日没家去,亏你找我来。那一位姑娘带你进来的?"他亲家只是笑,不还言。刘姥姥笑道:"你好没见世面,见这园里的花好,你就没死活戴了一头。"他亲家也不答。便心下忽然想起:"常听大富贵人家有一种穿衣镜,这别是我在镜子里头呢罢?"说毕伸手一摸,再细一看,可不是,四面雕空紫檀板壁将镜子嵌在中间。因说:"这已经拦住,如何走出去呢?"一面说,一面只管用手摸。

这镜子原是西洋机括,可以开合。不意刘姥姥乱摸之间,其力巧合,便撞开消息,掩过镜子,露出门来。刘姥姥又惊又喜,迈步出来,忽见有一副最精致的床帐。他此时又带了七八分醉,又走乏了,便一屁股坐在床上,只说歇歇,不承望身不由己,前仰后合的,朦胧着两眼,一歪身就睡熟在床上。

且说众人等他不见,板儿见没了他姥姥,急的哭了。众人都笑道:"别是掉在茅厕里了?快叫人去瞧瞧。"因命两个婆子去找,回来说没有。众人各处搜寻不见。袭人掇其道记:"是他醉了迷了路,顺着这一条路往我们后院子里去了。若进了花障子到后房门进去,虽然碰头,还有小丫头们知道;若不进花障子再往西南上去,若绕出去还好,若绕不出去,可够他绕回子好的。我且瞧瞧去。"一面想,一面回来,进了怡红院便叫人,谁知那几个房子里小丫头已偷空顽去了。

袭人一直进了房门,转过集锦槅子,就听的鼾齁如雷。忙进来,只闻见酒屁臭气，满屋一瞧，只见刘姥姥扎手舞脚的仰卧在床上。袭人这一惊不小，慌忙赶上来将他没死活的推醒。那刘姥姥惊醒，睁眼见了袭人，连忙爬起来道："姑娘，我失错了！并没弄脏了床帐。"一面说，一面用手去掸。

袭人恐惊动了人被宝玉知道了，只向他摇手，不叫他说话。忙将鼎内贮了三四把百合香，仍用罩子罩上。些须收拾收拾，所喜不曾呕吐，忙悄悄的笑道："不相干，有我呢。你随我出来。"刘姥姥跟了袭人，出至小丫头们房中。命他坐了，向他说道："你就说醉倒在山子石上打了个盹儿。"刘姥姥答应知道。又与他两碗茶吃，方觉酒醒了，因问道："这是那个小姐的绣房，这样精致？我就像到了天宫里的一样。"袭人微微笑道："这个么，是宝二爷的卧室。"那刘姥姥吓的不敢作声。袭人带他从前面出去，见了众人，只说他在草地下睡着了，带了他来的。众人都不理会，也就罢了。

一时贾母醒了，就在稻香村摆晚饭。贾母因觉懒懒的，也不吃饭，便坐了竹椅小敞轿，回至房中歇息，命凤姐儿等去吃饭，他姊妹方复进园来。要知端的——

【集评】

　　此回栊翠品茶，怡红遇劫。盖妙玉虽以清净无为自守，而怪洁之癖未免有过，老妪只污得一杯，见而勿用，岂似玉兄日享洪福，竟至无以复加而不自知。故老妪眠其床，卧其席，酒屁熏其屋，却被袭人遮过，则仍用其床、其席、其屋。亦作者特为转眼不知身后事写来作戒，纨绔公子可不慎哉！（[清]曹雪芹撰、黄霖校点《脂砚斋评批〈红楼梦〉》，齐鲁书社1994年版，上册第666页。）

　　刘姥姥之憨从利，妙玉尼之怪图名，宝玉之奇，黛玉之妖，亦自敛迹。是何等画工，能将他人之天王，作我卫护之神祇。文技至此，可为至美。（同上书，第678页。）

【思考题】

　　1. 此回中，作者浓墨重彩地描写了刘姥姥在宴席上与大观园中的见闻与举动，其意图是什么？

　　2. 栊翠庵品茶这一段，表现出妙玉复杂的性格与心理，请对此进行具体分析。

　　3. 这一回如何表现袭人与宝玉各自的为人？尤其是表现了宝玉什么样的性格呢？

【深度阅读】

1. 中国艺术研究院红楼梦研究所整理《红楼梦》,人民文学出版社2008年版。
2. 俞平伯《红楼梦辨》,商务印书馆2010年版。
3. 周汝昌《红楼艺术》,人民文学出版社1995年版。
4. 蒋和森《红楼梦论稿》,人民文学出版社2006年版。
5. 王昆仑《红楼梦人物论》,北京出版社2004年版。
6. 蔡义江《论红楼梦佚稿》,浙江古籍出版社1989年版。

古代戏曲第十

唐明皇秋夜梧桐雨（节选）
白　朴

白朴（1226—约1306），字仁甫，号兰谷先生，真定（今河北正定）人。其父白华仕金，金亡前夕奉命出使，行前将年幼的白朴托付给友人、著名诗人元好问照顾。不久金朝灭亡，白朴随元好问往北方居住，得到精心培养。待白华北归，遂携之徙家金陵。后来曾有达官向元朝举荐白朴，但被他婉拒。白朴一生撰杂剧十五种，今存《梧桐雨》《墙头马上》与《东墙记》，又有词一百多首，编为《天籁集》，他的生平资料就保存在历代文人为《天籁集》所撰序文之中。白朴的杂剧文辞优美，抒情性强，可以归入文采一派。

本篇选自顾学颉选注《元人杂剧选》，人民文学出版社1998年版。

第四折

（高力士上云）自家高力士是也。自幼供奉内宫，蒙主上抬举，加为六宫提督太监。往年主上悦杨氏容貌，命某取入宫中，宠爱无比，封为贵妃，赐号太真。后来逆胡称兵，伪诛杨国忠为名，逼的主上幸蜀。行至中途，六军不进。右龙武将军陈玄礼奏过，杀了国忠，祸连贵妃。主上无可奈何，只得从之，缢死马嵬驿中。今日贼平无事，主上还国，太子做了皇帝。主上养老退居西宫，昼夜只是想贵妃娘娘。今日某某挂起真容，朝夕哭奠；不免收拾停当，在此伺候咱。（正末上云）寡人自幸蜀还京，太子破了逆贼，即了帝位。寡人退居西宫养老，每日只是思量妃子。教画工画了一轴真容供养着，每日相对，越增烦恼也呵！（做哭科）（唱）

〔正宫端正好〕自从幸西川还京兆，甚的是月夜花朝；这半年来白发添多少？怎打叠愁容貌①！

〔幺篇〕瘦岩岩不避群臣笑②，玉叉儿将画轴高挑，荔枝花果香檀卓，目觑了伤怀抱。

（做看真容科）（唱）

〔滚绣球〕险些把我气冲倒，身谩靠，把太真妃放声高叫。叫不应雨泪嚎啕。这待诏手段高③，画的来没半星儿差错；虽然是快染能描，画不出沉香亭畔回鸾舞，花萼楼前上马娇，一段儿妖娆。

〔倘秀才〕妃子呵,常记得千秋节④,华清宫宴乐;七夕会,长生殿乞巧;誓愿学连理枝比翼鸟;谁想你乘彩凤,返丹霄,命夭。

(带云)寡人越看越添伤感,怎生是好?(唱)

〔呆骨朵〕寡人有心待盖一座杨妃庙,争奈无权柄,谢位辞朝。则俺这孤辰限难熬,更打着离恨天最高⑤。在生时同衾枕,不能勾死后也同棺椁。谁承望马嵬坡尘土中,可惜把一朵海棠花零落了。

(带云)一会儿身子困乏,且下这亭子去闲行一会咱。(唱)

〔白鹤子〕那身离殿宇,信步下亭皋,见杨柳袅翠蓝丝,芙蓉拆胭脂萼。

〔幺〕见芙蓉怀媚脸,遇杨柳忆纤腰;依旧的两般儿点缀上阳宫,他管一灵儿潇洒长安道。

〔幺〕常记得碧梧桐阴下立,红牙箸手中敲;他笑整缕金衣,舞按霓裳乐。

〔幺〕到如今翠盘中荒草满,芳树下暗香消;空对井梧阴,不见倾城貌。

(做叹科,云)寡人也怕闲行,不如回去来。(唱)

〔倘秀才〕本待闲散心,追欢取乐,倒惹的感旧恨,天荒地老。快快归来凤帏悄,甚法儿,挨今宵、懊恼?

(带云)回到这寝殿中,一弄儿助人愁也⑥。(唱)

〔芙蓉花〕淡氤氲串烟袅,昏惨剌银灯照⑦;玉漏迢迢,才是初更报。暗觑清霄,盼梦里他来到。却不道口是心苗,不住的频频叫。

(带云)不觉一阵昏迷上来,寡人试睡些儿。(唱)

〔伴读书〕一会家心焦憔,四壁厢秋虫闹,忽见掀帘西风恶,遥观满地阴云罩,俺这里披衣闷把帏屏靠,业眼难交⑧。

〔笑和尚〕原来是滴溜溜绕闲阶败叶飘,疏剌剌刷落叶被西风扫,忽鲁鲁风闪得银灯爆,厮琅琅鸣殿铎,扑簌簌动朱箔,吉丁当玉马儿向檐间闹⑨。

(做睡科,唱)

〔倘秀才〕闷打颏和衣卧倒⑩,软兀剌方才睡着⑪。(旦上云)妾身贵妃是也。今日殿中设宴,宫娥,请主上赴席咱。(正末唱)忽见青衣走来报,道太真妃将寡人邀、宴乐。

(正末见旦科,云)妃子,你在那里来?(旦云)今日长生殿排宴,请主上赴席。(正末云)分付梨园子弟齐备着。(旦下)(正末做惊醒科,云)呀,元来是一梦。分明梦见妃子,却又不见了。(唱)

〔双鸳鸯〕斜軃翠鸾翘⑫,浑一似出浴的旧风标⑬,映着云屏一半儿娇。好梦将成还惊觉,半襟情泪湿鲛绡⑭。

〔蛮姑儿〕懊恼,窨约⑮,惊我来的又不是楼头过雁,砌下寒蛩,檐前玉马,架上金鸡;是兀那窗儿外梧桐上雨潇潇。一声声洒残叶,一点点滴寒梢,会把愁人定虐⑯。

〔滚绣球〕这雨呵,又不是救旱苗,润枯草,洒开花萼;谁望道秋雨如膏,向青翠条,碧玉梢,碎声儿刓剥,增百十倍歇和芭蕉。子管里珠连玉散飘千颗⑰,平白地瀽瓮番盆下一宵⑱,惹的人心焦。

〔叨叨令〕一会价紧呵,似玉盘中万颗珍珠落;一会价响呵,似玳筵前几簇笙歌闹;一会价清呵,似翠岩头一派寒泉瀑;一会价猛呵,似绣旗下数面征鼙操;兀的不恼杀人也么哥!兀的不恼杀人也么哥!则被他诸般儿雨声相聒噪。

〔倘秀才〕这雨一阵阵打梧桐叶凋,一点点滴人心碎了。枉着金井银床紧围绕,只好把泼枝叶做柴烧,锯倒。

(带云)当初妃子舞翠盘时,在此树下;寡人与妃子盟誓时,亦对此树;今日梦境相寻,又被他惊觉了。(唱)

〔滚绣球〕长生殿那一宵,转回廊,说誓约,不合对梧桐并肩斜靠。尽言词絮絮叨叨,沉香亭那一朝,按霓裳舞六幺,红牙箸击成腔调,乱宫商闹闹炒炒。是兀那当时欢会栽排下,今日凄凉厮辏着,暗地量度。

(高力士云)主上,这诸样草木,皆有雨声,岂独梧桐?(正末云)你那里知道,我说与你听者。(唱)

〔三煞〕润濛濛杨柳雨,凄凄院宇侵帘幕;细丝丝梅子雨,装点江干满楼阁;杏花雨红湿阑干,梨花雨玉容寂寞;荷花雨翠盖翩翩,豆花雨绿叶潇条;都不似你惊魂破梦,助恨添愁,彻夜连宵。莫不是水仙弄娇,蘸杨柳洒风飘。

〔二煞〕哗哗似喷泉瑞兽临双沼⑲,刷刷似食叶春蚕散满箔;乱洒琼阶,水传宫漏,飞上雕檐,酒滴新槽。直下的更残漏断,枕冷衾寒,烛灭香消。可知道夏天不觉,把高凤麦来漂⑳。

〔黄钟煞〕顺西风低把纱窗哨,送寒气频将绣户敲,莫不是天故将人愁闷搅?度铃声响栈道。似花奴羯鼓调㉑,如伯牙水仙操㉒;洗黄花,润篱落,渍苍苔,倒墙角,渲湖山,漱石窍,浸枯荷,溢池沼;沾残蝶粉渐消,洒流萤焰不着,绿窗前促织叫,声相近雁影高。催邻砧处处捣,助新凉分外早。斟量来这一宵雨和人紧厮熬,伴铜壶点点敲;雨更多,泪不少。雨湿寒梢,泪染龙袍,不肯相饶,共隔着一树梧桐直滴到晓。(下)

【注释】

① 打叠：安排，准备。　② 瘦岩岩：瘦弱无力。　③ 待诏：唐代翰林院中设有待诏之所，善于占卜、星象、书画等艺术门类的人在此等候皇帝诏命。这里指画师。　④ 千秋节：唐代皇帝的生日，其命名始自唐玄宗。　⑤ 离恨天：佛经提到须弥山上有三十二天，其上有离恨天。后多指男女离别。　⑥ 一弄儿：一股脑儿。　⑦ 昏惨剌：昏暗。惨剌，词尾，无具体意义。　⑧ 业：即"孽"，这里表示自怨自骂。　⑨ 吉丁当玉马儿：挂在屋檐下的玉片，风吹会叮当作响。　⑩ 闷打颏：郁闷无聊。　⑪ 软兀剌：软绵绵。　⑫ 嚲(duǒ)：下垂。　⑬ 风标：风采、格品。　⑭ 鲛绡：指手帕。　⑮ 窨(yìn)约：暗地里。　⑯ 定虐：打扰，损害。　⑰ 子管里：只管。　⑱ 㳀(jiǎn)瓮番盆：雨水积满盆，又溢出来。㳀，倾倒，泼洒。　⑲ 哧哧(chuáng)：雨水流溅之声。　⑳ 高凤麦：东汉高凤读书入迷，以至麦子被雨水漂走了都浑然不知。　㉑ 花奴羯鼓调：唐玄宗时汝南王李琎(jīn)小名叫花奴，擅长击羯(jié)鼓。　㉒ 伯牙水仙操：相传春秋时代的伯牙谱写了《水仙操》。

【集评】

然元剧最佳之处，不在其思想结构，而在其文章。其文章之妙，亦一言以蔽之，曰：有意境而已矣。何以谓之有意境？曰：写情则沁人心脾，写景则在人耳目，述事则如其口出是也。……白仁甫、马东篱，高华雄浑，情深文明。（王国维《宋元戏曲史》第十二章"元剧之文章"，上海人民出版社2014年版，第86—90页。）

真定一隅，作者至富，《天籁》一集，质有其文，《秋雨梧桐》，实驾碧云黄花之上（按：指《西厢记》），盖亲炙遗山謦咳，斯咳唾不同流俗也。（吴梅《中国戏曲概论》之"元人杂剧"，吴梅《吴梅词曲论著四种》，商务印书馆2010年版，第254页。）

此剧结构之妙，较他种更胜，不袭通常团圆套格，而以夜雨闻铃作结，高出常手万倍。（吴梅《〈梧桐雨〉跋》，《吴梅全集·理论卷》，河北教育出版社2002年版，中册第733页。）

【思考题】

1. 这一折与白居易的《长恨歌》和唐宋词中类似的题材有何关联？有何区别？
2. 作者是如何表现"梧桐雨"的特殊意义的？这种表现方式跟人物本身的性格特征有联系吗？

【深度阅读】
1. 顾学颉选注《元人杂剧选》,人民文学出版社 1998 年版。
2. 王国维《宋元戏曲史》,上海古籍出版社 1998 年叶长海导读版。
3. 幺书仪《元人杂剧与元代社会》,北京大学出版社 1997 年版。

西厢记(节选)
王实甫

王实甫,元大都(今北京市)人,生卒年与生平事迹均不详,元代著名杂剧家。王实甫创作的杂剧大约 14 种,完整保存下来的只有《西厢记》《丽春堂》《破窑记》。其中《西厢记》最负盛名,明初的贾仲明即曾提出"《西厢记》天下夺魁"的说法。此剧是在金代董解元的《西厢记诸宫调》基础上改写而成,但青出于蓝而胜于蓝,艺术成就大大超过了前者,代表了元代戏曲的最高水平。就素材而言,这部戏剧的源头乃是唐代元稹的著名传奇《莺莺传》,但将原来的悲剧性结局改成了喜剧性的大团圆结局,思想性更为深刻,人物形象也更为饱满鲜明,尤其是塑造出机智泼辣的红娘这一人物,千百年来深受广大读者和观众的喜爱。它在语言上也取得了很高的成就,人物对白符合各自身份,充满口语化的生活气息,唱词则优美隽永,富于诗意,因此被后人誉为"诗剧"。

本篇选自王实甫撰、张燕瑾校注《西厢记》,人民文学出版社 1997 年版。

第四本 第三折

(夫人长老上云)今日送张生赴京,十里长亭安排下筵席。我和长老先行,不见张生、小姐来到。(旦末红同上)(旦云)今日送张生上朝取应①,早是离人伤感,况值那暮秋天气,好烦恼人也呵!悲欢聚散一杯酒,南北东西万里程。

[正宫][端正好]碧云天,黄花地,西风紧,北雁南飞。晓来谁染霜林醉?总是离人泪。

[滚绣球]恨相见得迟,怨归去得疾。柳丝长玉骢难系,恨不倩疏林挂住斜晖。马儿迍迍的行②,车儿快快的随。却告了相思回避,破题儿又早别离③。听得道一声"去也",松了金钏;遥望见十里长亭,减了玉肌。此恨谁知!

(红云)姐姐,今日怎么不打扮?(旦云)你那知我的心里呵!

[叨叨令]见安排着车儿、马儿,不由人熬熬煎煎的气;有甚么心情花儿、靥儿,打扮的娇娇滴滴的媚;准备着被儿、枕儿,则索昏昏沉沉的睡;从今后衫儿、袖儿,都揾做重重叠叠的泪。兀的不闷杀人也么哥,兀的不闷杀人也么哥!久已后书儿、信儿,索与我恓恓惶惶的寄。

(做到见夫人科)(夫人云)张生和长老坐,小姐这壁坐,红娘将酒来。张生,你向前来,是自家亲眷,不要回避。俺今日将莺莺与你,到京师休辱末了俺孩儿,挣揣一个状元回来者④。(末云)小生托夫人余荫,凭着胸中之才,视官如拾芥耳。(洁云)夫人主见不差,张生不是落后的人。(把酒了,坐)(旦长吁科)

[脱布衫]下西风黄叶纷飞,染寒烟衰草萋迷。酒席上斜签着坐的,蹙愁眉死临侵地⑤。

[小梁州]我见他阁泪汪汪不敢垂,恐怕人知;猛然见了把头低,长吁气,推整素罗衣。

[幺篇]虽然久后成佳配,奈时间怎不悲啼⑥。意似痴,心如醉,昨宵今日,清减了小腰围。

(夫人云)小姐把盏者。(红递酒,旦把盏长吁科云)请吃酒。

[上小楼]合欢未已,离愁相继。想着俺前暮私情,昨夜成亲,今日别离。我谂知这几日相思滋味⑦,却原来比别离情更增十倍。

[幺篇]年少呵轻远别,情薄呵易弃掷。全不想腿儿相挨,脸儿相偎,手儿相携。你与俺崔相国做女婿,妻荣夫贵,但得一个并头莲,煞强如状元及第。

(夫人云)红娘把盏者!(红把酒科)(旦唱)

[满庭芳]供食太急,须臾对面;顷刻别离。若不是酒席间子母每当回避,有心待与他举案齐眉。虽然是厮守得一时半刻,也合着俺夫妻每共桌而食。眼底空留意,寻思起就里,险化做望夫石。

(红云)姐姐不曾吃早饭,饮一口儿汤水。(旦云)红娘,甚么汤水咽得下。

[快活三]将来的酒共食,尝着似土和泥;假若便是土和泥,也有些土气息,泥滋味。

[朝天子]暖溶溶玉醅,白泠泠似水。多半是相思泪。眼面前茶饭怕不待要吃,恨塞满愁肠胃。蜗角虚名,蝇头微利,拆鸳鸯在两下里。一个这壁,一个那壁,一递一声长吁气。

(夫人云)辆起车儿⑧,俺先回去,小姐随后和红娘来。(下)(末辞洁科)(洁云)此一行别无话儿,贫僧准备买登科录看⑨,做亲的茶饭,少不得贫僧的。先生在意,鞍马上保重者!从今经忏无心礼,专听春雷第一声。(下)(旦唱)

[四边静]霎时间杯盘狼藉,车儿投东,马儿向西。两意徘徊,落日山横

翠。知他今宵宿在那里?有梦也难寻觅。

张生,此一行得官不得官,疾便回来。(末云)小生这一去,白夺一个状元。正是:青霄有路终须到,金榜无名誓不归。(旦云)君行别无所赠,口占一绝,为君送行:弃掷今何在,当时且自亲。还将旧来意,怜取眼前人。(末云)小姐之意差矣,张珙更敢怜谁?谨赓一绝⑩,以剖寸心:人生长远别,孰与最关亲?不遇知音者,谁怜长叹人?(旦唱)

[耍孩儿]淋漓襟袖啼红泪,比司马青衫更湿。伯劳东去燕西飞,未登程先问归期。虽然眼底人千里,且尽生前酒一杯。未饮心先醉,眼中流血,心里成灰。

[五煞]到京师服水土,趁程途节饮食,顺时自保揣身体⑪。荒村雨露宜眠早,野店风霜要起迟。鞍马秋风里,最难调护,最要扶持。

[四煞]这忧愁诉与谁?相思只自知,老天不管人憔悴。泪添九曲黄河溢,恨压三峰华岳低。到晚来闷把西楼倚,见了些夕阳古道,衰柳长堤。

[三煞]笑吟吟一处来,哭啼啼独自归。归家若到罗帏里,昨宵个绣衾香暖留春住,今夜个翠被生寒有梦知。留恋你别无意,见据鞍上马,阁不住泪眼愁眉。

(末云)有甚言语,嘱咐小生咱?(旦唱)

[二煞]你休忧文齐福不齐,我则怕你停妻再娶妻。休要一春鱼雁无消息,我这里青鸾有信频须寄,你却休金榜无名誓不归。此一节君须记:若见了那异乡花草,再休似此处栖迟。

(末云)再谁似小姐,小生又生此念?(旦唱)

[一煞]青山隔送行,疏林不做美,淡烟暮霭相遮蔽。夕阳古道无人语,禾黍秋风听马嘶。我为甚么懒上车儿内。来时甚急,去后何迟!

(红云)夫人去好一会,姐姐,咱家去。(旦唱)

[收尾]四围山色中,一鞭残照里。遍人间烦恼填胸臆,量这些大小车儿如何载得起?

(旦红下)(末云)仆童,赶早行一程儿,早寻个宿处。泪随流水急,愁逐野云飞。(下)

【注释】

① 取应:指参加科举考试。 ② 迤迤:行动迟缓。 ③ 破题儿:起头,一开始。 ④ 挣揣:争取、夺取。 ⑤ 死临侵地:呆呆地,无精打采。 ⑥ 时间:眼下。 ⑦ 谂(shěn):知道。 ⑧ 辆起车儿:套好车儿。 ⑨ 登科录:登载新中进士名字的册子。 ⑩ 赓

(gēng):续。　⑪揣:思忖,掂量,关心。

【集评】

　　《西厢》文字,一味以摹索为工。如莺张情事,则从红口中摹索之;老夫人及莺意中事,则从张生口中摹索之。且莺、张及老夫人,未必实有此事也,的是镜花水月神品。……作《西厢》者,妙在竭力描写莺之娇痴,张之呆趣,方为传神。若写作淫妇人风浪子模样,便河汉矣。在红则一味滑利机巧,不失使女家风。读此记者,当作如是观。……读别样文字,精神尚在文字里。读至《西厢》曲,便只见精神,并不见文字。咦!异矣哉!([明]李卓吾先生读《西厢记》类语,明崇祯年间固陵孔如氏刻本《三先生合评元本北西厢》卷首。)

　　《西厢》妙处,不当以字句求之。其联络顾盼,斐亹映发,如长河之流,率然之蛇,是一片段好文字,他曲莫及。([明]王骥德《新校注古本西厢记》卷六,明万历四十二年香雪居刻本。)

　　吾于古曲中,取其全本不懈,多瑜鲜瑕者,惟《西厢》能之。([清]李渔撰、单锦珩点校《闲情偶寄》,浙江古籍出版社1985年版,第16页。)

【思考题】

　　1. 这一折主要表现送别的场景,请你思考一下这里对送别的描写与传统赠别诗词有何联系。

　　2. 有人说元杂剧就是在用戏剧的形式写诗,你觉得这一说法有没有道理?请结合这一折来谈谈你的理解。

【深度阅读】

　　1. [元]王实甫撰、张燕瑾校注《西厢记》,人民文学出版社1997年版。

　　2. [金]董解元《西厢记诸宫调》,人民文学出版社1997年版《西厢记》附录。

　　3. [唐]元稹《莺莺传》,齐鲁书社1997年版鲁迅校录《唐宋传奇集》。

牡丹亭(节选)
汤显祖

　　汤显祖(1550—1616),字义仍,号海若、若士、清远道人,江西临川人。

明万历十一年(1583)进士,历任南京太常寺博士、南京礼部祠祭司主事、广东徐闻典史、浙江遂昌知县等职。后向吏部请长假,退居故乡临川,从此未再重返官场。《明史》卷三二六有传。

告假返乡几年后,汤显祖即开始创作《牡丹亭》(1598)、《南柯记》(1600)、《邯郸记》(1601)等传奇。其中最著名的是《牡丹亭》,这部传奇是以《杜丽娘慕色还魂》话本为蓝本,结合六朝志怪小说中的再生型故事编写而成。剧中安排了杜丽娘因情而死,但又死而复生,终于与梦中情人结为连理的美好结局。这样一种结局安排反映出汤显祖重情轻理的文学观念。在《牡丹亭·题词》中,汤氏云:"如丽娘者,乃可谓之有情人耳。情不知所起,一往而深。生者可以死,死可以生。生而不可与死,死而不可复生者,皆非情之至也。……嗟乎! 人世之事,非人世所可尽。自非通人,恒以理相格耳。第云理之所必无,安知情之所必有邪!"就艺术上而言,《牡丹亭》是一部曲辞优美、诗意盎然、充满强烈抒情性而又不乏诙谐趣味的戏剧,尤其是以细腻纤丽的文笔描写了青年女性的情感意识与心理活动,在中国文学史上,只有此前的《西厢记》与此后的《红楼梦》可与之相比,而其中对女性自然情爱意识萌动过程的描述则是无与伦比的。这主要体现在《惊梦》与《寻梦》两出戏中。

本篇选自汤显祖撰,徐朔方、杨笑梅校注《牡丹亭》,人民文学出版社1997年版。

第十出　惊梦

[绕池游](旦上)梦回莺啭,乱煞年光遍①。人立小庭深院。(贴)炷尽沉烟②,抛残绣线,恁今春关情似去年? [乌夜啼](旦)晓来望断梅关③,宿妆残。(贴)你侧着宜春髻子恰凭栏④。(旦)剪不断,理还乱,闷无端。(贴)已分付催花莺燕借春看。(旦)春香,可曾叫人扫除花径? (贴)分付了。(旦)取镜台衣服来。(贴取镜台衣服上)"云髻罢梳还对镜,罗衣欲换更添香"。镜台衣服在此。

[步步娇](旦)袅晴丝吹来闲庭院⑤,摇漾春如线。停半晌、整花钿。没揣菱花⑥,偷人半面,迤逗的彩云偏⑦。(行介)步香闺怎便把全身现! (贴)今日穿插的好。

[醉扶归](旦)你道翠生生出落的裙衫儿茜⑧,艳晶晶花簪八宝填⑨,可知我常一生儿爱好是天然⑩。恰三春好处无人见⑪。不隄防沉鱼落雁鸟惊喧,则怕的羞花闭月花愁颤。(贴)早茶时了,请行。(行介)你看:"画廊金粉半零星,池

馆苍苔一片青。踏草怕泥新绣袜,惜花疼煞小金铃⑫。"(旦)不到园林,怎知春色如许!

[皂罗袍]原来姹紫嫣红开遍,似这般都付与断井颓垣。良辰美景奈何天,赏心乐事谁家院!恁般景致,我老爷和奶奶再不提起。(合)朝飞暮卷⑬,云霞翠轩;雨丝风片,烟波画船——锦屏人忒看的这韶光贱⑭!(贴)是花都放了,那牡丹还早。

[好姐姐](旦)遍青山啼红了杜鹃⑮,荼蘼外烟丝醉软。春香呵,牡丹虽好,他春归怎占的先⑯!(贴)成对儿莺燕呵。(合)闲凝眄⑰,生生燕语明如翦,呖呖莺歌溜的圆。(旦)去罢。(贴)这园子委是观之不足也。(旦)提他怎的!(行介)

[隔尾]观之不足由他缱⑱,便赏遍了十二亭台是枉然。到不如兴尽回家闲过遣。(作到介)(贴)"开我西阁门,展我东阁床。瓶插映山紫,炉添沉水香。"小姐,你歇息片时,俺瞧老夫人去也。(下)(旦叹介)"默地游春转,小试宜春面⑲。"春呵,得和你两留连,春去如何遣!咳,恁般天气,好困人也。春香那里?(作左右瞧介)(又低首沉吟介)天呵,春色恼人,信有之乎!常观诗词乐府,古之女子,因春感情,遇秋成恨,诚不谬矣。吾今年已二八,未逢折桂之夫;忽慕春情,怎得蟾宫之客?昔日韩夫人得遇于郎⑳,张生偶逢崔氏㉑,曾有《题红记》《崔徽传》二书。此佳人才子,前以密约偷期,后皆得成秦晋㉒。(长叹介)吾生于宦族,长在名门。年已及笄㉓,不得早成佳配,诚为虚度青春,光阴如过隙耳。(泪介)可惜妾身颜色如花,岂料命如一叶乎!

[山坡羊]没乱里春情难遣㉔,蓦地里怀人幽怨。则为俺生小婵娟,拣名门一例、一例里神仙眷。甚良缘,把青春抛的远!俺的睡情谁见?则索因循腼腆㉕。想幽梦谁边,和春光暗流转?迁延,这衷怀那处言!淹煎,泼残生㉖,除问天!身子困乏了,且自隐几而眠㉗。(睡介)(梦生介)(生持柳枝上)"莺逢日暖歌声滑,人遇风情笑口开。一径落花随水入,今朝阮肇到天台㉘。"小生顺路儿跟着杜小姐回来,怎生不见?(回看介)呀,小姐,小姐!(旦作惊起介)(相见介)(生)小生那一处不寻访小姐来,却在这里!(旦作斜视不语介)(生)恰好花园内,折取垂柳半枝。姐姐,你既淹通书史,可作诗以赏此柳枝乎?(旦作惊喜,欲言又止介)(背想)这生素昧平生,何因到此?(生笑介)小姐,咱爱杀你哩!

[山桃红]则为你如花美眷,似水流年,是答儿闲寻遍㉙。在幽闺自怜。小姐,和你那答儿讲话去。(旦作含笑不行)(生作牵衣介)(旦低问)那边去?(生)转过这芍药栏前,紧靠湖山石边。(旦低问)秀才,去怎的?(生低答)和你把领扣松,衣带宽,袖梢儿揾着牙儿苫也,则待你忍耐温存一晌眠。(旦作羞)(生前抱)(旦推介)(合)是那处曾相见,相看俨然,早难道这好处相逢无一言㉚?(生强抱旦下)

（末扮花神束发冠，红衣插花上）"催花御史惜花天，检点春工又一年。蘸客伤心红雨下[31]，勾人悬梦彩云边。"吾乃掌管南安府后花园花神是也。因杜知府小姐丽娘，与柳梦梅秀才，后日有姻缘之分。杜小姐游春感伤，致使柳秀才入梦。咱花神专掌惜玉怜香，竟来保护他，要他云雨十分欢幸也。

〔鲍老催〕（末）单则是混阳蒸变[32]，看他似虫儿般蠢动把风情扇。一般儿娇凝翠绽魂儿颤[33]。这是景上缘[34]，想内成，因中见。呀，淫邪展污了花台殿[35]。咱待拈片落花儿惊醒他。（向鬼门丢花介）[36]他梦酣春透了怎留连？拈花闪碎的红如片。秀才才到的半梦儿；梦毕之时，好送杜小姐仍归香阁。吾神去也。（下）

〔山桃红〕（生、旦携手上）（生）这一霎天留人便，草藉花眠。小姐可好？（旦低头介）（生）则把云鬟点，红松翠偏。小姐休忘了呵，见了你紧相偎，慢厮连，恨不得肉儿般团成片也，逗的个日下胭脂雨上鲜。（旦）秀才，你可去呵？（合）是那处曾相见，相看俨然，早难道这好处相逢无一言？（生）姐姐，你身子乏了，将息，将息。（送旦依前作睡介）（轻拍旦介）姐姐，俺去了。（作回顾介）姐姐，你可十分将息，我再来瞧你那。"行来春色三分雨，睡去巫山一片云。"（下）（旦作惊醒，低叫介）秀才，秀才，你去了也？（又作凝睡介）（老旦上）"夫婿坐黄堂，娇娃立绣窗。怪他裙衩上，花鸟绣双双。"孩儿，孩儿，你为甚瞌睡在此？（旦作醒，叫秀才介）咳也。（老旦）孩儿怎的来？（旦作惊起介）奶奶到此！（老旦）我儿，何不做些针指，或观玩书史，舒展情怀？因何昼寝在此？（旦）孩儿适花园中闲玩，忽值春暄恼人，故此回房。无可消遣，不觉困倦少息。有失迎接，望母亲恕儿之罪。（老旦）孩儿，这后花园中冷静，少去闲行。（旦）领母亲严命。（老旦）孩儿，学堂看书去。（旦）先生不在，且自消停[37]。（老旦叹介）女孩儿长成，自有许多情态，且自由他。正是："宛转随儿女，辛勤做老娘。"（下）（旦长叹介）（看老旦下介）哎也，天那，今日杜丽娘有些侥幸也。偶到后花园中，百花开遍，睹景伤情。没兴而回，昼眠香阁。忽见一生，年可弱冠，丰姿俊妍。于园中折得柳丝一枝，笑对奴家说："姐姐既淹通书史，何不将柳枝题赏一篇？"那时待要应他一声，心中自忖，素昧平生，不知名姓，何得轻与交言。正如此想间，只见那生向前说了几句伤心话儿，将奴搂抱去牡丹亭畔，芍药栏边，共成云雨之欢。两情和合，真个是千般爱惜，万种温存。欢毕之时，又送我睡眠，几声"将息"。正待自送那生出门，忽值母亲来到，唤醒将来。我一身冷汗。乃是南柯一梦。忙身参礼母亲，又被母亲絮了许多闲话。奴家口虽无言答应，心内思想梦中之事，何曾放怀。行坐不宁，自觉如有所失。娘呵，你教我学堂看书去，知他看那一种书消闷也。（作掩泪介）

〔绵搭絮〕雨香云片[38]，才到梦儿边。无奈高堂，唤醒纱窗睡不便。泼新鲜冷汗粘煎，闪的俺心悠步亸[39]，意软鬟偏。不争多费尽神情，坐起谁忺[40]？则待去眠。(贴上)"晚妆销粉印，春润费香篝[41]。"小姐，薰了被窝睡罢。

[尾声](旦)困春心游赏倦，也不索香薰绣被眠。天呵，有心情那梦儿还去不远。

春望逍遥出画堂，张说　间梅遮柳不胜芳。罗隐
可知刘阮逢人处？许浑　回首东风一断肠。韦庄

【注释】

① 乱煞年光遍：春光缭乱，到处都是。 ② 炷尽沉烟：沉水香已经燃尽。 ③ 望断：望不见。梅关：即大庾岭，宋代在这里设有梅关。 ④ 宜春髻子：古代妇女在立春这一天用彩绸剪成燕子状，上贴"宜春"二字，戴在发髻上。 ⑤ 袅：柔软悠长。晴丝：春天虫类吐出的丝。这里与"情丝"谐音。 ⑥ 没揣：没料到。菱花：指镜子，背面装饰有菱花，故称。⑦ 迤逗：引逗。彩云：指头发。 ⑧ 翠生生：颜色鲜艳。茜：红色。 ⑨ 花簪八宝填：上面装饰着很多珠宝的簪子。 ⑩ 爱好：爱美。 ⑪ 三春好处：春天的美景，这里指女性青春的美貌。 ⑫ 惜花疼煞小金铃：天宝年间，宁王爱惜园中百花，为防鸟雀破坏，在花枝上系上很多小金铃，鸟来则拉动铃铛以惊之。 ⑬ 朝飞暮卷：出自王勃《滕王阁诗》"画栋朝飞南浦云，珠帘暮卷西山雨"。 ⑭ 锦屏人：深闺中人。 ⑮ 遍青山啼红了杜鹃：在杜鹃的啼声中，漫山都开遍了杜鹃花。这是很特殊的句法。 ⑯ 他春归怎占的先：这里是说牡丹开得晚，故凋谢得也晚。 ⑰ 眄(miǎn)：斜着眼睛看。 ⑱ 缱：留恋不舍。 ⑲ 宜春面：指新妆。 ⑳ 韩夫人得遇于郎：唐僖宗时宫女韩氏在红叶上题诗，从御沟流出，被于祐拾取，和诗一首题于其上，从御沟流入，为韩氏拾取。后来二人成为夫妇。 ㉑ 张生偶逢崔氏：指唐代著名传奇《莺莺传》的主人公张生与崔莺莺。 ㉒ 得成秦晋：结成夫妇。 ㉓ 年已及笄(jī)：古代女子满十五岁，到了可以结婚的年龄。 ㉔ 没乱里：指心情很乱。 ㉕ 则索：只得。 ㉖ 淹煎：煎熬。泼残生：苦命。 ㉗ 隐几：靠着桌案。 ㉘ 今朝阮肇到天台：指刘晨、阮肇在天台山遇到仙女事，出自《幽明录》。 ㉙ 是答儿：到处。 ㉚ 早难道：难以言传。 ㉛ 蘸：指花落到人身上。红雨：落花。 ㉜ 混阳蒸变：阴阳二气融合变化。㉝ 一般儿娇凝翠绽魂儿颤：指男女交欢情状。 ㉞ 景上缘：梦幻中的因缘。 ㉟ 展污：玷污。 ㊱ 鬼门：戏台上演员上下场的门。 ㊲ 消停：休息。 ㊳ 雨香云片：即指云雨。㊴ 亸(duǒ)：歪斜。 ㊵ 忺(xiān)：惬意。 ㊶ 春润费香篝：春天潮湿，需要用薰笼点香烘烤衣物。香篝：薰笼。

【集评】

夫乾坤首载乎《易》，《郑》《卫》不删于《诗》，非情也乎哉！不若临川老人括男女之思而托之于梦。梦觉索梦，梦不可得，则至人与愚人同矣；情觉索情，情不可得，则太上与吾辈同矣。化梦还觉，化情归性，虽善谈名理者，

其孰能与于斯！（［明］陈继儒《〈批点牡丹亭〉题词》，［明］汤显祖撰、徐朔方笺校《汤显祖集》，中华书局1962年版，第四册第1545页。）

即若士自谓：一生四梦，得意处惟在《牡丹》。情深一叙，读未三行，人已魂销肌栗。杜丽娘之妖也，柳梦梅之痴也，老夫人之软也，杜安抚之古执也，陈最良之雾也，春香之贼牢也，无不从筋节窍髓，以探其七情生动之微也。（［明］王思任《〈批点玉茗堂牡丹亭〉叙》，蔡毅编著《中国古典戏曲序跋汇编》，齐鲁书社1989年版，第二册第1228页。）

《牡丹亭》传奇，以诗人忠厚之旨，为词人丽则之言，句必尖新，义归浑雅。高东嘉为曲圣，汤玉茗为曲仙，洵乐府中醇乎醇者。（《重刻清晖阁批点〈牡丹亭〉凡例》，蔡毅编著《中国古典戏曲序跋汇编》，齐鲁书社1989年版，第二册第1230页。）

【思考题】

1. 这出戏是如何表现杜丽娘的青春苦闷的？
2. 请比较《牡丹亭》与《西厢记》的唱词在风格上的差异。
3. 请结合明代社会背景思考这出戏中所描写的男女欢会情节的意义。

【深度阅读】

1. ［明］汤显祖撰，徐朔方、杨笑梅校注《牡丹亭》，人民文学出版社1963年版。
2. ［明］汤显祖撰、钱南扬辑校《汤显祖戏曲集》，上海古籍出版社2010年版。
3. 徐朔方《汤显祖评传》，南京大学出版社2011年版。

桃花扇（节选）

孔尚任

孔尚任（1648—1718），字聘之，一字季重，号东塘、岸堂、云亭山人，清山东曲阜人，孔子第六十四代孙。曾多次参加科举考试，皆不中。康熙二十三年（1684），康熙南巡途中至曲阜祭孔，孔尚任为康熙陈说《大学》首节之大义，受到褒奖，授国子监博士。翌年入京就职。不久随工部侍郎孙在丰往淮扬治理黄河入海口，在扬州一带滞留三年，结交了许多南方人士，了解了很多明末历史人物的生平事迹，为此后的戏曲创作积累了大量素材。作品有诗文集《石门山集》《湖海集》《岸堂稿》《长留集》，戏剧《小忽雷》《桃花扇》，其中《桃花扇》为其代表作。此剧从构思到完成，几历二十年。完成后众人纷纷传抄，并很快搬上舞台，频繁上演。据孔尚任在此剧的"试一出"中云，《桃花扇》乃是"借离合之情，写兴亡之感，实事实人，有凭有据"。通过主人公侯方域(侯朝宗)与李香君二人的悲欢离合反映明末的历史剧变，是这部戏剧最重要的艺术特色。

本出戏主要表现一批隐居在南京附近山中的明朝遗民对故国的追怀与对历史巨变的慨叹。选自孔尚任撰、王季思等校注《桃花扇》，人民文学出版社2002年版。

续四十出　余韵

[西江月](净扮樵子挑担上)放目苍崖万丈，拂头红树千枝；云深猛虎出无时，也避人间弓矢。建业城啼夜鬼，维扬井贮秋尸①；樵夫剩得命如丝，满肚南朝野史。在下苏昆生，自从乙酉年同香君到山②，一住三载，俺就不曾回家，往来牛首、栖霞③，采樵度日。谁想柳敬亭与俺同志，买只小船，也在此捕鱼为业。且喜山深树老，江阔人稀；每日相逢，便把斧头敲着船头，浩浩落落，尽俺歌唱，好不快活。今日柴担早歇，专等他来促膝闲话，怎的还不见到。(歇担盹睡介)(丑扮渔翁摇船上)年年垂钓鬓如银，爱此江山胜富春；歌舞丛中征战里，渔翁都是过来人。俺柳敬亭送侯朝宗修道之后，就在这龙潭江畔，捕鱼三载，把些兴亡旧事，付之风月闲谈。今值秋雨新晴，江光似练，正好寻苏昆生饮酒谈心。(指介)你看，他早已醉倒在地，待我上岸唤他醒来。(作上岸介)(呼介)苏昆生。(净醒介)大哥果然来了。(丑拱介)贤弟偏杯呀！(净)柴不曾卖，那得酒来。(丑)愚兄也没卖鱼，都是空囊，怎么处？(净)有了，有了！你输水，我输柴，大家煮茗清谈罢。(副末扮老赞礼，提弦携壶上)江山江山，一忙一闲，谁赢谁输，两鬓皆斑。(见介)原来是柳、苏两位老哥。(净、丑拱介)老相公怎得到此？(副末)老夫住在燕子矶边，今乃戊子年九月十七日④，是福德星君降生之辰；我同些山中社友，到福德神祠祭赛已毕，路过此间。(净)为何挟着弦子，提着酒壶？(副末)见笑见笑！老夫编了几句神弦歌，名曰[问苍天]。今日弹唱乐神，社散之时，分得这瓶福酒。恰好遇着二位，就同饮三杯罢。(丑)怎好取扰。(副末)这叫做"有福同享"。(净、丑)好，好！(同坐饮介)(净)何不把神弦歌领略一回？(副末)使得！老夫的心事，正要请教二位哩。(弹弦唱巫腔，净、丑拍手衬介)

〔问苍天〕新历数,顺治朝,岁在戊子;九月秋,十七日,嘉会良时。击神鼓,扬灵旗,乡邻赛社;老逸民,剃白发,也到丛祠。椒作栋,桂为楣,唐修晋建;碧和金,丹间粉,画壁精奇。貌赫赫,气扬扬,福德名位;山之珍,海之宝,总掌无遗。超祖祢⑤,迈君师,千人上寿;焚郁兰,奠清醑⑥,夺户争墀。草笠底,有一人,掀须长叹:贫者贫,富者富,造命奚为⑦?我与尔,较生辰,同月同日;囊无钱,灶断火,不啻乞儿。六十岁,花甲周,桑榆暮矣⑧;乱离人,太平犬,未有亨期⑨。称玉斝,坐琼筵,尔餐我看;谁为灵,谁为蠢,贵贱失宜。臣稽首,叫九阍⑩,开聋启瞶;宣命司,检禄籍,何故差池。金阙远,紫宸高⑪,苍天梦梦⑫;迎神来,送神去,舆马风弛。歌舞罢,鸡豚收,须臾社散;倚枯槐,对斜日,独自凝思。浊享富,清享名,或分两例;内才多,外财少,应不同规。热似火,福德君,庸人父母;冷如冰,文昌帝,秀士宗师。神有短,圣有亏,谁能足愿;地难填,天难补,造化如斯。释尽了,胸中愁,欣欣微笑;江自流,云自卷,我又何疑。

(唱完放弦介)出丑之极。(净)妙绝!逼真《离骚》《九歌》了。(丑)失敬,失敬!不知老相公竟是财神一转哩。(副末让介)请干此酒。(净咂舌介)这寡酒好难吃也。(丑)愚兄倒有些下酒之物。(净)是什么东西?(丑)请猜一猜。(净)你的东西不过是些鱼鳖虾蟹。(丑摇头介)猜不着,猜不着。(净)还有什么异味?(丑指口介)是我的舌头。(副末)你的舌头,你自下酒,如何让客。(丑笑介)你不晓得,古人以《汉书》下酒;这舌头会说《汉书》,岂非下酒之物。(净取酒斟介)我替老哥斟酒,老哥就把《汉书》说来。(副末)妙妙!只恐菜多酒少了。(丑)既然《汉书》太长,有我新编的一首弹词,叫做〔秣陵秋〕,唱来下酒罢。(副末)就是俺南京的近事么?(丑)便是!(净)这都是俺们耳闻眼见的,你若说差了,我要罚的。(丑)包管你不差。(丑弹弦介)六代兴亡,几点清弹千古慨;半生湖海,一声高唱万山惊。(照盲女弹词唱介)

〔秣陵秋〕陈隋烟月恨茫茫,井带胭脂土带香;驰荡柳绵沾客鬓,叮咛莺舌恼人肠。中兴朝市繁华续,遗孽儿孙气焰张;只劝楼台追后主,不愁弓矢下残唐。蛾眉越女才承选,燕子吴歈早擅场⑬,力士签名搜笛步⑭,龟年协律奉椒房⑮。西昆词赋新温李⑯,乌巷冠裳旧谢王⑰;院院宫妆金翠镜,朝朝楚梦雨云床。五侯阃外空狼燧⑱,二水洲边自雀舫⑲;指马谁攻秦相诈⑳,入林都畏阮生狂㉑。春灯已错从头认㉒,社党重钩无缝藏;借手杀仇长乐老㉓,胁肩媚贵半闲堂㉔。龙钟阁部啼梅岭㉕,跋扈将军噪武昌;九曲河流晴唤渡㉗,千寻江岸夜移防㉘。琼花劫到雕栏损㉙,《玉树》歌终画殿凉㉚;沧海迷家龙寂寞,风尘失伴凤彷徨。青衣衔璧何年返㉛,碧血溅沙此地亡;南内汤池仍蔓草,东陵辇路又斜阳。全开锁钥淮扬泗,难整乾坤左史黄㉜。建帝飘零烈帝惨㉝,英宗困顿武宗荒;那知还有福王一,临去秋波泪数行。

(净)妙妙!果然一些不差。(副末)虽是几句弹词,竟似吴梅村一首长歌㉞。(净)老哥学问大进,该敬一杯。(斟酒介)(丑)倒叫我吃寡酒了。(净)愚弟也有些许下酒之物。(丑)你的东西,一定是山肴野蔌了㉟。(净)不是,不是。昨日南京卖柴,特地带来的。(丑)取来共享罢。(净指口介)也是舌头。(副末)怎的也是舌头?(净)不瞒二位说,我三年没到南京,忽然高兴,进城卖柴。路过孝陵㊱,见那宝城享殿㊲,成了刍牧之场㊳。(丑)呵呀呀!那皇城如何?(净)那皇城墙倒宫塌,满地蒿莱了。(副末掩泪介)不料光景至此。(净)俺又一直走到秦淮,立了半晌,竟没一个人影儿。(丑)那长桥旧院,是咱们熟游之地,你也该去瞧瞧。(净)怎的没瞧,长桥已无片板,旧院成了一堆瓦砾。(丑捶胸介)咳!恸死俺也。(净)那时疾忙回首,一路伤心;编成一套北曲,名为[哀江南]。待我唱来!(敲板唱弋阳腔介)俺樵夫呵!

[哀江南][北新水令]山松野草带花挑,猛抬头秣陵重到。残军留废垒,瘦马卧空壕;村郭萧条,城对着夕阳道。

[驻马听]野火频烧,护墓长楸多半焦。山羊群跑,守陵阿监几时逃。鸽翎蝠粪满堂抛,枯枝败叶当阶罩;谁祭扫,牧儿打碎龙碑帽。

[沉醉东风]横白玉八根柱倒,堕红泥半堵墙高,碎琉璃瓦片多,烂翡翠窗棂少,舞丹墀燕雀常朝,直入宫门一路蒿,住几个乞儿饿殍。

[折桂令]问秦淮旧日窗寮,破纸迎风,坏槛当潮,目断魂消。当年粉黛,何处笙箫。罢灯船端阳不闹,收酒旗重九无聊。白鸟飘飘,绿水滔滔,嫩黄花有些蝶飞,新红叶无个人瞧。

[沽美酒]你记得跨青溪半里桥,旧红板没一条。秋水长天人过少,冷清清的落照,剩一树柳弯腰。

[太平令]行到那旧院门,何用轻敲,也不怕小犬哮哮㊴。无非是枯井颓巢,不过些砖苔砌草。手种的花条柳梢,尽意儿采樵;这黑灰是谁家厨灶?

[离亭宴带歇指煞]俺曾见金陵玉殿莺啼晓,秦淮水榭花开早,谁知道容易冰消。眼看他起朱楼,眼看他宴宾客,眼看他楼塌了。这青苔碧瓦堆,俺曾睡风流觉,将五十年兴亡看饱。那乌衣巷不姓王,莫愁湖鬼夜哭,凤凰台栖枭鸟。残山梦最真,旧境丢难掉,不信这舆图换稿。诌一套[哀江南],放悲声唱到老。

(副末掩泪介)妙是绝妙,惹出我多少眼泪。(丑)这酒也不忍入唇了,大家谈谈罢。(副净时服,扮皂隶暗上)朝陪天子辇,暮把县官门;皂隶原无种,通侯岂有根?自家魏国公嫡亲公子徐青君的便是㊵,生来富贵,享尽繁华。不料国破家亡,剩了区区一口。没奈何在上元县当了一名皂隶,将就度日。今奉本官签票,访求山林隐逸,只得下乡走走。(望介)那江岸之上,有几个老儿闲坐,不免上前讨火,就便访问。正是:开国元勋留狗尾,换朝逸老缩龟头。(前行见介)老哥们有火借一个!(丑)请坐。(副净坐介)(副末问介)看你打扮,像一位公差大哥。(副净)便是。(净问介)要火吃烟么,小弟带有高烟,取出奉敬罢。(敲火取烟奉副净介)(副净吃烟介)好高烟,好高烟!(作晕醉卧倒介)(净扶介)(副净)不要拉我,让我歇一歇,就好了。(闭目卧介)(丑问副末介)记得三年之前,老相公捧着史阁部衣冠㊶,要葬在梅花岭下,后来怎样?(副末)后来约了许多忠义之士,齐集梅花岭,招魂埋葬,倒也算千秋盛事,但不曾立得碑碣。(净)好事,好事,只可惜黄将军刎颈报主,抛尸路旁,竟无人埋葬。(副末)如今好了,也是我老汉同些村中父老,检骨殡殓,起一座大大的坟茔,好不体面。(丑)你这两件功德,却也不小哩。(净)二位不知,那左宁南气死战船时㊷,亲朋尽散,却是我老苏殡殓了他。(副末)难得,难得。闻他儿子左梦庚袭了前程,昨日扶柩回去了。(丑掩泪介)左宁南是我老柳知己。我曾托蓝田叔画他一幅影像,又求钱牧斋题赞了几句;逢时遇节,展开祭拜,也尽俺一点报答之意。(副净醒,作悄语介)听他说话,像几个山林隐逸。(起身问介)三位是山林隐逸么?(众起拱介)不敢,不敢,为何问及山林隐逸?(副净)三位不知么,现今礼部上本,搜寻山林隐逸。抚按大老爷张挂告示,布政司行文已经月馀,并不见一人报名。府县着忙,差俺们各处访拿,三位一定是了,快快跟我回话去。(副末)老哥差矣,山林隐逸乃文人名士,不肯出山的。老夫原是假斯文的一个老赞礼,那里去得。(丑、净)我两个是说书唱曲的朋友,而今做了渔翁樵子,益发不中了。(副净)你们不晓得,那些文人名士,都是识时务的俊杰,从三年前俱已出山了。目下正要访拿你辈哩。(副末)咦,征求隐逸,乃朝廷盛典,公祖父母俱当以礼相聘,怎么要拿起来!定是你这衙役们奉行不善。(副净)不干我事,有本县签票在此,取出你看。(取看签票欲拿介)(净)果有这事哩。(丑)我们竟走开如何?(副末)有理。避祸今何晚,入山昔未深。(各分走下)(副净赶不上介)你看他登崖涉涧,竟各逃走无踪。

[清江引]大泽深山随处找,预备官家要。抽出绿头签㊸,取开红圈票㊹,把几个白衣山人吓走了。

(立听介)远远闻得吟诗之声,不在水边,定在林下,待我信步找去便了。(急下)(内吟诗曰)

渔樵同话旧繁华,短梦寥寥记不差。

曾恨红笺衔燕子,偏怜素扇染桃花。
笙歌西第留何客?烟雨南朝换几家?
传得伤心临去语,年年寒食哭天涯。

【注释】

① 维扬:扬州。井贮秋尸:指清兵占领扬州后屠城,百姓死者众多。 ② 乙酉年:1645年,这一年清兵攻占南京。 ③ 牛首、栖霞:都是南京郊外的山名。 ④ 戊子年:1648年。 ⑤ 祢(mí):祭祀父亲的庙。 ⑥ 醑(xǔ):美酒。 ⑦ 造命:造物主。奚为:为何。 ⑧ 桑榆暮矣:所谓桑榆晚景,指人生晚年。 ⑨ 亨:通达。 ⑩ 九阍(hūn):神话传说中天帝之宫。 ⑪ 紫宸:天帝之宫。 ⑫ 梦梦:昏聩。 ⑬ 燕子:明末奸臣阮大铖所撰的《燕子笺》。吴歈(yú):这里指昆曲。《燕子笺》是用昆腔演唱的。歈:歌唱。 ⑭ 力士:唐代的高力士,这里指明宫中负责排戏的太监。签名:按照名单。搜笛步:去妓院中挑选戏曲演员。笛步:南京地名,妓院集中之地。 ⑮ 龟年:唐代著名乐工李龟年,这里指昆曲师傅。椒房:宫女居所。 ⑯ 西昆词赋新温李:北宋的钱惟演、杨亿、刘筠仿李商隐、温庭筠风格所作诗歌,堆砌典故,内容空洞,当时称为西昆体。 ⑰ 乌巷冠裳旧谢王:典出唐代诗人刘禹锡的《乌衣巷》。 ⑱ 五侯:指明末的武将。阃(kǔn)外:指南京城外。阃:门槛。狼燧:狼烟,用来报告紧急军情。 ⑲ 二水洲边:南京的白鹭洲。雀舫:一种游船。此句指南明君臣不顾军情危急,仍沉溺于享乐。 ⑳ 指马谁指秦相诈:以秦国指鹿为马的赵高比拟南明奸相马士英。 ㉑ 入林都畏阮生狂:人们畏惧阮大铖的猖狂而纷纷隐遁山林。 ㉒ 春灯:阮大铖撰《春灯谜》戏曲。已错头头认:阮大铖在《春灯谜》中对自己的行为表示忏悔,但后来又故态复萌。 ㉓ 借手杀仇长乐老:指五代时期的冯道,是阴险小人。暗指阮大铖。 ㉔ 胁肩媚贵半闲堂:以南宋奸相贾似道比拟阮大铖。 ㉕ 龙钟阁部啼梅岭:指史可法在梅岭誓师抗清。 ㉖ 跋扈将军噪武昌:指左良玉,他曾镇守武昌,后移兵东下,讨伐马士英,南京震动。 ㉗ 九曲河流晴唤渡:指南明在黄河沿线不设防,任由清兵南下。 ㉘ 千寻江岸夜移防:指马士英把抵挡清兵的军队调去阻挡左良玉。 ㉙ 琼花:扬州的琼花观。 ㉚《玉树》:指南朝陈后主所作《玉树后庭花》曲。歌终画殿凉:指明灭亡。 ㉛ 青衣:晋怀帝被匈奴刘聪所虏,刘聪让怀帝穿着青衣斟酒。衔璧:古代君王被敌人打败后,绑住双手,口衔玉璧去投降。这里指南明弘光帝被清兵俘虏。 ㉜ 难整乾坤:难以挽回危局。左史黄:左良玉、史可法、黄得功,皆明末抗清将领。 ㉝ 建帝:指明初的建文帝。据说明成祖叛乱占领南京后,他流落在外做了和尚。烈帝:指崇祯皇帝。李自成攻入北京后,崇祯自缢而死。 ㉞ 吴梅村:明末清初著名诗人,擅长歌行体创作。 ㉟ 野蔌(sù):野菜。 ㊱ 孝陵:朱元璋与皇后马氏的合葬陵墓,在南京东郊紫金山麓。 ㊲ 宝城:帝王陵墓地宫之上的城楼。享殿:即供奉灵位、祭祀亡灵的大殿,泛指陵墓的地上建筑群。 ㊳ 刍牧之场:牧场。 ㊴ 哞哞(láo):犬吠声。 ㊵ 徐青君:明朝开国大将徐达的后人。 ㊶ 史阁部衣冠:史可法乃投江而死,人以其衣冠葬之。 ㊷ 左宁南:左良玉。 ㊸ 绿头签:官府捕人的签,以绿色漆其头。 ㊹ 红圈票:官府捕人的文书,在犯人名字上画红圈。

【集评】

　　《桃花扇》一剧,皆南朝新事,父老犹有存者。场上歌舞,局外指点,知三百年之基业,隳于何人,败于何事,消于何年,歇于何地,不独令观者感慨涕零,亦可惩创人心,为末世之一救矣。([清]孔尚任撰,王季思、苏寰中、杨德平合注《桃花扇》,人民文学出版社2002年版,前言第1页。)

　　有明三百年结局,君臣将相,奸佞忠良,其间可褒可诛、可歌可泣者,虽百千万言,亦不能尽。兹独借管弦拍板,写其悲感缠绵之致。又从最不要紧几辈老名士、老白相、老青楼,饮啸诙谐,祸患离合终始之迹,而寄国家兴亡,君子小人,成败死生之大。故贯穿往覆,挥洒淋漓,大旨要归,眼如注矢,凄音楚调,声似回澜。纪事处,忽尔钟情;情尽处,忽尔见道。战争付之流水,儿女归诸空花。作史传观可,作内典观亦可。宁徒慷慨悲歌,听者堕泪而已乎?([清]黄元治《〈桃花扇传奇〉题辞》,[清]孔尚任《桃花扇》,中州书画社1982年版,第21页。)

　　一部传奇,描写五十年前遗事。君臣将相、儿女友朋,无不人人活现,遂成天地间最有关系文章。往昔之汤临川,近今之李笠翁,皆非敌手。([清]刘中柱《〈桃花扇传奇〉题辞》,[清]孔尚任《桃花扇》,中州书画社1982年版,第21页。)

【思考题】

1. 这出戏与前代的咏史怀古诗有何关联?
2. 苏昆生、柳敬亭、老赞礼各自的唱词在风格与写法上有何差异?
3. 这出戏总结了明朝灭亡的哪些教训?

【深度阅读】

1. [清]孔尚任撰、王季思等校注《桃花扇》,人民文学出版社2002年版。
2. 徐振贵《孔尚任评传》,南京大学出版社2011年版。
3. 胡雪冈编著《孔尚任和桃花扇》,上海古籍出版社1985年版。

三　现当代散文、小说、诗歌、戏剧

现代文阅读

大学精神第一

就任北京大学校长之演说
蔡元培

蔡元培(1868—1940),号孑民,生于浙江绍兴,中国现代教育家、政治家。曾任中华民国首任教育总长,1916年12月被任命为北京大学校长。北京大学的前身是清末创设的京师大学堂,官僚积习很深,蔡元培到校后进行了一系列的革新,包括采取"思想自由,兼容并包"的方针,聘任陈独秀、李大钊、胡适、马寅初、陶孟和、钱玄同、刘半农等学者来校任教,调整科系及课程设置,实行教授治校、民主管理,发起组织进德会,培养个人的道德修养等。通过这些革新举措,北京大学的学术空气逐渐浓厚起来,并成为五四新文化运动的发源地,蔡元培也被誉为北京大学的"精神之父"。

本篇选自蔡元培著、高平叔编《蔡元培教育论著选》,人民教育出版社1991年版。

五年前,严几道先生为本校校长时,余方服务教育部,开学日曾有所贡献于同校。诸君多自预科毕业而来,想必闻知。士别三日,刮目相见,况时阅数载,诸君较昔当必为长足之进步矣。予今长斯校,请更以三事为诸君告。

一曰抱定宗旨。诸君来此求学,必有一定宗旨,欲求宗旨之正大与否,必先知大学之性质。今人肄业专门学校,学成任事,此固势所必然。而在大学则不然,大学者,研究高深学问者也。外人每指摘本校之腐败,以求学于此者,皆有做官发财思想,故毕业预科者,多入法科,入文科者甚少,入理科者尤少,盖以法科为干禄之终南捷径也。因做官心热,对于教员,则不问其学问之浅深,惟问其官阶之大小。官阶大者,特别欢迎,盖为将来毕业有人提携也。现在我国精于政法者,多入政界,专任教授者甚少,故聘请教员,不得不聘请兼职之人,亦属不得已之举。究之外人指摘之当否,姑不具论,然弭谤莫如自修,人讥我腐败,而我不腐败,问心无愧,于我何损?果欲达其做官发财之目的,则北京不少专门学校,入法科者尽可肄业法律学堂,入商科者亦可投考商业学校,又何必来此大学?所以诸君须抱定宗旨,为求学而来。入法科者,非为做官;入商科者,非为致富。宗旨既定,自趋正轨。诸君肄业于此,或三年,或四年,时间不为不多,苟能爱惜光阴,孜孜求学,则其造诣，容有底止。若徒志在做官发财，宗旨既乖，趋向自异。平时则放荡冶游，考试则熟读讲义，不问学问之有无，惟争分数之多寡；试验既终，书籍束之高阁，毫不过问，敷衍三、四年，潦草塞责，文凭到手，即可借此活动于社会，岂非与求学初衷大相背驰乎？光阴虚度，学问毫无，是自误也。且辛亥之役，吾人之所以革命，因清廷官吏之腐败。即在今日，吾人对于当轴多不满意，亦以其道德沦丧。今诸君苟不于此时植其基，勤其学，则将来万一因生计所迫，出而任事，担任讲席，则必贻误学生；置身政界，则必贻误国家。是误人也。误己误人，又岂本心所愿乎？故宗旨不可以不正大。此余所希望于诸君者一也。

二曰砥砺德行。方今风俗日偷，道德沦丧，北京社会，尤为恶劣：败德毁行之事，触目皆是，非根基深固，鲜不为流俗所染。诸君肄业大学，当能束身自爱。然国家之兴替，视风俗之厚薄。流俗如此，前途何堪设想。故必有卓绝之士，以身作则，力矫颓俗。诸君为大学学生，地位甚高，肩此重任，责无旁贷，故诸君不惟思所以感己，更必有以励人。苟德之不修，学之不讲，同乎流俗，合乎污世，己且为人轻侮，更何足以感人。然诸君终日伏首案前，芸芸攻苦，毫无娱乐之事，必感身体上之苦痛。为诸君计，莫如以正当之娱乐，易不正当之娱乐，庶于道德无亏，而于身体有益。诸君入分科时，曾填写愿书，遵守本校规则，苟中道而违之，岂非与原始之意相反乎？故品行不可以不谨严。此余所希望于诸君者二也。

三曰敬爱师友。教员之教授，职员之任务，皆以图诸君求学便利，诸君能无动于衷乎？自应以诚相待，敬礼有加。至于同学共处一堂，尤应互相亲爱，庶可收切磋之效。不惟开诚布公，更宜道义相勖，盖同处此校，毁誉共之。同学中苟道德有亏，行有不正，为社会所訾詈，己虽规行矩步，亦莫能辩，此所以必互相劝勉也。余在德国，每至店肆购买物品，店主殷勤款待，付价接物，互相称谢，此虽小节，然亦交际所必需，常人如此，况堂堂大学生乎？对于师友之敬爱，此余所希望于诸君者三也。

余到校视事仅数日，校事多未详悉，兹所计划者二事：一曰改良讲义。诸君既研究高深学问，自与中学、高等不同，不惟恃教员讲授，尤赖一己潜修。以后所印讲义，只列纲要，细微末节，以及精旨奥义，或讲师口授，或自行参考，以期学有心得，能裨实用。二曰添购书籍。本校图书馆书籍虽多，新出者甚少，苟不广为购办，必不足供学生之参考。刻拟筹集款项，多购新书，将来典籍满架，自可旁稽博采，无虞缺乏矣。今日所与诸君陈说者只此，以后会晤日长，随时再为商榷可也。

【集评】

　　尤其北京大学的学生,是从京师大学老爷式学生嬗继下来(初办时所收学生,都是京官,所以学生都被称为老爷,而监督及教员都被称为中堂或大人)。他们的目的,不但在毕业,而尤注重在毕业以后的出路。……这种科举时代遗留下来的劣根性,是于求学上很有妨碍的。所以我到校后第一次演说,就说明"大学学生,当以研究学术为天职,不当以大学为升官发财之阶梯"。(蔡元培《我在北京大学的经历》,《蔡元培谈教育》,辽宁人民出版社2015年版,第159页。)

　　我于1915年到北大,在文科中国哲学门中当学生。蔡先生在1917年初到北大当校长。有一天,我在一个穿堂门的过道中走过,蔡先生不知道有什么事也坐在过道中,我从这位新校长身边走过,觉得他的蔼然仁者、慈祥诚恳的气象,使我心里一阵舒服。我想这大概就是古人所说的春风化雨吧。蔡先生一句话也没有说就使我受到了一次春风化雨之教,这就是不言之教。不言之教比什么言都有效。(冯友兰《我所认识的蔡校长孑民先生》,中国蔡元培研究会编《蔡元培纪念集》,浙江教育出版社1998年版,第142页。)

　　如果你丢一块石子在一池止水的中央,一圈又一圈的微波就会从中荡漾开来,而且愈漾愈远,愈漾愈大。……光绪皇帝在一八九八年变法维新,结果有如昙花一现,所留下的唯一痕迹只是国立北京大学,当时称为京师大学堂或直呼为大学堂,维新运动短暂的潮水已经消退而成为历史陈迹,只留下一些贝壳,星散在这恬静的古都里,供人凭吊。但是在北京大学里,却结集着好些蕴蓄珍珠的活贝;由于命运之神的摆布,北京大学终于在短短三十年历史之内对中国文化与思想提供了重大的贡献。在静水中投下知识革命之石的是蔡孑民先生(元培)。(蒋梦麟《西潮》,《西潮·新潮》,岳麓书社2000年版,第119页。)

【思考题】

　　1. 在这篇演讲中,蔡元培阐述了怎样的"大学理念"?
　　2. 查阅相关资料,了解一下蔡元培任北京大学校长之后,都进行了哪些方面的改革。

【深度阅读】

　　1. 蔡元培著、高平叔编《蔡元培教育论著选》,人民教育出版社1991年版。

2. 梁柱《蔡元培与北京大学》,北京大学出版社1996年修订版。
3. 陈平原、郑勇编《追忆蔡元培》,三联书店2009年增订版。

清华大学王观堂先生纪念碑铭
陈寅恪

陈寅恪(1890—1969),江西修水县人。现代著名历史学家、古典文学研究家、语言学家。其父为清末诗人陈三立,祖父陈宝箴曾任湖南巡抚。出身名门,深受家庭环境的熏陶,陈寅恪从小就博览群书,打下深厚的学术功底,1902年赴日本留学,1910年赴欧洲留学,1918年赴美国哈佛大学留学,1921年赴德国留学。1925年被清华大学聘任,与王国维、梁启超、赵元任并称为清华国学院"四大导师"。曾任中央研究院历史语言研究所研究员、西南联大教授、广州岭南大学教授、中国科学院社会科学学部委员等职务。主要著作有《隋唐制度渊源略论稿》《唐代政治史述论稿》《元白诗笺证稿》《柳如是别传》等。

1927年6月,王国维投水自沉于颐和园昆明湖,两年后陈寅恪为清华大学所立王国维纪念碑撰写了这篇铭文。选自陈寅恪《金明馆丛稿二编》,三联书店2009年版。

海宁王先生自沉后二年,清华研究院同人咸怀思不能自已。其弟子受先生之陶冶煦育者有年,尤思有以永其念。佥曰宜铭之贞珉,以昭示于无竟。因以刻石之词命寅恪,数辞不获已,谨举先生之志事,以普告天下后世。其词曰:士之读书治学,盖将以脱心志于俗谛之桎梏,真理因得以发扬。思想而不自由,毋宁死耳。斯古今仁圣同殉之义谛,夫岂庸鄙之敢望。先生以一死见其独立自由之意志,非所论于一人之恩怨,一姓之兴亡。呜呼!树兹石于讲舍,系哀思而不忘。表哲人之奇节,诉真宰之茫茫。来世不可知者也。先生之著述,或有时而不章;先生之学说,或有时而可商。惟此独立之精神,自由之思想,历千万祀,与天壤而同久,共三光而永光。

【集评】

我当时是清华研究院导师,认为王国维是近世学术界最主要的人物,故撰文来昭示天下后世研究学问的人。特别是研究史学的人。我认为研究学术,最主要的是要具有自由的意志和独立的精神。所以我说"士之读书治学,盖将以脱心志于俗谛之桎梏"。(陈寅恪《对科学院的答复》,《陈寅恪集·讲义及杂稿》,三联书店2015年版,第463页。)

　　静安先生自杀的动机,如他遗嘱上所说:"五十之年,只欠一死,遭此世变,义无再辱。"他平日对于时局的悲观,本极深刻。最近的刺激,则由两湖学者叶德辉、王葆心之被枪毙。……此公治学方法,极新极密,今年仅五十一岁,若再延寿十年,为中国学界发明,当不可限量。(《梁启超家书》,丁文江、赵丰田编著《梁启超年谱长编》,上海人民出版社2009年版,第738页。)

【思考题】
1. 在陈寅恪心目中,读书人理想的形象是什么?
2. 怎样看待"王国维之死"?

【深度阅读】
1. 汪荣祖《史家陈寅恪传》,北京大学出版社2005年版。
2. 陆键东《陈寅恪的最后二十年》,三联书店2013年修订版。
3. 陈寅恪《柳如是别传》,三联书店2001年版。
4. 王国维著,谢维扬、房鑫亮主编《王国维全集》,浙江教育出版社2010年版。

为学与做人
梁启超

　　梁启超(1873—1929),字卓如,号任公,广东新会人。中国近现代史上影响深远的政治活动家、思想家、教育家、史学家和文学家。青年时代,随其师康有为倡导维新变法,是戊戌变法的领袖之一。变法失败后,流亡海外,创办《新小说》等杂志,辛亥革命后一度担任司法总长,组织进步党争取宪政。后脱离政界,先后在清华、南开任教,专心著述,并赴各地演讲。梁启超一生勤奋,学术研究涉猎广泛,曾提出"新民说""诗界革命""小说界革命"等思想启蒙和文学改良的主张,后人所编《饮冰室合集》对其作品收录较为完备。

　　本篇为梁启超1922年12月27日为苏州学生联合会所作演讲。选自贾青青编选《梁启超演讲集》,天津古籍出版社2005年版。

诸君,我在南京讲学将近三个月了。这边苏州学界里头,有好几回写信邀我,可惜我在南京是天天有功课的,不能分身前来。今天到这里,能够和全城各校诸君聚在一堂,令我感激得很。但有一件,还要请诸君原谅,因为我一个月以来,都带着些病,勉强支持,今天不能作很长的讲演,恐怕有负诸君期望哩。

问诸君:"为什么进学校?"我想人人都会众口一辞的答道:"为的是求学问。"再问:"你为什么要求学问?""你想学些什么?"恐怕各人的答案就很不相同,或者竟自答不出来了。诸君啊,我请替你们总答一句罢:"为的是学做人。"你在学校里头学的什么数学、几何、物理、化学、生理、心理、历史、地理、国文、英语,乃至什么哲学、文学、科学、政治、法律、经济、教育、农业、工业、商业等等,不过是做人所需要的一种手段,不能说专靠这些便达到做人的目的。任凭你把这些件件学得精通,你能够成个人不能成个人还是别问题。

人类心理,有知、情、意三部分。这三部分圆满发达的状态,我们先哲名之为三达德——智、仁、勇。为什么叫做"达德"呢?因为这三件事是人类普通道德的标准,总要三件具备才能成一个人。三件的完成状态怎么样呢?孔子说:"知者不惑,仁者不忧,勇者不惧。"所以教育应分为知育、情育、意育三方面——现在讲的智育、德育、体育,不对。德育范围太笼统,体育范围太狭隘——知育要教到人不惑,情育要教到人不忧,意育要教到人不惧。教育家教学生,应该以这三件为究竟,我们自动的自己教育自己,也应该以这三件为究竟。

怎么样才能不惑呢?最要紧是养成我们的判断力。想要养成判断力,第一步,最少须有相当的常识;进一步,对于自己要做的事须有专门智识;再进一步,还要有遇事能断的智慧。假如一个人连常识都没有,听见打雷,说是雷公发威;看见月蚀,说是虾蟆贪嘴,那么,一定闹到什么事都没有主意,碰到一点疑难问题,就靠求神、问卜、看相、算命去解决,真所谓"大惑不解",成了最可怜的人了。学校里小学、中学所教,就是要人有了许多基本的常识,免得凡事都暗中摸索。但仅仅有这点常识还不够。我们做人,总要各有一件专门职业,这门职业,也并不是我一人破天荒去做,从前已经许多人做过,他们积了无数经验,发见出好些原理原则,这就是专门学识。我打算做这项职业,就应该有这项专门学识。例如我想做农吗,怎么的改良土壤,怎么的改良种子,怎么的防御水旱病虫……等等,都是前人经验有得成为学识的。我们有了这种学识,应用他来处置这些事,自然会不惑,反是则惑了。做工做商……等等都各各有他的专门学识,也是如此。我想做财政家吗,何种租税可以生出何样结果,何种公债可以生出何样结果……等等,都是前人经验有得成为学识的。我们有了这种学识,应用他来处置这些事,自然会不惑,反是则惑了。教育家、军事家……等等,都各各有他的专门学识,也是如此。我们在高等以上学校所求的智识,就是这一类。

但专靠这种常识和学识就够吗?还不能。宇宙和人生是活的不是呆的,我们每日碰见的事理是复杂的变化的不是单纯的印板的。倘若我们只是学过这一件才懂这一件,那么,碰着一件没有学过的事来到跟前,便手忙脚乱了。所以还要养成总体的智慧,才能得有根本的判断力。这种总体的智慧如何才能养成呢?第一件,要把我们向来粗浮的脑筋,着实磨练他,叫他变成细密而且踏实。那么,无论遇着如何繁难的事,我都可以彻头彻尾想清楚他的条理,自然不至于惑了。第二件,要把我们向来昏浊的脑筋,着实将养他,叫他变成清明。那么,一件事理到跟前,我才能很从容很莹澈的去判断他,自然不至于惑了。以上所说常识学识和总体的智慧,都是知育的要件,目的是教人做到知者不惑。

怎么样才能不忧呢?为什么仁者便会不忧呢?想明白这个道理,先要知道中国先哲的人生观是怎么样。"仁"之一字,儒家人生观的全体大用都包在里头。"仁"到底是什么?很难用言语说明,勉强下个解释,可以说是普遍人格之实现。孔子说:"仁者,人也。"意思是说人格完成就叫做"仁"。但我们要知道,人格不是单独一个人可以表见的,要从人和人的关系上看出来。所以"仁"字从二人,郑康成解他做"相人偶"。总而言之,要彼我交感互发,成为一体,然后我的人格才能实现。所以我们若不讲人格主义,那便无话可说。讲到这个主义,当然归无到普遍人格。换句话说,宇宙即是人生,人生即是宇宙,我的人格和宇宙无二区别。体验得这个道理,就叫做"仁者"。

然则这种仁者为什么就会不忧呢?大凡忧之所从来,不外两端,一曰忧成败,二曰忧得失。我们得着"仁"的人生观,就不会忧成败。为什么呢?因为我们知道宇宙和人生是永远不会圆满的,所以《易经》六十四卦,始"乾"而终"未济",正为在这永远不圆满的宇宙中,才永远容得我们创造进化。我们所做的事,不过在宇宙进化几万万里的长途中,往前挪一寸两寸,那里配说成功呢?然则不做怎么样呢?不做便连这一寸两寸都不往前挪,那可真真失败了。"仁者"看透这种道理,信得过只有不做事才算失败,凡做事便不会失败。所以《易经》说:"君子以自强不息。"换一方面来看,他们又信得过凡事不会成功的,几万万里路挪了一两寸,算成功吗?所以《论语》说:"知其不可而为之。"你想,有这种人生观的人,还有什么成败可忧呢？再者，我们得着"仁"的人生观，便不会忧得失。为什么呢？因为认定这件东西是我的，才有得失之可言。连人格都不是单独存在，不能明确的画出这一部分是我的，那一部分是人家的，然则那里有东西可以为我所得？既已没有东西为我所得，当然也没有东西为我所失。我只是为学问而学问，为劳动而劳动，并不是拿学问、劳动等等做手段来达某种目的——可以为我们"所得"的。所以老子说："生而不有，为而不恃。""既以为人己愈有，既以与人己愈多。"你想，有这种人生观的人，还有什么得失可忧呢？总而言之，有了这种人生观，自然会觉得"天地与我并生，而万物与我为一"，自然会"无入而不自得"。他的生活，纯然是趣味化艺术化。这是最高的情感教育，目的教人做到仁者不忧。

怎么样才能不惧呢？有了不惑、不忧功夫，惧当然会减少许多了。但这是属于意志方面的事。一个人若是意志力薄弱，便有很丰富的智识，临时也会用不着；便有很优美的情操，临时也会变了卦。然则意志怎么才会坚强呢？头一件须要心地光明。孟子说："浩然之气，至大至刚。行有不慊于心，则馁矣。"又说："自反而不缩，虽褐宽博，吾不惴焉；自反而缩，虽千万人，吾往矣。"俗话说得好："生平不作亏心事，夜半敲门也不惊。"一个人要保持勇气，须要从一切行为可以公开做起。这是第一著。第二件要不为劣等欲望之所牵制。《论语》记："子曰：'吾未见刚者。'或对曰：'申枨。'子曰：'枨也欲，焉得刚？'"一被物质上无聊的嗜欲东拉西扯，那么百炼钢也会变为绕指柔了。总之，一个人的意志，由刚强变为薄弱极易，由薄弱返到刚强极难。一个人有了意志薄弱的毛病，这个人可就完了。自己作不起自己的主，还有什么事可做？受别人压制，做别人奴隶。自己只要肯奋斗，终须能恢复自由。自己的意志做了自己情欲的奴隶，那么，真是万劫沉沦，永无恢复自由的余地，终身畏首畏尾，成了个可怜人了。孔子说："和而不流，强哉矫；中立而不倚，强哉矫；国有道，不变塞焉，强哉矫；国无道，至死不变，强哉矫。"我老实告诉诸君说罢，做人不做到如此，决不会成一个人。但做到如此真是不容易，非时时刻刻做磨练意志的工夫不可。意志磨练得到家，自然是看着自己应做的事，一点不迟疑，扛起来便做，"虽千万人吾往矣"。这样才算顶天立地做一世人，绝不会有藏头躲尾左支右绌的丑态。这便是意育的目的，要教人做到勇者不惧。

我们拿这三件事作做人的标准，请诸君想想，我自己现时做到那一件——那一件稍为有一点把握。倘若连一件都不能做到，连一点把握都没有，嗳哟，那可真危险了！你将来做人恐怕做不成。讲到学校里的教育吗？

第二层的情育第三层的意育,可以说完全没有,剩下的只有第一层的知育。就算知育罢,又只有所谓常识和学识,至于我所讲的总体智慧靠来养成根本判断力的,却是一点儿也没有。这种"贩卖智识杂货店"的教育,把他前途想下去,真令人不寒而栗!现在这种教育,一时又改革不来,我们可爱的青年,除了他更没有可以受教育的地方。诸君啊,你到底还要做人不要?你要知道危险呀!非你自己抖擞精神想方法自救,没有人救你呀!

  诸君啊,你千万别要以为得些断片的智识就算是有学问呀。我老实不客气告诉你罢,你如果做成一个人,智识自然是越多越好;你如果做不成一个人,智识却是越多越坏。你不信吗?试想想,全国人所唾骂的卖国贼某人某人,是有智识的呀,还是没有智识的呢?试想想全国人所痛恨的官僚政客——专门助军阀作恶鱼肉良民的人,是有智识的呀,还是没有智识的呢?诸君须知道啊,这些人当十几年前在学校的时代,意气横厉,天真烂漫,何尝不和诸君一样?为什么就会堕落到这样田地呀?屈原说的:"何昔日之芳草兮,今直为此萧艾也!岂其有他故兮,莫好修之害也。"天下最伤心的事,莫过于看着一群好好的青年,一步一步的往坏路上走。诸君猛醒啊!现在你所厌所恨的人,就是你前车之鉴了。

  诸君啊,你现在怀疑吗?沉闷吗?悲哀痛苦吗?觉得外边的压迫你不能抵抗吗?我告诉你,你怀疑和沉闷,便是你因不知才会惑;你悲哀痛苦,便是你因不仁才会忧;你觉得你不能抵抗外界的压迫,便是你因不勇才有惧。这都是你的知、情、意未经过修养磨练,所以还未成个人,我盼望你有痛切的自觉啊!有了自觉,自然会自动。那么,学校之外,当然有许多学问,读一卷经,翻一部史,到处都可以发见诸君的良师呀。诸君啊,醒醒罢!养足你的根本智慧,体验出你的人格人生观,保护好你的自由意志,你成人不成人,就看这几年哩!

【集评】

  反观现在的学校,多变成整套的机械作用,上课下课,闹得头昏眼花。进学校的人大多数除了以得毕业文凭为目的以外,更没有所谓意志,也没有机会做旁的事。……我想要把中国儒家道术的修养来做底子,而在学校功课上把他体现出来。在已往的儒家各个不同的派别中,任便做那一家都可以的,不过总要有这类的修养来打底子。自己把做人的基础先打定了。(梁启超《北海谈话记》,丁文江、赵丰田编著《梁启超年谱长编》,上海人民出版社2009年版,第734页。)

有时候,他背诵到酣畅处,忽然记不起下文,他便用手指敲打他的秃头,敲几下之后,记忆力便又畅通,成本大套地背诵下去了。他敲头的时候,我们屏息以待,他记起来的时候,我们也跟着他欢喜。先生的演讲,到紧张处,便成为表演。他真是手之舞之足之蹈之,有时掩面,有时顿足,有时狂笑,有时叹息。(梁实秋《记梁任公先生的一次演讲》,《雅舍小品》,长江文艺出版社2016年版,第47页。)

【思考题】

1. 梁启超批评某些学校教育为"贩卖知识的杂货店",怎么看待这个问题?

2. 这篇演讲是何风格?结合具体的语言特征,试着分析一下。

【深度阅读】

1. 丁文江、赵丰田编著《梁启超年谱长编》,上海人民出版社2009年版。
2. 梁启超著,贾青青编《梁启超演讲集》,天津古籍出版社2005年版。
3. 夏晓虹《觉世与传世——梁启超的文学道路》,中华书局2006年版。

敬告青年
陈独秀

陈独秀(1879—1942),原名庆同,字仲甫,安徽怀宁人。五四新文化运动的倡导者之一,中国共产党的创始人和早期主要领导人之一。辛亥革命前后,他积极从事革命及宣传活动,先后创办《国民日日报》《安徽俗话报》等。1915年,在上海创立《青年杂志》,翌年更名为《新青年》,倡导"文学革命",标举"德先生"(民主)与"赛先生"(科学)的大旗,掀起了五四新文化运动的序幕。

《敬告青年》发表于1915年9月15日《青年杂志》创刊号上,以生命之"进化"为喻,激励青年自觉奋勇,摆脱陈腐朽败之世界,并提出"自主而非奴隶的""进步的而非保守的""进取的而非退隐的""世界的而非锁国的""实利而非虚文的""科学的而非想象的"六项原则。

本篇选自任建树主编《陈独秀著作选编》第一卷,上海人民出版社2009年版。

窃以少年老成,中国称人之语也;年长而勿衰(Keep young while growing old),英美人相勖之辞也:此亦东西民族涉想不同现象趋异之一端欤?青年如初春,如朝日,如百卉之萌动,如利刃之新发于硎,人生最可宝贵之时期也。青年之于社会,犹新鲜活泼细胞之在人身。新陈代谢,陈腐朽败者无时不在天然淘汰之途,与新鲜活泼者以空间之位置及时间之生命。人身遵新陈代谢之道则健康,陈腐朽败之细胞充塞人身则人身死;社会遵新陈代谢之道则隆盛,陈腐朽败之分子充塞社会则社会亡。

准斯以谈,吾国之社会,其隆盛耶?抑将亡耶?非予之所忍言者。彼陈腐朽败之分子,一听其天然之淘汰,惟不愿以如流之岁月,与之说短道长,希冀其脱胎换骨也。予所欲涕泣陈词者,惟属望于新鲜活泼之青年,有以自觉而奋斗耳!

自觉者何?自觉其新鲜活泼之价值与责任,而自视不可卑也。奋斗者何?奋其智能,力排陈腐朽败者以去,视之若仇敌,若洪水猛兽,而不可与为邻,而不为其菌毒所传染也。

呜呼!吾国之青年,其果能语于此乎?吾见夫青年其年龄,而老年其身体者十之五焉;青年其年龄或身体,而老年其脑神经者十之九焉。华其发,泽其容,直其腰,广其膈,非不俨然青年也;及叩其头脑中所涉想所怀抱,无一不与彼陈腐朽败者为一丘之貉。其始也未尝不新鲜活泼,浸假而为陈腐朽败分子所同化者有之;浸假而畏陈腐朽败分子势力之庞大,瞻顾依回,不敢明目张胆,作顽狠之抗斗者有之。充塞社会之空气,无往而非陈腐朽败焉,求些少之新鲜活泼者,以慰吾人窒息之绝望,亦杳不可得。

循斯现象,于人身则必死,于社会则必亡。欲救此病,非太息咨嗟之所能济,是在一二敏于自觉勇于奋斗之青年,发挥人间固有之智能,决择人间种种之思想——孰为新鲜活泼而适于今世之争存,孰为陈腐朽败而不容留置于脑里——利刃断铁,快刀理麻,决不作牵就依违之想,自度度人,社会庶几其有清宁之日也。青年乎!其有以此自任者乎?若夫明其是非,以供决择,谨陈六义,幸平心察之:

(一)自主的而非奴隶的

等一人也,各有自主之权,绝无奴隶他人之权利,亦绝无以奴自处之义务。奴隶云者,古之昏弱对于强暴之横夺,而失其自由权利者之称也。自人权平等之说兴,奴隶之名,非血气所忍受。世称近世欧洲历史为"解放历史":破坏君权,求政治之解放也;否认教权,求宗教之解放也;均产说兴,求经济之解放也;女子参政运动,求男[女]权之解放也。

解放云者,脱离夫奴隶之羁绊,以完其自主自由之人格之谓也。我有手足,自谋温饱;我有口舌,自陈好恶;我有心思,自崇所信;绝不认他人之越俎,亦不应主我而奴他人;盖自认为独立自主之人格以上,一切操行,一切权利,一切信仰,唯有听命各自固有之智能,断无盲从隶属他人之理。非然者,忠孝节义,奴隶之道德也;德国大哲尼采(Nietzsche)别道德为二类:有独立心而勇敢者曰贵族道德(Morality of Noble),谦逊而服从者曰奴隶道德(Morality of Slave)。轻刑薄赋,奴隶之幸福也;称颂功德,奴隶之文章也;拜爵赐第,奴隶之光荣也;丰碑高墓,奴隶之纪念物也。以其是非荣辱,听命他人,不以自身为本位,则个人独立平等之人格,消灭无存,其一切善恶行为,势不能诉之自身意志而课以功过;谓之奴隶,谁曰不宜?立德立功,首当辨此。

(二)进步的而非保守的

人生如逆水行舟,不进则退,中国之恒言也。自宇宙之根本大法言之,森罗万象,无日不在演进之途,万无保守现状之理;特以俗见拘牵,谓有二境,此法兰西当代大哲柏格森(H. Bergson)之创造进化论(L' Evolution Creatrice)所以风靡一世也。以人事之进化言之:笃古不变之族,日就衰亡;日新求进之民,方兴未已;存亡之数,可以逆睹。矧在吾国,大梦未觉,故步自封,精之政教文章,粗之布帛水火,无一不相形丑拙,而可与当世争衡?

举凡残民害理之妖言,率能征之故训,而不可谓诬,谬种流传,岂自今始!固有之伦理,法律,学术,礼俗,无一非封建制度之遗,持较晰种之所为,以并世之人,而思想差迟,几及千载;尊重廿四朝之历史性,而不作改进之图;则驱吾民于二十世纪之世界以外,纳之奴隶牛马黑暗沟中而已,复何说哉!于此而言保守,诚不知于何项制度文物,可以适用生存于今世。吾宁忍过去国粹之消亡,而不忍现在及将来之民族,不适世界之生存而归削[消]灭也。

呜呼!巴比伦人往矣,其文明尚有何等之效用耶?"皮之不存,毛将焉傅?"世界进化,骎骎未有已焉。其不能善变而与之俱进者,将见其不适环境之争存,而退归天然淘汰已耳,保守云乎哉!

(三)进取的而非退隐的

当此恶流奔进之时,得一二自好之士,洁身引退,岂非希世懿德;然欲以化民成俗,请于百尺竿头,再进一步。夫生存竞争,势所不免,一息尚存,即无守退安隐之余地。排万难而前行,乃人生之天职。以善意解之,退隐为高人出世之行;以恶意解之,退隐为弱者不适竞争之现象。欧俗以横厉无前为上德,亚洲以闲逸恬淡为美风:东西民族强弱之原因,斯其一矣。此退隐主义之根本缺点也。

若夫吾国之俗,习为委靡:苟取利禄者,不在论列之数;自好之士,希声隐沦,食粟衣帛,无益于世,世以雅人名士目之,实与游惰无择也。人心秽浊,不以此辈而有所补救,而国民抗往之风,植产之习,于焉以斩。人之生也,应战胜恶社会,而不可为恶社会所征服;应超出恶社会,进冒险苦斗之兵,而不可逃遁恶社会,作退避安闲之想。呜呼!欧罗巴铁骑,入汝室矣;将高卧白云何处也?吾愿青年之为孔墨,而不愿其为巢由;吾愿青年之为托尔斯泰与达噶尔(R. Tagore,印度隐遁诗人),不若其为哥伦布与安重根!

(四)世界的而非锁国的

并吾国而存立于大地者,大小凡四十余国,强半与吾有通商往来之谊。加之海陆交通,朝夕千里,古之所谓绝国,今视之若在户庭。举凡一国之经济政治状态有所变更,其影响率被于世界,不啻牵一发而动全身也。立国于今之世,其兴废存亡,视其国之内政者半,影响于国外者恒亦半焉。以吾国近事证之:日本勃兴,以促吾革命维新之局;欧洲战起,日本乃有对我之要求。此非其彰彰者耶?投一国于世界潮流之中,笃旧者固速其危亡,善变者反因以竞进。

吾国自通海以来,自悲观者言之,失地偿金,国力索矣;自乐观者言之,倘无甲午庚子两次之福音,至今犹在八股垂发时代。居今日而言锁国闭关之策,匪独力所不能,亦且势所不利。万邦并立,动辄相关,无论其国若何富强,亦不能漠视外情,自为风气。各国之制度文物,形式虽不必尽同,但不思驱其国于危亡者,其遵循共同原则之精神,渐趋一致,潮流所及,莫之能违。于此而执特别历史国情之说,以冀抗此潮流,是犹有锁国之精神,而无世界之智识。国民而无世界智识,其国将何以图存于世界之中?语云:"闭户造车,出门未必合辙。"今之造车者,不但闭户,且欲以周礼考工之制,行之欧美康庄,其患将不止不合辙已也!

（五）实利的而非虚文的

自约翰·弥尔（J. S. Mill）"实利主义"唱道于英，孔特（Comte）之"实证哲学"唱道于法，欧洲社会之制度，人心之思想为之一变。最近德意志科学大兴，物质文明，造乎其极，制度人心，为之再变。举凡政治之所营，教育之所期，文学技术之所风尚，万马奔驰，无不齐集于厚生利用之一途。一切虚文空想之无裨于现实生活者，吐弃殆尽。当代大哲，若德意志之倭根（R. Eucken），若法兰西之柏格森，虽不以现时物质文明为美备，咸揭橥生活（英文曰 Life，德文曰 Leben，法文曰 La vie）问题，为立言之的。生活神圣，正以此次战争，血染其鲜明之旗帜。欧人空想虚文之梦，势将觉悟无遗。

夫利用厚生，崇实际而薄虚玄，本吾国初民之俗；而今日之社会制度，人心思想，悉自周汉两代而来——周礼崇尚虚文，汉则罢黜百家而尊儒重道——名教之所昭垂，人心之所祈向，无一不与社会现实生活背道而驰。倘不改弦而更张之，则国力将莫由昭苏，社会永无宁日。祀天神而拯水旱，诵《孝经》以退黄巾，人非童昏，知其妄也。物之不切于实用者，虽金玉圭璋，不如布粟粪土。若事之无利于个人或社会现实生活者，皆虚文也，诳人之事也。诳人之事，虽祖宗之所遗留，圣贤之所垂教，政府之所提倡，社会之所崇尚，皆一文不值也！

（六）科学的而非想象的

科学者何？吾人对于事物之概念，综合客观之现象，诉之主观之理性而不矛盾之谓也。想象者何？既超脱客观之现象，复抛弃主观之理性，凭空构造，有假定而无实证，不可以人间已有之智灵，明其理由，道其法则者也。在昔蒙昧之世，当今浅化之民，有想象而无科学。宗教美文，皆想象时代之产物。近代欧洲之所以优越他族者，科学之兴，其功不在人权说下，若舟车之有两轮焉。今且日新月异，举凡一事之兴，一物之细，罔不诉之科学法则，以定其得失从违；其效将使人间之思想云为，一遵理性，而迷信斩焉，而无知妄作之风息焉。

国人而欲脱蒙昧时代，羞为浅化之民也，则急起直追，当以科学与人权并重。士不知科学，故袭阴阳家符瑞五行之说，惑世诬民；地气风水之谈，乞灵枯骨。农不知科学，故无择种去虫之术。工不知科学，故货弃于地，战斗生事之所需，一一仰给于异国。商不知科学，故惟识罔取近利，未来之胜算，无容心焉。医不知科学,既不解人身之构造,复不事药性之分析,菌毒传染,更无闻焉;惟知附会五行生克寒热阴阳之说,袭古方以投药饵,其术殆与矢人同科;其想象之最神奇者,莫如"气"之一说;其说且通于力士羽流之术;试遍索宇宙间,诚不知此"气"之果为何物也!

凡此无常识之思,惟无理由之信仰,欲根治之,厥维科学。夫以科学说明真理,事事求诸证实,较之想象武断之所为,其步度诚缓;然其步步皆踏实地,不若幻想突飞者之终无寸进也。宇宙间之事理无穷,科学领土内之膏腴待辟者,正自广阔。青年勉乎哉!

【集评】

青年之自觉,一在冲决过去历史之网罗,破坏陈腐学说之囹圄,勿令僵尸枯骨,束缚现在活泼泼地之我,进而纵现在青春之我,扑杀过去青春之我,促今日青春之我,禅让明日青春之我。一在脱绝浮世虚伪之机械生活,以特立独行之我,立于行健不息之大机轴。祖裼裸裎,去来无罣,全其优美高尚之天,不仅以今日青春之我,追杀今日白首之我,并宜以今日青春之我,豫杀来日白首之我,此固人生唯一之蕲向,青年唯一之责任也矣。(李大钊《青春》,陈独秀、李大钊、瞿秋白主撰《新青年》,中国书店2012年版,第96页。)

进化论的基本观点是:"物竞天择,适者生存。"这种思想在十九世纪末的中国民族危机中曾起了警钟的作用,它摧毁了清朝统治者妄自尊大的心理,号召国人起来"自强"。不自强,弱国一定要被强国所灭亡。《新青年》编者陈独秀,宣扬的也是这种思想。他在创刊号的第一篇文章——《敬告青年》中,即说:"新陈代谢,陈腐朽败者无时不在天然淘汰之途,与新鲜活泼者以空间之位置及时间之生命。"(彭明《五四运动史》,人民出版社1984年版,第134页。)

【思考题】

1. 这篇文章用浅近的文言写成,激昂扬厉,这种文风你喜欢吗?其句式有什么特点?

2. "青年崇拜"是"五四"时期一种特殊的文化心理,今天看来,这种心理有无反思的必要?

【深度阅读】

1. 任建树《陈独秀大传》,上海人民出版社1999年版。

2. 陈平原《触摸历史与进入五四》,北京大学出版社2010年版。
3. [美]周策纵著、周子平等译《五四运动:现代中国的思想革命》,江苏人民出版社2005年版。

永远的校园
谢 冕

谢冕,1932年生,福建省福州市人。1949年8月参加中国人民解放军,1955年9月考入北京大学中文系,毕业后留校任教,现为北京大学教授、北京文艺评论家协会主席、北京作家协会名誉副主席、北京大学中国诗歌研究院院长,兼任北京大学中国新诗研究所所长,《诗探索》及《新诗评论》主编等。1950年代开始从事中国现当代文学的研究以及诗歌理论批评,特别是1980发表的论文《在新的崛起面前》,引发关于新诗潮的广泛讨论,推动了中国新诗的发展。主要著作收入《谢冕编年文集》(12卷),主编《二十世纪中国文学丛书》(10卷)、《百年中国文学经典》(8卷)、《百年中国文学总系》(12卷)、《中国新诗总系》(10卷)等大型丛书。

本篇选自北京大学校刊编辑部编《精神的魅力》,北京大学出版社1998年版。

一颗蒲公英小小的种子,被草地上那个小女孩轻轻一吹,神奇地落在这里便不再动了——这也许竟是凤缘。已经变得十分遥远的那个八月末的午夜,车子在黑幽幽的校园里林丛中旋转终于停住的时候,我认定那是一生中最神圣的一个夜晚;命运安排我选择了燕园一片土。

燕园的美丽是大家都这么说的,湖光塔影和青春的憧憬联系在一起,益发充满了诗意的情趣。每个北大学生都会有和这个校园相联系的梦和记忆。尽管它因人而异,而且也并非一味的幸福欢愉,会有辛酸烦苦,也会有无可补偿的遗憾和愧疚。

我的校园是永远的。因偶然的机缘而落脚于此,终于造成决定一生命运的契机。青年时代未免有点虚幻和夸张的抱负,由于那个开始显得美丽、后来愈来愈显得严峻的时代,而变得实际起来。热情受到冷却,幻想落于地面,一个激情而有些飘浮的青年人,终于在这里开始了实在的人生。

匆匆五个寒暑的学生生活,如今确实变得遥远了,但师长那些各具风采但又同样严格的治学精神影响下的学业精进,那些由包括不同民族和不同国籍同学组成的存在着差异又充满了友爱精神的班级集体,以及战烟消失后渴望和平建设的要求促使下向科学进军的总体时代氛围,给当日的校园镀上一层光环。友谊的真醇、知识的切磋、严肃的思考、轻松的郊游,甚至失魂落魄的考试,均因它的不曾虚度而始终留下充实的记忆。

燕园其实不大,未名不过一勺水。水边一塔,并不可登;水中一岛,绕岛仅可百余步;另有楼台百十座,仅此而已。但这小小校园却让所有在这里住过的人终生梦绕魂牵。其实北大人说到校园,潜意识中并不单指眼下的西郊燕园,他们大都无意间扩展了北大特有的校园的观念:从未名湖到红楼,从蔡元培先生铜像到民主广场。或者说,北大人的校园观念既是现实的存在,也是历史的和精神的存在。在北大人的心目中,校园既具体又抽象,他们似乎更乐于承认象征性的校园的精魂。

我同样拥有精神上的一座校园。我的校园回忆包蕴了一段不平常的记忆。时代曾给予我们那一代青年以特殊的际遇,及今思来,可说是痛苦多于欢愉。我们曾有个充满期待也充满困惑的春天。一个预示着解放的早春降临了,万物因严冬的解冻而萌动。北大校园内传染着悄悄的激动,年青的心预感于富有历史性转折时期的可能到来而不安和兴奋。白天连着夜晚,关于中国前途和命运、关于人民的民主和自由的辩论,在课堂、在宿舍、在湖滨,也在大、小膳厅和广场上激烈地进行。

这时有着向习惯思维和因袭势力的勇敢抗争。那些富有历史预见和进取的思想,在那个迷蒙的时刻发出了动人的微光。作为时代的骄傲,它体现北大师生最敏感、也最有锐气的品质。与此同时,观念的束缚、疑惧的心态、处于矛盾的两难境地的彷徨,更有年轻的心因沉重的负荷而暗中流血。随后而来的狂热的夏季,多雨而湿闷。轰然而至的雷电袭击着这座校园,花木为风雨所摧折。激烈的呼喊静寂以后,蒙难的血泪默默唤醒沉睡的灵魂。他们在静默中迎接肃杀的秋季和苍白而漫长的冬日。

那颗偶然落下的种子不会长成树木,但因特殊的条件被催化而成熟。都过去了,湖畔走不到头的花荫曲径;都过去了,宿舍水房灯下午夜不眠的沉思,还有轻率的许诺,天真的轻信。告别青春,告别单纯,从此心甘情愿地跋涉于泥泞的长途而不怨尤。也许即在此时,忧患与我们同在,我们背上了沉重的人生十字架。曼妙的幻想,节日的狂欢,天真的虔诚,随着无可弥补的缺憾而远逝。我们有自己的青春祭。从这个意义上说,这校园与我们青春的希望与失望相连,它永远。

燕园的魅力在于它的不单纯。就我们每个人说,我们把青春时代的痛苦和欢乐、追求和幻灭,投入并消融于燕园,它是我们永远的记忆。未名湖秀丽的波光与长鸣的钟声、民主广场上悲壮的呐喊,混成了一代人又一代人的校园记忆。一种眼前的柔美与历史的雄健的合成;一种朝朝夕夕的弦诵之声与岁岁年年的奋斗呐喊的合成;一种勤奋的充实自身与热情的参与意识的合成;这校园的魅力多半产生于上述那些复合丰富的精神气质的合成。

燕园有一种特殊的气氛:总是少有闲暇的急匆匆的脚步,总是思考着的皱着的眉宇,总是这样没完没了的严肃和沉郁。当然也不尽然,广告牌上那些花花绿绿的招贴,间或也露出某些诙谐和轻松,时不时地出现一些令人震惊的举动,更体现出北大自由灵魂的机智和聪慧。北大又是洒脱的和充满了活力的。

这真是一块圣地。数十年来这里成长着中国几代最优秀的学者。丰博的学识,闪光的才智,庄严无畏的独立思想,这一切又与先于天下的严峻思考,耿介不阿的人格操守以及勇锐的抗争精神相结合。这更是一种精神合成的魅力。科学与民主是未经确认却是事实上的北大校训。二者作为刚柔结合的象征,构成了北大的精神支柱。把这座校园作为一种文化和精神现象加以考察,便可发现科学民主作为北大精神支柱无所不在的影响。正是它,生发了北大恒久长存的对于人类自由境界和社会民主的渴望与追求。

这里是我的永远的校园,从未名湖曲折向西,有荷塘垂柳、江南烟景,从镜春园进入朗润园,从成府小街东迤,入燕东园林荫曲径,以燕园为中心向四面放射性扩张,那里有诸多这样的道路。年复一年,日复一日,那里行进着一些衣饰朴素的人。从青年到老年,他们步履稳健、仪态从容,一切都如这座北方古城那样质朴平常。但此刻与你默默交臂而过的,很可能就是科学和学术上的巨人。当然,跟随在他们身后的,有更多他们的学生,作为自由思想的继承者,他们默默地接受并奔涌着前辈学者身上的血液——作为精神品质不可见却实际拥有的伟力。

这圣地绵延着不会熄灭的火种。它不同于父母的繁衍后代,但却较那种繁衍更为神妙,且不朽。它不是一种物质的遗传,而是灵魂的塑造和远播。生活在燕园里的人都会把握到这种恒远同时又是不具形的巨大的存在,那是一种北大特有的精神现象。这种存在超越时间和空间成为北大永存的灵魂。

北大学生以最高分录取,往往带来了优越感和才子气。与表层现象的骄傲和自负相联系的,往往是北大学生心理上潜在的社会精英意识:一旦佩上北大校徽,每个人顿时便具有被选择的庄严感。北大人具有一种外界人很难把握的共同气质,他们为一种深沉的使命感所笼罩。今日的精英与明日的栋梁,今日的思考与明日的奉献,被无形的力量维系在一起。青春曼妙的青年男女一旦进入这座校园,便因这种献身精神和使命感而变得沉稳起来。

  这是一片自由的乡土。从上个世纪末叶到如今,近百年间中国社会的痛苦和追求,都在这里得到集聚和呈现。沉沉暗夜中的古大陆,这校园中青春的精魂曾为之点燃昭示理想的火炬。一代又一代的中国学者,从这里眺望世界,用批判的目光审度漫漫的封建长夜,以坚毅的、顽强的、几乎是前仆后继的精神,在这片落后的国土上传播文明的种子。近百年来这种奋斗无一例外地受到阻扼。这里生生不息地爆发抗争。北大人的呐喊举世闻名。这呐喊代表了民众的心声。阻扼使北大人遗传了沉重的忧患。于是,你可以看到一代又一代人的沉思的面孔总有一种悲壮和忧愤。北大魂——中国魂在这里生长,这校园是永远的。

  怀着神圣的皈依感,一颗偶然吹落的种子终于不再移动。它期待并期许一种奉献,以补偿青春的遗憾,并至诚期望冥冥之中不朽的中国魂永远绵延。

【集评】

  谢冕迄今为止的绝大部分时间生活于北大,这所中外闻名的学府是五四运动的策源地和精神堡垒,近一个世纪以来,五四精神和传统几近成了这所学府的象征而被人所瞩目。谢冕求学并工作在这里,他深被五四精神所感染,并决定了他以后许多年的精神信念。(孟繁华《精神信念与知识分子的宿命——谢冕文学思想论纲》,《游牧的文学时代》,作家出版社2009年版,第218页。)

【思考题】

  1. 文章中提到一代人交织着痛苦与欢愉、期待与困惑的历史记忆,你知道具体所指吗?

  2. 校园的魅力具体又抽象,写篇小文章,谈谈你对校园风物的最初感受。

【深度阅读】
　　1. 谢冕《红楼钟声燕园柳》,北京大学出版社2008年版。
　　2. 北京大学校刊编辑部编《精神的魅力》,北京大学出版社1998年版。
　　3. 赵为民主编《青春的北大》(《精神的魅力》续编),北京大学出版社1998年版。

哲理散文第二

野草（节选）
鲁　迅

　　鲁迅（1881—1936），原名周樟寿，1898年改名为周树人，浙江绍兴人。与弟周作人、周建人合称为"周氏三兄弟"。出身于封建家庭，青年时代受进化论、尼采超人哲学和托尔斯泰博爱思想的影响。1902年赴日本留学，原在仙台医学院学医，后从事文艺工作，希望以之改变国民精神。1918年5月，首次用"鲁迅"的笔名发表中国现代文学史上第一篇白话小说《狂人日记》。鲁迅是中国现代文学的奠基人，五四新文化运动主将，也是左翼文化运动的支持者。在20世纪初中国"救亡图存"的大背景下，他对于中国人的精神即"国民性"进行了深刻的反思，大声呼唤"精神界之战士"，提出"立人"的思想主张，被称为"民族魂"。毛泽东曾评价鲁迅为中国文化革命的主将，伟大的文学家、思想家、革命家，"鲁迅的骨头是最硬的，他没有丝毫的奴颜和媚骨，这是殖民地半殖民地人民最宝贵的性格"（《新民主主义论》）。

　　鲁迅一生的著作包括杂文、短篇小说、论文、散文、翻译等，计700万字左右。其中小说集3本：《呐喊》《彷徨》《故事新编》；杂文集16本：《热风》《坟》《华盖集》等；另有散文集《朝花夕拾》、散文诗集《野草》。其中，《野草》集中了鲁迅最深邃的精神思考。鲁迅曾说，自己一生的哲学都在《野草》里。

　　本篇选自《鲁迅全集》第二卷，人民文学出版社2005年版。

影的告别①

　　人睡到不知道时候的时候，就会有影来告别，说出那些话——

　　有我所不乐意的在天堂里，我不愿去；有我所不乐意的在地狱里，我不愿去；有我所不乐意的在你们将来的黄金世界里，我不愿去。
　　然而你就是我所不乐意的。
　　朋友，我不想跟随你了，我不愿住。
　　我不愿意！

呜乎呜乎,我不愿意,我不如彷徨于无地。

我不过一个影,要别你而沉没在黑暗里了。然而黑暗又会吞并我,然而光明又会使我消失。

然而我不愿彷徨于明暗之间,我不如在黑暗里沉没。

然而我终于彷徨于明暗之间,我不知道是黄昏还是黎明。我姑且举灰黑的手装作喝干一杯酒,我将在不知道时候的时候独自远行。

呜乎呜乎,倘若黄昏,黑夜自然会来沉没我,否则我要被白天消失,如果现是黎明。

朋友,时候近了。

我将向黑暗里彷徨于无地。

你还想我的赠品。我能献你甚么呢？无已,则仍是黑暗和虚空而已。但是,我愿意只是黑暗,或者会消失于你的白天;我愿意只是虚空,决不占你的心地。

我愿意这样,朋友——

我独自远行,不但没有你,并且再没有别的影在黑暗里。只有我被黑暗沉没,那世界全属于我自己。

一九二四年九月二十四日。

墓碣文②

我梦见自己正和墓碣③对立,读着上面的刻辞。那墓碣似是沙石所制,剥落很多,又有苔藓丛生,仅存有限的文句——

……于浩歌狂热之际中寒;于天上看见深渊。于一切眼中看见无所有;于无所希望中得救。……

……有一游魂,化为长蛇,口有毒牙。不以啮人,自啮其身,终以殒颠④。……

……离开!……

我绕到碣后,才见孤坟,上无草木,且已颓坏。即从大阙口中,窥见死尸,胸腹俱破,中无心肝。而脸上却绝不显哀乐之状,但蒙蒙如烟然。

我在疑惧中不及回身,然而已看见墓碣阴面的残存的文句——

  ……抉心自食,欲知本味。创痛酷烈,本味何能知?……

  ……痛定之后,徐徐食之。然其心已陈旧,本味又何由知?……

  ……答我。否则,离开!……

我就要离开。而死尸已在坟中坐起,口唇不动,然而说——

"待我成尘时,你将见我的微笑!"

我疾走,不敢反顾,生怕看见他的追随。

一九二五年六月十七日。

【注释】

① 本篇最初发表于 1924 年 12 月 8 日《语丝》周刊第 4 期。　② 本篇最初发表于 1925 年 6 月 22 日《语丝》周刊第 32 期。　③ 墓碣:圆顶的墓碑。　④ 殒颠:死亡。

【集评】

  在这一篇里,"影"所"告别"的"你"("形"),人们可以作不同的解释。我自己的理解是,"你"(形)和"我"(影)是一个共同体;"你"("形")是作为"群体"的存在,是按照社会规范的常规、常态去生活的,而"影"却是一个"个体"的存在,而且是社会规范的反叛者。"不知道时候的时候"——从表面看起来没有时间,也就没有记忆;但就好像做梦一般,沉下去,沉下去,最后浮现出来的是生命最深处,原始的生命本体的记忆与意念。于是,"影"("我")就向"形"("你")"告别"了。

  有我所不乐意的在天堂里,我不愿去;有我所不乐意的在地狱里,我不愿去;有我所不乐意的在你们将来的黄金世界里,我不愿意去。

  然而你就是我所不乐意的。

  朋友,我不想跟随你了,我不愿住。

  我不愿意!

  呜乎呜乎,我不愿意,我不如彷徨于无地。

  "我不乐意","我不愿意","我不想",五个小节中,连续用了十一个"我不"。这里表达的是非常强大的主体精神、意志,是一种无条件、无讨论余地的拒绝。

  首先拒绝的是,人们或者认为是天堂,或者视为是地狱的一切现实的存在。

  对于人们预设的未来——那所谓无限美好的无限光明的"黄金世界",

"我"也同样拒绝。

就连"你"——这个生活在既定的原则、规范里的"群体"的存在,我也要拒绝。

说到底,这是对于"有"的拒绝,对已有的,将有的,既定的一切的拒绝。

"我不如彷徨于无地"。这里的"无"是与"有"对立的;这里的"彷徨"所表现的生命的流动不居状态是与前面的"住"所表现的稳定的生命状态也同样是对立的。这正是"我"的选择:"我"拒绝"有"而选择"无","我"拒绝"住"而选择"彷徨"。我的生命将永远流动于"无"之中。

那么,"我"是谁?"我不过一个影",一个从群体中分离出来的,从肉体的形状中分离出来的"精神个体"的存在。

那么,"我"将有怎样的命运?"然而黑暗又会吞并我",因为我反抗现有陈规,反抗黑暗。"然而光明又会使我消失",因为"我"与黑暗是一个共生体,"我"的价值就体现在和黑暗捣乱中,"我"必将随黑暗的消失而消失。"吞并"与"消失"就是"我"必然的也是唯一的命运。

或许还能"彷徨于明暗之间"?——"然而我不愿",苟活绝不是"我"的选择。

这里连续三个"然而",写尽了作为独立的精神个体的困境。

"我姑且举灰黑的手装作喝干一杯酒,我将在不知道时候的时候独自远行"——呈现在我们面前的,就是这样一个"影"的形象:尽管内心充满了痛苦、彷徨与犹豫,却要硬作欢乐,然后独自远行。

但真要独自远行却又不能不多所犹豫:该选择什么时候出发?"倘若黄昏,黑夜自然会来沉没我,否则我要被白天消失,如果现是黎明。"

"朋友,时候到了",还得作出决定。"我将向黑暗彷徨于无地"——最后的选择是走向黑暗。

临行之前,"你还想要我的赠品",于是又引出了"我能献你什么呢?"也即"我还拥有什么"的问题。"无己,则仍是黑暗和虚空而已"——我所拥有的只是黑暗,只是空虚:"唯'黑暗与虚无'乃是实有"。"但是我愿意只是黑暗,或者会消失于白天,我愿意只是虚空,决不占你的心地"。这里连续几个"我愿意",正是对前面的"我不","我不愿意"的回应——从拒绝现有与将有,到选择无的黑暗与虚空,完成了一个历史过程。

"我愿意这样,朋友,我独自远行,不但没有你,并且再没有别的影在黑暗里。只有我被黑暗沉没,那世界全属于我自己。"

注意这里有一个转换:当独自远行,一个人被黑暗所吞没的时候,"我"

达到了彻底的空与无;但也就在这独自承担与毁灭中,获得了最大的有:"裹在这无边际的黑絮似的大块里"。(《夜颂》,《鲁迅全集》第5卷,第193页。)"那世界全属于我自己"。正是在这生命的黑暗体验中,实现了"无"向"有"的转化:从拒绝外在世界的"有"达到了自我生命中"无"中之"大有",这一个过程或许是更为重要的。

这里提到了生命的黑暗体验,这是一种人生中难以达到的可遇不可求的生命体验,如一位研究者所说,这是一种生命的大沉迷,是无法言说的生命的澄明状态:"如此的安详而充盈,从容而大勇,自信而尊严"。你落入一个生命的黑洞之中,这黑洞将所有的光明吸纳、隐藏其中,这里存在着一种内在的、本质的光明:"充盈着黑暗的光明。"(王乾坤:《鲁迅的生命哲学》,人民文学出版社1999年版,第321—322、336—340页。)鲁迅自己也说:"爱夜的人要有听夜的耳朵和看夜的眼睛,自在暗中,看一切暗"。"爱夜的人于是领受了夜所给予的光明"。(《夜颂》,《鲁迅全集》第5卷,第193页。)鲁迅正是这样的"爱夜的人",不仅《影的告别》,而且整本《野草》,都充溢着他以"听夜的耳朵和看夜的眼睛"所听到、看到的"一切暗",以及他所领受到的"夜所给予的光明"。这是我们在阅读《野草》时,首先要注意和把握的。

《影的告别》实际上讲了两个东西:一是他拒绝了什么?一是他选择了、因而承担了什么?这构成了《野草》的一个基本线索。(钱理群《与鲁迅相遇:北大演讲录之二》,三联书店2003年版,第273—276页。)

【思考题】

1. 在《影的告别》里,"我"最终选择了什么?承担了什么?
2. 你如何理解《墓碣文》中长蛇的形象,它象征了什么?
3. 你如何理解鲁迅思想里的"黑暗"?

【深度阅读】

1. 王乾坤《鲁迅的生命哲学》第八章"盛满黑暗的光明——读《野草》",人民文学出版社1999年版。
2. 钱理群《鲁迅〈野草〉里的人生哲学》,北京大学出版社1999年版《走进当代的鲁迅》。
3. [德]尼采著、钱春绮译《查拉图斯特拉如是说·影子》(详注本),三联书店2012年版。

4. 孙羽《鲁迅〈影的告别〉与尼采〈影子〉思想比较》,《辽宁教育学院学报》2006 年第 11 期。

我与地坛(节选)
史铁生

史铁生(1951—2010),生于北京,1967 年毕业于清华附中,1969 年作为知青赴陕北插队。插队期间突患重病,双腿瘫痪,1971 年回到北京。1974 年始在北京某街道工厂做工,几年后因病情加重回家疗养。后再患尿毒症,1998 年初开始以血液透析维持生命。史铁生生命中最重要的是两件事:一件是与病魔抗争,一件是写作。他自 1979 年开始发表作品,代表作品有中短篇小说《我的遥远的清平湾》《命若琴弦》等,长篇小说《务虚笔记》《丁一之旅》,散文随笔《我与地坛》《病隙碎笔》等。曾先后获全国优秀短篇小说奖、鲁迅文学奖、华语传媒大奖年度杰出成就奖等多种奖项,作品被译成英、法、日等文字。2010 年末,史铁生突发脑溢血逝世于北京,时年五十九岁。

《我与地坛》发表于《上海文学》1991 年第 1 期。作品发表后,著名作家韩少功曾高度赞扬说:"对当年的文坛来说,即使没有其他的作品,那一年的文坛也是一个丰年。"

本篇选自史铁生《我与地坛》,人民文学出版社 2010 年版。

一

我在好几篇小说中都提到过一座废弃的古园,实际上就是地坛。许多年前旅游业还没有开展,园子荒芜冷落得如同一片野地,很少被人记起。

地坛离我家很近。或者说我家离地坛很近。总之,只好认为这是缘分。地坛在我出生前四百多年就坐落在那儿了,而自从我的祖母年轻时带着我父亲来到北京,就一直住在离它不远的地方——五十多年间搬过几次家,可搬来搬去总是在它周围,而且是越搬离它越近了。我常觉得这中间有着宿命的味道:仿佛这古园就是为了等我,而历尽沧桑在那儿等待了四百多年。

它等待我出生,然后又等待我活到最狂妄的年龄上忽地残废了双腿。四百多年里,它一面剥蚀了古殿檐头浮夸的琉璃,淡褪了门壁上炫耀的朱红,坍圮了一段段高墙又散落了玉砌雕栏,祭坛四周的老柏树愈见苍幽,到处的野草荒藤也都茂盛得自在坦荡。这时候想必我是该来了。十五年前的一个下午,我摇着轮椅进入园中,它为一个失魂落魄的人把一切都准备好了。那时,太阳循着亘古不变的路途正越来越大,也越红。在满园弥漫的沉静光芒中,一个人更容易看到时间,并看见自己的身影。

自从那个下午我无意中进了这园子,就再没长久地离开过它。我一下子就理解了它的意图。正如我在一篇小说中所说的:"在人口密聚的城市里,有这样一个宁静的去处,像是上帝的苦心安排。"

两条腿残废后的最初几年,我找不到工作,找不到去路,忽然间几乎什么都找不到了,我就摇了轮椅总是到它那儿去,仅为着那儿是可以逃避一个世界的另一个世界。我在那篇小说中写道:"没处可去我便一天到晚耗在这园子里。跟上班下班一样,别人去上班我就摇了轮椅到这儿来。""园子无人看管,上下班时间有些抄近路的人们从园中穿过,园子里活跃一阵,过后便沉寂下来。""园墙在金晃晃的空气中斜切下一溜荫凉,我把轮椅开进去,把椅背放倒,坐着或是躺着,看书或者想事,撅一枝树枝左右拍打,驱赶那些和我一样不明白为什么要来这世上的小昆虫。""蜂儿如一朵小雾稳稳地停在半空;蚂蚁摇头晃脑捋着触须,猛然间想透了什么,转身疾行而去;瓢虫爬得不耐烦了,累了,祈祷一回便支开翅膀,忽悠一下升空了;树干上留着一只蝉蜕,寂寞如一间空屋;露水在草叶上滚动,聚集,压弯了草叶轰然坠地摔开万道金光。""满园子都是草木竞相生长弄出的响动,窸窸窣窣窸窸窣窣片刻不息。"这都是真实的记录,园子荒芜但并不衰败。

除去几座殿堂我无法进去,除去那座祭坛我不能上去而只能从各个角度张望它,地坛的每一棵树下我都去过,差不多它的每一米草地上都有过我的车轮印。无论是什么季节,什么天气,什么时间,我都在这园子里待过。有时候待一会儿就回家,有时候就待到满地上都亮起月光。记不清都是在它的哪些角落里了,我一连几小时专心致志地想关于死的事,也以同样的耐心和方式想过我为什么要出生。这样想了好几年,最后事情终于弄明白了:一个人,出生了,这就不再是一个可以辩论的问题,而只是上帝交给他的一个事实;上帝在交给我们这件事实的时候,已经顺便保证了它的结果,所以死是一件不必急于求成的事,死是一个必然会降临的节日。这样想过之后我安心多了,眼前的一切不再那么可怕。比如你起早熬夜准备考试的时候,忽然想起有一个长长的假期在前面等待你,你会不会觉得轻松一点儿?并且庆幸并且感激这样的安排?

剩下的就是怎样活的问题了。这却不是在某一个瞬间就能完全想透的,不是能够一次性解决的事,怕是活多久就要想它多久了,就像是伴你终生的魔鬼或恋人。所以,十五年了,我还是总得到那古园里去,去它的老树下或荒草边或颓墙旁,去默坐,去呆想,去推开耳边的嘈杂理一理纷乱的思绪,去窥看自己的心魂。十五年中,这古园的形体被不能理解它的人肆意雕琢,幸好有些东西是任谁也不能改变它的。譬如祭坛石门中的落日,寂静的光辉平铺的一刻,地上的每一个坎坷都被映照得灿烂;譬如在园中最为落寞的时间,一群雨燕便出来高歌,把天地都叫喊得苍凉;譬如冬天雪地上孩子的脚印,总让人猜想他们是谁,曾在哪儿做过些什么,然后又都到哪儿去了;譬如那些苍黑的古柏,你忧郁的时候它们镇静地站在那儿,你欣喜的时候它们依然镇静地站在那儿,它们没日没夜地站在那儿从你没有出生一直站到这个世界上又没了你的时候;譬如暴雨骤临园中,激起一阵阵灼烈而清纯的草木和泥土的气味,让人想起无数个夏天的事件;譬如秋风忽至,再有一场早霜,落叶或飘摇歌舞或坦然安卧,满园中播散着熨帖而微苦的味道。味道是最说不清楚的,味道不能写只能闻,要你身临其境去闻才能明了。味道甚至是难于记忆的,只有你又闻到它你才能记起它的全部情感和意蕴。所以我常常要到那园子里去。

二

现在我才想到,当年我总是独自跑到地坛去,曾经给母亲出了一个怎样的难题。

她不是那种光会疼爱儿子而不懂得理解儿子的母亲。她知道我心里的苦闷,知道不该阻止我出去走走,知道我要是老待在家里结果会更糟,但她又担心我一个人在那荒僻的园子里整天都想些什么。我那时脾气坏到极点,经常是发了疯一样地离开家,从那园子里回来又中了魔似的什么话都不说。母亲知道有些事不宜问,便犹犹豫豫地想问而终于不敢问,因为她自己心里也没有答案。她料想我不会愿意她跟我一同去,所以她从未这样要求过,她知道得给我一点儿独处的时间,得有这样一段过程。她只是不知道这过程得要多久和这过程的尽头究竟是什么。每次我要动身时,她便无言地帮我准备,帮助我上了轮椅车,看着我摇车拐出小院;这以后她会怎样,当年我不曾想过。

有一回我摇车出了小院,想起一件什么事又返身回来,看见母亲仍站在原地,还是送我走时的姿势,望着我拐出小院去的那处墙角,对我的回来竟一时没有反应。待她再次送我出门的时候,她说:"出去活动活动,去地坛看看书,我说这挺好。"许多年以后我才渐渐听出,母亲这话实际上是自我安慰,是暗自的祷告,是给我的提示,是恳求与嘱咐。只是在她猝然去世之后,我才有余暇设想。当我不在家里的那些漫长的时间,她是怎样心神不定坐卧难宁,兼着痛苦与惊恐与一个母亲最低限度的祈求。现在我可以断定,以她的聪慧和坚忍,在那些空落的白天后的黑夜,在那不眠的黑夜后的白天,她思来想去最后准是对自己说:"反正我不能不让他出去,未来的日子是他自己的,如果他真的在那园子里出了什么事,这苦难也只好我来承担。"在那段日子里——那是好几年前的一段日子,我想我一定使母亲做过了最坏的准备了,但她从来没有对我说过:"你为我想想。"事实上我也真的没为她想过。那时她的儿子还太年轻,还来不及为母亲想,他被命运击昏了头,一心以为自己是世上最不幸的一个,不知道儿子的不幸在母亲那儿总是要加倍的。她有一个长到二十岁上忽然截瘫了的儿子,这是她唯一的儿子;她情愿截瘫的是自己而不是儿子,可这事无法代替;她想,只要儿子能活下去哪怕自己去死呢也行,可她又确信一个人不能仅仅是活着,儿子得有一条路走向自己的幸福;而这条路呢,没有谁能保证她的儿子终于能找到——这样一个母亲,注定是活得最苦的母亲。

有一次与一个作家朋友聊天,我问他学写作的最初动机是什么?他想了一会儿说:"为我母亲。为了让她骄傲。"我心里一惊,良久无言。回想自己最初写小说的动机,虽不似这位朋友的那般单纯,但如他一样的愿望我也有,且一经细想,发现这愿望也在全部动机中占了很大比重。这位朋友说:"我的动机太低俗了吧?"我光是摇头,心想低俗并不见得低俗,只怕是这愿望过于天真了。他又说:"我那时真就是想出名,出了名让别人羡慕我母亲。"我想,他比我坦率。我想,他又比我幸福,因为他的母亲还活着。而且我想,他的母亲也比我的母亲运气好,他的母亲没有一个双腿残废的儿子,否则事情就不这么简单。

在我的头一篇小说发表的时候,在我的小说第一次获奖的那些日子里,我真是多么希望我的母亲还活着。我便又不能在家里待了,又整天整天独自跑到地坛去,心里是没头没尾的沉郁和哀怨,走遍整个园子却怎么也想不通:母亲为什么就不能再多活两年?为什么在她儿子就快要碰撞开一条路的时候,她却忽然熬不住了?莫非她来此世上只是为了替儿子担忧,却不该分享我的一点点快乐?她匆匆离我去时才只有四十九岁呀!有那么一会儿,我甚至对世界对上帝充满了仇恨和厌恶。后来我在一篇题为《合欢树》的文章中写道:"坐在小公园安静的树林里,我闭上眼睛,想:上帝为什么早早地召母亲回去呢?很久很久,迷迷糊糊地,我听见了回答:'她心里太苦了,上帝看她受不住了,就召她回去。'我似乎得到一点儿安慰,睁开眼睛,看见风正从树林里穿过。"小公园,指的也是地坛。

只是到了这时候,纷纭的往事才在我眼前幻现得清晰,母亲的苦难与伟大才在我心中渗透得深彻。上帝的考虑,也许是对的。

摇着轮椅在园中慢慢走,又是雾罩的清晨,又是骄阳高悬的白昼,我只想着一件事:母亲已经不在了。在老柏树旁停下,在草地上在颓墙边停下,又是处处虫鸣的午后,又是鸟儿归巢的傍晚,我心里只默念着一句话:可是母亲已经不在了。把椅背放倒,躺下,似睡非睡挨到日没,坐起来,心神恍惚,呆呆地直坐到古祭坛上落满黑暗然后再渐渐浮起月光,心里才有点儿明白,母亲不能再来这园中找我了。

曾有过好多回,我在这园子里待得太久了,母亲就来找我。她来找我又不想让我发觉,只要见我还好好地在这园子里,她就悄悄转身回去,我看见过几次她的背影。我也看见过几回她四处张望的情景,她视力不好,端着眼镜像在寻找海上的一条船,她没看见我时我已经看见她了,待我看见她也看见我了我就不去看她,过一会儿我再抬头看她就又看见她缓缓离去的背影。我单是无法知道有多少回她没有找到我。有一回我坐在矮树丛中,树丛很密,我看见她没有找到我;她一个人在园子里走,走过我的身旁,走过我经常待的一些地方,步履茫然又急迫。我不知道她已经找了多久还要找多久,我不知道为什么我决意不喊她——但这绝不是小时候的捉迷藏,这也许是出于长大了的男孩子的倔强或羞涩?但这倔强只留给我痛悔,丝毫也没有骄傲。我真想告诫所有长大了的男孩子,千万不要跟母亲来这套倔强,羞涩就更不必,我已经懂了可我已经来不及了。

儿子想使母亲骄傲,这心情毕竟是太真实了,以致使"想出名"这一声名狼藉的念头也多少改变了一点儿形象。这是个复杂的问题,且不去管它了罢。随着小说获奖的激动逐日暗淡,我开始相信,至少有一点我是想错了:我用纸笔在报刊上碰撞开的一条路,并不就是母亲盼望我找到的那条路。年年月月我都到这园子里来,年年月月我都要想,母亲盼望我找到的那条路到底是什么。母亲生前没给我留下过什么隽永的哲言,或要我恪守的教诲,只是在她去世之后,她艰难的命运、坚忍的意志和毫不张扬的爱,随光阴流转,在我的印象中愈加鲜明深刻。

有一年,十月的风又翻动起安详的落叶,我在园中读书,听见两个散步的老人说:"没想到这园子有这么大。"我放下书,想,这么大一座园子,要在其中找到她的儿子,母亲走过了多少焦灼的路。多年来我头一次意识到,这园中不单是处处都有过我的车辙,有过我的车辙的地方也都有过母亲的脚印。

……

七

要是有些事我没说,地坛,你别以为是我忘了,我什么也没忘,但是有些事只适合收藏。不能说,也不能想,却又不能忘。它们不能变成语言,它们无法变成语言,一旦变成语言就不再是它们了。它们是一片朦胧的温馨与寂寥,是一片成熟的希望与绝望,它们的领地只有两处:心与坟墓。比如说邮票,有些是用于寄信的,有些仅仅是为了收藏。

如今我摇着车在这园子里慢慢走,常常有一种感觉,觉得我一个人跑出来已经玩得太久了。有一天我整理我的旧相册,看见一张十几年前我在这园子里照的照片——那个年轻人坐在轮椅上,背后是一棵老柏树,再远处就是那座古祭坛。我便到园子里去找那棵树。我按着照片上的背景找很快就找到了它,按着照片上它枝干的形状找,肯定那就是它。但是它已经死了,而且在它身上缠绕着一条碗口粗的藤萝。有一天我在这园子里碰见一个老太太,她说:"哟,你还在这儿哪?"她问我:"你母亲还好吗?""您是谁?""你不记得我,我可记得你。有一回你母亲来这儿找你,她问我您看没看见一个摇轮椅的孩子?……"我忽然觉得,我一个人跑到这世界上来玩真是玩得太久了。有一天夜晚,我独自坐在祭坛边的路灯下看书,忽然从那漆黑的祭坛里传出一阵阵唢呐声;四周都是参天古树,方形祭坛占地几百平米空旷坦荡独对苍天,我看不见那个吹唢呐的人,唯唢呐声在星光寥寥的夜空里低吟高唱,时而悲怆时而欢快,时而缠绵时而苍凉,或许这几个词都不足以形容它,我清清醒醒地听出它响在过去,响在现在,响在未来,回旋飘转亘古不散。

必有一天,我会听见喊我回去。

那时您可以想像一个孩子,他玩累了可他还没玩够呢,心里好些新奇的念头甚至等不及到明天。也可以想像是一个老人,无可置疑地走向他的安息地,走得任劳任怨。还可以想像一对热恋中的情人,互相一次次说"我一刻也不想离开你",又互相一次次说"时间已经不早了",时间不早了可我一刻也不想离开你,一刻也不想离开你可时间毕竟是不早了。

我说不好我想不想回去。我说不好是想还是不想,还是无所谓。我说不好我是像那个孩子,还是像那个老人,还是像一个热恋中的情人。很可能是这样:我同时是他们三个。我来的时候是个孩子,他有那么多孩子气的念头所以才哭着喊着闹着要来,他一来一见到这个世界便立刻成了不要命的情人,而对一个情人来说,不管多么漫长的时光也是稍纵即逝,那时他便明白,每一步每一步,其实一步步都是走在回去的路上。当牵牛花初开的时节,葬礼的号角就已吹响。

但是太阳,它每时每刻都是夕阳也都是旭日。当它熄灭着走下山去收尽苍凉残照之际,正是它在另一面燃烧着爬上山巅布散烈烈朝辉之时。那一天,我也将沉静着走下山去,扶着我的拐杖。有一天,在某一处山洼里,势必会跑上来一个欢蹦的孩子,抱着他的玩具。

当然,那不是我。

但是,那不是我吗?

宇宙以其不息的欲望将一个歌舞炼为永恒。这欲望有怎样一个人间的姓名,大可忽略不计。

八九年五月十一日
九〇年一月七日改

【集评】

1990年创作的《我与地坛》,给他带来了广泛的声誉。这是迄今为止我读到的他的最精彩的作品。一切常人都无法在这平凡的故事里抽象出什么,一切都太简单了,没有任何奇迹与怪异,但深湛的哲思正是寓于平凡之中,他将一个深切的生命预言昭示给了世人,《我与地坛》是一曲生命的交响,那寂寥的底色下涌动的是汩汩热流,作者在一片荒芜的园子里感受到了时间,感受到了命运。我还很少读过如此寂寞而苍冷的文字,除了鲁迅、张承志的作品曾这样荒凉地展示过人性的苦涩外,中国的新文学,绝少这类形而上意味的孤独的咏叹。在这里,只有灵魂与上苍的交流,人间的一切喧嚷都沉寂了。史铁生以其岑寂的声色,将己身的苦难与人类的苦难汇于同一个调色板里,在静静的荒凉里,倾听着生命慢慢的流逝声,倾听着岁月在自己躯体上的划过。一个灵魂又一个灵魂隐去了,一个场景又一个场景消失了,但惟有那颗心,它的脉息,还弥散在空中,你可以在其间感受到它的余温。当自觉地意识到人为什么活着,或者活着的指向是些什么的时候,语言似乎已丧失意义。在喧哗消失的地方,心性才会浮出世间。……《我与地坛》是一曲绝唱,任何典丽的附庸风雅之作都无法和他媲美。(孙郁《通往哲学的路——读史铁生》,《当代作家评论》1998年第2期。)

我特别注意到《我与地坛》初稿的写作日期,那是激动人心的历史时刻,当时这个城市几乎所有的人都身不由己地卷入了群体的狂热,融入了时代的潮流。史铁生除了那些与众相同的社会良知之外,独独还保留着一份难得的淡泊和宁静,在人声鼎沸之中静静地回顾自己的心路历程。这是一种清醒的个人意识,一种希罕的精神定力,一种即使投身群体也依然保持思想独立和精神自由的能力。在那样的时刻,只有史铁生才能做到。

……

看透生活再热爱生活,这是史铁生的理想主义,一种过程论的理想主义。尽管它是从个人的苦难中得出的人生真谛,尽管它仅仅是一种个人化的人生哲学,然而,它的意义建构规则和理想落实方式,对于信仰危机以后虚无主义蔓延的世纪末中国,无疑具有普遍的启示。每个人的信仰对象可以不同,但是信仰的方式却值得反思。由目的转向过程的理想主义,很可能是经受过虚无主义思想洗礼的新生代更容易接受的一种信仰方式。(许纪霖《另一种理想主义》,《许纪霖自选集》,广西师范大学出版社1999年版,第304—305页。)

【思考题】

1. 你认为《我与地坛》最触动人心之处是什么?说说你的感受和理由。
2. 《我与地坛》表达了什么样的哲思?你是如何理解的?

【深度阅读】

1. 史铁生《病隙碎笔》,陕西师范大学出版社2009年修订版。
2. 史铁生《务虚笔记》,人民文学出版社2007年版。
3. 许纪霖等《另一种理想主义》,凤凰出版社2011年版。
4. [法]阿尔贝·加缪著、杜小真译《西西弗神话》,人民文学出版社2012年版。

我的精神家园
王小波

王小波(1952—1997),北京人,当代小说家、散文家。中学毕业后在云南农场插队,做过工人、教师。1982年毕业于中国人民大学贸易经济系。后赴美国匹兹堡大学东亚研究中心攻读研究生。1988年回国,先后任教于北京大学和中国人民大学。1992年辞职成为自由撰稿人。1997年4月11日因心脏病突发逝世于北京。曾两次获得"台湾联合报系文学奖中篇小说大奖"。

  王小波的小说代表作是"时代三部曲",即《黄金时代》《白银时代》和《青铜时代》,他的小说语言极具个性,将个人经验融入天马行空的想象之中,具有鲜明的批判姿态和深切的人文关怀。杂文集有《我的精神家园》《思维的乐趣》《沉默的大多数》等。代表性的杂文作品有《我的精神家园》《沉默的大多数》《一只特立独行的猪》《思维的乐趣》等。他的杂文作品多用幽默笔触表达对文化和社会问题的思考,为读者展现了一个富于诗意、闪烁着思想光芒的"精神家园"。

  本篇选自王小波《我的精神家园》,文化艺术出版社1997年版。

  我十三岁时,常到我爸爸的书柜里偷书看。那时候政治气氛紧张,他把所有不宜摆在外面的书都锁了起来,在那个柜子里,有奥维德的《变形记》,朱生豪译的莎翁戏剧,甚至还有《十日谈》。柜子是锁着的,但我哥哥有捅开它的方法。他还有说服我去火中取栗的办法:你小,身体也单薄,我看爸爸不好意思揍你。但实际上,在揍我这个问题上,我爸爸显得不够绅士派,我的手脚也不太灵活,总给他这种机会。总而言之,偷出书来两人看,挨揍则是我一人挨,就这样看了一些书。虽然很吃亏,但我也不后悔。

  看过了《变形记》,我对古希腊着了迷。我哥哥还告诉我说:古希腊有一种哲人,穿着宽松的袍子走来走去。有一天,有一位哲人去看朋友,见他不在,就要过一块涂蜡的木板,在上面随意挥洒,画了一条曲线,交给朋友的家人,自己回家去了。那位朋友回家,看到那块木板,为曲线的优美所折服;连忙埋伏在哲人家左近,待他出门时闯进去,要过一块木板,精心画上一条曲线……当然,这故事下余的部分就很容易猜了:哲人回了家,看到朋友留下的木板,又取一块蜡板,把自己的全部心胸画在一条曲线里,送给朋友去看,使他真正折服。现在我想,这个故事是我哥哥编的。但当时我还认真地想了一阵,终于傻呵呵地说道:这多好啊。时隔三十年回想起来,我并不羞愧。井底之蛙也拥有一片天空,十三岁的孩子也可以有一片精神家园。此外,人有兄长是好的。虽然我对国家的计划生育政策也无异议。

  长大以后,我才知道科学和艺术是怎样的事业。我哥哥后来是已故逻辑大师沈有鼎先生的弟子,我则学了理科;还在一起讲过真伪之分的心得、对热力学的体会；但这已是我二十多岁时的事。再大一些，我到国外去旅行，在剑桥看到过使牛顿体会到万有引力的苹果树，拜伦拐着腿跳下去游水的"拜伦塘"，但我总在回想幼时遥望人类智慧星空时的情景。千万丈的大厦总要有片奠基石，最初的爱好无可替代。所有的智者、诗人，也许都体验过儿童对着星光感悟的一瞬。我总觉得，这种爱好对一个人来说，就如性爱一样，是不可少的。

我时常回到童年，用一片童心来思考问题，很多烦难的问题就变得易解。人活着当然要做一番事业，而且是人文的事业；就如有一条路要走。假如是有位老学究式的人物，手执教鞭戒尺打着你走，那就不是走一条路，而是背一本宗谱。我听说前苏联就是这么教小孩子的：要背全本的普希金、半本莱蒙托夫，还要记住俄罗斯是大象的故乡（肖斯塔科维奇在回忆录里说了很多）。我们这里是怎样教孩子的，我就不说了，以免得罪师长。我很怀疑会背宗谱就算有了精神家园，但我也不想说服谁。安徒生写过《光荣的荆棘路》，他说人文的事业就是一片着火的荆棘，智者仁人就在火里走着。当然，他是把尘世的器器都考虑在内了，我觉得用不着想那么多。用宁静的童心来看，这条路是这样的：它在两条竹篱笆之中。篱笆上开满了紫色的牵牛花，在每个花蕊上，都落了一只蓝蜻蜓。这样说固然有煽情之嫌，但想要说服安徒生，就要用这样的语言。维特根斯坦临终时说：告诉他们，我度过了美好的一生。这句话给人的感觉就是：他从牵牛花丛中走过来了。虽然我对他的事业一窍不通，但我觉得他和我是一头儿的。

我不大能领会下列说法的深奥之处：要重建精神家园、恢复人文精神，就要灭掉一切俗人——其中首先要灭的，就是风头正健的俗人。假如说，读者兜里的钱是有数的，买了别人的书，就没钱来买我的书，所以要灭掉别人，这个我倒能理解，但上述说法不见得有如此之深奥。假如真有这么深奥，我也不赞成——我们应该像商人一样，严守诚实原则，反对不正当的竞争。让我的想法和作品成为器器尘世上的正宗，这个念头我没有，也不敢有。既然如此，就必须解释我写文章（包括这篇文章）的动机。坦白地说，我也解释不大清楚，只能说：假如我今天死掉，恐怕就不能像维特根斯坦一样说道：我度过了美好的一生；也不能像斯汤达一样说：活过，爱过，写过。我很怕落到什么都说不出的结果，所以正在努力工作。

【集评】

我们知道难得糊涂了。看了王小波的《我的精神家园》，我深感难得明白,明白最难得。什么叫明白呢?第一很实在,书本联系现实,理论联系经验,不是云端空谈,不是空对空,模糊对模糊。第二尊重常识和理性,不是一煽就热,也不是你热我就热,不生文化传染病。第三他有所比较,知古通今,学过自然科学人文科学,得过华、洋学位,英语棒。于是一瓶子不满半瓶子晃荡的人明明被他批驳了也还在若无其事地夸他。叫做不怕不识货就怕货比货,货比三家,真伪立见,想用几个大而无当的好词或洋词或港台词蒙住唬住王小波,没有那么容易。第四他深入浅出,朴素鲜活,几句话说明一个道理,不用发功,不用念咒,不用做秀表演豪迈悲壮孤独一个人与全世界全中国血战到底。第五,他虽在智力上自视甚高,但绝对不把自己当成高人一等的特殊材料制成的精英、救世主;更不用说是像挂在嘴上的"圣者"了。(王蒙《难得明白》,王毅主编《不再沉默——人文学者论王小波》,光明日报出版社1998年版,第14—15页。)

王小波给人的一个最深刻的印象,是他的理性,那种清晰的、冷静的英国式的经验理性。具有这样理性精神的人,即使在当代中国自由知识分子中间,也属于凤毛麟角。(许纪霖《王小波:他思故他在》,《许纪霖自选集》,广西师范大学出版社1999年版,第309页。)

【思考题】

1. 结合文章内容,如何理解作者所说的"我时常回到童年,用一片童心来思考问题,很多烦难的问题就变得易解"这句话?

2. "要重建精神家园、恢复人文精神,就要灭掉一切俗人",这句话有其特定的指向,请查阅相关资料了解1990年代的"人文精神"讨论的问题,谈谈你对"人文精神"与"俗人"关系的看法。

3. 在本文中,王小波引维特根斯坦和司汤达的话作结,希望自己临终之际能够对自己的一生满意。他因病英年早逝,生命的最后时刻,他给美国的朋友发了一封电子邮件:"在一个喧嚣的话语圈下面,始终有个沉默的大多数。既然精神原子弹在一颗又一颗地炸着,哪里有我们说话的份?但我辈现在开始说话,以前说过的一切和我们都无关系。"他临终之际未能发出维特根斯坦和司汤达那样满足的感慨,而是在呼唤沉默的人起来说话。那么,你认为在当今世界,"沉默的大多数"应该如何建构、守护自己的"精神家园"呢?

【深度阅读】

1. 王小波《我的精神家园》,文化艺术出版社 1997 年版。

2. 王小波《思维的乐趣》,中国人民大学出版社 2005 年版。

3. 王小波《黄金时代》,花城出版社 1999 年版。

4. 王毅主编《不再沉默——人文学者论王小波》,光明日报出版社 1998 年版。

5. 艾晓明、李银河编《浪漫骑士——记忆王小波》,中国青年出版社 1997 年版。

生活散文第三

北京的茶食
周作人

周作人(1885—1967),原名櫆寿(后改为奎绶),字星杓,又名启明、启孟、起孟,笔名有遐寿、仲密、岂明,号知堂、药堂等,浙江绍兴人。鲁迅之弟,周建人之兄。周作人是中国新文化运动的代表人物,在新文化运动发轫时期发表的《人的文学》《平民文学》产生了广泛影响。他是文学研究会的重要参与者之一,1924年与钱玄同、孙伏园等组成语丝社,主编《语丝》周刊,引领了中国现代散文的创作潮流。曾任北京大学教授、东方文学系主任,燕京大学新文学系主任、客座教授。

周作人是中国现代著名的散文家、文学理论家、评论家、诗人、翻译家、思想家,也是中国民俗学开拓人。代表作品有散文集《自己的园地》《雨天的书》《泽泻集》《谈龙集》《谈虎集》《苦茶随笔》《知堂文集》,诗集《过去的生命》,小说集《孤儿记》,译作有《域外小说集》(与鲁迅合作)、《红星佚史》等。其散文多是抒情、叙述的小品文,总体呈现出平和冲淡的特色。

本篇选自周作人《自己的园地 雨天的书》,人民文学出版社1988年版。

在东安市场的旧书摊上买到一本日本文章家五十岚力的《我的书翰》,中间说起东京的茶食店的点心都不好吃了,只有几家如上野山下的空也,还做得好点心,吃起来馅和糖及果实浑然融合,在舌头上分不出各自的味来。想起德川时代江户的二百五十年的繁华,当然有这一种享乐的流风余韵留传到今日,虽然比起京都来自然有点不及。北京建都已有五百余年之久,论理于衣食住方面应有多少精微的造就,但实际似乎并不如此,即以茶食而论,就不曾知道什么特殊的有滋味的东西。固然我们对于北京情形不甚熟悉,只是随便撞进一家饽饽铺里去买一点来吃,但是就撞过的经验来说,总没有很好吃的点心买到过。难道北京竟是没有好的茶食,还是有而我们不知道呢?这也未必全是为贪口腹之欲,总觉得住在古老的京城里吃不到包含历史的精练的或颓废的点心是一个很大的缺陷。北京的朋友们,能够告诉我两三家做得上好点心的饽饽铺么?

我对于二十世纪的中国货色,有点不大喜欢,粗恶的模仿品,美其名曰国货,要卖得比外国货更贵些。新房子里卖的东西,便不免都有点怀疑,虽然这样说好象遗老的口吻,但总之关于风流享乐的事我是颇迷信传统的。我在西四牌楼以南走过,望着异馥斋的丈许高的独木招牌,不禁神往,因为这不但表示他是义和团以前的老店,那模糊阴暗的字迹又引起我一种焚香静坐的安闲而丰腴的生活的幻想。我不曾焚过什么香,却对于这件事很有趣味,然而终于不敢进香店去,因为怕他们在香合上已放着花露水与日光皂了。我们于日用必需的东西以外,必须还有一点无用的游戏与享乐,生活才觉得有意思。我们看夕阳,看秋河,看花,听雨,闻香,喝不求解渴的酒,吃不求饱的点心,都是生活上必要的——虽然是无用的装点,而且是愈精练愈好。可怜现在的中国生活,却是极端地干燥粗鄙,别的不说,我在北京彷徨了十年,终未曾吃到好点心。

十三年二月

【集评】

　　鲁迅的文体简炼得像一把匕首,能以寸铁杀人,一刀见血。重要之点,抓住了之后,只消三言两语就可以把主题道破——这是鲁迅作文的秘诀,详细见《两地书》中批评景宋女士《驳覆校中当局》一文的语中——次要之点,或者也一样的重要,但不能使敌人致命之点,他是一概轻轻放过,由它去而不问的。与此相反,周作人的文体,又来得舒徐自在,信笔所至,初看似乎散漫支离,过于繁琐!但仔细一读,却觉得他的漫谈,句句含有分量,一篇之中,少一句就不对,一句之中,易一字也不可,读完之后,还想翻转来从头再读。当然这是指他从前的散文而说,近几年来,一变而为枯涩苍老,炉火纯青,归入古雅道劲的一途了。(郁达夫《〈中国新文学大系·散文二集〉导言》,刘运峰编《1917—1927 中国新文学大系导言集》,天津人民出版社 2009 年版,第 138—139 页。)

　　这书的特质,第一是清,第二是冷,第三是简洁,你在雨天拿这本书看过,把雨所生的情感和书所生的情感两相比较,你大概寻不出分别,除非雨的阴沉和雨的缠绵。这两种讨人嫌的雨性幸而还没渗透到《雨天的书》里来。(朱光潜《雨天的书》,朱光潜著,郜元宝选编《谈读书》,天津人民出版社 1998 年版,第 1 页。)

【思考题】

　　1."这也未必全是为贪口腹之欲,总觉得住在古老的京城里吃不到包含历史的精练的或颓废的点心是一个很大的缺陷。"如何理解作者所说的点心"历史的精练的或颓废的"特点?

2. 周作人的散文,往往从生活中的细微事物入手,道出对生活、生命的体悟。本文由北京的茶食点心出发,体现的是作者怎样的生命哲学?

【深度阅读】

1. 周作人《自己的园地 雨天的书》,人民文学出版社1988年版。
2. 周作人著、钟叔河编《周作人文类编》第六卷,湖南文艺出版社1998年版。
3. 止庵《周作人传》,山东画报出版社2009年版。
4. 钱理群《周作人传》,北京十月文艺出版社1990年版。

菱 荡

废 名

废名(1901—1967),原名冯文炳,湖北黄梅人。1922年考入北京大学预科,并开始从事文学创作。后转入北京大学英文系。1929年毕业后留校任教。代表作有小说集《竹林的故事》《桃园》《莫须有先生传》等。《竹林的故事》出版于1925年,名为小说,实则也是散文,注重意境的传达,清新素朴,抒情气息浓郁,喜闲谈琐事,以冲淡为衣,表现出朴讷哀伤的风格。后来的作品将古典诗歌的象征手法与西方现代派技巧引入,追求朦胧的散文意境,但语言修饰得愈发生涩古怪。鲁迅批判他"有意低徊,孤影自怜"(《〈中国新文学大系·小说二集〉序》),此所谓"废名气"。

《菱荡》写于1927年,收入小说集《桃园》。这是一篇几乎没有"故事"的简短小说,大量的景物描写和随意的人物点染勾勒出一个世外桃源般的田园世界。

本篇选自王风编《废名集》第一卷,北京大学出版社2009年版。

陶家村在菱荡圩的坝上,离城不过半里,下坝过桥,走一个沙洲,到城西门。一条线排着,十来重瓦屋,泥墙,石灰画得砖块分明,太阳底下更有一种光泽,表示陶家村总是兴旺的。屋后竹林,绿叶堆成了台阶的样子,倾斜至河岸,河水沿竹子打一个湾,潺潺流过。这里离城才是真近,中间就只有河,城墙的一段正对了竹子临水而立。竹林里一条小路,城上也窥得见,不当心河边忽然站了一个人,——陶家村人出来挑水。落山的太阳射不过陶家村的时候(这时游城的很多)少不了有人攀了城垛子探首望水,但结果城上人望城下人,仿佛不会说水清竹叶绿,——城下人亦望城上。

　　陶家村过桥的地方有一座石塔,名叫洗手塔。人说,当初是没有桥的,往来要"摆渡"。摆渡者,是指以大乌竹做成的筏载行人过河。一位姓张的老汉,专在这里摆渡过日,头发白得像银丝。一天,何仙姑下凡来,度老汉升天,老汉道:"我不去。城里人如何下乡?乡下人如何进城?"但老汉这天晚上死了。清早起来,河有桥,桥头有塔。何仙姑一夜修了桥。修了桥洗一洗手,成洗手塔。这个故事,陶家村的陈聋子独不相信,他说,"张老头子摆渡,不是要渡钱吗?"摆渡依然要人家给钱他,同聋子"打长工"是一样,所以决不能升天。

　　塔不高,一棵大枫树高高的在塔之上,远路行人总要歇住乘一乘阴。坐在树下,菱荡圩一眼看得见,——看见的也仅仅只有菱荡圩的天地了,坝外一重山,两重山,虽知道隔得不近,但树林是山腰。菱荡圩算不得大坝,花篮的形状,花篮里却没有装一朵花,从底绿起,——若是荞麦或油菜花开的时候,那又尽是花了。稻田自然一望而知,另外树林子堆的许多球,那怕城里人时常跑到菱荡圩来玩,也不能一一说出,那是村,那是园,或者水塘四围栽了树。坝上的树叫菱荡圩的天比地更来得小,除了陶家村以及陶家村对面的一个小庙,走路是在树林里走了一圈。有时听得斧头斫树响,一直听到不再响了还是一无所见。那个小庙,从这边望去,露出一幅白墙,虽是深藏也逃不了是一个小庙。到了晚半天,这一块儿首先没有太阳,树色格外深。有人想,这庙大概是村庙,因为那么小,实在同牠背后山腰里的水竹寺差不多大小,不过水竹寺的林子是远山上的竹林罢了。城里人有终其身没有向陶家村人问过这庙者,终其身也没有再见过这么白的墙。

　　陶家村门口的田十年九不收谷的,本来也就不打算种谷,太低,四季有水,收谷是意外的丰年。(按,陶家村的丰年是岁旱。)水草连着菖蒲,菖蒲长到坝脚,树阴遮得这一片草叫人无风自凉。陶家村的牛在这坝脚下放,城里的驴子也在这坝脚下放。人又喜欢伸开他的手脚躺在这里闭眼向天。环着这水田的一条沙路环过菱荡。

　　菱荡圩是以这个菱荡得名。

　　菱荡属陶家村,周围常青树的矮林,密得很。走在坝上,望见白水的一角。荡岸,绿草散着野花,成一个圈圈。两个通口,一个连菜园。陈聋子种的几畦园也在这里。

菱荡的深,陶家村的二老爹知道,二老爹是七十八岁的老人,说,道光十九年,剩了他们的菱荡没有成干土,但也快要见底了。网起来的大小鱼真不少,鲤鱼大的有二十斤。这回陶家村可热闹,六城的人来看,洗手塔上是人,荡当中人挤人,树都挤得稀疏了。

菱叶差池了水面,约半荡,余则是白水。太阳当顶时,林茂无鸟声,过路人不见水的过去。如果是熟客,绕到进口的地方进去玩,一眼要上下闪,天与水。停了脚,水里唧唧响,——水仿佛是这一个一个的声音填的!偏头,或者看见一人钓鱼,钓鱼的只看他的一根线。一声不响的你又走出来了。好比是进城去,到了街上你还是菱荡的过客。

这样的人,总觉得有一个东西是深的,碧蓝的,绿的,又是那么圆。

城里人并不以为菱荡是陶家村的,是陈聋子的。大家都熟识这个聋子,喜欢他,打趣他,尤其是那般洗衣的女人,——洗衣的多半住在西城根,河水渴了到菱荡来洗。菱荡的深,这才被他们搅动了。太阳落山以及天刚刚破晓的时候,坝上也听得见他们喉咙叫,甚至,衣篮太重了坐在坝脚下草地上"打一栈"的也与正在槌捣杆的相呼应。野花做了他们的蒲团,原来青青的草她们踏成了路。

陈聋子,平常略去了陈字,只称聋子。他在陶家村打了十几年长工,轻易不见他说话,别人说话他偏肯听,大家都嫉妒他似的这样叫他。但这或者不始于陶家村,他到陶家村来似乎就没有带别的名字了。二老爹的园是他种,园里出的菜也要他挑上街去卖。二老爹相信他一人,回来一文一文的钱向二老爹手上数。洗衣女人问他讨萝卜吃——好比他正在萝卜田里,他也连忙拔起一个大的,连叶子给她。不过问萝卜他就答应一个萝卜,再说他的萝卜不好,他无话回,笑是笑的。菱荡圩的萝卜吃在口里实在甜。

菱荡满菱角的时候,菱荡里不时有一个小划子,(这划子一个人背得起)坐划子菱叶上打回旋的常是陈聋子。聋子到那里去了,二老爹也不知道,二老爹或者在坝脚下看他的牛吃草,没有留心他的聋子进菱荡。聋子挑了菱角回家——聋子是在菱荡摘菱角!

聋子总是这样去摘菱角,恰如菱荡在菱荡圩不现其水。

有一回聋子送一篮菱角到石家井去,——石家井是城里有名的巷子,石姓所居,两边院墙夹成一条深巷,石铺的道,小孩子走这里过,固意踏得响,逗回声。聋子走到石家大门,站住了,抬了头望院子里的石榴,仿佛这样望得出人来。两匹狗朝外一奔,跳到他的肩膀上叫。一匹是黑的,一匹白的,聋子分不开眼睛,尽站在一块石上转,两手紧握篮子,一直到狗叫出了石家的小姑娘,替他喝住狗。石家姑娘见了一篮红菱角,笑道:"是我家买的吗?"聋子被狗呆住了的模样,一言没有发,但他对了小姑娘牙齿都笑出来了。小姑娘引他进门,一会儿又送他出门。他连走路也不响。

以后逢着二老爹的孙女儿吵嘴,聋子就咕噜一句:

"你看街上的小姑娘是多么好!"

他的话总是这样说的。

一日,太阳已下西山,青天罩着菱荡圩照样的绿,不同的颜色,坝上庙的白墙,坝下聋子人一个,他刚刚从家里上园来,挑了水桶,挟了锄头。他要挑水浇一浇园里的青椒。他一听——菱荡洗衣的有好几个。风吹得很凉快。水桶歇下畦径,荷锄沿畦走,眼睛看一个一个的茄子。青椒已经有了红的,不到跟前看不见。

走回了原处,扁担横在水桶上,他坐在扁担上,拿出烟竿来吃。他的全副家伙都在腰边。聋子这个脾气利害,倘是别个,二老爹一天少不了啰苏几遍,但是他的聋子。(圩里下湾的王四牛却这样说:一年四吊毛钱,不吃烟做什么?何况聋子挑了水,卖菜卖菱角!)

打火石打得火喷,——这一点是陈聋子替菱荡圩添的。

吃烟的聋子是一个驼背。

衔了烟偏了头,听——

是张大嫂,张大嫂讲了一句好笑的话。聋子也笑。

烟竿系上腰。扁担挑上肩。

"今天真热!"张大嫂的破喉咙。

"来了人看怎么办?"

"把人热死了怎么办?"

两边的树还遮了挑水桶的,水桶的一只已经进了菱荡。

"嗳呀——"

"哈哈哈,张大嫂好大奶!"

这个绰号鲇鱼,是王大妈的第三的女儿,刚刚洗完衣同张大嫂两人坐在岸上。张大嫂解开了她的汗湿的褂子兜风。

"我道是谁——聋子。"

聋子眼睛望了水,笑着自语——

"聋子!"

一九二七年十月

【集评】

废名小说的某些语言和写法,还具有现代派文学那种"通感"的色彩。如《菱荡》中的文字:"停了脚,水里唧唧响——水仿佛是这一个一个的声音填的!""菱荡的深,这才被她们搅动了。"……试读《菱荡》第二段:"落山的太阳射不过陶家村的时候(这时游城的很多),少不了有人攀了城垛子探首望水,但结果城上人望城下人,仿佛不会说水清竹叶绿——城下人亦望城上。"它使我们想起了卞之琳《断章》中的诗句:"你站在桥上看风景,/看风景人在楼上看你。"这种诗、散文和小说融合的趋向,也正是现代派文学的一大特点,而这一特点在废名小说中很早就出现了。(严家炎《序〈废名小说选集〉》,《中国文化》1996 年第 13 期。)

作为废名故土的黄梅县展现在读者面前的是一派原始的、人性淳朴的田园景象,这里有保留完好的、未被现代文明所瓦解的封建宗法制的社会形态。人与人、人与自然的关系呈现高度的和谐和统一,人性也保持着健康、自然的状态。如废名的《竹林的故事》、《菱荡》、《桥》等作品都鲜明地表现出了这一点。(文学武《京派小说研究》,中国社会科学出版社 2011 年版,第 246 页。)

【思考题】

1. 废名被批判家称作"中国现代第一个田园小说家",你如何理解废名笔下的田园?

2. 你是否从《菱荡》中读出了禅味?你如何理解废名的禅宗式生活观?

【深度阅读】

1. 王风编《废名集》,北京大学出版社 2009 年版。

2. 吴晓东《镜花水月的世界——废名〈桥〉的诗学研读》,广西教育出版社 2003 年版。

3. 田广《废名小说研究》,中国社会科学出版社 2009 年版。

4. 纪桂平《古朴的田园美　平凡的人性美——冯文炳〈菱荡〉赏析》,《名作欣赏》1989 年第 4 期。

从文自传(节选)
沈从文

沈从文(1902—1988),原名沈岳焕,笔名休芸芸等,湖南凤凰人。14岁时投身行伍,浪迹湘川黔边境地区。1924年开始文学创作,1931—1933年在青岛大学任教。抗战爆发后到西南联大任教,1946年回到北京大学任教。代表作有《边城》《湘行散记》《长河》等。1949年后先后在中国历史博物馆和中国社会科学院历史研究所工作,主要从事中国纺织服饰考古研究工作,1981年出版了酝酿十五年的《中国古代服饰研究》专著。

《从文自传》写于1932年8月,那时《边城》《湘行散记》尚未诞生,刚过三十的作者在青岛大学国文系做讲师,暑假期间用三个星期就写了出来。沈从文自己说《从文自传》只是一本"顽童自传",写他1902—1922年,即二十岁以前的生活,是他离开湘西,在北京、上海等大都市迁徙流连约十年后写下的,因此这部自传也就不同于趋时应景之作,而是从容的用心之作,出版后被周作人和老舍列为"1934年我爱读的书"榜单之首。

本篇选自沈自文《从文自传》,人民文学出版社1981年版。

我所生长的地方

拿起我这支笔来,想写点我在这地面上二十年所过的日子,所见的人物,所听的声音,所嗅的气味,也就是说我真真实实所受的人生教育,首先提到一个我从那儿生长的边疆僻地小城时,实在不知道怎样来着手就较方便些。我应当照城市中人的口吻来说,这真是一个古怪地方!只由于两百年前满人治理中国土地时,为镇抚与虐杀残余苗族,派遣了一队戍卒屯丁驻扎,方有了城堡与居民。这古怪地方的成立与一切过去,有一部《苗防备览》记载了些官方文件,但那只是一部枯燥无味的官书。我想把我一篇作品里所简单描绘过的那个小城,介绍到这里来。这虽然只是一个轮廓,但那地方一切情景,却浮凸起来,仿佛可用手去摸触。

一个好事人,若从一百年前某种较旧一点的地图上去寻找,当可在黔北、川东、湘西一处极偏僻的角隅上,发现了一个名为"镇筸"的小点。那里同别的小点一样,事实上应当有一个城市,在那城市中,安顿下三五千人口。不过一切城市的存在,大部分皆在交通、物产、经济活动情形下面,成为那个城市枯荣的因缘,这一个地方,却以另外一种意义无所依附而独立存在。试将那个用粗糙而坚实巨大石头砌成的圆城作为中心，向四方展开，围绕了这边疆僻地的孤城，约有一千左右的碉堡，三百以上的营汛。碉堡各用大石块堆成，位置在山顶头，随了山岭脉络蜿蜒各处走去；营汛各位置在驿路上，布置得极有秩序。这些东西在一百七十年前，是按照一种精密的计划，各保持相当距离，在周围数百里内，平均分配下来，解决了退守一隅常作"蠢动"的边苗"叛变"的。两世纪来满清的暴政，以及因这暴政而引起的反抗，血染红了每一条官路同每一个碉堡。到如今，一切完事了，碉堡多数业已毁掉了，营汛多数成为民房了，人民已大半同化了，落日黄昏时节，站到那个巍然独在万山环绕的孤城高处，眺望那些远近残毁碉堡，还可依稀想见当时角鼓火炬传警告急的光景。这地方到今日，已因为变成另外一种军事重心，一切皆用一种迅速的姿势，在改变，在进步，同时这种进步，也就正消灭到过去一切。

凡有机会追随了屈原溯江而行那条长年澄清的沅水，向上游去的旅客和商人，若打量由陆路入黔入川，不经古夜郎国，不经永顺龙山，都应当明白"镇算"是个可以安顿他的行李最可靠也最舒服的地方。那里土匪的名称不习惯于一般人的耳朵。兵卒纯善如平民，与人无侮无扰。农民勇敢而安分，且莫不敬神守法。商人各负担了花纱同货物，洒脱单独向深山中村庄走去，与平民作有无交易，谋取什一之利。地方统治者分数种：最上为天神，其次为官，又其次才为村长同执行巫术的神的侍奉者。人人洁身信神，守法爱官。每家俱有兵役，可按月各自到营上领取一点银子，一份米粮，且可从官家领取二百年前被政府所没收的公田耕耨播种。城中人每年各按照家中有无，到天王庙去杀猪，宰羊，磔狗，献鸡，献鱼，求神保佑五谷的繁殖，六畜的兴旺，儿女的长成，以及作疾病婚丧的禳解。人人皆很高兴担负官府所分派的捐款，又自动的捐钱与庙祝或单独执行巫术者。一切事保持一种淳朴习惯，遵从古礼；春秋二季农事起始与结束时，照例有年老人向各处人家敛钱，给社稷神唱木傀儡戏。旱暵祈雨，便有小孩子共同抬了活狗，带上柳条，或扎成草龙，各处走去。春天常有春官，穿黄衣各处念农事歌词。岁暮年末，居民便装饰红衣傩神于家中正屋，捶大鼓如雷鸣，苗巫穿鲜红如血衣服，吹镂银牛角，拿铜刀，踊跃歌舞娱神。城中的住民，多当时派遣移来的戍卒屯丁，此外则有江西人在此卖布，福建人在此卖烟，广东人在此卖药。地方由少数读书人与多数军官，在政治上与婚姻上两面的结合，产生一个上层阶级，这阶级一方面用一种保守稳健的政策，长时期管理政治，一方面支配了大部分属于私有的土地；而这阶级的来源，却又仍然出于当年的戍卒屯丁。地方城外山坡上产桐树杉树，矿坑中有朱砂水银，松林里生菌子，山洞中多硝。城乡全不缺少勇敢忠诚适于理想的兵士，与温柔耐劳适于家庭的妇人。在军校阶级厨房中，出异常可口的菜饭，在伐树砍柴人口中，出热情优美的歌声。

地方东南四十里接近大河，一道河流肥沃了平衍的两岸，多米，多橘柚。西北二十里后，即已渐入高原，近抵苗乡，万山重叠，大小重叠的山中，大杉树以长年深绿逼人的颜色，蔓延各处。一道小河从高山绝涧中流出，汇集了万山细流，沿了两岸有杉树林的河沟奔驶而过，农民各就河边编缚竹子作成水车，引河中流水，灌溉高处的山田。河水长年清澈，其中多鳜鱼、鲫鱼、鲤鱼，大的比人脚板还大。河岸上那些人家里，常常可以见到白脸长身见人善作媚笑的女子。小河水流环绕"镇筸"北城下驶，到一百七十里后方汇入辰河，直抵洞庭。

这地方又名凤凰厅，到民国后便改成了县治，名凤凰县。辛亥革命后，湘西镇守使与辰沅道皆驻节在此地。地方居民不过五六千，驻防各处的正规兵士却有七千。由于环境的不同，直到现在其地绿营兵役制度尚保存不废，为中国绿营军制唯一残留之物。

我就生长到这样一个小城里，将近十五岁时方离开。出门两年半回过那小城一次以后，直到现在为止，那城门我还不再进去过。但那地方我是熟习的。现在还有许多人生活在那个城市里，我却常常生活在那个小城过去给我的印象里。

……

我读一本小书同时又读一本大书

我能正确记忆到我小时的一切，大约在两岁左右。我从小到四岁左右，始终健全肥壮如一只小豚。四岁时母亲一面告给我认方字，外祖母一面便给我糖吃，到认完六百生字时，腹中生了蛔虫，弄得黄瘦异常，只得经常用草药蒸鸡肝当饭。那时节我就已跟随了两个姐姐，到一个女先生处上学。那人既是我的亲戚，我年龄又那么小，过那边去念书，坐在书桌边读书的时节较少，坐在她膝上玩的时间或者较多。

到六岁时，我的弟弟方两岁，两人同时出了疹子。时正六月，日夜总在吓人高热中受苦。又不能躺下睡觉，一躺下就咳嗽发喘。又不要人抱，抱时全身难受。我还记得我同我那弟弟两人当时皆用竹簟卷好，同春卷一样，竖立在屋中阴凉处。家中当时业已为我们预备了两具小小棺木，搁在廊下。十分幸运，两人到后居然全好了。我的弟弟病后家中特别为他请了一个壮实高大的苗妇人照料，照料得法，他便壮大异常。我因此一病，却完全改了样子，从此不再与肥胖为缘，成了个小猴儿精了。

六岁时我已单独上了私塾。如一般风气，凡是老塾师在私塾中给予小孩子的虐待，我照样也得到了一份。但初上学时，我因为在家中业已认字不少，记忆力从小又似乎特别好，故比较其余小孩，可谓十分幸运。第二年后换了一个私塾，在这私塾中我跟从了几个较大的学生学会了顽劣孩子抵抗顽固塾师的方法，逃避那些书本枯燥文句去同一切自然相亲近。这一年的生活，形成了我一生性格与感情的基础。我间或逃学，且一再说谎，掩饰我逃学应受的处罚。我的爸爸因这件事十分愤怒，有一次竟说若再逃学说谎，便当砍去我一个手指。我仍然不为这一严厉警诫所恐吓，机会一来时总不把逃学的机会轻轻放过。当我学会了用自己眼睛看世界一切，到不同生活中去生活时，学校对于我便已毫无兴味可言了。

……

自从逃学成习惯后，我除了想方设法逃学，什么也不再关心。

有时天气坏一点，不便出城上山里去玩，逃了学没什么去处，我就一个人走到城外庙里去。本地大建筑在城外计三十来处，除了庙宇就是会馆和祠堂。空地广阔，因此均为小手工业工人所利用。那些庙里总常常有人在殿前廊下绞绳子，织竹簟，做香，我就看他们做事。有人下棋，我看下棋。有人打拳，我看打拳。甚至于相骂，我也看着，看他们如何骂来骂去，如何结果。因为自己既逃学，走到的地方必不能有熟人，所到的必是较远的庙里。到了那里，既无一个熟人，因此什么事皆只好用耳朵去听，眼睛去看，直到看无可看听无可听时，我便应当设计打量我怎么回家去的方法了。

来去学校我得拿一个书篮。内中有十多本破书，由《包句杂志》《幼学琼林》，到《论语》《诗经》《尚书》，通常得背诵，分量相当沉重。逃学时还把书篮挂到手肘上，这就未免太蠢了一点。凡这么办的可以说是不聪明的孩子。许多这种小孩子，因为逃学到各处去，人家一见就认得出，上年纪一点的人见到时就会说："逃学的，赶快跑回家挨打去，不要在这里玩。"若无书篮可不必受这种教训。因此我们就想出了一个方法，把书篮寄存到一个土地庙里去，那地方无一个人看管，但谁也用不着担心他的书篮。小孩子对于土地神全不缺少必需的敬畏,都信托这木偶,把书篮好好的藏到神座龛子里去,常常同时有五个或八个,到时却各人把各人的拿走,谁也不会乱动旁人的东西。我把书篮放到那地方去,次数是不能记忆了的,照我想来,搁的最多的必定是我。

  逃学失败被家中学校任何一方面发觉时,两方面总得各挨一顿打。在学校得自己把板凳搬到孔夫子牌位前,伏在上面受笞。处罚过后还要对孔夫子牌位作一揖,表示忏悔。有时又常常罚跪至一根香时间。我一面被处罚跪在房中的一隅,一面便记着各种事情,想象恰如生了一对翅膀,凭经验飞到各样动人事物上去。按照天气寒暖,想到河中的鳜鱼被钓起离水以后拨剌的情形,想到天上飞满风筝的情形,想到空山中歌呼的黄鹂,想到树木上累累的果实。由于最容易神往到种种屋外东西上去,反而常把处罚的痛苦忘掉,处罚的时间忘掉,直到被唤起以后为止,我就从不曾在被处罚中感觉过小小冤屈。那不是冤屈。我应感谢那种处罚,使我无法同自然接近时,给我一个练习想象的机会。

  家中对这件事自然照例不大明白情形,以为只是教师方面太宽的过失,因此又为我换一个教师。我当然不能在这些变动上有什么异议。现在说来,我倒又得感谢我的家中,因为先前那个学校比较近些,虽常常绕道上学,终不是个办法,且因绕道过远,把时间耽误太久时,无可托词。现在的学校可真很远很远了,不必包绕偏街,我便应当经过许多有趣味的地方了。从我家中到那个新的学塾里去时,路上我可看到针铺门前永远必有一个老人戴了极大的眼镜,低下头来在那里磨针。又可看到一个伞铺,大门敞开,作伞时十几个学徒一起工作,尽人欣赏。又有皮靴店,大胖子皮匠,天热时总腆出有一个大而黑的肚皮(上面有一撮毛!)用夹板上鞋。又有个剃头铺,任何时节总有人手托一个小小木盘,呆呆的在那里尽剃头师傅刮脸。又可看到一家染坊,有强壮多力的苗人,踹在凹形石碾上面,站得高高的,手扶着墙上横木,偏左偏右的摇荡。又有三家苗人打豆腐的作坊,小腰白齿头包花帕的苗妇人,时时刻刻口上都轻声唱歌,一面引逗缚在身背后包单里的小苗人,一面用放光的红铜勺舀取豆浆。我还必需经过一个豆粉作坊,远远的就可听到骡子推磨隆隆的声音,屋顶棚架上晾满白粉条。我还得经过一些屠户肉案桌,可看到那些新鲜猪肉砍碎时尚在跳动不止。我还得经过一家扎冥器出租花轿的铺子,有白面无常鬼,蓝面阎罗王,鱼龙轿子,金童玉女。每天且可以从他那里看出有多少人接亲,有多少冥器,那些定做的作品又成就了多少,换了些什么式样。并且还常常停顿下来,看他们贴金,傅粉,涂色,一站许久。

　　我就欢喜看那些东西，一面看一面明白了许多事情。

　　每天上学时，我照例手肘上挂了那个竹书篮，里面放十多本破书。在家中虽不敢不穿鞋，可是一出了大门，即刻就把鞋脱下拿到手上，赤脚向学校走去。不管如何，时间照例是有多余的，因此我总得绕一节路玩玩。若从西城走去，在那边就可看到牢狱，大清早若干犯人从那方面带了脚镣从牢中出来，派过衙门去挖土。若从杀人处走过，昨天杀的人还没有收尸，一定已被野狗把尸首咋碎或拖到小溪中去了，就走过去看看那个糜碎了的尸体，或拾起一块小小石头，在那个污秽的头颅上敲打一下，或用一木棍去戳戳，看看会动不动。若还有野狗在那里争夺，就预先拾了许多石头放在书篮里，随手一一向野狗抛掷，不再过去，只远远的看看，就走开了。

　　既然到了溪边，有时候溪中涨了小小的水，就把裤管高卷，书篮顶在头上，一只手扶着，一只手照料裤子，在沿了城根流去的溪水中走去，直到水深齐膝处为止。学校在北门，我出的是西门，又进南门，再绕从城里大街一直走去。在南门河滩方面我还可以看一阵杀牛，机会好时恰好正看到那老实可怜畜生放倒的情形。因为每天可以看一点点，杀牛的手续同牛内脏的位置不久也就被我完全弄清楚了。再过去一点就是边街，有织簟子的铺子，每天任何时节，皆有几个老人坐在门前小凳子上，用厚背的钢刀破篾，有两个小孩子蹲在地上织簟子。(我对于这一行手艺所明白的种种，现在说来似乎比写字还在行。)又有铁匠铺，制铁炉同风箱皆占据屋中，大门永远敞开着，时间即或再早一些，也可以看到一个小孩子两只手拉风箱横柄，把整个身子的分量前倾后倒，风箱于是就连续发出一种吼声，火炉上便放出一股臭烟同红光。待到把赤红的热铁拉出搁放到铁砧上时，这个小东西，赶忙舞动细柄铁锤，把铁锤从身背后扬起，在身面前落下，火花四溅的一下一下打着。有时打的是一把刀，有时打的是一件农具。有时看到的又是这个小学徒跨在一条大板凳上，用一把凿子在未淬水的刀上起去铁皮，有时又是把一条薄薄的钢片嵌进熟铁里去。日子一多，关于任何一件铁器的制造程序，我也不会弄错了。边街又有小饭铺，门前有个大竹筒，插满了用竹子削成的筷子。有干鱼同酸菜，用钵头装满放在门前柜台上，引诱主顾上门，意思好象是说，"吃我，随便吃我，好吃！"每次我总仔细看看，真所谓"过屠门而大嚼"，也过了瘾。

　　我最欢喜天上落雨，一落了小雨，若脚下穿的是布鞋，即或天气正当十冬腊月，我也可以用恐怕湿却鞋袜为辞，有理由即刻脱下鞋袜赤脚在街上走路。但最使人开心事,还是落过大雨以后,街上许多地方已被水所浸没,许多地方阴沟中涌出水来,在这些地方照例常常有人不能过身,我却赤着两脚故意向深水中走去。若河中涨了大水,照例上游会漂流得有木头、家具、南瓜同其他东西,就赶快到横跨大河的桥上去看热闹。桥上必已经有人用长绳系了自己的腰身,在桥头上呆着,注目水中,有所等待。看到有一段大木或一件值得下水的东西浮来时,就踊身一跃,骑到那树上,或傍近物边,把绳子缚定,自己便快快的向下游岸边泅去,另外几个在岸边的人把水中人援助上岸后,就把绳子拉着,或缠绕到大石上大树上去,于是第二次又有第二人来在桥头上等候。我欢喜看人在洄水里扳罾,巴掌大的活鲫鱼在网中蹦跳。一涨了水,照例也就可以看这种有趣味的事情。照家中规矩,一落雨就得穿上钉鞋,我可真不愿意穿那种笨重钉鞋。虽然在半夜时有人从街巷里过身,钉鞋声音实在好听,大白天对于钉鞋我依然毫无兴味。

若在四月落了点小雨,山地里田塍上各处全是蟋蟀声音,真使人心花怒放。在这些时节,我便觉得学校真没有意思,简直坐不住,总得想方设法逃学上山去捉蟋蟀。有时没有什么东西安置这小东西,就走到那里去,把第一只捉到手后又捉第二只,两只手各有一只后,就听第三只。本地蟋蟀原分春秋二季,春季的多在田间泥里草里,秋季的多在人家附近石罅里瓦砾中,如今既然这东西只在泥层里,故即或两只手心各有一匹小东西后,我总还可以想方设法把第三只从泥土中赶出,看看若比较手中的大些,即开释了手中所有,捕捉新的,如此轮流换去,一整天方捉回两只小虫。城头上有白色炊烟,街巷里有摇铃铛卖煤油的声音,约当下午三点左右时,赶忙走到一个刻花板的老木匠那里去,很兴奋的同那木匠说:

"师傅师傅,今天可捉了大王来了!"

那木匠便故意装成无动于衷的神气,仍然坐在高凳上玩他的车盘,正眼也不看我的说:"不成,不成,要打打得赌点输赢!"

我说:"输了替你磨刀成不成?"

"嗨,够了,我不要你磨刀,你哪会磨刀?上次磨凿子还磨坏了我的家伙!"

这不是冤枉我,我上次的确磨坏了他一把凿子。不好意思再说磨刀了,我说:

"师傅,那这样办法,你借给我一个瓦盆子,让我自己来试试这两只谁能干些好不好?"我说这话时真怪和气,为的是他以逸待劳,不允许我,还是无办法。

那木匠想了想,好象莫可奈何才让步的样子,"借盆子得把战败的一只给我,算作租钱。"

我满口答应,"那成那成。"

于是他方离开车盘,很慷慨的借给我一个泥罐子,顷刻之间我就只剩下一只蟋蟀了。这木匠看看我捉来的虫还不坏,必向我提议:"我们来比比。你赢了我借你这泥罐一天;你输了,你把这蟋蟀给我。办法公平不公平?"我正需要那么一个办法,连说"公平公平",于是这木匠进去了一会儿,拿出一只蟋蟀来同我的斗,不消说,三五回合我的自然又败了。他的蟋蟀照例却常常是我前一天输给他的。那木匠看看我有点颓丧,明白我认识那匹小东西,担心我生气时一摔,一面赶忙收拾盆罐,一面带着鼓励我神气笑笑的说:

"老弟,老弟,明天再来,明天再来!你应当捉好的来,走远一点。明天来,明天来!"

我什么话也不说,微笑着,出了木匠的大门,回家了。

……

清乡所见

据传说快要"清乡"去了,大家莫不喜形于色。开差时每人发了一块现洋钱,我便把钱换成铜元,买了三双草鞋,一条面巾,一把名叫"黄鳝尾"的小尖刀,刀柄还缚了一片绸子,刀鞘是朱红漆就的。我最快乐的就是有了这样一把刀子,似乎一有了刀子可不愁什么了。我于是仿照那苗人连长的办法,把刀插到裹腿上去,得意扬扬的到城门边吃了一碗汤圆,说了一阵闲话,过两天便离开辰州了。

我们队伍名分上共约两团。先是坐小船上行,大约走了七天,到我第一次出门无法上船的地方,再从旱路又走三天,便到了沅州所属的东乡榆树湾。这一次我们既然是奉命来到这里清乡,因此沿路每每到达一个寨堡时,就享受那堡中有钱乡绅用蒸鹅肥腊肉的款待,但在山中小路上,却受了当地人无数冷枪的袭击。有一次当我们从两个长满小竹的山谷狭径中通过时,拍的一声枪响,我们便倒下了一个。听到了枪声,见到了死人,再去搜索那些竹林时,却毫无什么结果。于是把枪械从死去的身上卸下,砍了两根大竹子缚好,把他抬着,一行人又上路了。二天路程中我们部队又死去了两个,但到后我们却一共杀了那地方人将近两千。怀化小镇上也杀了近七百人。

到地后我们便与清乡司令部一同驻扎在天后宫楼上。一到第二天，各处团总来拜见司令供办给养时，同时就用绳子缚来四十三个老实乡下人，当夜由军法长过了一次堂，每人照呈案的罪名询问了几句，各人按罪名轻重先来一顿板子，一顿夹棍，有二十七个在刑罚中画了供，用墨涂在手掌上取了手模，第二天，我们就簇拥了这二十七个乡下人到市外田坪里把头砍了。

一次杀了将近三十个人，第二次又杀了五个。从此一来就成天捉人，把人从各处捉来时，认罪时便写上了甘结，承认缴纳清乡子弹若干排，或某种大枪一枝，再行取保释放。无力缴纳捐款，或仇家乡绅方面业已花了些钱运动必需杀头的，就随随便便列上一款罪案，一到相当时日，牵出市外砍掉。认罪了的虽名为缴出枪械子弹，其实则无枪无弹，照例作价折钱，枪每枝折合一百八十元，子弹每排一元五角，多数是把现钱派人挑来。钱一送到，军需同副官点验数目不错后，当时就可取保放人。这是照习惯办事，看来象是十分近情合理的。

关于杀人的纪录日有所增，我们却不必出去捉人，照例一切人犯大多数由各乡区团总地主送来。我们有时也派人把团总捉来，罚他一笔钱又再放他回家。地方人民既非常蛮悍，民三左右时一个黄姓的辰沅道尹，在那里杀了约两千人，民五黔军司令王晓珊，在那里又杀了三千左右，现时轮到我们的军队作这种事，前后不过杀二千人罢了！

那地方上行去沅州县城约九十里，下行去黔阳县城约六十里。一条河水上溯可至黔省的玉屏，下行经过湘西重要商埠的洪江，可到辰州。在辰河算是个中等水码头。

那地方照例五天一集，到了这一天便有猪牛肉和其他东西可买。我们除了利用乡绅矛盾，变相"吊肥羊"弄钱，又用钱雇来的本地侦探，且常常到市集热闹人丛中去，指定了谁是土匪处派来的奸细，于是捉回营里去一加搜查，搜出了一些暗号，认定他是从土匪方面派来的探事奸细时，即刻就牵出营门，到那些乡下人往来最多的桥头上，把奸细头砍下来，在地面流一滩腥血。人杀过后，大家欣赏一会儿，或用脚踢那死尸两下，踹踹他的肚子，仿佛做完了一件正经工作，有别的事情的，便散开做事去了。

住在这地方共计四个月，有两件事在我记忆中永远不能忘去，其一是当场集时，常常可以看到两个乡下人因仇决斗，用同一分量同一形色的刀互砍，直到一人躺下为止。我看过这种决斗两次，他们方法似乎比我那地方所有的决斗还公平。另外一件是个商会会长年纪极轻的女儿，得病死去埋葬后,当夜便被本街一个卖豆腐的年轻男子从坟墓里挖出,背到山峒中去睡了三天,方又送回坟墓去。到后来这事为人发觉时,这打豆腐的男子,便押解过我们衙门来,随即就地正法了。临刑稍前一时,他头脑还清清楚楚,毫不胡涂,也不嚷吃嚷喝,也不乱骂,只沉默的注意到自己一只受伤的脚踝。我问他:"脚被谁打伤的?"他把头摇摇,仿佛记起一件极可笑的事情,微笑了一会,轻轻地说:"那天落雨,我送她回去,我也差点儿滚到棺材里去了。"我又问他:"为什么你做这件事?"他依然微笑,向我望了一眼,好象当我是个小孩子,不会明白什么是爱的神气,不理会我,但过了一会,又自言自语轻轻的说:"美得很,美得很。"另一个兵士就说:"疯子,要杀你了,你怕不怕?"他就说:"这有什么可怕的。你怕死吗?"那兵士被反问后有点害羞了,就大声恐吓他说:"癫狗肏的,你不怕死吗? 等一会儿就要杀你这癫子的头!"那男子于是又柔弱的笑笑,便不作声了。那微笑好象在说:"不知道谁是癫子。"我记得这个微笑,十余年来在我印象中还异常明朗。

……

一个大王

那时节参谋处有个满姓同乡问我:"军队开过四川去,要一个文件收发员,你去不去?"他且告给我若愿意去,能得九块钱一月。答应去时,他可同参谋长商量作为调用,将来要回湘时就回来,全不费事。

听说可以过四川去,我自然十分高兴。我心想上次若跟他们部队去了,现在早腐了烂了。上次碰巧不死,一条命好象是捡来的,这次应为子弹打死也不碍事。当时带军队过川东的司令姓张,也就正是我二年前在桃源时想跟他当兵不成那个指挥官。贺龙作了我们部队的警卫团长,另外有一顾营长,曾营长,杨营长。有些人同去的也许都以为入川可以捞几个横财,讨一个媳妇。我所想的还不是钱不是女人。我那时自然是很穷的,六块钱的薪水,扣去火食两块,每个月我手中就只四块钱,但假若有了更多的钱,我还是不会用他。得了钱除了充大爷邀请朋友上街去吃面,实在就无别的用处。至于女人呢,仿《疑雨集》写艳体诗情形已成过去了,我再不觉得女人有什么意思。我那时所需要的似乎只是上司方面认识我的长处,我总以为我有分长处,待培养,待开发,待成熟。另外还有一个秘密理由,就是我很想看看巫峡。我有两个朋友为了从书上知道了"巫峡"的名字后,便亲自徒步从宜昌沿江上重庆走过一次。我听他们说起巫峡的大处,高处和险处,有趣味处,实在神往倾心。乡下人所想的,就正是把自己全个生命押到极危险的注上去,玩一个尽兴!我们当时的防地同川军长官汤子模石青阳事先约好了的,是酉阳、龙潭、彭水、龚滩,统由箪军接防,前卫则到涪州为止。我以为既然到了那边,再过巫峡,当然很方便了。

我既答应了那同乡,不管多少钱,不拘什么位置,都愿意去。三天以后,于是就随了一行人马上路了。我的职务便是机要文件收发员。临动身时每人照例可向军需处支领薪水一月。得到九块钱后,我什么也不作,只买了一双值一块二毛钱的丝袜子,买了半斤冰糖,把余钱放在板带里。那时天气既很热,晚上还用不着棉被,为求洒脱起见,因此把自己唯一的两条旧棉絮也送给了人,自己背了个小小包袱就上路了。我那包袱中的产业计旧棉袄一件,旧夹袄一件,手巾一条,夹裤一条,值一块二毛钱的丝袜子一双,青毛细呢的响皮底鞋子一双,白大布单衣裤一套。另外还有一本值六块钱的《云麾碑》,值五块钱褚遂良的《圣教序》,值两块钱的《兰亭序》,值五块钱的虞世南《夫子庙堂碑》。还有一部《李义山诗集》。包袱外边则插了一双自由天竺筷子,一把牙刷,且挂了一个碗底边钻有小小圆眼用细铁丝链子扣好的搪磁碗儿。这就是我的全部产业。这分产业现在说来,依然是很动人的。

……

我不是说过我同那些差弁全认识吗?其中共十二个人,大半比我年龄还小些,我以为最有趣的是那个弁目。这是一个土匪,一个大王,一个真真实实的男子。这人自己用两只枪毙过两百个左右的敌人,却曾经有过十七位押寨夫人。这大王身个儿小小的,脸庞黑黑的,除了一双放光的眼睛外,外表任你怎么看也估不出他有多少精力同勇气。年前在辰州河边时,大冬天有人说:"谁现在敢下水,谁不要命!"他什么话也不说,脱光了身子,即刻扑通一声下水给人看看。且随即在宽约一里的河面游了将近一点钟,上岸来时,走到那人身边去,"一个男子的命就为这点水要去吗?"或者有人述说谁赌扑克被谁欺骗把荷包掏光了,他当时一句话也不说,一会儿走到那边去,替被欺骗的把钱要回来,将钱一下攒到身边,一句话不说就又走开了。这大王被司令官救过他一次,于是不再作山上的大王,到这行伍出身的司令官身边做一个亲信,用上尉名义支薪,侍候这司令官却如同奴仆一样的忠实。

我住处既同这样一个大王比邻,两人不出门,他必走过我房中来和我谈话。凡是我问他的,他无事不回答得使我十分满意。我从他那里学习了一课古怪的学程。从他口上知道烧房子,杀人……种种犯罪的记录,且从他那种爽直说明中了解那些行为背后所隐伏的生命意识。我从他那儿明白所谓罪恶,且知道这些罪恶如何为社会所不容,却也如何培养着这个坚实强悍的灵魂。我从他坦白的陈述中,才明白用人生为题材的各样变故里,所发生的景象,如何离奇,如何眩目。这人当他做土匪以前,本是一个良民,为人又怕事又怕官,被外来军人把他当成一个土匪胡乱枪决过一次,到时他居然逃脱了,后来且居然就做大王了!

他会唱点旧戏,写写字,画两笔兰草,每到我房中把话说倦时,就一面口中唱着一面跳上我的桌子,演唱《夺三关》与《杀四门》。

有一天,七个人在副官处吃饭,不知谁人开口说到听说本市什么庙里,川军还押得有一个古怪的犯人,一个出名的美姣姣。十八岁时作了匪首,被捉后,年轻军官全为她发疯,互相杀死两个小军官。解到旅部后,部里大小军官全想得到她,可是谁也不能占到便宜。听过这个消息后,我就想去看看这女土匪。我由于好奇,似乎时时刻刻要用这些新鲜景色喂养我的灵魂,因此说笑话,以为谁能带我去看看,我便请谁喝酒。几天以后,对那件事自然也就忘掉了。一天黄昏将近时分,吃过晚饭,正在自己擦拭灯罩,那大王忽然走来喊我:

"兄弟,兄弟,同我去个好地方,你就可以看你要看的东西。"

我还来不及询问到什么地方去看什么东西,就被他拉下楼梯走出营门了。

我们过河去到一个庙里,那里驻扎得有一排川军,他同他们似乎都已非常熟习,打招呼行了个军礼,进庙后我们就一直向后殿走去,不一会儿转入另一个院落,就在栅栏边看到一个年轻妇人了。

那妇人坐在屋角一条朱红毯子上,正将脸向墙另一面,背了我们凭借壁间灯光做针线。那大王走近栅栏边时就说:

"夭妹,夭妹,我带了个小兄弟来看你!"

妇人回过身来,因为灯光黯淡,只见着一张白白的脸儿,一对大大的眼睛。她见着我后,才站起身走过我们这边来。逼近身时,隔了栅栏望去,那妇人身材才真使我大吃一惊!妇人不算得是怎样稀罕的美人,但那副眉眼,那副身段,那么停匀合度,可真不是常见的家伙!她还上了脚镣,但似乎已用布片包好,走动时并无声音。我们隔了栅栏说过几句话后,就听她问那弁目:

"刘大哥,刘大哥,你是怎么的?你不是说那个办法吗?今天十六。"

那大王低低地说:

"我知道,今天已经十六。"

"知道就好。"

"我着急,卜了个课,说月分不利,动不得。"

那妇人便骨都着嘴吐了一个"呸",不再开口说话,神气中似有三分幽怨。这时节我虽把脸侧向一边去欣赏那灯光下的一切,但却留心到那弁目的行为。我看他对妇人把嘴向我努努,我明白在这地方太久不是事,便说我想先回去。那女人要我明天再来玩,我答应后,那弁目就把我送出庙门,在庙门口捏捏我的手,好象有许多神秘处,为时不久全可以让我明白,于是又进去了。

我当时只希奇这妇人不象个土匪,还以为别是受了冤枉捉到这里来的。我并不忘掉另一时在怀化剿匪所经过的种种,军队里照例有多少胡涂事作。一夜过去后,第二天当吃早饭时,一桌子人都说要我请他们喝酒。因为那女匪王㚲妹已被杀,我要想看,等等到桥头去就可看见了。有人亲眼见到的,还说这妇人被杀时一句话不说,神色自若的坐在自己那条大红毛毯上,头掉下地时尸身还并不倒下。消息吓了我一跳。我以为昨晚上还看到她,她还约我今天去玩,今早怎么就会被杀?吃完饭我就跑到桥头上去,那死尸却已有人用白木棺材装殓,停搁在路旁,只地下剩一滩腥血以及一堆纸钱白灰了。我望着那个地面上凝结的血块,我还不大相信,心里乱乱的,忙匆匆的走回衙门去找寻那个弁目。只见他躺在床上,一句话不说。我不敢问他什么,便回到自己房中办事来了。可是过不多久,我却从另一差弁口中知道这件事情的原委了。

原来这女匪早就应当杀头的,虽然长得体面标致,可是为人著名毒辣,爱慕她的军官虽多,谁也不敢接近她,谁也不敢保释她。只因为她还有七十枝枪埋到地下,谁也不知道这些军械埋藏处。照当时市价这一批武器将近值一万块钱,不是一个小数目。因此,尽想设法把她所有的枪诱骗出来,于是把她拘留起来,且待她和任何犯人也不同。这弁目知道了这件事,又同川军排长相熟,就常过那边去。与女人熟识后,却告给女人,他也还有六十枝枪埋在湖南边境上,要想法保她出来,一同把枪枝掘出上山落草,就可以天不怕地不怕在山上做大王活个下半世。女人信托了他,夜里在狱中两人便亲近过了一次。这事被军官发现后,向上级打了个报告,因此这女人第二天一早,便为川军牵出去砍了。

当两个人夜里在狱中所作的事情,被庙中驻兵发觉时,触犯了作兵士的最大忌讳,十分不平,以为别的军官不能弄到手的,到头来却为一个外来人占先得了好处,俗话说"肥水不落外人田",因此一排人把步枪上了刺刀,守在门边,预备给这弁目过不去。可是当有人叫他名姓时,这弁目明白自己的地位,不慌不忙的,结束了一下他那皮带,一面把两枝小九响手枪取出拿在手中,一面便说:"兄弟,兄弟,多不得三心二意,天上野鸡各处飞,谁捉到手是谁的气运。今天小小冒犯,万望海涵。若一定要牛身上捉虱,钉尖儿挑眼,不高抬个膀子,那不要见怪,灯笼子认人枪子儿可不认人!"那一排兵士知道这不是个傻子,若不放他过身,就得要几条命。且明白这地方川军只驻扎一连人,筸军却有四营,出了事不会有好处。因此让出一条路,尽这弁目两只手握着枪从身旁走去了。人一走,这王幺妹第二天一早便被砍了。

女人既已死去,这弁目躺在床上约一礼拜左右,一句空话不说,一点东西不吃,大家都怕他也不敢去撩他。到后忽然起了床,又和往常一样活泼豪放了。他走到我房中来看我,一见我就说:

"兄弟,我运气真不好!幺妹为我死的,我哭了七天,现在好了。"

当时看他样子实在好笑又可怜。我什么话也不好说,只同他捏着手,微笑了一会儿,表示同情和惋惜。

在龙潭我住了将近半年。

当时军队既因故不能过涪州,我要看巫峡一时还没有机会。我到这里来熟人虽多,却除了写点字以外毫无长进处。每天生活依然是吃喝,依然是看杀人,这分生活对我似乎不大能够满足。不久有一个机会转湖南,我便预备领了护照搭坐小货船回去。打量从水道走,一面我可以经过几个著名的险滩,一面还可以看见几个新地方。其时那弁目正又同一个洗衣妇要好,想把洗衣妇讨作姨太太。司令官出门时,有人拦舆递状纸,知道其中有了些纠纷,告他这事不行,说是我们在这里作客,这种事对军誉很不好。那弁目便向其他人说:"这是文明自由的事情,司令官不许我这样作,我就请长假回家,拖队伍干我老把戏去。"他既不能娶那洗衣妇人,当真就去请假。司令官也即刻准了他的假。那大王想与我一道上船,在同一护照上便填了我与他两人的姓名。把船看好,刚准备当天下午动身。正吃过早饭,他在我房中说到那个王幺妹被杀前的种种事情。忽然军需处有人来请他下去算饷,他十分快乐的跑下楼去。不到一分钟,楼下就吹集合哨子,且听到有值日副官喊"备马"。我心中正纳闷,以为照情形看来好象要杀人似的。但杀谁呢?难道枪决逃兵吗?难道又要办一个土棍吗?随即听人大声嘶嚷。推开窗子看看,原来那弁目上衣业已脱去,已被绑好,正站在院子中。卫队已集了合,成排报数,准备出发。值日官正在请令。看情形,大王一会儿就要推出去了。

被绑好了的大王,反背着手,耸起一副瘦瘦的肩膊,向两旁楼上人大声说话:

"参谋长,副官长,秘书长,军法长,请说句公道话,求求司令官的恩典,不要杀我罢。我跟了他多年,不做错一件事。我太太还在公馆里侍候司令太太。大家做点好事说句好话罢。"

大家互相望着,一句话不说。那司令官手执一枝象牙烟管,从大堂客厅从从容容走出来,温文尔雅的站在滴水檐前,向两楼的高级官佐微笑着打招呼。

"司令官,来一分恩典,不要杀我罢。"

那司令官说:

"刘云亭,不要再说什么话丢你的丑。做男子的作错了事,应当死时就正正经经的死去,这是我们军队中的规矩。我们在这里作客,凡事必十分谨慎,才对得起他方人,你黑夜里到监牢里去奸淫女犯,我念你跟我几年来做人的好处,为你记下一笔账,暂且不提。如今又想为非作歹,预备把良家妇女拐走,且想回家去拖队伍。我想想,放你回乡去做坏事,作孽一生,尽人怨恨你,不如杀了你,为地方除一害。现在不要再说空话,你女人和小孩子我会照料,自己勇敢一点做个男子罢。"

那大王听司令官说过一番话后,便不再喊公道了,就向两楼的人送了一个微笑,忽然显得从从容容了,"好好,司令官,谢谢你几年来照顾,兄弟们再见,兄弟们再见。"一会儿又说:"司令官你真做梦,别人花六千块钱运动我刺你,我还不干!"司令官仿佛不听到,把头掉向一边,嘱咐副官买副好点的棺木。

于是这大王就被簇拥出了大门,从此不再见了。

我当天下午依然上了船。我那护照上原有两个人的姓名,大王那一个临时用朱笔涂去,这护照一直随同我经过了无数恶滩,五天后到了保靖,方送到副官处去缴销。至于那帮会出身、温文尔雅才智不凡的张司令官,同另外几个差弁,则三年后在湘西辰州地方,被一个姓田的部属客客气气请去吃酒,进到辰州考棚二门里,连同四个轿夫,当欢迎喇叭还未吹毕时,一起被机关枪打死,所有尸身随即被浸渍在阴沟里,直到两月事平后,方清出尸骸葬埋。刺他的部属田旅长,也很凑巧,一年后又依然在那地方,被湖南主席叶开鑫,派另一个部队长官,同样用请客方法,在文庙前面夹道中刺死。

……

二十(1931)年八月在青岛作
二十九(1940)年十月十日在昆明校改
三十(1941)年一月七日校毕
一九八〇年五月在北京修订

【集评】

　　(沈从文)作品中关于死亡,尤其是横死的题材不在少数,但最令人触目惊心的,仍属他对大规模砍头的描写。小说如《我的教育》《黔小景》《黄昏》《新与旧》,散文传记如《从文自传》《湘西》等均曾涉及砍头的情景。……《我的教育》或《从文自传》的叙述者,以蓦然回首的姿态,回顾军旅生涯的血腥点滴。因年纪与见识成长而生之反讽意图,早藏于字里行间。(王德威《从头谈起——鲁迅、沈从文与砍头》,《想象中国的方法:历史·小说·叙事》,百花文艺出版社2016年版,第140—141页。)

　　沈(从文)先生是幸福的,他在三十几岁时写了一本《从文自传》。

　　这是一本奇妙的书。这样的书本来应该很多,但是却很少。在中国,好像只有这样一本。这本自传没有记载惊天动地的大事,没有干过大事的历史人物,也没有个人思想感情上的雷霆风暴,只是不加夸饰地记录了一个小地方,一个小小的人的所见、所闻、所感。文字非常朴素。在沈先生的作品中,《自传》的文字不是最讲究、最成熟的,然而却是最流畅的。沈先生说他写东西很少有一气呵成的时候。他的文章是"一个字一个字地雕出来的"。这本书是一个例外(写得比较顺畅的,另外还有一个《边城》)。沈先生说他写出一篇就拿去排印,连看一遍都没有,少有。(汪曾祺《与友人谈沈从文》,《汪曾祺全集》第六卷,北京师范大学出版社1998年版,第351页。)

【思考题】

1. 你如何看待沈从文自命的"一个乡下人"的眼光?如何理解他笔下的湘西世界与现代文明的对抗?
2. 你如何解读沈从文对大规模砍头、死亡的描写?
3. 你如何理解《从文自传》中叙述的真实性?

【深度阅读】

1. 王珞主编《沈从文评说八十年》,中国华侨出版社2004年版。

2. 商金林《沈从文青少年时代的心路历程——〈从文自传〉漫评》,《江苏行政学院学报》2005年第4期。

3. 张新颖《〈从文自传〉:得其"自"而为将来准备好一个自我——沈从文精读之一》,《文艺争鸣》2005年第4期。

4. 向洁《〈从文自传〉述评》,《求索》2011年第4期。

吸烟与文化

徐志摩

徐志摩(1897—1931),名章垿,后改名志摩,浙江海宁人。现代诗人、散文家。先后就读于上海沪江大学、天津北洋大学和北京大学。1918年赴美国学习银行学,1921年赴英国留学,入剑桥大学当特别生,研究政治经济学。在剑桥两年深受西方教育的熏陶及欧美浪漫主义和唯美派诗人的影响。1921年开始创作新诗,1923年参与发起成立新月社,后任北京大学教授。1924年印度大诗人泰戈尔访华时与林徽因一同任翻译,至今传为佳话。1926年在北京主编《晨报》副刊《诗镌》,与闻一多、朱湘等人开展新诗格律化运动,影响到中国新诗的发展。1931年11月19日,由南京乘飞机到北平,因遇雾在济南附近触山,机坠身亡。徐志摩一生追求爱、美、自由,文亦如其人,诗与散文多为一时之选。主要代表作有诗集《志摩的诗》《翡冷翠的一夜》《猛虎集》等,散文集《落叶》《巴黎的鳞爪》等。

本文作于1926年1月,同年1月14日载《晨报副刊》,署名志摩。选自蒋复璁、梁实秋编《徐志摩全集》第三卷,中央编译出版社2013年版。

一

牛津是世界上名声压得倒人的一个学府。牛津的秘密是它的导师制。导师的秘密,按利卡克教授说,是"对准了他的徒弟们抽烟"。真的在牛津或康桥地方要找一个不吸烟的学生是很费事的——先生更不用提[①]。学会抽烟,学会沙发上古怪的坐法,学会半吞半吐的谈话——大学教育就够格儿了。"牛津人"、"康桥人",还不够斗吗?我如其有钱办学堂的话,利卡克说,第一件事情我要做的是造一间吸烟室,其次造宿舍,再次造图书室;真要到了有钱没地方花的时候再来造课堂。

二

怪不得有人就会说,原来英国学生就会吃烟,就会懒惰。臭绅士的架子!臭架子的绅士!难怪我们这年头背心上刺刺的老不舒服,原来我们中间也来了几个叫土巴菰烟臭薰出来的破绅士[②]!

这年头说话得谨慎些。提起英国就犯嫌疑。贵族主义!帝国主义!走狗!挖个坑埋了他!

实际上事情可不这么简单。侵略,压迫,该咒是一件事,别的事情可不跟着走。至少我们得承认英国,就它本身说,是一个站得住的国家,英国人是有出息的民族。它有的是组织的生活,它有的是活气的文化。我们也得承认牛津或是康桥至少是一个十分可羡慕的学府,它们是英国文化生活的娘胎。多少伟大的政治家、学者、诗人、艺术家、科学家,是这两个学府的产儿——烟味儿给熏出来的。

三

利卡克的话不完全是俏皮话。"抽烟主义"是值得研究的。但吸烟室究竟是怎么一回事?烟斗里如何抽得出文化真髓来?对准了学生抽烟怎样是英国教育的秘密?利卡克先生没有描写牛津康桥生活的真相;他只这么说,他不曾说出一个所以然来。许有人愿意听听的,我想。我也叫名在英国念过两年书,大部分的时间在康桥。但严格的说,我还是不够资格的。我当初并不是像我的朋友温源宁先生似的出了大金镑正式去请教熏烟的[③];我只是一个,比方说,烤小半熟的白薯,离着焦味儿透香还正远哪。但我在康桥的日子可真是享福,深怕这辈子再也得不到那样蜜甜的机会了。我不敢说康桥给了我多少学问或是教会了我什么。我不敢说受了康桥的洗礼,一个人就会变气息,脱凡胎。我敢说的只是——就我个人说,我的眼是康桥教我睁的,我的求知欲是康桥给我拨动的,我的自我的意识是康桥给我胚胎的。我在美国有整两年,在英国也算是整两年。在美国我忙的是上课,听讲,写考卷,啃橡皮糖,看电影,赌咒。在康桥我忙的是散步,划船,骑自转车,抽烟,闲谈,吃五点钟茶牛油烤饼,看闲书。如其我到美国的时候是一个不含糊的草包,我离开自由神的时候也还是那原封没有动。但如其我在美国时候不曾通窍,我在康桥的日子至少自己明白了原先只是一肚子颟顸[④]。这分别不能算小。

我早想谈谈康桥,对它我有的是无限的柔情。但我又怕亵渎了它似的始终不曾出口。这年头！只要贵族教育一个无意识的口号就可以把牛顿、达尔文、米尔顿⑤、拜伦、华茨华斯、阿诺尔德⑥、纽门⑦、罗刹蒂⑧、格兰士顿等等所从来的母校一下抹煞。再说这些年来交通便利了，各式各种日新月异的教育原理教育新制翩翩的从各方向的外洋飞到中华，哪还容得厨房老过四百年墙壁上爬满骚胡髭一类藤萝的老书院一起来上讲坛？

四

但另换一个方向看去，我们也见到少数有见地的人再也看不过国内高等教育的混沌现象，想跳开了踩烂的道儿，回头另寻新路走去。向外望去，现成的牛津康桥青藤缭绕的学院招着你微笑；回头望去，五老峰下飞泉声中白鹿洞一类的书院瞅着你惆怅⑨。这浪漫的思乡病跟着现代教育丑化的程度在少数人的心中一天深似一天。这机械性买卖性的教育够腻烦了，我们说。我们也要几间满沿着爬山虎的高雪克屋子来安息我们的灵性⑩，我们说。我们也要一个绝对闲暇的环境好容我们的心智自由的发展去，我们说。

林玉堂先生在《现代评论》登过一篇文章谈他的教育的理想⑪。新近任叔永先生与他的夫人陈衡哲女士也发表了他们的教育的理想⑫。林先生的意思约莫记得是想仿效牛津一类学府；陈任两位是要恢复书院制的精神。这两篇文章我认为是很重要的，尤其是陈任两位的具体提议，但因为开倒车走回头路分明是不合时宜，他们几位的意思并不曾得到期望的回响。想来现在的学者们太忙了，寻饭吃的，做官的，当革命领袖的，谁都不得闲，谁都不愿闲，结果当然没有人来关心什么纯粹教育（不含任何动机的学问）或是人格教育。这是个遗憾的现象。

我自己也是深感这浪漫的思乡病的一个；我只要"草青人远，一流冷涧"……

但我们这想望的境界有容我们达到的一天吗？

民国十五年一月十四日

【注释】

① 康桥，通译剑桥，在英国东南部，这里指剑桥大学。　② 土巴菰(gū)：英文"烟草"(tobacco)一词的音译。　③ 温源宁，当时任北京大学英文系主任。后于1930年代初到上海主编英文刊物《天下》。　④ 颟顸(mān hān)：糊涂而马虎。　⑤ 米尔顿，通译弥尔顿

(1608—1674)，英国诗人，著有《失乐园》等。⑥ **阿诺尔德**：通译阿诺德(1822—1888)，英国诗人、批评家，曾任牛津大学教授。⑦ **纽门**：通译纽曼(1801—1890)，英国基督教圣公会内部牛津运动领袖，后改奉天主教，成为天主教会领导人。⑧ **罗利蒂**：通译罗塞蒂(1828—1882)，英国画家、诗人。⑨ **白鹿洞**：在江西庐山五老峰东南，原是唐代李渤隐居读书的地方，至南唐时建立学馆，称庐山国学。宋太宗时改名白鹿洞书院，有生徒数千人，为当时全国四大书院之一。南宋时，朱熹曾在此掌教。⑩ **高雪克屋子**：通译哥特式(Gothic)建筑。⑪ **林玉堂**：即林语堂(1895—1976)，作家，早年留学美国和德国，当时在北京大学、北京女子师范大学任教。⑫ **任叔永**：即任鸿隽(1886—1961)，早年参加同盟会，曾留学日本、美国，1920年代在北京大学、东南大学等校任教。陈衡哲(1893—1976)：作家，笔名莎菲，早年留学美国，当时在北京大学任教。

【集评】

  不错，志摩和女人的关系是完全和雪莱一样。也许有的女子以为志摩曾经爱过她，实则他仅仅爱着他自己内在的理想的美的幻象，即使是那个理想的淡薄的倩影，他也是爱的。他在许多神座之前烧香，并不是不专一，反而是他对理想美人之专一。好像一个光明的一个夏天的白日里阴影的移动，志摩也在女友中踪影靡定；可是这些阴影是由一个太阳造成的，所以志摩的爱也仅仅为了一件东西——他的理想美人的幻象。对于这，他永久是一个忠实的信徒，不仅在他和女子的关系是这样，在他的作品里，和男朋友里，并且就是在他短促的生活中一切似乎是狂浪的举动里，也都是这样。

  志摩之为人，比志摩之作为诗人更伟大。我们许多人当中爱读他的诗，正因为是志摩写的。却未必有人为爱志摩的诗，所以爱他。他的性格，就是他的天才。因此，在他的文字及行动中，愈可见出他的性格者，愈有其动人的魔力。所以他的散文远胜于他的诗。因为他的散文比他的诗更能显出作者的性格。读他的散文我们宛如见他整个性格的光辉，他的声音容貌，似一一呈在眼前——他的活泼，灵动，唠叨，兴奋，及其谈锋之自在如意——这些都在他的散文里见到了。他的诗却反似与他的性格相隔一层，他的诗是他的作品产物，他的散文却似他自身。所以他的诗的佳处，全是靠这性灵之反映。时移境迁，也许他的诗也会逐渐减了它的光芒。(温源宁《徐志摩——一个孩子》，韩石山、伍渔编《徐志摩评说八十年》，文化艺术出版社2008年版，第42—43页。)

  志摩的谈吐风度，在侪辈中可以说是鹤立鸡群。师长辈如梁启超先生、林长民先生把他当做朋友，忘年之交。和他同辈的如胡适之先生、陈通伯先生更是相交莫逆。比他晚一辈的很多人受他的奖掖，乐与之游。什么人都可做他的朋友,没有人不喜欢他。……我曾和他下过围棋,落子飞快,但是隐隐然颇有章法,下了三、五十着,我感觉到他的压力,他立即推枰而起,拱手一笑,略不计较胜负。他就是这样的一个潇洒的人。他饮酒,酒量不洪,适可而止;他豁拳,出手敏捷,而不呲呲逼人。他偶尔也打麻将,出牌不加思索,挥洒自如,谈笑自若。他喜欢戏谑,从不出口伤人。他饮宴应酬,从不冷落任谁一个。他也偶涉花丛,但是心中无妓。他也进过轮盘赌局,但是从不长久坐定下注。志摩长我六岁,同游之日浅,相交不算深,以我所知,像他这样的一个人,当世无双。(《梁实秋雅舍杂文》,上海人民出版社1993年版,第78页。)

【思考题】

1. 在《吸烟与文化》中,"吸烟"象征着什么?它与"文化"又是什么关系?

2. 你如何理解和评价徐志摩所想象的高等教育?试联系你所身处的大学,谈谈你想象中的高等教育。

【深度阅读】

1. 徐志摩《巴黎的鳞爪》,人民文学出版社2000年版。
2. 蒋复璁、梁实秋编《徐志摩全集》,中央编译出版社2013年版。
3. 温源宁《一知半解及其他》,辽宁教育出版社2001年版。
4. 陈平原《大学何为》,北京大学出版社2006年版。
5. 杨东平主编《大学精神》,文汇出版社2003年版。
6. 谢冕主编《徐志摩名作欣赏》,中国和平出版社2010年版。
7. 姜涛《图本徐志摩传》,长春出版社2012年版。

现当代小说第四

铸　剑

鲁　迅

《故事新编》是鲁迅的小说里风格较为独特的一部作品,鲁迅自己曾说,这是一部"神话,传说及史实的演义"(《〈自选集〉自序》,见《南腔北调集》),其实是在把握古人古事精神的基础上发挥想象,表达对现实的思考。

本篇最初发表于1927年4月25日、5月10日《莽原》半月刊第2卷第8、9期,原题《眉间尺》,1932年编入《自选集》时改为现名。选自《鲁迅全集》第二卷《故事新编》,人民文学出版社2005年版。

一

眉间尺①刚和他的母亲睡下,老鼠便出来咬锅盖,使他听得发烦。他轻轻地叱了几声,最初还有些效验,后来是简直不理他了,格支格支地径自咬。他又不敢大声赶,怕惊醒了白天做得劳乏,晚上一躺就睡着了的母亲。

许多时光之后,平静了;他也想睡去。忽然,扑通一声,惊得他又睁开眼。同时听到沙沙地响,是爪子抓着瓦器的声音。

"好！该死！"他想着,心里非常高兴,一面就轻轻地坐起来。

他跨下床,借着月光走向门背后,摸到钻火家伙,点上松明,向水瓮里一照。果然,一匹很大的老鼠落在那里面了;但是,存水已经不多,爬不出来,只沿着水瓮内壁,抓着,团团地转圈子。

"活该！"他一想到夜夜咬家具,闹得他不能安稳睡觉的便是它们,很觉得畅快。他将松明插在土墙的小孔里,赏玩着;然而那圆睁的小眼睛,又使他发生了憎恨,伸手抽出一根芦柴,将它直按到水底去。过了一会,才放手,那老鼠也随着浮了上来,还是抓着瓮壁转圈子。只是抓劲已经没有先前似的有力,眼睛也淹在水里面,单露出一点尖尖的通红的小鼻子,咻咻地急促地喘气。

他近来很有点不大喜欢红鼻子的人。但这回见了这尖尖的小红鼻子,却忽然觉得它可怜了,就又用那芦柴,伸到它的肚下去,老鼠抓着,歇了一回力,便沿着芦干爬了上来。待到他看见全身,——湿淋淋的黑毛,大的肚子,蚯蚓似的尾巴,——便又觉得可恨可憎得很,慌忙将芦柴一抖,扑通一声,老鼠又落在水瓮里,他接着就用芦柴在它头上捣了几下,叫它赶快沉下去。

换了六回松明之后,那老鼠已经不能动弹,不过沉浮在水中间,有时还向水面微微一跳。眉间尺又觉得很可怜,随即折断芦柴,好容易将它夹了出来,放在地面上。老鼠先是丝毫不动,后来才有一点呼吸;又许多时,四只脚运动了,一翻身,似乎要站起来逃走。这使眉间尺大吃一惊,不觉提起左脚,一脚踏下去。只听得吱的一声,他蹲下去仔细看时,只见口角上微有鲜血,大概是死掉了。

他又觉得很可怜,仿佛自己作了大恶似的,非常难受。他蹲着,呆看着,站不起来。

"尺儿,你在做什么?"他的母亲已经醒来了,在床上问。

"老鼠……"他慌忙站起,回转身去,却只答了两个字。

"是的,老鼠。这我知道。可是你在做什么?杀它呢,还是在救它?"

他没有回答。松明烧尽了;他默默地立在暗中,渐看见月光的皎洁。

"唉!"他的母亲叹息说,"一交子时②,你就是十六岁了,性情还是那样,不冷不热地,一点也不变。看来,你的父亲的仇是没有人报的了。"

他看见他的母亲坐在灰白色的月影中,仿佛身体都在颤动;低微的声音里,含着无限的悲哀,使他冷得毛骨悚然,而一转眼间,又觉得热血在全身中忽然腾沸。

"父亲的仇?父亲有什么仇呢?"他前进几步,惊急地问。

"有的。还要你去报。我早想告诉你的了;只因为你太小,没有说。现在你已经成人了,却还是那样的性情。这教我怎么办呢?你似的性情,能行大事的么?"

"能。说罢,母亲。我要改过……"

"自然。我也只得说。你必须改过……。那么,走过来罢。"

他走过去;他的母亲端坐在床上,在暗白的月影里,两眼发出闪闪的光芒。

"听哪!"她严肃地说,"你的父亲原是一个铸剑的名工,天下第一。他的工具,我早已都卖掉了来救了穷了,你已经看不见一点遗迹;但他是一个世上无二的铸剑的名工。二十年前,王妃生下了一块铁③,听说是抱了一回铁柱之后受孕的,是一块纯青透明的铁。大王知道是异宝,便决计用来铸一把剑,想用它保国,用它杀敌,用它防身。不幸你的父亲那时偏偏入了选,便将铁捧回家里来,日日夜夜地锻炼,费了整三年的精神,炼成两把剑。

"当最末次开炉的那一日,是怎样地骇人的景象呵!哗拉拉地腾上一道白气的时候,地面也觉得动摇。那白气到天半便变成白云,罩住了这处所,渐渐现出绯红颜色,映得一切都如桃花。我家的漆黑的炉子里,是躺着通红的两把剑。你父亲用井华水④慢慢地滴下去,那剑嘶嘶地吼着,慢慢转成青色了。这样地七日七夜,就看不见了剑,仔细看时,却还在炉底里,纯青的,透明的,正像两条冰。

"大欢喜的光采,便从你父亲的眼睛里四射出来;他取起剑,拂拭着,拂拭着。然而悲惨的皱纹,却也从他的眉头和嘴角出现了。他将那两把剑分装在两个匣子里。

"'你只要看这几天的景象,就明白无论是谁,都知道剑已炼就的了。'他悄悄地对我说。'一到明天,我必须去献给大王。但献剑的一天,也就是我命尽的日子。怕我们从此要长别了。'

"'你……'我很骇异,猜不透他的意思,不知怎么说的好。我只是这样地说:'你这回有了这么大的功劳……'

"'唉!你怎么知道呢!'他说。'大王是向来善于猜疑,又极残忍的。这回我给他炼成了世间无二的剑,他一定要杀掉我,免得我再去给别人炼剑,来和他匹敌,或者超过他。'

"我掉泪了。

"'你不要悲哀。这是无法逃避的。眼泪决不能洗掉运命。我可是早已有准备在这里了!'他的眼里忽然发出电火似的光芒,将一个剑匣放在我膝上。'这是雄剑。'他说。'你收着。明天,我只将这雌剑献给大王去。倘若我一去竟不回来了呢,那是我一定不再在人间了。你不是怀孕已经五六个月了么?不要悲哀;待生了孩子,好好地抚养。一到成人之后,你便交给他这雄剑,教他砍在大王的颈子上,给我报仇!'"

"那天父亲回来了没有呢?"眉间尺赶紧问。

"没有回来!"她冷静地说。"我四处打听,也杳无消息。后来听得人说,第一个用血来饲你父亲自己炼成的剑的人,就是他自己——你的父亲。还怕他鬼魂作怪,将他的身首分埋在前门和后苑了!"

眉间尺忽然全身都如烧着猛火,自己觉得每一枝毛发上都仿佛闪出火星来。他的双拳,在暗中捏得格格地作响。

他的母亲站起了,揭去床头的木板,下床点了松明,到门背后取过一把锄,交给眉间尺道:"掘下去!"

眉间尺心跳着,但很沉静的一锄一锄轻轻地掘下去。掘出来的都是黄土,约到五尺多深,土色有些不同了,随乎是烂掉的材木。

"看罢！要小心！"他的母亲说。

眉间尺伏在掘开的洞穴旁边，伸手下去，谨慎小心地撮开烂树，待到指尖一冷，有如触着冰雪的时候，那纯青透明的剑也出现了。他看清了剑靶，捏着，提了出来。

窗外的星月和屋里的松明随乎都骤然失了光辉，惟有青光充塞宇内。那剑便溶在这青光中，看去好像一无所有。眉间尺凝神细视，这才仿佛看见长五尺余，却并不见得怎样锋利，剑口反而有些浑圆，正如一片韭叶。

"你从此要改变你的优柔的性情，用这剑报仇去！"他的母亲说。

"我已经改变了我的优柔的性情，要用这剑报仇去！"

"但愿如此。你穿了青衣，背上这剑，衣剑一色，谁也看不分明的。衣服我已经做在这里，明天就上你的路去罢。不要记念我！"她向床后的破衣箱一指，说。

眉间尺取出新衣，试去一穿，长短正很合式。他便重行叠好，裹了剑，放在枕边，沉静地躺下。他觉得自己已经改变了优柔的性情；他决心要并无心事一般，倒头便睡，清晨醒来，毫不改变常态，从容地去寻他不共戴天的仇雠。

但他醒着。他翻来覆去，总想坐起来。他听到他母亲的失望的轻轻的长叹。他听到最初的鸡鸣；他知道已交子时，自己是上了十六岁了。

二

当眉间尺肿着眼眶，头也不回的跨出门外，穿着青衣，背着青剑，迈开大步，径奔城中的时候，东方还没有露出阳光。杉树林的每一片叶尖，都挂着露珠，其中隐藏着夜气。但是，待到走到树林的那一头，露珠里却闪出各样的光辉，渐渐幻成晓色了。远望前面，便依稀看见灰黑色的城墙和雉堞[⑤]。

和挑葱卖菜的一同混入城里，街市上已经很热闹。男人们一排一排的呆站着；女人们也时时从门里探出头来。她们大半也肿着眼眶；蓬着头；黄黄的脸，连脂粉也不及涂抹。

眉间尺预觉到将有巨变降临，他们便都是焦躁而忍耐地等候着这巨变的。

他径自向前走；一个孩子突然跑过来，几乎碰着他背上的剑尖，使他吓出了一身汗。转出北方，离王宫不远，人们就挤得密密层层，都伸着脖子。人丛中还有女人和孩子哭嚷的声音。他怕那看不见的雄剑伤了人，不敢挤进去；然而人们却又在背后拥上来。他只得宛转地退避；面前只看见人们的背脊和伸长的脖子。

忽然,前面的人们都陆续跪倒了;远远地有两匹马并着跑过来。此后是拿着木棍,戈,刀,弓弩,旌旗的武人,走得满路黄尘滚滚。又来了一辆四匹马拉的大车,上面坐着一队人,有的打钟击鼓,有的嘴上吹着不知道叫什么名目的劳什子⑥。此后又是车,里面的人都穿画衣,不是老头子,便是矮胖子,个个满脸油汗。接着又是一队拿刀枪剑戟的骑士。跪着的人们便都伏下去了。这时眉间尺正看见一辆黄盖的大车驰来,正中坐着一个画衣的胖子,花白胡子,小脑袋;腰间还依稀看见佩着和他背上一样的青剑。

他不觉全身一冷,但立刻又灼热起来,像是猛火焚烧着。他一面伸手向肩头捏住剑柄,一面提起脚,便从伏着的人们的脖子的空处跨出去。

但他只走得五六步,就跌了一个倒栽葱,因为有人突然捏住了他的一只脚。这一跌又正压在一个干瘪脸的少年身上;他正怕剑尖伤了他,吃惊地起来看的时候,肋下就挨了很重的两拳。他也不暇计较,再望路上,不但黄盖车已经走过,连拥护的骑士也过去了一大阵了。

路旁的一切人们也都爬起来。干瘪脸的少年却还扭住了眉间尺的衣领,不肯放手,说被他压坏了贵重的丹田⑦,必须保险,倘若不到八十岁便死掉了,就得抵命。闲人们又即刻围上来,呆看着,但谁也不开口;后来有人从旁笑骂了几句,却全是附和干瘪脸少年的。眉间尺遇到了这样的敌人,真是怒不得,笑不得,只觉得无聊,却又脱身不得。这样地经过了煮熟一锅小米的时光,眉间尺早已焦躁得浑身发火,看的人却仍不见减,还是津津有味似的。

前面的人圈子动摇了,挤进一个黑色的人来,黑须黑眼睛,瘦得如铁。他并不言语,只向眉间尺冷冷地一笑,一面举手轻轻地一拨干瘪脸少年的下巴,并且看定了他的脸。那少年也向他看了一会,不觉慢慢地松了手,溜走了;那人也就溜走了;看的人们也都无聊地走散。只有几个人还来问眉间尺的年纪,住址,家里可有姊姊。眉间尺都不理他们。

他向南走着;心里想,城市中这么热闹,容易误伤,还不如在南门外等候他回来,给父亲报仇罢,那地方是地旷人稀,实在很便于施展。这时满城都议论着国王的游山,仪仗,威严,自己得见国王的荣耀,以及俯伏得有怎么低,应该采作国民的模范等等,很像蜜蜂的排衙⑧。直至将近南门,这才渐渐地冷静。

他走出城外,坐在一株大桑树下,取出两个馒头来充了饥;吃着的时候忽然记起母亲来,不觉眼鼻一酸,然而此后倒也没有什么。周围是一步一步地静下去了,他至于很分明地听到自己的呼吸。

天色愈暗,他也愈不安,尽目力望着前方,毫不见有国王回来的影子。上城卖菜的村人,一个个挑着空担出城回家去了。

人迹绝了许久之后,忽然从城里闪出那一个黑色的人来。

"走罢,眉间尺!国王在捉你了!"他说,声音好像鸱鸮。

眉间尺浑身一颤,中了魔似的,立即跟着他走;后来是飞奔。他站定了喘息许多时,才明白已经到了杉树林边。后面远处有银白的条纹,是月亮已从那边出现;前面却仅有两点燐火一般的那黑色人的眼光。

"你怎么认识我?……"他极其惶骇地问。

"哈哈!我一向认识你。"那人的声音说。"我知道你背着雄剑,要给你的父亲报仇,我也知道你报不成。岂但报不成;今天已经有人告密,你的仇人早从东门还宫,下令捕拿你了。"

眉间尺不觉伤心起来。

"唉唉,母亲的叹息是无怪的。"他低声说。

"但她只知道一半。她不知道我要给你报仇。"

"你么?你肯给我报仇么,义士?"

"阿,你不要用这称呼来冤枉我。"

"那么,你同情于我们孤儿寡妇?……"

"唉,孩子,你再不要提这些受了污辱的名称。"他严冷地说,"仗义,同情,那些东西,先前曾经干净过,现在却都成了放鬼债的资本⑨。我的心里全没有你所谓的那些。我只不过要给你报仇!"

"好。但你怎么给我报仇呢?"

"只要你给我两件东西。"两粒燐火下的声音说。"那两件么?你听着:一是你的剑,二是你的头!"

眉间尺虽然觉得奇怪,有些狐疑,却并不吃惊。他一时开不得口。

"你不要疑心我将骗取你的性命和宝贝。"暗中的声音又严冷地说。"这事全由你。你信我,我便去;你不信,我便住。"

"但你为什么给我去报仇的呢?你认识我的父亲么?"

"我一向认识你的父亲,也如一向认识你一样。但我要报仇,却并不为此。聪明的孩子,告诉你罢。你还不知道么,我怎么地善于报仇。你的就是我的;他也就是我。我的魂灵上是有这么多的,人我所加的伤,我已经憎恶了我自己!"

暗中的声音刚刚停止,眉间尺便举手向肩头抽取青色的剑,顺手从后项窝向前一削,头颅坠在地面的青苔上,一面将剑交给黑色人。

"呵呵!"他一手接剑,一手捏着头发,提起眉间尺的头来,对着那热的死掉的嘴唇,接吻两次,并且冷冷地尖利地笑。

笑声即刻散布在杉树林中,深处随着有一群燐火似的眼光闪动,倏忽临近,听到咻咻的饿狼的喘息。第一口撕尽了眉间尺的青衣,第二口便身体全都不见了,血痕也顷刻舔尽,只微微听得咀嚼骨头的声音。

最先头的一匹大狼就向黑色人扑过来。他用青剑一挥,狼头便坠在地面的青苔上。别的狼们第一口撕尽了它的皮,第二口便身体全都不见了,血痕也顷刻舔尽,只微微听得咀嚼骨头的声音。

他已经掣起地上的青衣,包了眉间尺的头,和青剑都背在背脊上,回转身,在暗中向王城扬长地走去。

狼们站定了,耸着肩,伸出舌头,咻咻地喘着,放着绿的眼光看他扬长地走。

他在暗中向王城扬长地走去,发出尖利的声音唱着歌:

哈哈爱兮爱乎爱乎!
爱青剑兮一个仇人自屠。
夥颐连翩兮多少一夫。
一夫爱青剑兮呜呼不孤。
头换头兮两个仇人自屠。
一夫则无兮爱乎呜呼!
爱乎呜呼兮呜呼阿呼,
阿呼呜呼兮呜呼呜呼!⑩

三

游山并不能使国王觉得有趣;加上了路上将有刺客的密报,更使他扫兴而还。那夜他很生气,说是连第九个妃子的头发,也没有昨天那样的黑得好看了。幸而她撒娇坐在他的御膝上,特别扭了七十多回,这才使龙眉之间的皱纹渐渐地舒展。

午后,国王一起身,就又有些不高兴,待到用过午膳,简直现出怒容来。

"唉唉!无聊!"他打一个大呵欠之后,高声说。

上自王后,下至弄臣,看见这情形,都不觉手足无措。白须老臣的讲道,矮胖侏儒⑪的打诨,王是早已听厌的了;近来便是走索,缘竿,抛丸,倒立,吞刀,吐火等等奇妙的把戏,也都看得毫无意味。他常常要发怒;一发怒,便按着青剑,总想寻点小错处,杀掉几个人。

偷空在宫外闲游的两个小宦官,刚刚回来,一看见宫里面大家的愁苦的情形,便知道又是照例的祸事临头了,一个吓得面如土色;一个却像是大有把握一般,不慌不忙,跑到国王的面前,俯伏着,说道:

"奴才刚才访得一个异人,很有异术,可以给大王解闷,因此特来奏闻。"

"什么?!"王说。他的话是一向很短的。

"那是一个黑瘦的,乞丐似的男子。穿一身青衣,背着一个圆圆的青包裹;嘴里唱着胡诌的歌。人问他。他说善于玩把戏,空前绝后,举世无双,人们从来就没有看见过;一见之后,便即解烦释闷,天下太平。但大家要他玩,他却又不肯。说是第一须有一条金龙,第二须有一个金鼎。……"

"金龙?我是的。金鼎?我有。"

"奴才也正是这样想。……"

"传进来!"

话声未绝,四个武士便跟着那小宦官疾趋而出。上自王后,下至弄臣,个个喜形于色。他们都愿意这把戏玩得解愁释闷,天下太平;即使玩不成,这回也有了那乞丐似的黑瘦男子来受祸,他们只要能挨到传了进来的时候就好了。

并不要许多工夫,就望见六个人向金阶趋进。先头是宦官,后面是四个武士,中间夹着一个黑色人。待到近来时,那人的衣服却是青的,须眉头发都黑;瘦得颧骨,眼圈骨,眉棱骨都高高地突出来。他恭敬地跪着俯伏下去时,果然看见背上有一个圆圆的小包袱,青色布,上面还画上一些暗红色的花纹。

"奏来!"王暴躁地说。他见他家伙简单,以为他未必会玩什么好把戏。

"臣名叫宴之敖者⑫;生长汶汶乡⑬。少无职业;晚遇明师,教臣把戏,是一个孩子的头。这把戏一个人玩不起来,必须在金龙之前,摆一个金鼎,注满清水,用兽炭⑭煎熬。于是放下孩子的头去,一到水沸,这头便随波上下,跳舞百端,且发妙音,欢喜歌唱。这歌舞为一人所见,便解愁释闷,为万民所见,便天下太平。"

"玩来!"王大声命令说。

并不要许多工夫,一个煮牛的大金鼎便摆在殿外,注满水,下面堆了兽炭,点起火来。那黑色人站在旁边,见炭火一红,便解下包袱,打开,两手捧出孩子的头来,高高举起。那头是秀眉长眼,皓齿红唇;脸带笑容;头发蓬松,正如青烟一阵。黑色人捧着向四面转了一圈,便伸手擎到鼎上,动着嘴唇说了几句不知什么话,随即将手一松,只听得扑通一声,坠入水中去了。水花同时溅起,足有五尺多高,此后是一切平静。

许多工夫,还无动静。国王首先暴躁起来,接着是王后和妃子,大臣,宦官们也都有些焦急,矮胖的侏儒们则已经开始冷笑了。王一见他们的冷笑,便觉自己受愚,回顾武士,想命令他们就将那欺君的莠民掷入牛鼎里去煮杀。

但同时就听得水沸声;炭火也正旺,映着那黑色人变成红黑,如铁的烧到微红。王刚又回过脸来,他也已经伸起两手向天,眼光向着无物,舞蹈着,忽地发出尖利的声音唱起歌来:

　　哈哈爱兮爱乎爱乎!
　　爱兮血兮兮谁乎独无。
　　民萌冥行兮一夫壶卢。
　　彼用百头颅,千头颅兮用万头颅!
　　我用一头颅兮而无万夫。
　　爱一头颅兮血乎呜呼!
　　血乎呜呼兮呜呼阿呼,
　　阿呼呜呼兮呜呼呜呼!

随着歌声,水就从鼎口涌起,上尖下广,像一座小山,但自水尖至鼎底,不住地回旋运动。那头即随水上上下下,转着圈子,一面又滴溜溜自己翻筋斗,人们还可以隐约看见他玩得高兴的笑容。过了些时,突然变了逆水的游泳,打旋子夹着穿梭,激得水花向四面飞溅,满庭洒下一阵热雨来。一个侏儒忽然叫了一声,用手摸着自己的鼻子。他不幸被热水烫了一下,又不耐痛,终于免不得出声叫苦了。

黑色人的歌声才停,那头也就在水中央停住,面向王殿,颜色转成端庄。这样的有十余瞬息之久,才慢慢地上下抖动;从抖动加速而为起伏的游泳,但不很快,态度很雍容。绕着水边一高一低地游了三匝,忽然睁大眼睛,漆黑的眼珠显得格外精采,同时也开口唱起歌来:

　　王泽流兮浩洋洋;
　　克服怨敌,怨敌克服兮,赫兮强!
　　宇宙有穷止兮万寿无疆。

> 幸我来也兮青其光!
> 青其光兮永不相忘。
> 异处异处兮堂哉皇!
> 堂哉皇哉兮嗳嗳唷,
> 嗟来归来,嗟来陪来兮青其光!

头忽然升到水的尖端停住;翻了几个筋斗之后,上下升降起来,眼珠向着左右瞥视,十分秀媚,嘴里仍然唱着歌:

> 阿呼呜呼兮呜呼呜呼,
> 爱乎呜呼兮呜呼阿呼!
> 血一头颅兮爱乎呜呼。
> 我用一头颅兮而无万夫!
> 彼用百头颅,千头颅……

唱到这里,是沉下去的时候,但不再浮上来了;歌词也不能辨别。涌起的水,也随着歌声的微弱,渐渐低落,像退潮一般,终至到鼎口以下,在远处什么也看不见。

"怎了?"等了一会,王不耐烦地问。

"大王,"那黑色人半跪着说。"他正在鼎底里作最神奇的团圆舞,不临近是看不见的。臣也没有法术使他上来,因为作团圆舞必须在鼎底里。"

王站起身,跨下金阶,冒着炎热立在鼎边,探头去看。只见水平如镜,那头仰面躺在水中间,两眼正看着他的脸。待到王的眼光射到他脸上时,他便嫣然一笑。这一笑使王觉得似曾相识,却又一时记不起是谁来。刚在惊疑,黑色人已经掣出了背着的青色的剑,只一挥,闪电般从后项窝直劈下去,扑通一声,王的头就落在鼎里了。

仇人相见,本来格外眼明,况且是相逢狭路。王头刚到水面,眉间尺的头便迎上来,狠命在他耳轮上咬了一口。鼎水即刻沸涌,澎湃有声;两头即在水中死战。约有二十回合,王头受了五个伤,眉间尺的头上却有七处。王又狡猾,总是设法绕到他的敌人的后面去。眉间尺偶一疏忽,终于被他咬住了后项窝,无法转身。这一回王的头可是咬定不放了,他只是连连蚕食进去;连鼎外面也仿佛听到孩子的失声叫痛的声音。

上自王后,下至弄臣,骇得凝结着的神色也应声活动起来,似乎感到暗无天日的悲哀,皮肤上都一粒一粒地起粟;然而又夹着秘密的欢喜,瞪了眼,像是等候着什么似的。

黑色人也仿佛有些惊慌,但是面不改色。他从从容容地伸开那捏着看不见的青剑的臂膊,如一段枯枝;伸长颈子,如在细看鼎底。臂膊忽然一弯,青剑便蓦地从他后面劈下,剑到头落,坠入鼎中,濉的一声,雪白的水花向着空中同时四射。

他的头一入水,即刻直奔王头,一口咬住了王的鼻子,几乎要咬下来。王忍不住叫一声"阿唷",将嘴一张,眉间尺的头就乘机挣脱了,一转脸倒将王的下巴下死劲咬住。他们不但都不放,还用全力上下一撕,撕得王头再也合不上嘴。于是他们就如饿鸡啄米一般,一顿乱咬,咬得王头眼歪鼻塌,满脸鳞伤。先前还会在鼎里面四处乱滚,后来只能躺着呻吟,到底是一声不响,只有出气,没有进气了。

黑色人和眉间尺的头也慢慢地住了嘴,离开王头,沿鼎壁游了一匝,看他可是装死还是真死。待到知道了王头确已断气,便四目相视,微微一笑,随即合上眼睛,仰面向天,沉到水底里去了。

四

烟消火灭;水波不兴。特别的寂静倒使殿上殿下的人们警醒。他们中的一个首先叫了一声,大家也立刻迭连惊叫起来;一个迈开腿向金鼎走去,大家便争先恐后地拥上去了。有挤在后面的,只能从人脖子的空隙间向里面窥探。

热气还炙得人脸上发烧。鼎里的水却一平如镜,上面浮着一层油,照出许多人脸孔:王后,王妃,武士,老臣,侏儒,太监。……

"阿呀,天哪!咱们大王的头还在里面哪,唉唉唉!"第六个妃子忽然发狂似的哭嚷起来。

上自王后,下至弄臣,也都恍然大悟,仓皇散开,急得手足无措,各自转了四五个圈子。一个最有谋略的老臣独又上前,伸手向鼎边一摸,然而浑身一抖,立刻缩了回来,伸出两个指头,放在口边吹个不住。

大家定了定神,便在殿门外商议打捞办法。约略费去了煮熟三锅小米的工夫,总算得到一种结果,是:到大厨房去调集了铁丝勺子,命武士协力捞起来。

器具不久就调集了,铁丝勺,漏勺,金盘,擦桌布,都放在鼎旁边。武士们便揎起衣袖,有用铁丝勺的,有用漏勺的,一齐恭行打捞。有勺子相触的声音,有勺子刮着金鼎的声音;水是随着勺子的搅动而旋绕着。好一会,一个武士的脸色忽而很端庄了,极小心地两手慢慢举起了勺子,水滴从勺孔中珠子一般漏下,勺里面便显出雪白的头骨来。大家惊叫了一声;他便将头骨倒在金盘里。

"阿呀!我的大王呀!"王后,妃子,老臣,以至太监之类,都放声哭起来。但不久就陆续停止了,因为武士又捞起了一个同样的头骨。

他们泪眼模胡地四顾,只见武士们满脸油汗,还在打捞。此后捞出来的是一团糟的白头发和黑头发;还有几勺很短的东西,似乎是白胡须和黑胡须。此后又是一个头骨。此后是三枝簪。

直到鼎里面只剩下清汤,才始住手;将捞出的物件分盛了三金盘:一盘头骨,一盘须发,一盘簪。

"咱们大王只有一个头。那一个是咱们大王的呢?"第九个妃子焦急地问。

"是呵……。"老臣们都面面相觑。

"如果皮肉没有煮烂,那就容易辨别了。"一个侏儒跪着说。

大家只得平心静气,去细看那头骨,但是黑白大小,都差不多,连那孩子的头,也无从分辨。王后说王的右额上有一个疤,是做太子时候跌伤的,怕骨上也有痕迹。果然,侏儒在一个头骨上发见了;大家正在欢喜的时候,另外的一个侏儒却又在较黄的头骨的右额上看出相仿的瘢痕来。

"我有法子。"第三个王妃得意地说,"咱们大王的龙准[15]是很高的。"

太监们即刻动手研究鼻准骨,有一个确也似乎比较地高,但究竟相差无几;最可惜的是右额上却并无跌伤的瘢痕。

"况且,"老臣们向太监说,"大王的后枕骨是这么尖的么?"

"奴才们向来就没有留心看过大王的后枕骨……"

王后和妃子们也各自回想起来,有的说是尖的,有的说是平的。叫梳头太监来问的时候,却一句话也不说。

当夜便开了一个王公大臣会议,想决定那一个是王的头,但结果还同白天一样。并且连须发也发生了问题。白的自然是王的,然而因为花白,所以黑的也很难处置。讨论了小半夜,只将几根红色的胡子选出;接着因为第九个王妃抗议,说她确曾看见王有几根通黄的胡子,现在怎么能知道决没有一根红的呢。于是也只好重行归并,作为疑案了。

到后半夜,还是毫无结果。大家却居然一面打呵欠,一面继续讨论,直到第二次鸡鸣,这才决定了一个最慎重妥善的办法,是:只能将三个头骨都和王的身体放在金棺里落葬。

七天之后是落葬的日期,合城很热闹。城里的人民,远处的人民,都奔来瞻仰国王的"大出丧"。天一亮,道上已经挤满了男男女女;中间还夹着许多祭桌。待到上午,清道的骑士才缓辔而来。又过了不少工夫,才看见仪仗,什么旌旗,木棍,戈戟,弓弩,黄钺之类;此后是四辆鼓吹车。再后面是黄盖随着路的不平而起伏着,并且渐渐近来了,于是现出灵车,上载金棺,棺里面藏着三个头和一个身体。

　　百姓都跪下去,祭桌便一列一列地在人丛中出现。几个义民很忠愤,咽着泪,怕那两个大逆不道的逆贼的魂灵,此时也和王一同享受祭礼,然而也无法可施。

　　此后是王后和许多王妃的车。百姓看她们,她们也看百姓,但哭着。此后是大臣,太监,侏儒等辈,都装着哀戚的颜色。只是百姓已经不看他们,连行列也挤得乱七八糟,不成样子了。

一九二六年十月作⑯。

【注释】

　　① 眉间尺复仇的传说,在相传为魏曹丕所著的《列异传》中有如下记载:"干将莫邪为楚王作剑,三年而成。剑有雄雌,天下名器也,乃以雌剑献君,藏其雄者。谓其妻曰:'吾藏剑在南山之阴,北山之阳;松生石上,剑在其中矣。君若觉,杀我;尔生男,以告之。'及至君觉,杀干将。妻后生男,名赤鼻,告之。赤鼻斫南山之松,不得剑;忽于屋柱中得之。楚王梦一人,眉广三寸,辞欲报仇。购求甚急,乃逃朱兴山中。遇客,欲为之报;乃刎首,将以奉楚王。客令镬煮之,头三日三夜跳不烂。王往观之,客以雄剑倚拟王,王头堕镬中;客又自刎。三头悉烂,不可分别,分葬之,名曰三王冢。"(据鲁迅辑《古小说钩沉》本)又晋代干宝《搜神记》也有内容大致相同的记载,而叙述较为细致,如眉间尺山中遇客一段说:"(楚)王梦见一儿,眉间广尺,言欲报仇,王即购之千金。儿闻之,亡去,入山行歌。客有逢者,谓子年少,何哭之甚悲耶?曰:'吾干将莫邪子也。楚王杀我父,吾欲报之。'客曰:'闻王购子头千金,将子头与剑来,为子报之。'儿曰:'幸甚!'即自刎,两手捧头及剑奉之,立僵。客曰:'不负子也。'于是尸乃仆。"此外,相传为后汉赵晔所著的《楚王铸剑记》,与《搜神记》所记完全相同。　② 子时:我国古代用十二地支(子、丑、寅、卯、辰、巳、午、未、申、酉、戌、亥)记时,从夜里十一点到次晨一点称为子时。　③ 王妃生下了一块铁:清代陈元龙撰《格致镜原》卷三四引《列士传》佚文:"楚王夫人于夏纳凉,抱铁柱,心有所感,遂怀孕,产一铁;王命莫邪铸为双剑。"　④ 井华水:清晨第一次汲取的井水。明代李时珍《本草纲目》卷五井泉水《集解》:"汪颖曰:平旦第一汲,为井华水。"　⑤ 雉堞(zhìdié):城上排列如齿状的矮墙,俗称城垛。　⑥ 劳什子:北方方言,指物件,含有轻蔑、厌恶的意思。　⑦ 丹田:道家把人身脐下三寸的地方称为丹田,据说这个部位受伤,可以致命。　⑧ 蜜蜂的排衙:蜜蜂早晚两次群集蜂房外面,就像朝见蜂王一般。这里用来形容人群拥挤喧闹。排衙,旧时衙署中下属依次参谒长官的仪式。　⑨ 放鬼债的资本:作者在创作本篇数月后,曾在一篇杂感里说,

旧社会"有一种精神的资本家",惯用"同情"一类美好言辞作为"放债"的"资本",以求"报答"。参看《而已集·新时代的放债法》。 ⑩ 这里和下文的歌,意思介于可解不可解之间。作者在1936年3月28日给日本增田涉的信中曾说:"在《铸剑》里,我以为没有什么难懂的地方。但要注意的,是那里面的歌,意思都不明显,因为是奇怪的人和头颅唱出来的歌,我们这种普通人是难以理解的。" ⑪ 侏儒:形体矮小、专以滑稽笑谑供君王娱乐消遣的人,略似戏剧中的丑角。 ⑫ 宴之敖者:作者虚拟的人名。1924年9月,鲁迅辑成《俟堂砖文杂集》一书,题记后用宴之敖者作为笔名,但以后即未再用。 ⑬ 汶汶乡:作者虚拟的地名。汶汶,昏暗不明。 ⑭ 兽炭:古时豪富之家将木炭屑做成各种兽形作燃料。东晋裴启《语林》有如下记载:"洛下少林木,炭止如粟状。羊琇骄豪,乃捣小炭为屑,以物和之,作兽形。后何召之徒共集,乃以温酒;火蓺(ruò)既猛,兽皆开口,向人赫然。诸豪相矜,皆服而效之。"(据鲁迅辑《古小说钩沉》本) ⑮ 龙准:指帝王的鼻子。准:鼻子。 ⑯ 本篇最初发表时未署写作日期。现在篇末的日期是收入本集时补记。据《鲁迅日记》,本篇完成时间为1927年4月3日。

【集评】

《铸剑》写的是"黑色人"那种与专制暴君势不两立以及行侠不图报的原侠精神,它可以说也是鲁迅自己精神气质的外化。这位"黑色人"的外貌长相简直就是鲁迅的自画像。而且他有一个姓名,叫做"宴之敖者",而这"宴之敖者",就是鲁迅曾经用过的一个笔名。由此可见,《铸剑》和作者鲁迅间的那种密切关系。(严家炎《复调小说:鲁迅的突出贡献》,《中国现代文学研究丛刊》2001年第3期。)

(《铸剑》)这里的复仇行为和任何古代的或现代的社会现实都没有关系,本质上只是"思辨的"。如果必须从这个故事里找出什么意义来,我们就只能从鲁迅个人对于生与死、生活与艺术等重大问题的观点中求得线索。这位与世界疏远的复仇者对鲁迅有某种特殊的意义,就是:在外在的人道主义的姿态下,内心有一位复仇女神。(李欧梵《铁屋中的呐喊》,河北教育出版社2000年版,第33页。)

人子如何"复仇"和如何超越"复仇",直到真正的主角跳上前台:那个"黑色人",可不就是时隐时现、游走于鲁迅不同作品、贯穿于鲁迅生命的那个普遍、孤独的主体?"黑色人"的气质和精神,可不就是早期思想从"精神界之战士""摩罗诗人"乃至"超人"直至彷徨无主的"这样的战士"的综合形象(《铸剑》)?(高远东《〈故事新编〉的读法》,《中国现代文学研究丛刊》2012年第12期。)

【思考题】

1. 小说讲的是复仇的故事,开头却花了较大笔墨写眉间尺打老鼠的事情,用意何在?
2. 试结合鲁迅创作的时代背景来分析宴之敖者"复仇"的意义。
3. 鲁迅在《〈中国新文学大系·小说二集〉导言》中评价自己的短篇小说创作特色是"表现的深切和格式的特别",试结合《铸剑》谈谈这一特色。

【深度阅读】

1. 鲁迅《鲁迅全集》第二卷,人民文学出版社 2005 年版。
2. 王晓明《无法直面的人生——鲁迅传》,上海文艺出版社 2001 年版。
3. 李欧梵《铁屋中的呐喊》,人民文学出版社 2010 年版。

呼兰河传(节选)

萧 红

萧红(1911—1942),原名张迺莹,曾用笔名悄吟、田娣,黑龙江呼兰人。出生于地主家庭,1930 年因反抗包办婚姻离家出走。1932 年在哈尔滨与萧军相识,开始为报刊撰稿。1934 年与萧军一同来到上海,在鲁迅的关怀与扶持下,成为 1930 年代文坛上活跃的女作家。萧红的代表作品《生死场》被列入鲁迅主编的"奴隶丛书",1935 年 12 月出版,鲁迅亲自校阅并写了序言。1936 年 7 月她因病只身东渡日本疗养。1937 年初由日本归国。1940 年春,与端木蕻良同去香港,在贫病交迫中依然坚持文学创作,先后有中篇小说《马伯乐》、长篇小说《呼兰河传》出版。1941 年 12 月,日军占领香港,病重的萧红无法离开避难,1942 年病逝于香港。萧红的代表作品大都取材于东北故乡,怀着对失去的土地的眷恋、对人民苦难的同情,描绘出一幅"北方人民的对于生的坚强,对于死的挣扎"的"力透纸背"的图画(鲁迅《萧红作〈生死场〉序》)。她以出众的文学才华,被誉为"1930 年代的文学洛神"。一生命途坎坷,是"民国四大才女"中命运最为悲苦、也最具传奇性的女作家。

萧红一生的著作主要包括短篇小说、中篇小说、长篇小说、散文等,如短篇小说集《跋涉》(1933)、《牛车上》(1937)、《旷野的呼喊》(1940)等,中篇小说集《生死场》(1935)、《小城三月》(1948)、《马伯乐》(1941)等,长篇小说《呼兰河传》(1941),散文集《商市街》(1936)、《萧红散文》(1940)、《回忆鲁迅先生》(1940)等。其中《呼兰河传》是萧红晚期最杰出的代表作,它以诗化的语言、散文化的结构打破了传统小说的叙事模式,形成了独具一格的"萧红体"小说风格。

本篇节选自萧红《呼兰河传》,人民文学出版社 2001 年版。

第三章

一

呼兰河这小城里边住着我的祖父。

我生的时候,祖父已经六十多岁了,我长到四五岁,祖父就快七十了。

我家有一个大花园,这花园里蜂子、蝴蝶、蜻蜓、蚂蚱,样样都有。蝴蝶有白蝴蝶,黄蝴蝶。这种蝴蝶极小,不太好看。好看的是大红蝴蝶,满身带着金粉。

蜻蜓是金的,蚂蚱是绿的,蜂子则嗡嗡的飞着,满身绒毛,落到一朵花上,胖圆圆的就和一个小毛球似的不动了。

花园里边明晃晃的,红的红,绿的绿,新鲜漂亮。

据说这花园,从前是一个果园。祖母喜欢吃果子就种了果园。祖母又喜欢养羊,羊就把果树给啃了。果树于是都死了。到我有记忆的时候,园子里就只有一棵樱桃树,一棵李子树,因为樱桃和李子都不大结果子,所以觉得他们是并不存在的。小的时候,只觉得园子里边就有一棵大榆树。

这榆树在园子的西北角上,来了风,这榆树先啸,来了雨,大榆树先就冒烟了。太阳一出来,大榆树的叶子就发光了,它们闪烁得和沙滩上的蚌壳一样了。

祖父一天都在后园里边,我也跟着祖父在后园里边。祖父戴一个大草帽,我戴一个小草帽,祖父栽花,我就栽花,祖父拔草,我就拔草。当祖父下种种小白菜的时候,我就跟在后边,把那下了种的土窝,用脚一个一个的溜平,那里会溜得准,东一脚的,西一脚的瞎闹。有的把菜种不单没被土盖上,反而把菜子踢飞了。

小白菜长得非常之快,没有几天就冒了芽了,一转眼就可以拔下来吃了。

祖父铲地,我也铲地,因为我太小,拿不动那锄头杆,祖父就把锄头杆拔下来,让我单拿着那个锄头的"头"来铲。其实那里是铲,也不过爬在地上,用锄头乱勾一阵就是了。也认不得那个是苗,那个是草。往往把韭菜当做野草一起的割掉,把狗尾草当做谷穗留着。

等祖父发现我铲的那块满留着狗尾草的一片,他就问我:

"这是什么?"

我说:

"谷子。"

祖父大笑起来,笑得够了,把草摘下来问我:

"你每天吃的就是这个吗?"

我说:

"是的。"

我看着祖父还在笑,我就说:

"你不信,我到屋里拿来你看。"

我跑到屋里拿了鸟笼上的一头谷穗,远远的就抛给祖父了。说:

"这不是一样的吗?"

祖父慢慢的把我叫过去,讲给我听,说谷子是有芒针的。狗尾草则没有,只是毛嘟嘟的真像狗尾巴。

祖父虽然教我,我看了也并不细看,也不过马马虎虎承认下来就是了。一抬头看见了一个黄瓜长大了,跑过去摘下来,我又去吃黄瓜去了。

黄瓜也许没有吃完,又看见了一个大蜻蜓从旁飞过,于是丢了黄瓜又去追蜻蜓去了。蜻蜓飞得多么快,那里会追得上。好在一开初也没有存心一定追上,所以站起来,跟了蜻蜓跑了几步就又去做别的去了。

采一个倭瓜花心,捉一个大绿豆青蚂蚱,把蚂蚱腿用线绑上,绑了一会,也许把蚂蚱腿就绑掉,线头上只拴了一只腿,而不见蚂蚱了。

玩腻了,又跑到祖父那里去乱闹一阵,祖父浇菜,我也抢过来浇,奇怪的就是并不往菜上浇,而是拿着水瓢,拼尽了力气,把水往天空里一扬,大喊着:

"下雨了,下雨了。"

太阳在园子里是特大的,天空是特别高的,太阳的光芒四射,亮得使人睁不开眼睛,亮得蚯蚓不敢钻出地面来,蝙蝠不敢从什么黑暗的地方飞出来。是凡在太阳下的,都是健康的,漂亮的,拍一拍连大树都会发响的,叫一叫就是站在对面的土墙都会回答似的。

花开了,就像花睡醒了似的。鸟飞了,就像鸟上天了似的。虫子叫了,就像虫子在说话似的。一切都活了。都有无限的本领,要做什么,就做什么。要怎么样,就怎么样。都是自由的。倭瓜愿意爬上架就爬上架,愿意爬上房就爬上房。黄瓜愿意开一个谎花,就开一个谎花,愿意结一个黄瓜就结一个黄瓜。若都不愿意,就是一个黄瓜也不结,一朵花也不开,也没有人问它似的。玉米愿意长多高就长多高,他若愿意长上天去,也没有人管。蝴蝶随意的飞,一会从墙头上飞来一对黄蝴蝶,一会又从墙头上飞走了一个白蝴蝶。它们是从谁家来的,又飞到谁家去?太阳也不知道这个。

只是天空蓝悠悠的,又高又远。

可是白云一来了的时候,那大团的白云,好像洒了花的白银似的,从祖父的头上经过,好像要压到了祖父的草帽那么低。

我玩累了,就在房子底下找个阴凉的地方睡着了。不用枕头,不用席子,就把草帽遮在脸上就睡了。

二

祖父的眼睛是笑盈盈的,祖父的笑,常常笑成和孩子似的。

祖父是个长得很高的人,身体很健康,手里喜欢拿着个手杖。嘴上则不住的抽着旱烟管,遇到了小孩子,每每喜欢开个玩笑,说:

"你看天空飞个家雀。"

趁那孩子往天空一看,就伸出手去把那孩子的帽给取下来了,有的时候放在长衫的下边,有的时候放在袖口里头。他说:

"家雀叼走了你的帽啦。"

孩子们都知道了祖父的这一手了,并不以为奇,就抱住他的大腿,向他要帽子,摸着他的袖管,撕着他的衣襟,一直到找出帽子来为止。

祖父常常这样做,也总是把帽放在同一的地方,总是放在袖口和衣襟下。那些搜索他的孩子没有一次不是在他衣襟下把帽子拿出来的,好像他和孩子们约定了似的,"我就放在这块,你来找吧!"

这样的不知做过了多少次,就像老太太永久讲着"上山打老虎"这一个故事给孩子们听似的,那怕是已经听过了五百遍,也还是在那里回回拍手,回回叫好。

每当祖父这样做一次的时候,祖父和孩子们都一齐的笑得不得了。好像这戏还像第一次演似的。

别人看了祖父这样做,也有笑的,可不是笑祖父的手法好,而是笑他天天使用一种方法抓掉了孩子的帽子,这未免可笑。

祖父不怎样会理财,一切家务都由祖母管理。祖父只是自由自在的一天闲着,我想,幸好我长大了,我三岁了,不然祖父该多寂寞。我会走了,我会跑了。我走不动的时候,祖父就抱着我,我走动了,祖父就拉着我。一天到晚,门里门外,寸步不离,而祖父多半是在后园里,于是我也在后园里。

我小的时候,没有什么同伴,我是我母亲的第一个孩子。

我记事很早,在我三岁的时候,我记得我的祖母用针刺过我的手指,所以我很不喜欢她。我家的窗子,都是四边糊纸,当中嵌着玻璃。祖母是有洁癖的,以她屋的窗纸最白净。别人抱着把我一放在祖母的炕边上,我不假思索的就要往炕里边跑,跑到窗子那里,就伸出手去,把那白白透着花窗棂的纸窗给通了几个洞,若不加阻止,就必得挨着排给通破,若有人招呼着我,我也得加速的抢着多通几个才能停止。手指一触到窗上,那纸窗像小鼓似的,嘭嘭的就破了。破得越多,自己越得意。祖母若来追我的时候,我就越得意了,笑得拍着手,跳着脚的。

有一天祖母看我来了,她拿了一个大针就到窗子外边去等我去了。我刚一伸出手,手指就痛得厉害。我就叫起来了。那就是祖母用针刺了我。

从此,我就记住了,我不喜她。

虽然她也给我糖吃,她咳嗽时吃猪腰烧川贝母,也分给我猪腰,但是我吃了猪腰还是不喜她。

在她临死之前,病重的时候,我还曾吓了她一跳。有一次她自己一个人坐在炕上熬药,药壶是坐在炭火盆上,因为屋里特别的寂静,听得见那药壶骨碌骨碌的响。祖母住着两间房子,是里外屋,恰巧外屋也没有人,里屋也没人,就是她自己。我把门一开,祖母并没有看见我,于是我就用拳头在板隔壁上,咚咚的打了两拳。我听到祖母"哟"的一声,铁火剪子就掉了地上了。

我再探头一望,祖母就骂起我来。她好像就要下地来追我似的。我就一边笑着,一边跑了。

我这样的吓唬祖母,也并不是向她报仇,那时我才五岁,是不晓得什么的。也许觉得这样好玩。

祖父一天到晚是闲着的,祖母什么工作也不分配给他。只有一件事,就是祖母的地榇上的摆设,有一套锡器,却总是祖父擦的。这可不知道是祖母派给他的,还是他自动的愿意工作,每当祖父一擦的时候,我就不高兴,一方面是不能领着我到后园里去玩了,另一方面祖父因此常常挨骂,祖母骂他懒,骂他擦的不干净。祖母一骂祖父的时候,就常常不知为什么连我也骂上。

祖母一骂祖父,我就拉着祖父的手往外边走,一边说,
"我们后园里去吧。"

也许因此祖母也骂了我。

她骂祖父是"死脑瓜骨",骂我是"小死脑瓜骨"。

我拉着祖父就到后园里去了,一到了后园里,立刻就另是一个世界了。决不是那房子里的狭窄的世界,而是宽广的,人和天地在一起,天地是多么大,多么远,用手摸不到天空。而土地上所长的又是那么繁华,一眼看上去,是看不完的,只觉得眼前鲜绿的一片。

一到后园里,我就没有对象的奔了出去,好像我是看准了什么而奔去了似的,好像有什么在那儿等着我似的。其实我是什么目的也没有。只觉得这园子里边无论什么东西都是活的,好像我的腿也非跳不可了。

若不是把全身的力量跳尽了,祖父怕我累了想招呼住我,那是不可能的,反而他越招呼,我越不听话。

等到自己实在跑不动了,才坐下来休息,那休息也是很快的,也不过随便在秧子上摘下一个黄瓜来,吃了也就好了。

休息好了又是跑。

樱桃树,明是没有结樱桃,就偏跑到树上去找樱桃。李子树是半死的样子了,本不结李子的,就偏去找李子。一边在找还一边大声的喊,在问着祖父:

"爷爷,樱桃树为什么不结樱桃?"

祖父老远的回答着:

"因为没有开花,就不结樱桃。"

再问:

"为什么樱桃树不开花?"

祖父说:

"因为你嘴馋,它就不开花。"

我一听了这话,明明是嘲笑我的话,于是就飞奔着跑到祖父那里,似乎是很生气的样子。等祖父把眼睛一抬,他用了完全没有恶意的眼睛一看我,我立刻就笑了。而且是笑了半天的工夫才能够止住,不知那里来了那许多高兴。把后园一时都让我搅乱了,我笑的声音不知有多大,自己都感到震耳了。

后园中有一棵玫瑰。一到五月就开花的。一直开到六月。花朵和酱油碟那么大。开得很茂盛,满树都是,因为花香,招来了很多的蜂子,嗡嗡的在

玫瑰树那儿闹着。

别的一切都玩厌了的时候,我就想起来去摘玫瑰花,摘了一大堆把草帽脱下来用帽兜子盛着。在摘那花的时候,有两种恐惧,一种是怕蜂子的勾刺人,另一种是怕玫瑰的刺刺手。好不容易摘了一大堆,摘完了可又不知道做什么了。忽然异想天开,这花若给祖父戴起来该多好看。

祖父蹲在地上拔草,我就给他戴花。祖父只知道我是在捉弄他的帽子,而不知道我到底是在干什么。我把他的草帽给他插了一圈的花,红通通的二三十朵。我一边插着一边笑,当我听到祖父说:

"今年春天雨水大,咱们这棵玫瑰开得这么香。二里路也怕闻得到的。"

就把我笑得哆嗦起来。我几乎没有支持的能力再插上去。等我插完了,祖父还是安然的不晓得。他还照样的拔着垅上的草。我跑得很远的站着,我不敢往祖父那边看,一看就想笑。所以我借机进屋去找一点吃的来,还没有等我回到园中,祖父也进屋来了。

那满头红通通的花朵,一进来祖母就看见了。她看见什么也没说,就大笑了起来。父亲母亲也笑了起来,而以我笑得最厉害,我在炕上打着滚笑。

祖父把帽子摘下来一看,原来那玫瑰的香并不是因为今年春天雨水大的缘故,而是那花就顶在他的头上。

他把帽子放下,他笑了十多分钟还停不住,过一会一想起来,又笑了。

祖父刚有点忘记了,我就在旁边提着说:

"爷爷……今年春天雨水大呀……"

一提起,祖父的笑就来了。于是我也在炕上打起滚来。

就这样一天一天的,祖父,后园,我,这三样是一样也不可缺少的了。

刮了风,下了雨,祖父不知怎样,在我却是非常寂寞的了。去没有去处,玩没有玩的,觉得这一天不知有多少日子那么长。

三

偏偏这后园每年都要封闭一次的,秋雨之后这花园就开始凋零了,黄的黄、败的败,好像很快似的一切花朵都灭了。好像有人把它们摧残了似的。它们一齐都没有从前那么健康了。好像它们都很疲倦了,而要休息了似的,好像要收拾收拾回家去了似的。

大榆树也是落着叶子,当我和祖父偶尔在树下坐坐,树叶竟落在我的脸上来了。树叶飞满了后园。

没有多少时候,大雪又落下来了,后园就被埋住了。

通到园去的后门,也用泥封起来了,封得很厚,整个的冬天挂着白霜。

我家住着五间房子,祖母和祖父共住两间,母亲和父亲共住两间。祖母住的是西屋,母亲住的是东屋。

是五间一排的正房,厨房在中间,一齐是玻璃窗子,青砖墙,瓦房间。

祖母的屋子,一个是外间,一个是内间。外间里摆着大躺箱,地长桌,太师椅。椅子上铺着红椅垫,躺箱上摆着朱砂瓶,长桌上列着坐钟。钟的两边站着帽筒。帽筒上并不挂着帽子,而插着几个孔雀翎。

我小的时候,就喜欢这个孔雀翎,我说它有金色的眼睛,总想用手摸一摸,祖母就一定不让摸,祖母是有洁癖的。

还有祖母的躺箱上摆着一个坐钟,那坐钟是非常稀奇的,画着一个穿着古装的大姑娘,好像活了似的,每当我到祖母屋去,若是屋子里没有人,她就总用眼睛瞪我,我几次的告诉过祖父,祖父说:

"那是画的,她不会瞪人。"

我一定说她是会瞪人的,因为我看得出来,她的眼珠像是会转。

还有祖母的大躺箱上也尽雕着小人,尽是穿古装衣裳的,宽衣大袖,还带顶子,带着翎子。满箱子都刻着,大概有二三十个人,还有吃酒的,吃饭的,还有作揖的……

我总想要细看一看,可是祖母不让我沾边,我还离得很远的,她就说:

"可不许用手摸,你的手脏。"

祖母的内间里边,在墙上挂着一个很古怪很古怪的挂钟,挂钟的下边用铁链子垂着两穗铁苞米。铁苞米比真的苞米大了很多,看起来非常重,似乎可以打死一个人。再往那挂钟里边看就更稀奇古怪了,有一个小人,长着蓝眼珠,钟摆一秒钟就响一下,钟摆一响,那眼珠就同时一转。

那小人是黄头发,蓝眼珠,跟我相差太远,虽然祖父告诉我,说那是毛子人,但我不承认她,我看她不像什么人。

所以我每次看这挂钟,就半天半天的看,都看得有点发呆了。我想:这毛子人就总在钟里边呆着吗?永久也不下来玩吗?

外国人在呼兰河的土语叫做"毛子人"。我四五岁的时候,还没有见过一个毛子人,以为毛子人就是因为她的头发毛烘烘的卷着的缘故。

祖母的屋子除了这些东西,还有很多别的,因为那时候,别的我都不发生什么趣味,所以只记住了这三五样。

母亲的屋里,就连这一类的古怪玩艺也没有了,都是些普通的描金柜,也是些帽筒、花瓶之类,没有什么好看的,我没有记住。

这五间房子的组织,除了四间住房一间厨房之外,还有极小的、极黑的两个小后房。祖母一个,母亲一个。

那里边装着各种样的东西,因为是储藏室的缘故。

坛子罐子,箱子柜子,筐子篓子。除了自己家的东西,还有别人寄存的。

那里边是黑的,要端着灯进去才能看见。那里边的耗子很多,蜘蛛网也很多。空气不大好,永久有一种扑鼻的和药的气味似的。

我觉得这储藏室很好玩,随便打开那一只箱子,里边一定有一些好看的东西,花丝线,各种色的绸条,香荷包,搭腰,裤腿,马蹄袖,绣花的领子。古香古色,颜色都配得特别的好看。箱子里边也常常有蓝翠的耳环或戒指,被我看见了,我一看见就非要一个玩不可,母亲就常常随手抛给我一个。

还有些桌子带着抽屉的,一打开那里边更有些好玩的东西,铜环,木刀,竹尺,观音粉。这些个都是我在别的地方没有看过的。而且这抽屉始终也不锁的。所以我常常随意的开,开了就把样样,似乎是不加选择的都搜了出去,左手拿着木头刀,右手拿着观音粉,这里砍一下,那里画一下。后来我又得到了一个小锯,用这小锯,我开始毁坏起东西来,在椅子腿上锯一锯,在炕沿上锯一锯。我自己竟把我自己的小木刀也锯坏了。

无论吃饭和睡觉,我这些东西都带在身边,吃饭的时候,我就用这小锯,锯着馒头。睡觉做起梦来还喊着:

"我的小锯哪里去了?"

储藏室好像变成我探险的地方了。我常常趁着母亲不在屋我就打开门进去了。这储藏室也有一个后窗,下半天也有一点亮光,我就趁着这亮光打开了抽屉,这抽屉已经被我翻得差不多的了,没有什么新鲜的了。翻了一会,觉得没有什么趣味了,就出来了。到后来连一块水胶,一段绳头都让我拿出来了,把五个抽屉通通拿空了。

除了抽屉还有筐子笼子,但那个我不敢动,似乎每一样都是黑洞洞的,灰尘不知有多厚,蛛网蛛丝的不知有多少,因此我连想也不想动那东西。

记得有一次我走到这黑屋子的极深极远的地方去,一个发响的东西撞住我的脚上,我摸起来抱到光亮的地方一看,原来是一个小灯笼,用手指把灰尘一划,露出来是个红玻璃的。

我在一两岁的时候,大概我是见过灯笼的,可是长到四五岁,反而不认识了。我不知道这是个什么。我抱着去问祖父去了。

祖父给我擦干净了,里边点上个洋蜡烛,于是我欢喜得就打着灯笼满屋跑,跑了好几天,一直到把这灯笼打碎了才算完了。

我在黑屋子里边又碰到了一块木头,这块木头是上边刻着花的,用手一摸,很不光滑,我拿出来用小锯锯着。祖父看见了,说:

"这是印帖子的帖板。"

我不知道什么叫帖子,祖父刷上一片墨刷一张给我看,我只看见印出来几个小人。还有一些乱七八糟的花,还有字。祖父说:

"咱们家开烧锅的时候,发帖子就是用这个印的,这是一百吊的……还有伍十吊的十吊的……"

祖父给我印了许多,还用鬼子红给我印了些红的。

还有戴缨子的清朝的帽子,我也拿了出来戴上。多少年前的老大的鹅翎扇子,我也拿了出来扇着风。翻了一瓶砂仁出来,那是治胃病的药,母亲吃着,我也跟着吃。

不久,这些八百年前的东西,都被我弄出来了。有些是祖母保存着的,有些是已经出了嫁的姑母的遗物,已经在那黑洞洞的地方放了多少年了,连动也没有动过,有些个快要腐烂了,有些个生了虫子,因为那些东西早被人们忘记了,好像世界上已经没有那么一回事了。而今天忽然又来到了他们的眼前,他们受了惊似的又恢复了他们的记忆。

每当我拿出一件新的东西的时候,祖母看见了,祖母说:

"这是多少年前的了!这是你大姑在家里边玩的……"

祖父看见了,祖父说:

"这是你二姑在家时用的……"

这是你大姑的扇子,那是你三姑的花鞋……都有了来历。但我不知道谁是我的三姑,谁是我的大姑。也许我一两岁的时候,我见过她们,可是我到四五岁时,我就不记得了。

我祖母有三个女儿,到我长起来时,她们都早已出嫁了。可见二三十年内就没有小孩子了。而今也只有我一个。实在还有一个小弟弟,不过那时他才一岁半岁的,所以不算他。

家里边多少年前放的东西,没有动过,他们过的是既不向前,也不回头的生活,是凡过去的,都算是忘记了,未来的他们也不怎样积极的希望着,只是一天一天的平板的,无怨无尤的在他们祖先给他们准备好的口粮之中生活着。

等我生来了,第一给了祖父的无限的欢喜,等我长大了,祖父非常地爱我。使我觉得在这世界上,有了祖父就够了,还怕什么呢?虽然父亲的冷淡，母亲的恶言恶色，和祖母的用针刺我手指的这些事，都觉得算不了什么。何况又有后花园！后园虽然让冰雪给封闭了，但是又发现了这储藏室。这里边是无穷无尽的什么都有，这里边宝藏着的都是我所想像不到的东西，使我感到这世界上的东西怎么这样多！而且样样好玩，样样新奇。

比方我得到了一包颜料，是中国的大绿，看那颜料闪着金光，可是往指甲上一染，指甲就变绿了，往胳臂上一染，胳臂立刻飞来了一张树叶似的。实在是好看，也实在是莫名其妙，所以心里边就暗暗的欢喜，莫非是我得了宝贝吗？

得了一块观音粉。这观音粉往门上一划，门就白了一道，往窗上一划，窗就白了一道。这可真有点奇怪，大概祖父写字的墨是黑墨，而这是白墨吧。

得了一块圆玻璃，祖父说是"显微镜"。他在太阳底下一照，竟把祖父装好的一袋烟照着了。

这该多么使人欢喜，什么什么都会变的。你看他是一块废铁，说不定他就有用，比方我检到一块四方的铁块，上边有一个小窝。祖父把榛子放在小窝里边，打着榛子给我吃。在这小窝里打，不知道比用牙咬要快了多少倍。何况祖父老了，他的牙又多半不大好。

我天天从那黑屋子往外搬着，而天天有新的。搬出来一批，玩厌了，弄坏了，就再去搬。

因此使我的祖父，祖母常常的慨叹。

他们说这是多少年前的了，连我的第三个姑母还没有生的时候就有这东西。那是多少年前的了，还是分家的时候，从我曾祖那里得来的呢。又那样那样是什么人送的，而那家人到今天也都家败人亡了，而这东西还存在着。

又是我在玩着的那葡蔓藤的手镯，祖母说她就戴着这个手镯，有一年夏天坐着小车子，抱着我大姑去回娘家，路上遇了土匪，把金耳环给摘去了，而没有要这手镯。若也是金的银的，那该多危险，也一定要被抢去的。

我听了问她：

"我大姑在那儿？"

祖父笑了。祖母说：

"你大姑的孩子比你都大了。"

原来是四十年前的事情，我那里知道。可是藤手镯却戴在我的手上，我举起手来，摇了一阵，那手镯好像风车似的，滴溜溜的转，手镯太大了，我的手太细了。

祖母看见我把从前的东西都搬出来了,她常常骂我:

"你这孩子,没有东西不拿着玩的,这小不成器的……"

她嘴里虽然是这样说,但她又在光天化日之下得以重看到这东西,也似乎给了她一些回忆的满足。所以她说我是并不十分严刻的,我当然是不听她,该拿还是照旧的拿。

于是我家里久不见天日的东西,经我这一搬弄,才得以见了天日。于是坏的坏,扔的扔,也就都从此消灭了。

我有记忆的第一个冬天,就这样过去了。没有感到十分的寂寞,但总不如在后园里那样玩着好。但孩子是容易忘记的,也就随遇而安了。

四

第二年夏天,后园里种了不少的韭菜,是因为祖母喜欢吃韭菜馅的饺子而种的。

可是当韭菜长起来时,祖母就病重了,而不能吃这韭菜了,家里别的人也没有吃这韭菜,韭菜就在园子里荒着。

因为祖母病重,家里非常热闹,来了我的大姑母,又来了我的二姑母。

二姑母是坐着她自家的小车子来的。那拉车的骡子挂着铃铛,哗哗啷啷的就停在窗前了。

从那车上第一个就跳下来一个小孩,那小孩比我高了一点,是二姑母的儿子。

他的小名叫"小兰",祖父让我向他叫兰哥。

别的我都不记得了,只记得不大一会工夫我就把他领到后园里去了。

告诉他这个是玫瑰树,这个是狗尾草,这个是樱桃树。樱桃树是不结樱桃的,我也告诉他。

不知道在这之前他见过我没有,我可并没有见过他。

我带他到东南角上去看那棵李子树时,还没有走到眼前,他就说:

"这树前年就死了。"

他说了这样的话,是使我很吃惊的。这树死了,他可怎么知道的?心中立刻来了一种忌妒的情感,觉得这花园是属于我的,和属于祖父的,其余的人连晓得也不该晓得才对的。

我问他:

"那么你来过我们家吗?"

他说他来过。

这个我更生气了,怎么他来我不晓得呢?

我又问他:

"你什么时候来过的?"

他说前年来的,他还带给我一个毛猴子。他问着我:

"你忘了吗?你抱着那毛猴子就跑,跌倒了你还哭了哩!"

我无论怎样想,也想不起来了。不过总算他送给我过一个毛猴子,可见对我是很好的,于是我就不生他的气了。

从此天天就在一块玩。

他比我大三岁,已经八岁了,他说他在学堂里边念了书的,他还带来了几本书,晚上在煤油灯下他还把书拿出来给我看。书上有小人,有剪刀,有房子。因为都是带着图,我一看就连那字似乎也认识了,我说:

"这念剪刀,这念房子。"

他说不对:

"这念剪,这念房。"

我拿过来一细看,果然都是一个字,而不是两个字,我是照着图念的,所以错了。

我也有一盒方字块,这边是图,那边是字,我也拿出来给他看了。

从此整天的玩。祖母病重与否,我不知道。不过在她临死的前几天就穿上了满身的新衣裳,好像要出门做客似的。说是怕死了来不及穿衣裳。

因为祖母病重,家里热闹得很,来了很多亲戚。忙忙碌碌不知忙些个什么。有的拿了些白布撕着,撕得一条一块的,撕得非常的响亮,旁边就有人拿着针在缝那白布。还有的把一个小罐,里边装了米,罐口蒙上了红布。还有的在后园门口拢起火来,在铁火勺里边炸着面饼了。问她:

"这是什么?"

"这是打狗饽饽。"

她说阴间有十八关,过到狗关的时候,狗就上来咬人,用这饽饽一打,狗吃了饽饽就不咬人了。

似乎是姑妄言之姑妄听之,我没有听进去。

家里边的人越多,我就越寂寞,走到屋里,问问这个,问问那个,一切都不理解。祖父也似乎把我忘记了。我从后园里捉了一个特别大的蚂蚱送给他去看,他连看也没有看,就说:

"真好,真好,上后园去玩去吧!"

新来的兰哥也不陪我时,我就在后园里一个人玩。

五

祖母已经死了,人们都到龙王庙上去报过庙回来了。而我还在后园里边玩着。

后园里边下了点雨,我想要进屋去拿草帽去,走到酱缸旁边(我家的酱缸是放在后园里的),一看,有雨点拍拍的落到缸帽子上。我想这缸帽子该多大,遮起雨来,比草帽一定更好。

于是我就从缸上把它翻下来了,到了地上它还乱滚一阵,这时候,雨就大了。我好不容易才设法钻进这缸帽子去。因为这缸帽子太大了,差不多和我一般高。

我顶着它,走了几步,觉得天昏地暗。而且重也是很重的,非常吃力。而且自己已经走到那里了,自己也不晓,只晓得头顶上拍拍拉拉的打着雨点,往脚下看看,脚下只是些狗尾草和韭菜。找了一个韭菜很厚的地方,我就坐下了,一坐下这缸帽子就和个小房似的扣着我。这比站着好得多,头顶不必顶着,帽子就扣在韭菜地上。但是里边可是黑极了,什么也看不见。

同时听什么声音,也觉得都远了。大树在风雨里边被吹得呜呜的,好像大树已经被搬到别人家的院子去了似的。

韭菜是种在北墙根上,我是坐在韭菜上。北墙根离家里的房子很远的,家里边那闹嚷嚷的声音,也像是来在远方。

我细听了一会,听不出什么来,还是在我自己的小屋里边坐着。这小屋这么好,不怕风,不怕雨。站起来走的时候,顶着屋盖就走了,有多么轻快。

其实是很重的了,顶起来非常吃力。

我顶着缸帽子,一路摸索着,来到了后门口,我是要顶给爷爷看看的。

我家的后门坎特别高,迈也迈不过去,因为缸帽子太大,使我抬不起腿来。好不容易两手把腿拉着,弄了半天,总算是过去了。虽然进了屋,仍是不知道祖父在什么方向,于是我就大喊,正在这喊之间,父亲一脚把我踢翻了,差点没把我踢到灶口的火堆上去。缸帽子也在地上滚着。

等人家把我抱了起来,我一看,屋子里的人,完全不对了,都穿了白衣裳。

再一看,祖母不是睡在炕上,而是睡在一张长板上。

从这以后祖母就死了。

六

祖母一死,家里继续着来了许多亲戚,有的拿着香、纸,到灵前哭了一阵就回去了。有的就带着大包小包的来了就住下了。

大门前边吹着喇叭,院子里搭了灵棚,哭声终日,一闹闹了不知多少日子。

请了和尚道士来,一闹闹到半夜,所来的都是吃、喝、说、笑。

我也觉得好玩,所以就特别高兴起来。又加上从前我没有小同伴,而现在有了。比我大的,比我小的,共有四五个。我们上树爬墙,几乎连房顶也要上去了。

他们带我到小门洞子顶上去捉鸽子,搬了梯子到房檐头上去捉家雀。后花园虽然大,已经装不下我了。

我跟着他们到井口边去往井里边看,那井是多么深,我从未见过。在上边喊一声,里边有人回答。用一个小石子投下去,那响声是很深远的。

他们带我到粮食房子去,到碾磨房去,有时候竟把我带到街上,是已经离开家了,不跟着家人在一起,我是从来没有走过这样远。

不料除了后园之外,还有更大的地方,我站在街上,不是看什么热闹,不是看那街上的行人车马,而是心里边想:是不是我将来一个人也可以走得很远?

有一天,他们把我带到南河沿上去了,南河沿离我家本不算远,也不过半里多地。可是因为我是第一次去,觉得实在很远。走出汗来了。走过一个黄土坑,又过一个南大营,南大营的门口,有兵把守门。那营房的院子大得在我看来太大了,实在是不应该。我们的院子就够大的了,怎么能比我们家的院子更大呢,大得有点不大好看了,我走过了,我还回过头来看。

路上有一家人家,把花盆摆到墙头上来了,我觉得这也不大好,若是看不见人家偷去呢!

还看见了一座小洋房,比我们家的房不知好了多少倍。若问我,那里好?我也说不出来,就觉得那房子是一色新,不像我家的房子那么陈旧。

我仅仅走了半里多路,我所看见的可太多了。所以觉得这南河沿实在远。问他们:

"到了没有?"

他们说:

"就到的,就到的。"

果然,转过了大营房的墙角,就看见河水了。

我第一次看见河水,我不能晓得这河水是从什么地方来的?走了几年了。

那河太大了,等我走到河边上,抓了一把沙子抛下去,那河水简直没有因此而脏了一点点。河上有船,但是不很多,有的往东去了,有的往西去了。也有的划到河的对岸去的,河的对岸似乎没有人家,而是一片柳条林。再往远看,就不能知道那是什么地方了,因为也没有人家,也没有房子,也看不见道路,也听不见一点音响。

我想将来是不是我也可以到那没有人的地方去看一看。

除了我家的后园,还有街道。除了街道,还有大河。除了大河,还有柳条林。除了柳条林,还有更远的,什么也没有的地方,什么也看不见的地方,什么声音也听不见的地方。

究竟除了这些,还有什么,我越想越不知道了。

就不用说这些我未曾见过的。就说一个花盆吧,就说一座院子吧。院子和花盆,我家里都有。但说那营房的院子就比我家的大,我家的花盆是摆在后园里的,人家的花盆就摆到墙头上来了。

可见我不知道的一定还有。

所以祖母死了,我竟聪明了。

七

祖母死了,我就跟祖父学诗。因为祖父的屋子空着,我就闹着一定要睡在祖父那屋。

早晨念诗,晚上念诗,半夜醒了也是念诗。念了一阵,念困了再睡去。

祖父教我的有《千家诗》,并没有课本,全凭口头传诵,祖父念一句,我就念一句。

祖父说:

"少小离家老大回……"

我也说:

"少小离家老大回……"

都是些什么字,什么意思,我不知道,只觉得念起来那声音很好听。所以很高兴的跟着喊。我喊的声音,比祖父的声音更大。

我一念起诗来,我家的五间房都可以听见,祖父怕我喊坏了喉咙,常常警告着我说:

"房盖被你抬走了。"

听了这笑话,我略微笑了一会工夫,过不了多久,就又喊起来了。

夜里也是照样的喊,母亲吓唬我,说再喊她要打我。

祖父也说:

"没有你这样念诗的,你这不叫念诗,你这叫乱叫。"

但我觉得这乱叫的习惯不能改,若不让我叫,我念它干什么。每当祖父教我一个新诗,一开头我若听了不好听,我就说:

"不学这个。"

祖父于是就换一个,换一个不好,我还是不要。

"春眠不觉晓,处处闻啼鸟,

夜来风雨声,花落知多少。"

这一首诗,我很喜欢,我一念到第二句,"处处闻啼鸟"那处处两字,我就高兴起来了。觉得这首诗,实在是好,真好听,"处处"该多好听。

还有一首我更喜欢的:

"重重叠叠上楼台,几度呼童扫不开。

刚被太阳收拾去,又为明月送将来。"

就这"几度呼童扫不开",我根本不知道什么意思,就念成西沥忽通扫不开。

越念越觉得好听,越念越有趣味。

还当客人来了,祖父总是呼我念诗的,我就总喜念这一首。

那客人不知听懂了与否,只是点头说好。

八

就这样瞎念,到底不是久计。念了几十首之后,祖父开讲了。

"少小离家老大回,乡音无改鬓毛衰。"

祖父说:

"这是说小的时候离开了家到外边去,老了回来了。乡音无改鬓毛衰,这是说家乡的口音还没有改变,胡子可白了。"

我问祖父:

"为什么小的时候离家?离家到哪里去?"

祖父说:

"好比爷像你那么大离家,现在老了回来了,谁还认识呢?儿童相见不相识,笑问客从何处来。小孩子见了就招呼着说:你这个白胡老头,是从那里来的?"

我一听觉得不大好,赶快就问祖父:

"我也要离家的吗?等我胡子白了回来,爷爷你也不认识我了吗?"

心里很恐惧。

祖父一听就笑了:

"等你老了还有爷爷吗?"

祖父说完了,看我还是不很高兴,他又赶快说:

"你不离家的,你那里能够离家……快再念一首诗吧!念春眠不觉晓……"

我一念起春眠不觉晓来,又是满口的大叫,得意极了。完全高兴,什么都忘了。

但从此再读新诗,一定要先讲的,没有讲过的也要重讲。似乎那大嚷大叫的习惯稍稍好了一点。

"两个黄鹂鸣翠柳,一行白鹭上青天。"

这首诗本来我也很喜欢的,黄梨是很好吃的。经祖父这一讲,说是两个鸟。于是不喜欢了。

"去年今日此门中,人面桃花相映红。

人面不知何处去,桃花依旧笑春风。"

这首诗祖父讲了我也不明白,但是我喜欢这首。因为其中有桃花。桃树一开了花不就结桃吗?桃子不是好吃吗?

所以每念完这首诗,我就接着问祖父:

"今年咱们的樱桃树开不开花?"

九

除了念诗之外,还很喜欢吃。

记得大门洞子东边那家是养猪的,一个大猪在前边走,一群小猪跟在后边。有一天一个小猪掉井了,人们用抬土的筐子把小猪从井里钓了上来。钓上来,那小猪早已死了。井口旁边围了很多人看热闹,祖父和我也在旁边看热闹。

那小猪一被打上来,祖父就说他要那小猪。

祖父把那小猪抱到家里,用黄泥裹起来,放在灶坑里烧上了,烧好了给我吃。

我站在炕沿旁边,那整个的小猪,就摆在我的眼前,祖父把那小猪一撕开,立刻就冒了油,真香,我从来没有吃过那么香的东西,从来没有吃过那么好吃的东西。

第二次,又有一只鸭子掉井了,祖父也用黄泥包起来,烧上给我吃了。

在祖父烧的时候,我也帮着忙,帮着祖父搅黄泥,一边喊着,一边叫着,好像拉拉队似的给祖父助兴。

鸭子比小猪更好吃,那肉是不怎样肥的。所以我最喜欢吃鸭子。

我吃,祖父在旁边看着。祖父不吃。等我吃完了,祖父才吃。他说我的牙齿小,怕我咬不动,先让我选嫩的吃,我吃剩了的他才吃。

祖父看我每咽下去一口,他就点一下头。而且高兴的说:

"这小东西真馋,"或是"这小东西吃得真快。"

我的手满是油,随吃随在大襟上擦着,祖父看了也并不生气,只是说:

"快沾点盐吧,快沾点韭菜花吧,空口吃不好,等会要反胃的……"

说着就捏几个盐粒放在我手上拿着的鸭子肉上。我一张嘴又进肚去了。

祖父越称赞我能吃,我越吃得多。祖父看看不好了,怕我吃多了。让我停下,我才停下来。我明明白白的是吃不下去了,可是我嘴里还说着:

"一个鸭子还不够呢!"

自此吃鸭子的印象非常之深,等了好久,鸭子再不掉到井里,我看井沿有一群鸭子,我拿了秫秆就往井里边赶,可是鸭子不进去,围着井口转,而呱呱的叫着。我就招呼了在旁边看热闹的小孩子,我说:

"帮我赶哪!"

正在吵吵叫叫的时候,祖父奔到了,祖父说:

"你在干什么?"

我说:

"赶鸭子,鸭子掉井,捞出来好烧吃。"

祖父说:

"不用赶了,爷爷抓个鸭子给你烧着。"

我不听他的话,我还是追在鸭子的后边跑着。

祖父上前来把我拦住了,抱在怀里,一面给我擦着汗一面说:

"跟爷爷回家,抓个鸭子烧上。"

我想:不掉井的鸭子,抓都抓不住,可怎么能规规矩矩贴起黄泥来让烧呢?于是我从祖父的身上往下挣扎着,喊着:

"我要掉井的。我要掉井的。"

祖父几乎抱不住我了。

【集评】

也许有人会觉得《呼兰河传》不是一部小说。

他们也许会这样说:没有贯串全书的线索,故事和人物都是零零碎碎,都是片段的,不是整个的有机体。

也许又有人觉得《呼兰河传》好像是自传,却又不完全像自传。

但是我却觉得正因其不完全像自传,所以更好,更有意义。

而且我们不也可以说:要点不在《呼兰河传》不像是一部严格意义的小说,而在于它这"不像"之外,还有些别的东西——一些比"像"一部小说更为"诱人"些的东西:它是一篇叙事诗,一幅多彩的风土画,一串凄婉的歌谣。(茅盾《呼兰河传序》,萧红《呼兰河传》,人民文学出版社2001年版,第1页。)

她以自己的美学追求,借诸自己的文字组织,有效地使戏剧性(在当时也是一种小说性)淡化了,使小说化解为散文,使"事件"丧失(或部分地丧失)其情节意义。也许过程仍然完整,并不曾被化解掉,但过程的时间骨架被极其具体的缺乏时间规定性的情境替代了,——而且多半是极其细碎的生活情境。其结果是散化,徐缓化,是情味化,是无底的沉静、寂寞……文字组织就这样规定着"结构"、节奏,规定着情感状态,以至规定着内容的性质。而"情味"始终是更其重要的,是作品的魂灵。

无组织的组织,无结构的结构,正属于中国式散文的结构艺术。用极俗滥的话说,"形散而神聚"就是。也正是在这种时候,你更能确信萧红是天生的散文作者,散文才能之于她,是犹如禀赋一样的东西。我由作品认识萧红的散文才能,同时由萧红的文字认识"散文性"。"散文"不只是情绪、韵味,不只是结构,它也是一种语言形式。(赵园《论萧红小说兼及中国现代小说的散文特征》,《赵园自选集》,广西师范大学出版社1999年版,第85页。)

【思考题】

1. 茅盾在为《呼兰河传》作序时称:"萧红写《呼兰河传》的时候,心境是寂寞的。"茅盾不断谈及"寂寞",并把它视为《呼兰河传》的情感基调。你是否也在《呼兰河传》中读出了这种"寂寞"的感情基调?你如何理解萧红的寂寞?

2. 仔细阅读第一节,从"太阳在园子里是特大的"到"好像要压到了祖父的草帽那么低"之间的文字,注意体会"我"眼中的后花园与别人眼中的后花园有什么不同？你能发现其中蕴含的儿童视角吗？你怎样理解小说中的儿童视角？

【深度阅读】

1. 萧红《呼兰河传》，人民文学出版社2001年版。
2. 萧红《萧红自传》，江苏文艺出版社2011年版。
3. 葛浩文《萧红传》，复旦大学出版社2011年版。
4. 骆宾基《〈呼兰河传〉后记》，《北方文学》1979年第10期。
5. 晓川、彭放主编《萧红研究七十年(1911年—2011年)》，北方文艺出版社2011年版。

透明的红萝卜（节选）

莫　言

莫言(1955—   )，原名管谟业，山东高密人。小学五年级时因"文革"爆发辍学回家务农。十八岁时到县棉花加工厂工作。1976年参军，先后任战士、政治教员、宣传干事。1981年发表处女作《春夜雨霏霏》。曾先后在解放军艺术学院文学系(1984—1986)和北京师范大学·鲁迅文学院研究生班(1989—1991)学习。1985年发表短篇小说《透明的红萝卜》，开始引起文坛注意。1986年发表中篇小说《红高粱》，反响强烈，据此改编的同名电影获第38届柏林电影节金熊奖。莫言因其早期乡土作品充满着"怀乡"以及"怨乡"的复杂情感，被归类为"寻根文学"作家。他的作品深受魔幻现实主义影响。他在小说中构造独特的主观感觉世界，叙述天马行空，加以陌生化的处理，塑造神秘超验的对象世界，带有较强的"先锋"色彩。2011年8月，凭长篇小说《蛙》获第八届茅盾文学奖。2012年10月11日，凭《红高粱家族》《丰乳肥臀》《酒国》《生死疲劳》等作品获得诺贝尔文学奖。

莫言自1981年开始发表作品以来，已出版《红高粱家族》《酒国》《天堂蒜薹之歌》《檀香刑》《四十一炮》《生死疲劳》《蛙》等长篇小说，《透明的红萝卜》《爆炸》《金发婴儿》《怀抱鲜花的女人》《欢乐》《牛》《三十年前的长跑比赛》等中篇小说，《枯河》《秋水》《白狗秋千架》《冰雪美人》等短篇小说。

本篇节选自莫言《透明的红萝卜》，当代世界出版社2004年版。

三

夜里,莫名其妙地下了一场雷阵雨。清晨上工时,人们看到工地上的石头子儿被洗得干干净净,沙地被拍打得平平整整。闸下水槽里的水增了两拃,水面蓝汪汪地映出天上残余的乌云。天气仿佛一下子冷了,秋风从桥洞里穿过来,和着海洋一样的黄麻地里的綷縩之声,使人感到从心里往外冷。老铁匠穿上了他那件亮甲似的棉袄,棉袄的扣子全掉光了,只好把两扇襟儿交错着掩起来,拦腰捆上一根红色胶皮电线。黑孩还是只穿一条大裤头子,光背赤足,但也看不出他有半点瑟缩。他原来扎腰的那根布条儿不知是扔了还是藏了,他腰里现在也扎着一节红胶皮电线。他的头发这几天像发疯一样地长,已经有二寸长,头发根根竖起,像刺猬的硬毛。民工们看着他赤脚踩着石头上积存的雨水走过工地,脸上都表现出怜悯加敬佩的表情来。

"冷不冷?"老铁匠低声问。

黑孩惶惑地望着老铁匠,好像根本不理解他问话的意思。"问你哩!冷吗?"老铁匠提高了声音。惶惑的神色从他眼里消失了,他垂下头,开始生火。他左手轻拉风箱,右手持煤铲,眼睛望着燃烧的麦秸草。老铁匠从草铺上拿起一件油腻腻的褂子给黑孩披上。黑孩扭动着身体,显出非常难受的样子。老铁匠一离开,他就把褂子脱下来,放回到铺上去。老铁匠摇摇头,蹲下去抽烟。

"黑孩,怪不得你死活不离开铁匠炉,原来是图着烤火暖和哩,妈的,人小心眼儿不少。"小铁匠打了一个百无聊赖的呵欠,说。

工地上响起哨子声,刘副主任说,全体集合。民工们集合到闸前向阳的地方,男人抱着膀子,女人纳着鞋底子。黑孩偷觑着第七个桥墩上的石缝,心里忐忑不安。刘副主任说,天就要冷了,因此必须加班赶,争取结冰前浇完混凝土底槽。从今天起每晚七点到十点为加班时间,每人发给半斤粮,两毛钱。谁也没提什么意见。二百多张脸上各有表情。黑孩看到小石匠的白脸发红发紫,姑娘的红脸发灰发白。

当天晚上,滞洪闸工地上点亮了三盏汽灯。汽灯发着白炽刺眼的光,一盏照耀石匠们的工场,一盏照着妇女们砸石子儿的地方。妇女们多数有孩子和家务,半斤粮食两毛钱只好不挣。灯下只围着十几个姑娘。她们都离村较远,大着胆子挤在一个桥洞里睡觉,桥洞两头都堵上了闸板,只在正面留了个洞,钻进钻出。菊儿姑娘有时钻桥洞,有时去村里睡。村里有她一个姨表姐,丈夫在县城当临时工,有时晚上不回家睡,表姐就约她去做伴。第三盏汽灯放在铁匠炉的桥洞里,照着老年、青年和少年。石匠工场上锤声丁当,钢钻子啃着石头,不时迸出红色的火星。石匠们干得还算卖劲,小石匠脱掉夹克衫,大红运动衣像火炬一样燃烧着。姑娘们围灯坐着,产生许多美妙联想。有时嘎嘎大笑,有时窃窃私语,砸石子的声音零零落落。在她们发出的各种声音的间隙里,充填着河上的流水声。菊儿放下锤子,悄悄站起来,向河边走去。灯光把她的影子长长地投在沙地上。"当心被光棍子把你捉去。"一个姑娘在菊儿身后说。菊儿很快走出灯光的圈子。这时她看到的灯光像几个白亮亮的小刺球,球刺儿伸到她面前停住了,刺尖儿是红的、软的。后来她又迎着灯光走上去。她忽然想去看看黑孩儿在干什么,便躲避着灯光,闪到第一个桥墩的暗影里。

她看到黑孩儿像个小精灵一样活动着,雪亮的灯光照着他赤裸的身体,像涂了一层釉彩。仿佛这皮肤是刷着铜色的陶瓷橡皮,既有弹性又有韧性,撕不烂也扎不透。黑孩似乎胖了一点点,肋条和皮肤之间疏远了一些。也难怪么,每天中午她都从伙房里给他捎来好吃的。黑孩很少回家吃饭,只是晚上回家睡觉,有时候可能连家也不回——姑娘有天早晨发现他从桥洞里钻出来,头发上顶着麦秸草。黑孩双手拉着风箱,动作轻柔舒展,好像不是他拉着风箱而是风箱拉着他。他的身体前倾后仰,脑袋像在舒缓的河水中漂动着的西瓜,两只黑眼睛里有两个亮点上下起伏着,如萤火虫优雅地飞动。

小铁匠在铁砧子旁边以他一贯的姿势立着,双手拄着锤柄,头歪着,眼睛瞪着,像一只深思熟虑的小公鸡。

老铁匠从炉子里把一支烧熟的大钢钻夹了出来,黑孩把另一支坏钻子捅到大钢钻腾出的位置上。烧透的钢钻白里透着绿。老铁匠把大钢钻放到铁砧上,用小叫锤敲敲砧子边,小铁匠懒洋洋地抄起大锤,像抡麻秆一样抡起来,大锤轻飘飘地落在钢钻子上,钢花立刻光彩夺目地向四面八方飞溅。钢花碰到石壁上,破碎成更多的小钢花落地,钢花碰到黑孩微微凸起的肚皮,软绵绵地弹回去,在空中画出一个个漂亮的半圆弧,坠落下去。钢花与黑孩肚皮相撞以及反弹后在空中飞行时,空气摩擦发热发声。打过第一锤,小铁匠如同梦中猛醒一般绷紧肌肉,他的动作越来越快,姑娘看到石壁上一个怪影在跳跃,耳边响彻"咣咣咣咣"的钢铁声。小铁匠塑铁成形的技术已经十分高超,老铁匠右手的小叫锤只剩下干敲砧子边的份儿。至于该打钢钻的什么地方,小铁匠是一目了然。老铁匠翻动钢钻,眼睛和意念刚刚到了钢钻的某个需要锻打的部位,小铁匠的重锤就敲上去了,甚至比他想的还要快。

姑娘目瞪口呆地欣赏着小铁匠的好手段,同时也忘不了看着黑孩和老铁匠。打得最精彩的时候,是黑孩最麻木的时候(他连眼睛都闭上了,呼吸和风箱同步),也是老铁匠最悲哀的时候,仿佛小铁匠不是打钢钻而是打他的尊严。

钢钻锻打成形,老铁匠背过身去淬火,他意味深长地看了小铁匠一眼,两个嘴角轻蔑地往下撇了撇。小铁匠直勾勾地看着师傅的动作。姑娘看到老铁匠伸出手试试桶里的水,把钻子举起来看了看,然后身体弯着像对虾,眼瞅着桶里的水,把钻子尖儿轻轻地、试试探探地触及水面,桶里水"嗞嗞"地响着,一股很细的蒸气蹿上来,笼罩住老铁匠的红鼻子。一会儿,老铁匠把钢钻提起来举到眼前,像穿针引线一样瞄着钻子尖,好像那上边有美妙的画图,老头脸上神采飞扬,每条皱纹里都溢出欣悦。他好像得出一个满意答案似地点点头,把钻子全淹到水里,蒸气轰然上升,桥洞里形成一个小小的蘑菇烟云。汽灯光变得红殷殷的,一切全都朦胧晃动。雾气散尽,桥洞里恢复平静,依然是黑孩梦幻般拉风箱,依然是小铁匠公鸡般冥思苦想,依然是老铁匠如枣者脸如漆者眼如屎壳郎者臂上疤痕。

老铁匠又提出一支烧熟的钢钻,下面是重复刚才的一切,一直到老铁匠要淬火时,情况才发生了一些变化。老铁匠伸手试水温。加凉水。满意神色。正当老铁匠要为手中的钻子淬火时,小铁匠耸身一跳到了桶边,非常迅速地把右手伸进了水桶。老铁匠连想都没想,就把钢钻戳到小伙子的右小臂上。一股烧焦皮肉的腥臭味儿从桥洞里飞出来,钻进姑娘的鼻孔。

小铁匠"嗷"地号叫一声,他直起腰,对着老铁匠恶狠狠地笑着,大声喊:"师傅,三年啦!"

老铁匠把钢钻扔在桶里,桶里翻滚着热浪头,蒸气又一次弥漫桥洞。姑娘看不清他们的脸子,只听到老铁匠在雾中说:"记住吧!"

没等烟雾散尽她就跑了,她使劲捂住嘴,有一股苦涩的味儿在她胃里翻腾着。坐在石堆前,旁边一个姑娘调皮地问她:"菊子,这一大会儿才回来,是跟着大青年钻黄麻地了吗?"她没有回腔,听凭着那个姑娘奚落。她用两个手指捏着喉咙,极力不让自己发出声音。

收工的哨声响了。三个钟头里姑娘恍惚在梦幻中。"想汉子了吗?菊子?""走吧,菊子。"她们招呼着她。她坐着不动,看着灯光下憧憧的人影。

"菊子,"小石匠板板整整地站在她身后说,"你表姐让我捎信给你,让你今夜去作伴,咱们一道走吗?"

"走吗？你问谁呢？"

"你怎么啦？是不是冻病啦？"

"你说谁冻病啦？"

"说你哩！"

"别说我。"

"走吗？"

"走。"

石桥下水声响亮，她站住了。小石匠离她只有一步远。她回过头去，看到滞洪闸西边第一个桥洞还是灯火通明，其他两盏汽灯已经熄灭。她朝滞洪闸工地走去。

"找黑孩吗？"

"看看他。"

"我们一块去吧，这小混蛋，别迷迷糊糊掉下桥。"

菊子感觉到小石匠离自己很近了，似乎能听到他"砰砰"的心跳声。走着，走着。她的头一倾斜，立刻就碰到小石匠结实的肩膀，她又把身子往后一仰，一只粗壮的胳膊便把她揽住了。小石匠把自己一只大手捂在姑娘窝窝头一样的乳房上，轻轻地按摩着，她的心在乳房下像鸽子一样乱扑楞。脚不停地朝着闸下走，走进亮圈前，她把他的手从自己胸前移开。他通情达理地松开了她。

"黑孩！"她叫。

"黑孩！"他也叫。

小铁匠用只眼看着她和他，腮帮子抽动一下。老铁匠坐在自己的草铺上，双手端着烟袋，像端着一杆盒子炮。他打量了一下深红色的菊子和淡黄色的小石匠，疲惫而宽厚地说："坐下等吧，他一会儿就来。"

……黑孩提着一只空水桶，沿着河堤往上爬。收工后，小铁匠伸着懒腰说："饿死啦。黑孩，提上桶，去北边扒点地瓜，拔几个萝卜来，我们开夜餐。"

黑孩睡眼迷蒙地看看老铁匠。老铁匠坐在草铺上，像只羽毛凌乱的败阵公鸡。

"瞅什么？狗小子，老子让你去你尽管去。"小铁匠腰挺得笔直，脖子一抻一抻地说。他用眼扫了一下瘫坐在铺上的师傅。胳膊上的烫伤很痛，但手上愉快的感觉完全压倒了臂上的伤痛，那个温度可是绝对的舒适，绝对的妙。

黑孩拎起一只空水桶,踢踢踏踏往外走。走出桥洞,仿佛"忽通"一声掉下了井,四周黑得使他的眼睛里不时迸出闪电一样的虚光,他胆怯地蹲下去,闭了一会眼睛。当他睁开眼睛时,天色变淡了,天空中的星光暖暖地照着他,也照着瓦灰色的大地……

河堤上的紫穗槐枝条交叉伸展着,他用一只手分拨着枝条,仄着肩膀往上走。他的手捋着湿漉漉的枝条和枝条顶端一串串结实饱满的树籽,微带苦涩的槐枝味儿直往他面上扑。他的脚忽然碰到一个软绵绵热乎乎的东西,脚下响起一声"唧喳",没及他想起这是只花脸鹌鹑,这只花脸鹌鹑就懵头转向地飞起来,像一块黑石头一样落到堤外的黄麻地里。他惋惜地用脚去摸花脸鹌鹑适才趴窝的地方,那儿很干燥,有一簇干草,草上还留着鸟儿的体温。站在河堤上,他听到姑娘和小石匠喊他。他拍了一下铁桶,姑娘和小石匠不叫了。这时他听到了前边的河水明亮地向前流动着,村子里不知哪棵树上有只猫头鹰凄厉地叫了一声。后娘一怕天打雷,二怕猫头鹰叫。他希望天天打雷,夜夜有猫头鹰在后娘窗前啼叫。槐枝上的露水把他的胳膊濡湿了,他在裤头上擦擦胳膊,穿过河堤上的路走下堤去。这时他的眼睛适应了黑暗,看东西非常清楚,连咖啡色的泥土和紫色的地瓜叶儿的细微色调差异也能分辨。他在地里蹲下,用手扒开瓜垅儿,把地瓜撕下来,"叮叮当当"地扔到桶里。扒了一会儿,他的手指上有什么东西掉下,打得地瓜叶儿哆嗦着响了一声。他用右手摸摸左手,才知道那个被打碎的指甲盖儿整个儿脱落了。水桶已经很重,他提着水桶往北走。在萝卜地里,他一个挨一个地拔了六个萝卜,把缨儿拧掉扔在地上,萝卜装进水桶……

"你把黑孩弄到哪儿去了?"小石匠焦急地问小铁匠。

"你急什么?又不是你儿子!"小铁匠说。

"黑孩呢?"姑娘两只眼盯着小铁匠一只眼问。

"等等,他扒地瓜去了。你别走,等着吃烤地瓜。"小铁匠温和地说。

"你让他去偷?"

"什么叫偷?只要不拿回家去就不算偷!"小铁匠理直气壮地说。

"你怎么不去扒?"

"我是他师傅。"

"狗屁!"

"狗屁就狗屁吧!"小铁匠眼睛一亮,对着桥洞外骂道:"黑孩,你他妈的去哪里扒地瓜?是不是到了阿尔巴尼亚?"

黑孩歪着肩膀,双手提着桶鼻子,趔趔趄趄地走进桥洞,他浑身沾满了泥土,像在地里打过滚一样。

"哟,我的儿,真够下狠的了,让你去扒几个,你扒来一桶!"小铁匠高声地埋怨着黑孩,说:"去,把萝卜拿到池子里洗洗吧。"

"算了,你别指使他了。"姑娘说,"你拉火烤地瓜,我去洗萝卜。"

小铁匠把地瓜转着圈子垒在炉火旁,轻松地拉着火。菊子把萝卜提回来,放在一块干净石头上。一个小萝卜滚下来,沾了一身铁屑停在小石匠脚前,他弯腰把它捡起来。

"拿来,我再去洗洗。"

"算了,光那五个大萝卜就尽够吃了。"小石匠说着,顺手把那个小萝卜放在铁砧子上。

黑孩走到风箱前,从小铁匠手里把风箱拉杆接过来。小铁匠看了姑娘一眼,对黑孩说:"让你歇歇哩,狗日的。闲着手痒痒?好吧,给你,这可不怨我,慢着点拉,越慢越好,要不就烤糊了。"

小石匠和菊子并肩坐在桥洞的西边石壁前。小铁匠坐在黑孩后边。老铁匠面南坐在北边铺上,烟锅里的烟早烧透了,但他还是双手捧烟袋,双肘支在膝盖上。

夜已经很深了,黑孩温柔地拉着风箱,风箱吹出的风犹如婴孩的鼾声。河上传来的水声越加明亮起来,似乎它既有形状又有颜色,不但可闻,而且可见。河滩上影影绰绰,如有小兽在追逐,尖细的趾爪踩在细沙上,声音细微如同氄毛纤毫毕现,有一根根又细又长的银丝儿,刺透河的明亮音乐穿过来。闸北边的黄麻地里,"泼刺刺"一声响,麻秆儿碰撞着,摇晃着,好久才平静。全工地上只剩下这盏汽灯了,开初在那两盏汽灯周围寻找过光明的飞虫们,经过短暂的迷惘之后,一齐麇集到铁匠炉边来,为了追求光明,把汽灯的玻璃罩子撞得"哗哗啪啪"响。小石匠走到汽灯前,捏着汽杆,"噗唧噗唧"打气。汽灯玻璃罩破了一个洞,一只蝼蛄猛地撞进去,炽亮的石棉纱罩撞掉了,桥洞里一团黑暗。待了一会儿,才能彼此看清嘴脸。黑孩的风箱把炉火吹得如几片柔软的红绸布在抖动,桥洞里充溢着地瓜熟了的香味。小铁匠用铁钳把地瓜挨个翻动一遍。香味越来越浓,终于,他们手持地瓜红萝卜吃起来。扒掉皮的地瓜白气袅袅,他们一口凉,一口热,急一口,慢一口,咯咯吱吱,唏唏溜溜,鼻尖上吃出汗珠。小铁匠比别人多吃了一个萝卜两个地瓜。老铁匠一点也没吃,坐在那儿如同石雕。

"黑孩,回家吗?"姑娘问。

黑孩伸出舌头,舔掉唇上留的地瓜渣儿,他的小肚子鼓鼓的。

"你后娘能给你留门吗?"小石匠说,"钻麦秸窝儿吗?"

黑孩咳嗽了一声,把一块地瓜皮扔到炉火里,拉了几下风箱,地瓜皮卷曲,燃烧,桥洞里一股焦糊味。

"烧什么你?小杂种,"小铁匠说,"别回家,我收你当个干儿吧,又是干儿又是徒弟,跟着我闯荡江湖,保你吃香的喝辣的。"

小铁匠一语未了,桥洞里响起凄凉亢奋的歌唱声。小石匠浑身立时爆起一层幸福的鸡皮疙瘩,这歌词或是戏文他那天听过一个开头。

恋着你刀马娴熟,通晓诗书,少年英武,跟着你闯荡江湖,风餐露宿,受尽了世上千般苦——

老头子把脊梁靠在闸板上,从板缝里吹进来的黄麻地里的风掠过他的头顶,他头顶上几根花白的毛发随着炉里跳动不止的煤火轻轻颤动。他的脸无限感慨,腮上很细的两根咬肌像两条蚯蚓一样蠕动着,双眼恰似两粒燃烧的炭火。

……你全不念三载共枕,如云如雨,一片恩情,当作粪土。奴为你夏夜打扇,冬夜暖足,怀中的香瓜,腹中的火炉……你骏马高官,良田千亩,丢弃奴家招赘相府,我我我我是苦命的奴呀……

姑娘的心高高悬着,嘴巴半张开,睫毛也不眨动一下地瞅着老铁匠微微仰起的表情无限丰富的脸和他细长的脖颈上那个像水银珠一样灵活地上下移动着的喉结。凄婉哀怨的旋律如同秋雨抽打着她心中的田地,她正要哭出来时,那旋律又变得昂扬壮丽浩渺无边。她的心像风中的柳条一样飘荡着,同时,有一种麻酥酥的感觉从脊椎里直冲到头顶,于是她的身体非常自然地歪在小石匠肩上,双手把玩着小石匠那只厚茧重重的大手,眼里泪光点点,身心沉浸在老铁匠的歌里、意里。老铁匠的瘦脸上焕发出夺目的光彩,她仿佛从那儿发现了自己像歌声一样的未来……

小石匠怜爱地用胳膊揽住姑娘,那只大手又轻轻地按在姑娘硬梆梆的乳房上。小铁匠坐在黑孩背后,但很快他就坐不住了,他听到老铁匠像头老驴一样叫着,声音刺耳,难听,一会儿,他连驴叫声也听不到了。他半蹲起来,歪着头,左眼几乎竖了起来,目光像一只爪子,在姑娘的脸上撕着,抓着。小石匠温存地把手按到姑娘胸脯上时,小铁匠的肚子里燃起了火,火苗子直冲到喉咙,又从鼻孔里、嘴巴里喷出来。他感到自己蹲在一根压缩的弹簧上,稍一松神就会被弹射到空中,与滞洪闸半米厚的钢筋混凝土桥面相撞,他忍着,咬着牙。

黑孩双手扶着风箱杆儿,炉中的火已经很弱了,一绺蓝色火苗和一绺黄色火苗在煤结上跳跃着,有时,火苗儿被气流托起来,离开炉面很高,在空中浮动着,人影一晃动,两个火苗又落下去。孩子目中无人,他试图用一只眼睛盯住一个火苗,让一只眼黄一只眼蓝,可总也办不到,他没法把双眼视线分开。于是他懊丧地从火上把目光移开,左右巡睃着,忽然定在了炉前的铁砧上。铁砧踞伏着,像只巨兽。他的嘴第一次大张着,发出一声感叹(感叹声淹没在老铁匠高亢的歌声里)。黑孩的眼睛原本大而亮,这时更变得如同电光源。他看到了一幅奇特美丽的图画:光滑的铁砧子,泛着青幽幽蓝幽幽的光。泛着青蓝幽幽光的铁砧子上,有一个金色的红萝卜。红萝卜的形状和大小都像一个大个阳梨,还拖着一条长尾巴,尾巴上的根根须须像金色的羊毛。红萝卜晶莹透明,玲珑剔透。透明的、金色的外壳里包孕着活泼的银色液体。红萝卜的线条流畅优美,从美丽的弧线上泛出一圈金色的光芒。光芒有长有短,长的如麦芒,短的如睫毛,全是金色……老铁匠的歌唱被推出去很远很远,像一个小蝇子的嗡嗡声。他像个影子一样飘过风箱,站在铁砧前,伸出了沾满泥土煤屑、挨过砸伤烫伤的小手,小手抖抖索索……当黑孩的手就要捉住小萝卜时,小铁匠猛地窜起来,他踢翻了一个水桶,水汩汩地流着,渍湿了老铁匠的草铺。他一把将那个萝卜抢过来,那只独眼充着血:"狗日的!公狗!母狗!你也配吃萝卜?老子肚里着火,嗓里冒烟,正要它解渴!"小铁匠张开牙齿焦黑的大嘴就要啃那个萝卜。黑孩以少有的敏捷跳起来,两只细胳膊插进小铁匠的臂弯里,身体悬空一挂,又嘟噜滑下来,萝卜落到了地上。小铁匠对准黑孩的屁股踢了一脚,黑孩一头扎到姑娘怀里,小石匠大手一翻,稳稳地托住了他。

老铁匠停下了嘶哑的歌喉,慢慢地站起来。姑娘和小石匠也站起来。六只眼睛一起瞪着小铁匠。黑孩头很晕,眼前的一切都在转动,使劲晃晃头,他看到小铁匠又拿着萝卜往嘴里塞。他抓起一块煤渣投过去,煤渣擦着小铁匠腮边飞过,碰到闸板上,落在老铁匠铺上。

"日你娘,看我打死你!"小铁匠咆哮着。

小石匠跨前一步,说:"你要欺负孩子?"

"把萝卜还给他!"姑娘说。

"还给他?老子偏不。"小铁匠冲出桥洞,扬起胳膊猛力一甩,萝卜带着飕飕的风声向前飞去,很久,河里传来了水面的破裂声。

黑孩的眼前出现了一道金色的长虹,他的身体软软地倒在小石匠和姑娘中间。

四

　　那个金色红萝卜砸在河面上,水花飞溅起来,萝卜漂了一会儿,便慢慢沉入水底。在水底下它慢慢滚动着,一层层黄沙很快就掩埋了它。从萝卜砸破的河面上,升腾起浓浓的迷雾,凌晨时分,雾积满了河谷,河水在雾下伤感地呜咽着。几只早起的鸭子站在河边,忧悒地盯着滚动的雾。有一只大胆的鸭子耐不住了,蹒跚着朝河里走。在蓬生的水草前,浓雾像帐子一样挡住了它。它把脖子向左向右向前伸着,雾像海绵一样富于伸缩性,它只好退回来,"呷呷"地发着牢骚。后来,太阳钻出来了,河上的雾被剑一样的阳光劈开了一条条胡同和隧道,从胡同里,鸭子们望见一个高个子老头儿挑着一卷铺盖和几件沉甸甸的铁器,沿着河边往西走去了。老头的背驼得很厉害,担子沉重,把它的肩膀使劲压下去,脖子像天鹅一样伸出来。老头子走了,又来了一个光背赤脚的黑孩子。那只公鸭子跟它身边那只母鸭子交换了一个眼神,意思是说:记得吧?那次就是他,水桶撞翻柳树滚下河,人在堤上做狗趴,最后也下了河拖着桶残水,那只水桶差点没把麻鸭那个臊包砸死⋯⋯母鸭子连忙回应:是呀是呀是呀,麻鸭那个讨厌家伙,天天追着我说下流话,砸死它倒利索⋯⋯

　　黑孩在水边慢慢地走着,眼睛极力想穿透迷雾,他听到河对岸的鸭子在"呷呷呷呷,嘎嘎嘎嘎"地乱叫着。他蹲下去,大脑袋放在膝盖上,双手抱住凉森森的小腿。他感觉到太阳出来了,阳光晒着背,像在身后生着一个铁匠炉。夜里他没回家,猫在一个桥洞里睡了。公鸡啼鸣时他听到老铁匠在桥洞里很响地说了几句话,后来一切归于沉寂。他再也睡不着,便踏着冰凉的沙土来到河边。他看到了老铁匠伛偻的背影,正想追上去,不料脚下一滑,摔了一个屁股墩儿,等他爬起来时,老铁匠已经消逝在迷雾中了。现在他蹲着,看着阳光把河雾像切豆腐一样分割开,他望见了河对岸的鸭子,鸭子也用高贵的目光看着他。露出来的水面像银子一样耀眼,看不到河底,他非常失望。他听到工地上吵嚷起来,刘太阳副主任响亮地骂着:"娘的,铁匠炉里出了鬼了,老混蛋连招呼都不打就卷了铺盖,小混蛋也没了影子,还有没有组织纪律性?"

　　"黑孩!"

　　"黑孩!"

　　"那不是黑孩吗?瞧,在水边蹲着。"

　　姑娘和小石匠跑过来,一人架着一只胳膊把他拉起来。

"小可怜,蹲在这儿干什么?"姑娘伸手摘掉他头顶上的麦秸草,说,"别蹲在这儿,怪冷的。"

"昨夜里还剩下些地瓜,让独眼龙给你烤烤。"

"老师傅走了。"姑娘沉重地说。

"走了。"

"怎么办?让他跟着独眼?要是独眼折磨他呢?"

"没事,这孩子没有吃不了的苦。再说,还有我们呢,量他不敢太过火的。"

两个人架着黑孩往工地上走,黑孩一步一回头。

"傻蛋,走吧,走吧,河里有什么好看的?"小石匠捏捏黑孩的胳膊。

"我以为你狗日的让老猫叼去了呢!"刘太阳冲着黑孩说。他又问小铁匠:"怎么样你?把老头挤兑走了,活儿可不准给我误了。淬不出钻子来我剜了你的独眼。"

小铁匠傲慢地笑笑,说:"请看好吧,刘头儿。不过,老头儿那份钱粮可得给我补贴上,要不我不干。"

"我要先看看你的活儿。中就中,不中你也滚他妈的蛋!"

"生火,干儿。"小铁匠命令黑孩。

整整一个上午,黑孩就像丢了魂儿一样,动作杂乱,活儿毛草,有时,他把一大铲煤塞到炉里,使桥洞里黑烟滚滚;有时,他又把钢钻倒头儿插进炉膛,该烧的地方不烧,不该烧的地方反而烧化了。"狗日的,你的心到哪儿去啦?"小铁匠恼怒地骂着。他忙得满身是汗,绝技在身的兴奋劲儿从汗珠缝里不停地流溢出来。黑孩看到他在淬火前先把手插到桶里试水温,手臂上被钢钻烫伤的地方缠着一道破布,似乎有一股臭鱼烂虾的味道从伤口里散出来。黑孩的眼里蒙着一层淡淡的云翳,情绪非常低落。九点钟以后,阳光异常美丽,阴暗的桥洞里,一道光线照着西壁,折射得满洞辉煌。小铁匠把钢钻淬好,亲自拿着送给石匠师傅去鉴定。黑孩扔下手中工具,蹑手蹑脚溜出桥洞,突然的光明也像突然的黑暗一样使他头晕眼花。略微迟疑了一下,他便飞跑起来,只用了十几秒钟,他就站在河水边缘上了。那些四个棱的狗蛋子草好奇地望着他,开着紫色花朵的水茨和擎着咖啡色头颅的香附草贪婪地嗅着他满身的煤烟味儿。河上飘逸着水草的清香和鲢鱼的微腥,他的鼻翅扇动着,肺叶像活泼的斑鸠在展翅飞翔。河面上一片白,白里掺着黑和紫。他的眼睛生涩刺痛,但还是目下不转睛,好像要看穿水面上漂着的这层水银般的亮色。后来,他双手提起裤头的下沿,试试探探下了水,跳舞般向前走。河水起初只淹到他的膝盖,很快淹到大腿,他把裤头使劲捆起来,两半葡萄色的小屁股露了出来。这时候他已经立在河的中央了,四周的光一齐往他身上扑,往他身上涂,往他眼里钻,把他的黑眼睛染成了坝上青香蕉一样的颜色。河水湍急,一股股水流撞着他的腿。他站在河的硬硬的沙底上,但一会儿,脚下的沙便被流水掏走了,他站在沙坑里,裤头全湿了,一半贴着大腿,一半在屁股后飘起来,裤头上的煤灰把一部分河水染黑了。沙土从脚下卷起来,抚摸着他的小腿,两颗琥珀色的水珠挂在他的腮上,他的嘴角使劲抽动着。他在河中走动起来,用脚试探着,摸索着,寻找着。

"黑孩!黑孩!"

他听到小铁匠在桥洞前喊叫着。

"黑孩,想死吗?"

他听到小铁匠到了水边,连头也不回,小铁匠只能看到他青色的背。

"上来呀!"小铁匠挖起一块泥巴,对准黑孩投过去,泥巴擦着他的头发梢子落到河水里,河面上荡开椭圆形的波纹。又一坨泥巴扔过来,正打着他的背,他往前扑了一下,嘴唇沾到了河水。他转回身,"唿唿隆隆"地蹚着水往河边上走。黑孩遍身水珠儿,站在小铁匠面前。水珠儿从皮肤上往下滚动,一串一串的,"嘟噜噜"地响。大裤头子贴在身上,小鸡子像蚕蛹一样硬梆梆地翘着。小铁匠举起那只熊掌一样的大巴掌刚要扇下去,忽然觉得心脏让猫爪子给剐了一下子,黑孩的眼睛直盯着他的脸。

"快去拉火。师傅我淬出的钢钻,不比老家伙差。"他得意地拍拍黑孩的脖颈。

铁匠炉上暂时没有活儿,小铁匠把昨夜剩下的生地瓜放在炉边烤着。黄麻地里的风又轻轻地吹进来了。阳光很正地射进桥洞,小铁匠用铁钳翻动着烤出焦油的地瓜,嘴里得意地哼着:"从北京到南京,没见过裤裆里拉电灯。黑孩,你见过裤裆里拉电灯吗?你干娘裤裆里拉电灯哩……"小铁匠忽然记起似地对黑孩说:"快点,拔两个萝卜去,拔回来赏你两个地瓜。"黑孩的眼睛猛然一亮,小铁匠从他肋条缝里看到他那颗小心儿使劲地跳了两下,正想说什么没及开口,孩子就像家兔一样跑走了。

黑孩爬上河堤时,听到菊子姑娘远远地叫了他一声。他回过头,阳光捂住了他的眼。他下了河堤,一头钻出黄麻地。黄麻是散种的,不成垅也不成行,种子多的地方黄麻秆儿细如手指、铅笔;种子少的地方,麻秆如镰柄、手臂。但全都是一样高矮。他站在大堤上望麻田时,如同望着微波荡漾的湖水。他用双手分拨着粗粗细细的麻秆往前走,麻秆上的硬刺儿扎着他的皮肤,成熟的麻叶纷纷落地。他很快就钻到了和萝卜地平行着的地方,拐了一个直角往西走。接近萝卜地时,他趴在地上,慢慢往外爬。很快他就看到了满地墨绿色的萝卜缨子。萝卜缨子的间隙里,阳光照着一片通红的萝卜头儿。他刚要钻出黄麻地,又悄悄地缩回来。一个老头正在萝卜垅里爬行着,一边爬一边从口袋里往外掏着麦粒,一穴一穴地点种在萝卜垅沟中间。骄傲的秋阳晒着他的背,他穿着一件白布褂儿,脊沟潮湿了,微风扬起灰尘,使汗湿的地方发了黄。黑孩又膝行着退了几米远、趴在地上,双手支起下巴,透过麻秆的间隙,望着那些萝卜。萝卜田里有无数的红眼睛望着他,那些萝卜缨子也在一瞬间变成了乌黑的头发,像飞鸟的尾羽一样耸动不止……

一个红脸膛汉子从地瓜地里大步走过来,站在老头背后,猛不丁地说:"哎,老生,你说昨天夜里遭了贼?"

老头手忙脚乱地爬起来,垂着手回答:"遭了,偷了六个萝卜,缨子留下了,地瓜八墩,蔓子留下了。"

"怕是让修闸的那些狗日的偷去了,加点小心,中饭晚点回去吃。"

"我听着啦,队长。"老头儿说。

黑孩和老头一起,目送着红脸汉子走上大堤。老头坐在萝卜地里,面对着孩子。黑孩又惶乱地往后退出一节,这时,密密麻麻的黄麻把他的视线遮住了。

"黑孩!"

"黑孩!"

姑娘和小石匠站在大堤上,对着黄麻地喊着。他们背对着正响的太阳,阳光照着散工的人群。

"我看到他钻到黄麻地里,我还以为他去撒尿拉屎了呢!"姑娘说。

"独眼龙难道又欺负他了?"小石匠说。

"黑孩!"

"黑孩!"

姑娘和小石匠的男女声二重喊贴着黄麻梢头像燕子一样滑翔,正在黄麻梢头捕食灰色小蛾的家燕被惊吓得高飞,好一会儿才落下来。小铁匠站在桥洞前边,独眼望着这并膀站着的男女,感到肚子越胀越大。方才姑娘和小石匠来找黑孩,那语气那神态就像找他们的孩子。"等着吧,丫头养的你们!"他恨恨地低语着。

"黑孩!黑孩!"姑娘说,"他怕是钻到黄麻地里睡着了。"

"去看看吗?"小石匠乞求地看着姑娘。

"去吗?去吧。"

两个人拉着手下了堤,钻到黄麻地里。小铁匠尾追着冲上河堤,他看到黄麻叶子像波浪一样翻滚着,黄麻秆子"唰拉拉"地响着,一男一女的声音在喊叫黑孩,声音像从水里传上来的一样……

黑孩趴累了,舒了一口气,翻了一个身,仰面朝天躺起来。他的身下是干燥的沙土,沙上铺着一层薄薄的黄麻落叶。他后脑勺枕着双手,肚子很瘦的凹陷着,一个带着红点的黄叶飘飘地落下来,盖住了他满是煤灰的肚脐。他望着上方,看到一缕粗一缕细的蓝色光线从黄麻叶缝中透下来,黄麻叶片好像成群的金麻雀在飞舞。成群的金麻雀有时又像一簇簇的葫芦蛾,蛾翅上的斑点像小铁匠眼中那个棕色的萝卜花一样愉快地跳动。

"黑孩!"

"黑孩!"

熟悉的声音把他从梦幻中唤醒,他坐起来,用手臂摇了一下身边那棵粗大的黄麻。

"这孩子,睡着了吗?"

"不会的,我们这么大声喊。他肯定是溜回家去了。"

"这小东西……"

"这里真好……"

"是好……"

声音越来越低,像两只鱼儿在水面上吐水泡。黑孩身上像有细小的电流通过,他有点紧张,双膝跪着,扭动着耳朵,调整着视线,目光终于通过了无数障碍,看到了他的朋友被麻秆分割得影影绰绰的身躯。一时间静极了的黄麻地里掠过了一阵小风,风吹动了部分麻叶,麻秆儿全没动。又有几个叶片落下来,黑孩听到了它们振动空气的声音。他很惊异很新鲜地看到一条紫红色头巾轻飘飘地落到黄麻秆上,麻秆上的刺儿挂住了围巾,像挑着一面沉默的旗帜,那件红格儿上衣也落到地上。成片的黄麻像浪潮一样对着他涌过来。他慢慢地站起来,背过身,一直向前走,一种异样的感觉猛烈冲击着他。

五

　　一连十几天,姑娘和小石匠好像把黑孩忘记了,再也不结伴到桥洞里来看望他。每当中午和晚上,黑孩就听到黄麻地里响起百灵鸟婉转的歌唱声,他的脸上浮起冰冷的微笑,好像他知道这只鸟在叫着什么。小铁匠是比黑孩晚好几天才注意到百灵鸟的叫声的。他躲在桥洞里仔细观察着,终于发现了奥秘:只要百灵鸟叫起来,工地上就看不见小石匠的影子,菊子姑娘就坐立不安,眼睛四下打量,很快就会扔下锤子溜走。姑娘溜走后一会儿,百灵鸟就歇了歌喉。这时,小铁匠的脸色就变得更加难看,脾气变得更加暴躁。他开始喝起酒来。黑孩每天都要走过石桥到村里小卖部给他装一瓶地瓜烧酒。

　　这天晚上,月光皎皎如水,百灵鸟又叫起来了。黄麻地里的熏风像温柔的爱情扑向工地。小铁匠攥着酒瓶子,把半瓶烧酒一气灌下去,那只眼睛被烧得泪汪汪的。刘太阳副主任这些天回家娶儿媳妇去了,工地上人心涣散,加夜班的石匠们多半躺在桥洞里吸烟,没有钻子要修理,炉火半死不活地跳动着。

　　"黑孩……去,给老子拔几个萝卜来……"酒精烧着小铁匠的胃,他感到口中要喷火。

　　黑孩像木棍一样立在风箱边上,看着小铁匠。

　　"你,等着老子揍你吗? 去……"

　　黑孩走进月光地,绕着月光下无限神秘的黄麻地,穿过花花绿绿的地瓜地,到了晃动着沙漠蜃影的萝卜地。等他提着一个萝卜走回桥洞时,小铁匠已经歪在草铺上呼呼地睡了。黑孩把萝卜放在铁砧子上,手颤抖着拨亮炉火,可再也弄不出那一蓝一黄升腾到空中的火苗。他变换着角度,瞅那个放在铁砧子上的萝卜,萝卜像蒙着一层暗红色的破布,难看极了,孩子沮丧地垂下头。

　　这天夜里,黑孩没有睡好。他躺在一个桥洞里,翻来覆去地打着滚。刘副主任不在,民工们全都跑回家去睡觉。桥洞里只剩下一层薄薄的麦秸草。月光斜斜地照进桥洞,桥洞里一片清冷光辉,河水声、黄麻声,小铁匠在最西边桥洞里发出的鼾声,以及其他一些莫名其妙的声音,一齐钻进了他的耳朵。石头上的麦草闪闪烁烁,直扎着他的眼睛。他把所有的麦秸草都收拢起来,堆成一个小草岭,然后钻进去,风还是能从草缝里钻进来,他使劲蜷缩着,不敢动了。他想让自己睡觉,可总是睡不着。他总是想着那个萝卜,那是个什么样的萝卜呀,金色的,透明。他一会儿好像站在河水中,一会儿又站在萝卜地里,他到处找呀,到处找……

第二天早晨,太阳还没出来,月亮还没完全失去光彩,成群的黑老鸹惊惶失措地叫着从工地上空掠过,滞洪闸上留下了它们脱落的肮脏羽毛。东边的地平线上,立着十几条大树一样的灰云,枝杈上挂满了破烂的布条。黑孩从桥洞里一钻出来就感到浑身发冷,像他前些日子打摆子时寒颤上来一样滋味。刘副主任昨天回来了,检查了工地上的情况,他非常生气,大骂了所有的民工。所以今天人们来得都很早,干活也卖力,工地上的锤声像池塘里的蛙鸣连成一片。今天要修的钢钻很多,小铁匠的工作态度也非常认真,活儿干得又麻利又漂亮。来换钢钻的石匠们不断地夸奖他,说他的淬火功夫甚至超过了老铁匠,淬出的钢钻又快又韧,下下都咬石头。

太阳两竿子高的时候,小石匠送来两支钢钻待修。这是两支新钻,每支要值四五块钱。小铁匠瞥瞥神采焕发的小石匠,独眼里射出一道冷光,小石匠没觉察到小铁匠的表情,幸福的眼睛里看到的全是幸福。黑孩儿感到心里害怕:他看出小铁匠要作弄小石匠了。小铁匠把那两支钢钻烧得像银子一样白,草草地在砧子上打出尖儿,然后一下子浸到水里去……

小石匠提着钢钻走了,小铁匠嘴上滑过一个得意的笑容,他对着黑孩挤挤眼,说:"孙子,他妈的也配使老子淬出的钻子?儿子,你说他配吗?"黑孩缩在角落里,使劲打着哆嗦。一会儿,小石匠回到铁匠炉边,他把两支钻子扔到小铁匠跟前,骂道:"独眼龙,你这是淬得什么火?"

"孙子,叫唤什么?"小铁匠说。

"睁开你那只独眼看看!"

"这是你的钻子不好。"

"放屁,你这是成心捉弄老子。"

"捉弄你又怎么着?爷们看着你就长气!"

"你、你,"小石匠气得脸色煞白,说,"有种你出来!"

"老子怕你不成!"小铁匠撕下腰间扎着的油布,光着背,像只棕熊一样踱过去。

小石匠站在闸前的沙地上,把夹克衫和红运动衣脱下来,只穿一件小背心。他身材高大,面孔像个书生,身体壮得像棵树。小铁匠脚上还扎着那两块防烫的油布,脚掌踩得地上尖利的石片欻欻地响,他的臂长腿短,上身的肌肉非常发达。

"文打还是武打?"小铁匠不屑一顾地说。

"随你的便。"小石匠也不屑一顾地说。

"你最好回家让你爹立个字据,打死了别让我赔儿子。"

"你最好回家先钉口棺材。"

骂着阵,两个人靠在了一起。黑孩远远地蹲着,一直没停地打着哆嗦。他看到,小铁匠和小石匠最初的交锋很像开玩笑。小石匠卷着舌头啐了小铁匠一脸唾沫,小铁匠扬起长臂,把拳头捅过去,小石匠一退,这一拳打空了。又啐。又一拳。又退。闪空。但小石匠的第三口唾沫没迸出唇,肩头上就被小铁匠猛捅了一拳,他的身体不由自主地转了一圈。

人们惊叫着围拢上来,高喊着:"别打了,别打了。"但没有人上前拉架。后来,连喊声也没有了,大家都睁大眼,屏住气,看着这两个身段截然不同的小伙子比试力气。菊子姑娘脸色灰白,使劲地抓住她身边一个姑娘的肩头。当他的情人吃了小铁匠的铁拳时,她就低声呻唤着,眼睛像一朵盛开的墨菊。

决斗还难分高低,你打我一拳,我也打你一拳,小石匠个头高,拳头打得漂亮潇洒,但显然有点飘,有点花哨,力量不很足,小铁匠动作稍慢一点,但出拳凶狠扎实,被他蒙上一拳,小石匠就要转一个圈。后来,小铁匠头上挨了一拳,有点晕头转向,小石匠趁机上前,雨点般的拳头打得小铁匠的身体嘭嘭地响。小铁匠一猫腰,钻进了小石匠腋下,两只长臂像两条鳗鱼一样缠住了小石匠的腰,小石匠急忙夹住小铁匠的头,两个人前进,后退,后退,又前进,小石匠支持不住,仰面朝天摔在沙地上。

人群里爆发了一阵欢呼。

小铁匠站起来,吐吐口中的血沫子,歪着头,像只斗胜的公鸡。

小石匠爬起来,向着小铁匠扑过去。一白一黑两个身体又扭在一起。这次小石匠把身体伏得很低,保护着自己的下三路不让小铁匠得手,四只胳膊紧紧地纠缠着。有时候,小石匠把小铁匠撩起来,转着圈抡动,但并不能把小铁匠摔出去。小石匠气喘吁吁,满身都是汗水,小铁匠却连一个汗珠都没掉。小石匠体力不支,步伐错乱,眼前出现重影,稍一懈怠,手臂便被拨开,小铁匠抱住他的腰,箍得他出气不匀,他再次仰天倒地。

第三个回合小石匠败得更惨,小铁匠一个癞狗钻裆把他扛起来,摔出去足有两米远。

菊子姑娘哭着扑上去,扶起了小石匠。在菊子姑娘的哭声中,小铁匠脸上的喜色顿时消逝,换上了满面凄凉。他呆呆地站着。小石匠爬起来,拨开菊子的手,抓起一把沙土,对准小铁匠的脸打上去。沙土迷住了小铁匠的独眼,他像野兽一样嗥叫着,使劲搓着眼睛。小石匠趁机扑上去,卡着小铁匠的脖子把他按倒,拳头像擂鼓一样对着小铁匠的脑袋乱打……

这时候,从人们的腿缝里,钻出了一个黑色的影子。这是黑孩。他像只大鸟一样飞到小石匠背后,用他那两只鸡爪一样的黑手抓住小石匠的腮帮子使劲往后拉,小石匠龇着牙,咧着嘴,"噢噢"地叫着,又一次沉重地倒在沙地上。

小铁匠挣扎着坐起来,两只大手摸起地上的碎石片儿,向着四周抛撒。"畜牲!狗!"骂声和着石头片儿,像冰雹一样横扫着周围的人群,人们慌乱地躲闪着。菊子姑娘突然惨叫了一声。小铁匠的手像死了一样停住了,他的独眼里的沙土已被泪水冲积到眼角上,露出了瞳孔。他朦胧地看到菊子姑娘的右眼里插着一块白色的石片,好像眼里长出一朵银耳。他怪叫一声,捂着眼睛,躺在地上痛苦地扭动着。

黑孩听到姑娘的惨叫,便松开了自己的手。他的手指把小石匠的腮帮子抓出两排染着煤灰的血印。趁着人们慌乱的时候,他悄悄地跑回桥洞,蹲在最黑暗的角落上,牙齿"的的"地打着战,偷眼望着工地上乱纷纷的人群。

六

第二天,滞洪闸工地上消失了小石匠和菊子姑娘的影子,整个工地笼罩着沉闷压抑的气氛。太阳像抽疯般颤抖着,一股股萧杀的秋风把黄麻吹得像大海一样波浪起伏,一群群麻雀惊恐不安地在黄麻梢头噪叫声。风穿过桥洞,扬起尘土,把半边天都染黄了。一直到九点多钟,风才停住,太阳也慢慢恢复正常。

刚娶完儿媳妇回来的刘太阳副主任碰上了这些事,心里窝着一腔火,他站在铁匠炉前,把小铁匠骂得狗血淋头,并扬言要抠出他那只独眼给菊子姑娘补眼。小铁匠一声不吭,黑脸上的刺疙瘩一粒粒憋得通红,他大口喘着气,大口喝着酒。

石匠们不知被什么力量催动着,玩儿命地干活,钢钻子磨秃了一大批,堆在红炉旁等着修理。小铁匠像大虾一样蜷曲在草铺上,咕咕地灌着酒,桥洞里酒气扑鼻。

刘副主任发火了,用脚踹着小铁匠骂:"你害怕了?装孙子了?躺着装死就没事了?滚起来修钻子,这样也许能将功补过。"

小铁匠把手中的酒瓶向上抛起来,酒瓶在桥洞上砰然撞碎,碎玻璃掺着烧酒落了刘副主任一头。小铁匠跳起来,一路歪斜跑出去,喊着:"老子怕什么,老子天都不怕,死都不怕,还怕什么?"他爬上滞洪闸,继续高叫着:"我谁都不怕!"他的腿碰到了石栏杆,身子歪歪扭扭,桥下有人喊:"小铁匠,当心掉下桥。""掉下桥?"他哈哈大笑起来,笑着攀上石栏杆,一松手,抖抖擞擞地站在石栏杆上。桥下的人都中了魔,入了定,呼吸也不敢用力。

小铁匠双臂夯煞开,一上一下起伏着,像两只羽毛丰满的翅膀。他在窄窄的石栏杆上走起来,身体晃来晃去。他慢走变成快走,快走变成小跑,桥下的人捂住眼睛,又松手露出眼睛。

小铁匠一起一伏晃晃悠悠地在石栏杆上跑着,栏杆下乌蓝的水里映出他变了形的身影。他从西头跑到东头,又从东头跑回来,一边跑一边唱起来:"南京到北京,没见过裤裆里拉电灯,格里咙格里格咙,里格咙,里格咙,从南京到北京,没见过裤裆里打弹弓……"

几个大胆的石匠跑上闸去,把小铁匠拖了下来。他拼命挣扎着,骂着:"别他妈的管我,老子是杂技英豪,那些大妞在电影上走绳子,老子在闸上走栏杆,你们说,谁他妈的厉害……"几个人累得气喘吁吁,总算把他弄回桥洞里。他像块泥巴一样瘫在铺上,嘴里吐着白沫,手撕着喉咙,哭叫着:"亲娘哟,难受死了,黑孩,好徒弟,救救师傅吧,去拔个萝卜来……"

人们突然发现,黑孩穿上了一件包住屁股的大褂子,褂子是用崭新的、又厚又重的小帆布缝的。这种布非常结实,五年也穿不破。那条大裤头子在褂子下边露出很短的一截,好像褂子的一个花边。黑孩的脚上穿着一双崭新的回力球鞋,由于鞋子太大,只好紧紧地系住鞋带,球鞋变得像两条丑陋的胖头鲇鱼。

"黑孩,听到了吗?你师傅让你去干什么?"一个老石匠用烟袋杆子戳着黑孩的背说。

黑孩走出桥洞,爬上河堤,钻进黄麻地。黄麻地里已经有了一条依稀可辨的小径,麻秆儿都向两边分开。走着走着,他停住脚,这儿一片黄麻倒地,像有人打过滚。他用手背揉揉眼睛,抽泣了一声,继续向前走。走了一会,他趴下,爬进萝卜地。那个瘦老头不在,他直起腰,走到萝卜地中央,蹲下去,看到萝卜垅里点种的麦子已经钻出紫红的锥芽,他双膝跪地,拔出了一个萝卜,萝卜的细根与土壤分别时发出水泡破裂一样的声响。黑孩认真地听着这声响,一直追着它飞到天上去。天上纤云也无,明媚秀丽的秋阳一无遮拦地把光线投下来。黑孩把手中那个萝卜举起来,对着阳光察看。他希望还能看到那天晚上从铁砧上看到的奇异景像,他希望这个萝卜在阳光照耀下能像那个隐藏在河水中的萝卜一样晶莹剔透,泛出一圈金色的光芒。

但是这个萝卜使他失望了。它不剔透也不玲珑,既没有金色光圈,更看不到金色光圈里包孕着的活泼的银色液体。他又拔出一个萝卜,又举出阳光下端详,他又失望了。以后的事情就变得很简单了。他膝行一步,拔两个萝卜,举起来看看。扔掉。又膝行一步,拔,举,看,扔……

看菜园的老头子眼睛像两滴混浊的水,他蹲在白菜地里捉拿钻心虫儿。捉一个用手指捏死,再捉一个还捏死。天近中午了,他站起来,想去叫醒正在看园屋子里睡觉的队长。队长夜里误了觉,白天村里不安宁,难以补觉,看园屋子里只能听到秋虫低吟,正好睡觉。老头儿一直起腰,就听到脊椎骨"叭哽叭哽"响。他恍然看到阳光下的萝卜地一片通红,好像遍地是火苗子。老头打起眼罩,急步向前走,一直走到萝卜地里,他才看清那遍地通红的竟是拔出来的还没有完全长成的萝卜。

"作孽啊!"老头子大叫一声。他看到一个孩子正跪在那儿,举着一个大萝卜望太阳。孩子的眼睛是那么大,那么亮,看着就让人难受。但老头子还是不客气地抓住他,扯起来,拖到看园屋子里,叫醒了队长。

"队长,坏了,萝卜,让这个小熊给拔了一半。"

队长睡眼惺忪地跑到萝卜地里看了看,走回来时他满脸杀气。对着黑孩的屁股他狠踢了一脚,黑孩半天才爬起来。队长没等他清醒过来,又给了他一耳巴子。

"小兔崽子,你是哪个村的?"

黑孩迷惘的眼睛里满是泪水。

"谁让你来搞破坏?"

黑孩的眼睛清澈如水。

"你叫什么名字?"

黑孩的眼睛里水光潋滟。

"你爹叫什么名字?"

两行泪水从黑孩眼里流下来。

"他娘的,是个小哑巴。"

黑孩的嘴唇轻轻嚅动着。

"队长,行行好,放了他吧。"瘦老头说。

"放了他?"队长笑着说,"是要放了他。"

队长把黑孩的新褂子、新鞋子、大裤头子全剥下来,团成一堆,扔到墙角上,说:"回家告诉你爹,让他来给你拿衣裳。滚吧!"

黑孩转身走了,起初他还好像害羞似地用手捂住小鸡儿,走了几步就松开了手。老头子看着这个一丝不挂的男孩,抽抽搭搭地哭起来。

黑孩钻进了黄麻地,像一条鱼儿游进了大海。扑簌簌黄麻叶儿抖,明晃晃秋天阳光照。

黑孩——黑孩——

【集评】

和许多出身于农民的作家一样,莫言对农村生活十分熟悉。莫言又有很强的"写物图貌"的写实才能。因此,他笔下的一幅幅农村生活图画不仅清丽而自然,散发着一股温馨的泥土气息,而且其中种种日常生活和自然景物的细节描写尤为细致动人,往往使读者如临其境,如经其事,如闻其声。但是莫言的许多小说,特别是他近一年来写的小说,却并不以写实为特色,相反,在他的小说的艺术形象的构成中,明显地溶有许多非写实的因素。例如中篇小说《透明的红萝卜》中的主人公黑孩,就非常像童话中的人物。他看到的阳光是蓝色的,他可以听见头发落地的声音;他能够用手抓热铁,让热铁在手里像知了叫一样滋啦滋啦地响;他在一个夜晚看到透明的红萝卜,那萝卜晶莹透明,里面还流动着活泼的银色液体——这一切都使这个男孩子不仅不像个现实中的真实人物,反而像个神秘的小精灵。不过,《透明的红萝卜》毕竟不是童话,莫言似乎也无意把黑孩写成童话中的人物。小说中所描绘的农村生活和人物,毕竟是我们现实农村生活的生动反映,熟悉我国北方农村生活的读者,不难发现莫言笔下的农村是多么真实。这样,阅读《透明的红萝卜》使我们得到一种十分新鲜而又陌生的艺术经验。这篇小说所创造的艺术形象,明显地与我们平时习见的小说中的艺术形象在性质和形态上都有很大的不同。对此有些人感到疑惑,甚而不以为然。这并不奇怪。因为莫言所尝试和探索的写作方法完全指向了一个出人意料的方向。那就是意象的营造。(李陀《现代小说中的意象——序莫言小说集〈透明的红萝卜〉》,孔范今、施战军编《莫言研究资料》,山东文艺出版社 2006 年版,第 103—104 页。)

莫言写得最好的,是乡村青少年那朦朦胧胧的性心理。黑孩那一连串莫名其妙的外部行为,隐藏着一条心理的逻辑线索,这条心理的线索融贯于整个身体的感觉,潜在于意识之下,而由菊子姑娘所启蒙的性心理推动着。从这个角度解释,他所有的外部行为都是合乎内在的情感逻辑的。他把头凑到最宜于爱护他的小石匠手头的位置,任凭他敲打,他听任菊子姑娘抚摸他满是伤痕的背脊,甚至追寻体味水中鱼儿碰触皮肤的感觉,都是极度冷酷的亲情关系导致的皮肤(生理的)——情感(心理的)饥饿,外显为对温情的极度敏感。他执意脱离砸碎石子的妇女圈子,去为铁匠拉风箱,并且狠狠地咬了劝阻他的菊子姑娘一口,这是男性意识的觉醒。他看见红萝卜的那个奇妙夜晚,正是老石匠唱着凄婉哀怨的戏文(这段戏文最集中地体现着民族民间两性情爱的现世倾向,以及人生被情感高度升华了的苦难内蕴),小石匠与菊子姑娘两情缠绵的时候,那个幽蓝的底色中金红的萝卜影像,正是他对人生中悲苦底蕴和以两性情爱为核心的幸福境界,朦胧感悟的喻象(小石匠与菊子姑娘走进桥洞的时候,在炉火映照下,一个是红色,一个是黄色,而红色与黄色的调合,正是近于透明的足赤金色)。当小铁匠与小石匠争斗的时候,他反而扑向一直爱护他的小石匠身上,也正是他发现小石匠与菊子姑娘在大麻地中幽会之后,这可以解释为对传统师徒关系的认同,但更深的心理动机,也正如小铁匠是为了对菊子姑娘的恋情,不同的只是他的恋情带有美的升华。因此,只有菊子姑娘的眼睛被石片崩坏以后,这个一直不动声色的黑孩子才抽泣了,并且那个金色的红萝卜影像再也不可复得,他被守园人扒光衣服,赤身裸体跑回来的时候,"起初他还好像害羞似的用手捂住小鸡,走了几步就松开了手"。结尾那不知是谁的两声召唤正暗示着一个备受苦难、但内心纯洁的男孩子,在性觉醒的初始阶段,对生活美好的憧憬的破灭。黑孩,那个充满诗意灵感与生之欲望的小精灵,已经不复存在了。作者对这个少年的性心理发展过程的叙述,颇像鲁迅《不周山》的情节安排,只是"性的发动创造,以至衰亡"的过程,在鲁迅的笔下完全是以神话的方式完成的,莫言则主要以白描的手法实写其人物外部行为,而隐蔽在其中的性心理,则以写意的手法传达出来。(季红真《现代人的民族民间神话——莫言散论之二》,孔范今、施战军编《莫言研究资料》,山东文艺出版社2006年版,第170—171页。)

【思考题】

1. "透明的红萝卜"在这篇小说中象征着什么?你如何理解用它作标题的深刻含义?

2. 小说有几处反复写到老铁匠吟唱的戏文"恋着你刀马娴熟,通晓诗书,少年英武,跟着你闯荡江湖,风餐露宿,受尽了世上千般苦——",这段戏文在小说中蕴含了哪些深意?

3. 在小说第六节,小铁匠和小石匠决斗之后,"人们突然发现,黑孩穿上了一件包住屁股的大褂子,褂子是用崭新的、又厚又重的小帆布缝的。这种布非常结实,五年也穿不破"。黑孩身上崭新的褂子和鞋子是哪儿来的,作者没有明写。你觉得最可能是谁送的,菊子姑娘、小石匠还是小铁匠?说出你的理由。

【深度阅读】

1. 孔范今、施战军编《莫言研究资料》,山东文艺出版社2006年版。
2. 徐怀中、莫言、金辉等《有追求才有特色——关于〈透明的红萝卜〉的对话》,《中国作家》1985年第2期。
3. 谢欣《心灵的渴望与追求——读莫言的小说集〈透明的红萝卜〉》,《当代作家评论》1986年第4期。
4. 杨扬《莫言作品解读》,华东师范大学出版社2012年版。

现当代诗歌第五

天　狗

郭沫若

郭沫若(1892—1978),原名郭开贞,笔名沫若,四川乐山人。1921年与郁达夫、田汉等人创立了新文学史上第二个纯文学社团——创造社。郭沫若在文学、戏剧、历史学、古文字学、考古学等方面都有相当的成就。他的新诗写作大致开始于1919年,作品最早发表在"五四"时期四大副刊之一的《时事新报·学灯》上。在编辑宗白华的鼓励下,很快进入了创作的"爆发期",《凤凰涅槃》《天狗》《地球,我的母亲》《立在地球边上放号》《梅花树下醉歌》等诗作,以激昂扬厉的风格、澎湃铺陈的句式、天马行空的想象震撼了当时的读者,呈现出一个大写的、无拘无束的抒情自我形象,也集中体现了"五四"一代人全新的时空感受。他的诗集《女神》1921年出版之后,赢得了广泛的赞誉,闻一多称:"若讲新诗,郭沫若君的诗才配称新呢,不独艺术上他的作品与旧诗词相去最远,最要紧的是他的精神完全是时代的精神——二十世纪底时代的精神。"

本篇选自《女神》,上海泰东图书局1921年版。

(一)
我是一条天狗呀!
我把月来吞了,
我把日来吞了,
我把一切的星球来吞了,
我把全宇宙来吞了。
我便是我了!

(二)
我是月底光,
我是日底光,
我是一切星球底光,
我是 X 光线底光,
我是全宇宙底 Energy 底总量!

(三)

我飞奔,

我狂叫,

我燃烧。

我如烈火一样地燃烧!

我如大海一样地狂叫!

我如电气一样地飞跑!

我飞跑,

我飞跑,

我飞跑,

我剥我的皮,

我食我的肉,

我嚼我的血,

我啮我的心肝,

我在我神经上飞跑,

我在我脊髓上飞跑,

我在我脑筋上飞跑。

(四)

我便是我呀!

我的我要爆了!

【集评】

若讲新诗,郭沫若君底诗才配称新呢,不独艺术上他的作品与旧诗词相去最远,最要紧的是他的精神完全是时代的精神——二十世纪底时代的精神。有人讲文艺作品是时代底产儿。《女神》真不愧为时代底一个肖子。……《女神》底诗人本是一位医学专家。《女神》里富于科学底成分也是无足怪的。……散见于集中的许多人体上的名词如脑筋,脊髓,血液,呼吸,……更完完全全的是一个西洋的 doctor 底口吻了。(闻一多《〈女神〉之时代精神》,《闻一多全集》第二卷,湖北人民出版社 2004 年版,第 110 页。)

[沫若兄:]你的凤凰正还在翱翔空际,你的天狗又奔腾而至了。你这首诗的内容深意我想用 Pantheistische Inspiration 的名目来表写,不知道对不对?

你的《天狗》一首是从真感觉中发出来的,总有存在的价值,不过我觉得你的诗,意境都无可议,就是形式方面还要注意。……你的诗又嫌简单固定了点,还欠点流动曲折,所以我盼望你考察一下,研究一下。(宗白华《致郭沫若书信》,1920年1月信,杨胜宽、蔡震总主编《郭沫若研究文献汇要》[文学·诗歌卷],上海书店出版社2012年版,第251页。)

初读此诗,如果全由直觉感受,第一印象便可能是狂躁、焦灼。那超验的形象、按捺不住的情绪、反复旋转的急遽的呼喊,和那短促的简直让人喘不过气来的句式,都给人一种异乎寻常的冲击:让你强烈地感到作者的焦躁,就如同热锅上的蚂蚁,恨不得把宇宙的一切都给一口吞了。(温儒敏《关于郭沫若的两极阅读现象》,《中国现当代文学专题研究》[第二版],北京大学出版社2013年版,第23页。)

【思考题】

1. 这首诗和一般的诗歌有什么不同?怎么理解这个快要爆裂的"我"?
2. 诗中出现一连串生理的、医学的意象,它们起到了什么作用?

【深度阅读】

1. 宗白华、田汉、郭沫若《三叶集》,安徽教育出版社2006年版。
2. 郭沫若著、陈永志校释《〈女神〉校释》,华东师范大学出版社2008年版。

十四行集(选四首)
冯　至

冯至(1905—1993),原名冯承植,字君培,出生于河北省涿州。1921年秋考入北京大学预科,两年后转入德文系,1925年与友人创立沉钟社,后出版诗集《昨日之歌》《北游及其他》,曾被鲁迅誉为"中国最杰出的抒情诗人"。1930—1935年,赴德国留学,先后在柏林大学和海德堡大学学习,曾聆听雅斯贝尔斯等哲学家的教诲,倾心于德语大诗人里尔克的创作,深受西方现代哲学与现代主义文艺的洗礼。回国后,先后担任同济大学、西南联合大学、北京大学教授。1940年代,经过多年的积累、准备,收获联翩而至,写出了诗集《十四行集》、散文集《山水》、小说《伍子胥》及学术论文、杂文多种。1941年创作的二十七首十四行诗,以深沉的思想、精湛的诗艺,将中国新诗的艺术水准推向了新的境界。

本篇选自《冯至全集》第一卷,河北教育出版社1999年版。

我们准备着

我们准备着深深地领受
那些意想不到的奇迹,
在漫长的岁月里忽然有
彗星的出现,狂风乍起:

我们的生命在这一瞬间,
仿佛在第一次的拥抱里
过去的悲欢忽然在眼前
凝结成屹然不动的形体。

我们赞颂那些小昆虫,
它们经过了一次交媾
或是抵御了一次危险,

便结束它们美妙的一生。
我们整个的生命在承受
狂风乍起,彗星的出现。

什么能从我们身上脱落

什么能从我们身上脱落,
我们都让它化作尘埃:
我们安排我们在这时代
像秋日的树木,一棵棵

把树叶和些过迟的花朵
都交给秋风,好舒开树身
伸入严冬;我们安排我们

在自然里,像蜕化的蝉蛾

把残壳都丢在泥里土里;
我们把我们安排给那个
未来的死亡,像一段歌曲,

歌声从音乐的身上脱落,
归终剩下了音乐的身躯
化作一脉的青山默默。

我们听着狂风里的暴雨

我们听着狂风里的暴雨,
我们在灯光下这样孤单,
我们在这小小的茅屋里
就是和我们用具的中间

也有了千里万里的距离:
铜炉在向往深山的矿苗,
瓷壶在向往江边的陶泥,
它们都像风雨中的飞鸟

各自东西。我们紧紧抱住,
好像自身也都不能自主。
狂风把一切都吹入高空,

暴雨把一切又淋入泥土,
只剩下这点微弱的灯红
在证实我们生命的暂住。

从一片泛滥无形的水里

从一片泛滥无形的水里,

取水人取来椭圆的一瓶,
这点水就得到一个定形;
看,在秋风里飘扬的风旗,

它把住些把不住的事体,
让远方的光、远方的黑夜
和些远方的草木的荣谢,
还有个奔向远方的心意,

都保留一些在这面旗上。
我们空空听过一夜风声,
空看了一天的草黄叶红,

向何处安排我们的思想?
但愿这些诗象一面风旗
把住一些把不住的事体。

【集评】

  从历史上不朽的精神到无名的村童农妇,从远方的千古的名城到山坡上的飞虫小草,从个人的一小段生活到许多人共同的遭遇,凡是和我的生命发生深切的关联的,对于每件事物我都写出一首诗:有时一天写出两三首,有时写出半首便搁浅了,过了一个长久的时间才能续成。这样一共写了二十七首。(冯至《十四行集·序》,《十四行集》,文化生活出版社1949年版,第2页。)

  像一个水瓶,可以给那无形的水一个定形,像一面风旗,可以把住些把不住的事体。而十四行体,也就是诗人给自己的"思,想"所设的水瓶与风旗,何况,十四行体,这一外来的形式,由于它的层层上升而又下降,渐渐集中而又渐渐解开,以及它的错综而又整齐,它的韵法之穿来而又插去……它本来是最宜于表现沉思的诗的。(李广田《沉思的诗——论冯至的〈十四行集〉》,《李广田全集》第四卷,云南人民出版社2010年版,第270页。)

【思考题】

  1. 有关自我及人生,诗人传达了怎样的"思"与"想"?

2."层层上升而又下降,渐渐集中而又渐渐揭开",李广田对十四行体的描述,你能理解吗?

【深度阅读】

1. 冯至著、解志熙编《冯至作品新编》,人民文学出版社 2009 年版。
2. 冯姚平编《冯至和他的世界》,河北教育出版社 2001 年版。

五 月
穆 旦

穆旦(1918—1977),原名查良铮,出生于天津,浙江海宁人。现代著名诗人、翻译家。在天津南开中学读书时,便对文学有了浓厚兴趣,并开始写诗。1935 年考入清华大学外文系,抗日战争爆发后,随学校南迁至昆明,1940 年西南联大毕业后留校任教,1942—1943 年曾随中国远征军入缅甸作战。1940 年代,穆旦是西南联大校园中走出来的最受瞩目的诗人,先后出版《探险者》《穆旦诗集》《旗》三部诗集。他擅长将复杂、辩证的现代诗艺与沉痛的现实感受结合,充分表达了一个敏感的知识分子内心的紧张、冲突,最大限度地体现了新诗现代性的特质,也由此赢得了后世读者的持续关注。1949 年,他赴美留学,回国后任教于南开大学外文系,主要精力投入外国诗歌的翻译,主要译作有《普希金抒情诗集》《欧根·奥涅金》《高加索的俘虏》《雪莱抒情诗选》《唐璜》《拜伦抒情诗选》《布莱克诗选》《济慈诗选》等。

本篇选自《穆旦诗文集》,人民文学出版社 2006 年版。

五月里来菜花香
布谷留连催人忙
万物滋长天明媚
浪子远游思家乡

勃朗宁,毛瑟,三号手提式,
或是爆进人肉去的左轮,
它们能给我绝望后的快乐,
对着漆黑的枪口,你就会看见
从历史的扭转的弹道里,

我是得到了二次的诞生。
无尽的阴谋;生产的痛楚是你们的,
是你们教了我鲁迅的杂文。

  负心儿郎多情女
  荷花池旁订誓盟
  而今独自倚栏想
  落花飞絮满天空

而五月的黄昏是那样的朦胧!
在火炬的行列叫喊过去以后,
谁也不会看见的
被恭维的街道就把他们倾出,
在报上登过救济民生的谈话后,
谁也不会看见的
愚蠢的人们就扑进泥沼里,
而谋害者,凯歌着五月的自由,
紧握一切无形电力的总枢纽。

  春花秋月何时了
  郊外墓草又一新
  昔日前来痛哭者
  已随轻风化灰尘

还有五月的黄昏轻网着银丝,
诱惑,溶化,捉捕多年的记忆,
挂在柳梢头,一串光明的联想……
浮在空气的小溪里,把热情拉长……
于是吹出些泡沫,我沉到底,
安心守住了你们古老的监狱,
一个封建社会搁浅在资本主义的历史里。

  一叶扁舟碧江上

晚霞炊烟不分明
　　良辰美景共饮酒
　　你一杯来我一盅

　　而我是来飨宴五月的晚餐，
　　在炮火映出的影子里，
　　有我交换着敌视，大声谈笑，
　　我要在你们之上，做一个主人，
　　知道提审的钟声敲过了十二点。
　　因为你们知道的，在我的怀里
　　藏着一个黑色小东西，
　　流氓，骗子，匪棍，我们一起，
　　在混乱的街上走——

　　　他们梦见铁拐李
　　　丑陋乞丐是仙人
　　　游遍天下厌尘世
　　　一飞飞上九层云

1940 年 11 月

【集评】
　　那些不灵活的中国字在他的手里给揉着，操纵着，它们给暴露在新的严厉和新的天候之前。他有许多人家所想不到的排列和组合。在《五月》这类的诗里，他故意地将新的和旧的风格相比，来表示"一切都在脱节之中"，而结果是，有一种猝然，一种剃刀片似的锋利。（王佐良《一个中国新诗人》，李方编《穆旦诗文集》[增订版]，人民文学出版社 2014 年版，第 159 页。）
　　江弱水批评穆旦嵌入诗中的五首绝句的仿作，"居然没有一首平仄妥帖"，"这种音调听起来确实别扭极了"。……如果以古典诗的法则来看，这几首仿作不仅在平仄在其他许多方面都很有问题，然而穆旦的本意并不是要写几首漂亮的旧体诗给人们看，而是有意以这种"信手涂鸦"的方式进行"戏仿"，准确地说，他要模仿的并不是古典大师，而是那种在现实中流行的半瓶子醋式的"旧体诗",到了嵌入诗中的第四首仿作"良辰美景共饮酒/你一杯来我一盏"时,这种对"模仿的模仿"便达到其最大的讽刺效果。(王家新《穆旦与"去中国化"》,吴思敬主编《诗探索》2006 年第 3 辑,时代文艺出版社 2006 年版,第 61 页。)

【思考题】

1. 这首诗包含两个不同的"声部",它们交替展开带来怎样的效果?分别对应了怎样不同的精神状态?
2. 诗人使用了一些"非诗意"的辞藻,这体现了什么样的美学追求?

【深度阅读】

1. 易彬《穆旦评传》,南京大学出版社 2012 年版。
2. 孙玉石主编《中国现代诗导读·穆旦卷》,北京大学出版社 2007 年版。

距离的组织
卞之琳

卞之琳(1910—2000),生于江苏海门,诗人、文学评论家、翻译家。1929 年考入北京大学英文系,大学期间开始发表新诗作品,1936 年因与李广田、何其芳合出《汉园集》,被合称为"汉园三诗人"。卞之琳的诗风精微、复杂,又能将古典诗境与西方现代派的"戏剧化"技法巧妙融合,在当时年轻的先锋诗人中独树一帜。1938—1939 年,他曾去延安及太行山区根据地访问,由此行促成的《慰劳信集》诗风转化,采用朴素、生动的口语,书写战时中国的各种人与事,也受到广泛的关注。1940 年代以后,他曾辗转各地,相继在四川大学、西南联合大学、南开大学、北京大学任教,后任中国社会科学院文学研究所研究员,文学创作之外,还长期从事莎士比亚及其他外国作家的翻译、研究。

本篇是诗人 1930 年代的名作,选自《卞之琳文集》上卷,安徽教育出版社 2002 年版(注释为诗人自注)。

想独上高楼读一篇《罗马衰亡史》,
忽有罗马灭亡星出现在报纸上。①
报纸落。地图开,因想起远人的嘱咐。
寄来的风景②也暮色苍茫了。

(醒来天欲暮,无聊,一访友人吧。)③
灰色的天。灰色的海。灰色的路。④
哪儿了？我又不会向灯下验一把土。⑤
忽听得一千重门外有自己的名字。
好累啊！我的盆舟没有人戏弄吗？⑥
友人带来了雪意和五点钟。⑦

1月9日(1935年)

【注释】

① 1934年12月26日《大公报·国际新闻》伦敦25日路透电："两星期前索佛克业余天文学者发现北方大力星座中出现一新星,兹据哈华德观象台纪称,近两日内该星异常光明,估计约距地球1500光年,故其爆发而致突然灿烂,当远在罗马帝国倾覆之时,直至今日,其光始传至地球云。"这里涉及时空相对的关系。　② "寄来的风景"当然是指"寄来的风景片"。这里涉及实体与表象的关系。　③ 这行是来访友人(即末行的"友人")将来前的内心独白,语调戏拟我国旧戏的台白。　④ 本行和下一行是本篇说话人(用第一人称的)进入的梦境。　⑤ 1934年12月28日《大公报》的《史地周刊》上《王同春开发河套讯》："夜中驰驱旷野,偶然不辨在什么地方,只消抓一把土向灯一瞧就知道到了那里了。"⑥《聊斋志异·白莲教》："白莲教某者山西人,忘其姓名,某一日,将他往,堂上置一盆,又一盆覆之,嘱门人坐守,戒勿启视。去后,门人启之。视盆贮清水,水上编草为舟,帆樯具焉。异而拨以指,随手倾侧。急扶如故,仍覆之。俄而师来,怒责'何违吾命！'门人立白其无。师曰：'适海中舟覆,何得欺我！'"这里从幻想的形象中涉及微观世界与宏观世界的关系。　⑦ 这里涉及存在与觉识的关系。但整诗并非讲哲理,也不是表达什么玄秘思想,而是沿袭我国诗词的传统,表现一种心情或意境,采取近似我国一折旧戏的结构方式。

【集评】

这篇诗是零乱的诗境,可又是一个复杂的有机体,将时间空间的远距离用联想组织在短短的午梦和小小的篇幅里。这是一种解放,一种自由,同时又是一种情思的操练,是艺术给我们的。(朱自清《解诗》,《新诗杂话》,作家书屋1947年版,第19页。)

说来这首诗确实也是一个"精致的图式",卞氏为它作过"现代世界上""比例最大"的自注,就是说,10行诗加了7条注,其中4条注明有关诗句分别涉及"时空的相对关系"、"实体与表象的关系"、"微观世界与宏观世界的关系"以及"存在与觉识的关系"。……卞氏自谓"整首诗并非讲哲理,也不是表达什么玄秘思想",但不可否认其中确有一种玄秘的组织,而它的组织方式,与华严宗的"十玄缘起"说有内在的联系。(江弱水《卞之琳诗艺研究》,安徽教育出版社2000年版,第250页。)

【思考题】

1. 参照诗人提供的注释,弄清这首诗之"复杂的有机体"展开的线索。
2. 诗人自己说采取了近似中国旧戏的结构方式,尝试分析一下这首诗的戏剧性。

【深度阅读】

1. 卞之琳《雕虫纪历1930—1958》,人民文学出版社1984年版。
2. 朱自清《新诗杂话》,三联书店1984年版。

秋之色
林 庚

林庚(1910—2006),字静希,出生于北京,福建闽侯人。现代著名诗人、文学史家。1928年考入清华大学物理系,1930年转入清华大学中文系,毕业后留校任教,后相继在厦门大学、燕京大学任教,1952年院系调整后,改任北京大学中文系教授。出版《夜》《北平情歌》《冬眠曲及其他》《春夜与窗》等六部诗集及《中国文学史》《诗人屈原及其作品研究》《天问论笺》《诗人李白》《唐诗综论》《新诗格律化与语言的诗化》等学术著作。

本篇选自《林庚诗文集》第九卷,清华大学出版社2005年版。

像海样地生出珊瑚树的枝
像橄榄的明净吐出青的果
秋天的熟人是门外的岁月
当凝静的原上有零星的火

清蓝的风色里早上的冻叶
高高的窗子前人忘了日夜
你这时若打着口哨子去了
无边的颜料里将化为蝴蝶

【集评】

　　林庚的诗早在我的意中,我早已喜欢他那一份美丽。他从前曾同我谈旧诗,他说有许多诗只有一句好,也本只有一句诗,其余的都是不能不加上去的罢了,……他举了杜甫的"花近高楼伤客心"做例子,又举了杜甫的"玉露凋残枫树林"。另外他又赞美了李商隐的"沧海月明珠有泪"一句。我很佩服他的话。而实在我也很喜欢他的诗了。他这一句诗的话,如他所举的例子,很足以说明他自己的诗品了。(冯文炳《林庚同朱英诞的新诗》,《谈新诗》,人民文学出版社1984年版,第184页。)

　　看前面的诗中,自然有色彩感,就流出这两句来。我平时也不吹口哨,没有吹口哨的习惯,不知怎么就会流出这两句诗来。……平常说"长江后浪推前浪",这里就是前浪推后浪,看到秋天的颜色,看到窗外的一片"冻叶",有一种感觉,就变成"无边的颜料里将化为蝴蝶"那样的语言出来了。(林庚自述、孙玉石编《"相见匪遥 乐何如之"——林庚先生燕园谈诗录》,北京大学中文系、北京大学诗歌中心编《化雨集》,人民文学出版社2005年版,第49—50页。)

【思考题】

　　1. 这是一首现代格律诗,分析一下其形式特点。
　　2. 这首诗的最后一句——"无边颜料里将化为蝴蝶"——最为精彩,它是怎么"流出来"的?这种自然的生成是否与"格律"的体式有关?

【深度阅读】

　　1. 林庚《新诗格律与语言的诗化》,经济日报出版社2000年版。
　　2. 北京大学中文系、北京大学诗歌中心编《化雨集》,人民文学出版社2005年版。

镜　中

张　枣

　　张枣(1962—2010),湖南长沙人,当代著名诗人。先后就读于湖南师范大学、四川外语学院,1986年赴德留学,获德国特里尔大学文哲博士。曾任教于德国图宾根大学,21世纪初回国后,先后任教于河南大学文学院、中央民族大学文学与新闻传播学院。2010年因肺癌去世。著有《春秋来信》《张枣的诗》《张枣随笔选》等。

本篇选自《张枣的诗》，人民文学出版社2010年版。

只要想起一生中后悔的事
梅花便落了下来
比如看她游泳到河的另一岸
比如登上一株松木梯子
危险的事固然美丽
不如看她骑马归来
面颊温暖，
羞惭。低下头，回答着皇帝
一面镜子永远等候她
让她坐到镜中常坐的地方
望着窗外，只要想起一生中后悔的事
梅花便落满了南山

【集评】

它(《镜中》)一气呵成，没有任何拖泥带水的痕迹，故对读者不构成强迫性，似乎一个天赐的瞬间自动获得了展开的形式，它奇迹般地满足了"好诗不可句摘"的完整性的古典主义信条，与当代常见的那些呼吸急促、乱了方寸的胡诌诗或意识形态图解式的口号诗拉开了足够远的距离，以至于一个久违的美丽灵魂被召唤了回来，舒缓地进入了镜子般通幽的文本。(宋琳《精灵的名字——论张枣》，宋琳、柏桦编《亲爱的张枣》，中信出版集团2015年版，第58页。)

《镜中》的故事亦是如此，它在两个人物(我和她)中展开，并最终指向一个戏剧性的遗憾场面。"皇帝"突然现身，张枣对此稍有迟疑，我建议他就一锤子砸下去，就让一个猛词突兀出来，无须去想此词的深意……为了故意制造某种震惊性场景，并以此来于该诗悔意缠绵之境形成张力，"皇帝"出现得非常及时。而其中那"一株松木梯子"最为可爱且有意思。此意象，我以为是全诗的细节亮点，既富现代感性，又平添了几许奇异的古典色泽。(柏桦《张枣》，宋琳、柏桦编《亲爱的张枣》，中信出版集团2015年版，第20页。)

【思考题】

1. 这首诗似乎与一个爱情的故事有关,隐含了一种特殊的时空关系,你能读出来吗?
2. 诗人将某种古典意境转化到了现代汉语中,他的尝试成功吗?

【深度阅读】

1. 《张枣的诗》,人民文学出版社2010年版。
2. 宋琳、柏桦编《亲爱的张枣》,中信出版集团2015年版。

祖国(或以梦为马)
海 子

海子,原名查海生,1964年3月生于安徽怀宁县。1979年就读于北京大学法律系,大学期间开始写诗。毕业后任教于中国政法大学。1989年卧轨自杀,年仅二十五岁。他在短暂的七年中,留下三百多首短诗和几部长诗,他的写作和生命轨迹在诗歌爱好者中产生了巨大反响。他的抒情短诗具有单纯、质朴、流畅和想象力充沛的特征,不少作品有谣曲的风格。诗中幻象世界的营造,经常来自少年时期的乡村生活经验。但他不满足于做一个靠天赋支持的抒情诗人,1980年代后期转向"史诗(大诗)"写作,寻求个人体验与人类文化精神的融合。

本篇选自《海子的诗》,人民文学出版社1995年版。

我要做远方的忠诚的儿子
和物质的短暂情人
和所有以梦为马的诗人一样
我不得不和烈士和小丑走在同一道路上

万人都要将火熄灭　我一人独将此火高高举起
此火为大　开花落英于神圣的祖国
和所有以梦为马的诗人一样
我藉此火得度一生的茫茫黑夜

此火为大　祖国的语言和乱石投筑的梁山城寨
以梦为上的敦煌——那七月也会寒冷的骨骼
如雪白的柴和坚硬的条条白雪　横放在众神之山
和所有以梦为马的诗人一样
我投入此火　这三者是囚禁我的灯盏　吐出光辉

万人都要从我刀口走过　去建筑祖国的语言
我甘愿一切从头开始
和所有以梦为马的诗人一样
我也愿将牢底坐穿

众神创造物中只有我最易朽　带着不可抗拒的死亡的速度
只有粮食是我珍爱　我将她紧紧抱住　抱住她　在故乡生儿育女
和所有以梦为马的诗人一样
我也愿将自己埋葬在四周高高的山上　守望平静的家园

面对大河我无限惭愧
我年华虚度　空有一身疲倦
和所有以梦为马的诗人一样
岁月易逝　一滴不剩　水滴中有一匹马儿一命归天

千年后如若我再生于祖国的河岸
千年后我再次拥有中国的稻田　和周天子的雪山　天马踢踏
和所有以梦为马的诗人一样
我选择永恒的事业

我的事业　就是要成为太阳的一生
他从古至今——"日"——他无比辉煌无比光明
和所有以梦为马的诗人一样
最后我被黄昏的众神抬入不朽的太阳

太阳是我的名字
太阳是我的一生

太阳的山顶埋葬　诗歌的尸体——千年王国和我
　　骑着五千年凤凰和名字叫"马"的龙——我必将失败
　　但诗歌本身以太阳必将胜利

1987

【集评】

　　在日常生活中,人们对"祖国"有着崇高的敬意和炽热的情感,这是建立在家乡情感、民族血缘、文化传统及地缘政治基础上的一种深沉、强烈而普遍的文化心理。在诗中,海子将他所选择的诗歌事业视为自己的"祖国",将这一带有历史文化和民族政治色彩的词汇个人化和诗意化了。这一方面显现了海子对这"诗的祖国"的热爱和欲为之献身的精神,另一方面,也显现了海子将日常语汇作创作性转换的诗歌才能。(高波《解读海子》,云南人民出版社2003年版,第64页。)

　　从形式看,它似乎遵循着一般朗诵诗的基本模式,以"我"的激情的独白展开,但是读者在受到情感冲击的同时,也会被诗中杂多纷乱的词语和形象所震撼,尤其是这第三、四节:从"祖国的语言"到"乱石投筑的梁山城寨",再到"敦煌",再到寒冷的骨骼、坚硬的白雪,众神之山,一直到最后"将牢底坐穿"(我们都熟悉,海子在这里借用了革命烈士诗钞中的著名诗句),词句、形象在诗中急速地转换着,但其中没有多少逻辑关联,最关键的是一种强悍的节奏感,在语无伦次中,产生一种天马行空般的自由纵横能力。(姜涛《冲击诗歌的"极限"——海子与80年代诗歌》,《巴枯宁的手》,北京大学出版社2010年版,第121—122页。)

【思考题】

1. 大声朗诵这首诗,然后说说海子的诗歌理想。
2. 这首诗调动了哪些历史的、文化的资源?

【深度阅读】

1. 西川编《海子的诗》,人民文学出版社1995年版。
2. 燎原《扑向太阳之豹——海子评传》,南海出版公司2001年版。
3. 崔卫平编《不死的海子》,中国文联出版公司1999年版。

现当代戏剧第六

茶馆(节选)
老 舍

　　老舍(1899—1966),原名舒庆春,字舍予,北京满族正红旗人。他出身贫苦,1918年毕业于北京师范学校后就被任命为一所小学的校长。与五四时期受到现代教育的精英知识分子不同,他较早踏入社会,对于普通市民的生活方式、伦理态度有较多体认,这奠定了他独特的文学起点。1924年,他赴英国伦敦大学东方学院担任中文讲师,期间阅读大量外国文学作品,开始创作生涯,陆续写成《老张的哲学》《赵子曰》《二马》三部长篇小说,自此登上文坛,成为一位高产作家。代表作有小说《离婚》《骆驼祥子》《四世同堂》《月牙儿》《断魂枪》《微神》,话剧《龙须沟》《茶馆》等。写于1957年的话剧《茶馆》,是当代戏剧舞台上首屈一指的杰作,通过"茶馆"这样一个小小的社会空间,展现了一幅五十年北京社会生活变迁的"浮世绘"。

　　本篇节选自老舍著《老舍文集》第十一卷,人民文学出版社1987年版。

第一幕

时间　一八九八年(戊戌)初秋,康梁等的维新运动失败了。早半天。
地点　北京,裕泰大茶馆。
人物　王利发　刘麻子　庞太监　唐铁嘴　康六　小牛儿　松二爷　黄胖子　宋恩子　常四爷　秦仲义　吴祥子　李三　老人　康顺子　二德子　乡妇　茶客甲、乙、丙、丁　马五爷　小妞　茶房一二人

　　〔幕启:这种大茶馆现在已经不见了。在几十年前,每城都起码有一处。这里卖茶,也卖简单的点心与菜饭。玩鸟的人们,每天在蹓够了画眉、黄鸟等之后,要到这里歇歇腿,喝喝茶,并使鸟儿表演歌唱。商议事情的,说媒拉纤的,也到这里来。那年月,时常有打群架的,但是总会有朋友出头给双方调解;三五十口子打手,经调人东说西说,便都喝碗茶,吃碗烂肉面(大茶馆特殊的食品,价钱便宜,作起来快当),就可以化干戈为玉帛了。总之,这是当日非常

重要的地方,有事无事都可以来坐半天。

〔在这里,可以听到最荒唐的新闻,如某处的大蜘蛛怎么成了精,受到雷击。奇怪的意见也在这里可以听到,象把海边上都修上大墙,就足以挡住洋兵上岸。这里还可以听到某京戏演员新近创造了什么腔儿,和煎熬鸦片烟的最好的方法。这里也可以看到某人新得到的奇珍——一个出土的玉扇坠儿,或三彩的鼻烟壶。这真是个重要的地方,简直可以算作文化交流的所在。

〔我们现在就要看见这样的一座茶馆。

〔一进门是柜台与炉灶——为省点事,我们的舞台上可以不要炉灶;后面有些锅勺的响声也就够了。屋子非常高大,摆着长桌与方桌,长凳与小凳,都是茶座儿。隔窗可见后院,高搭着凉棚,棚下也有茶座儿。屋里和凉棚下都有挂鸟笼的地方。各处都贴着"莫谈国事"的纸条。

〔有两位茶客,不知姓名,正眯着眼,摇着头,拍板低唱。有两三位茶客,也不知姓名,正入神地欣赏瓦罐里的蟋蟀。两位穿灰色大衫的——宋恩子与吴祥子,正低声地谈话,看样子他们是北衙门的办案的(侦缉)。

〔今天又有一起打群架的,据说是为了争一只家鸽,惹起非用武力解决不可的纠纷。假若真打起来,非出人命不可,因为被约的打手中包括着善扑营的哥儿们和库兵,身手都十分厉害。好在,不能真打起来,因为在双方还没把打手约齐,已有人出面调停了——现在双方在这里会面。三三两两的打手,都横眉立目,短打扮,随时进来,往后院去。

〔马五爷在不惹人注意的角落,独自坐着喝茶。

〔王利发高高地坐在柜台里。

〔唐铁嘴踏拉着鞋,身穿一件极长极脏的大布衫,耳上夹着几张小纸片,进来。

王利发	唐先生,你外边蹓蹓吧!
唐铁嘴	(惨笑)王掌柜,捧捧唐铁嘴吧!送给我碗茶喝,我就先给您相相面吧!手相奉送,不取分文!(不容分说,拉过王利发的手来)今年是光绪二十四年,戊戌。您贵庚是……
王利发	(夺回手去)算了吧,我送给你一碗茶喝,你就甭卖那套生意口啦!

用不着相面,咱们既在江湖内,都是苦命人!(由柜台内走出,让唐铁嘴坐下)坐下!我告诉你,你要是不戒了大烟,就永远交不了好运!这是我的相法,比你的更灵验!

〔松二爷和常四爷都提着鸟笼进来,王利发向他们打招呼。他们先把鸟笼子挂好,找地方坐下。松二爷文绉绉的,提着小黄鸟笼;常四爷雄赳赳的,提着大而高的画眉笼。茶房李三赶紧过来,沏上盖碗茶。他们自带茶叶。茶沏好,松二爷、常四爷向邻近的茶座让了让。

松二爷　您喝这个!(然后,往后院看了看)
常四爷
松二爷　好象又有事儿?
常四爷　反正打不起来!要真打的话,早到城外头去啦;到茶馆来干吗?
　　　　〔二德子,一位打手,恰好进来,听见了常四爷的话。
二德子　(凑过去)你这是对谁甩闲话呢?
常四爷　(不肯示弱)你问我哪?花钱喝茶,难道还教谁管着吗?
松二爷　(打量了二德子一番)我说这位爷,您是营里当差的吧?来,坐下喝一碗,我们也都是外场人。
二德子　你管我当差不当差呢!
常四爷　要抖威风,跟洋人干去,洋人厉害!英法联军烧了圆明园,尊家吃着官饷,可没见您去冲锋打仗!
二德子　甭说打洋人不打,我先管教管教你!(要动手)
　　　　〔别的茶客依旧进行他们自己的事。王利发急忙跑过来。
王利发　哥儿们,都是街面上的朋友,有话好说。德爷,您后边坐!
　　　　〔二德子不听王利发的话,一下子把一个盖碗搂下桌去,摔碎。翻手要抓常四爷的脖领。
常四爷　(闪过)你要怎么着?
二德子　怎么着?我碰不了洋人,还碰不了你吗?
马五爷　(并未立起)二德子,你威风啊!
二德子　(四下扫视,看到马五爷)喝,马五爷,您在这儿哪?我可眼拙,没看见您!(过去请安)
马五爷　有什么事好好地说,干吗动不动地就讲打?
二德子　嗻!您说的对!我到后头坐坐去。李三,这儿的茶钱我候啦!(往后面走去)

常四爷　（凑过来，要对马五爷发牢骚）这位爷，您圣明，您给评评理！
马五爷　（立起来）我还有事，再见！（走出去）
常四爷　（对王利发）邪！这倒是个怪人！
王利发　您不知道这是马五爷呀？怪不得您也得罪了他！
常四爷　我也得罪了他？我今天出门没挑好日子！
王利发　（低声地）刚才您说洋人怎样，他就是吃洋饭的。信洋教，说洋话，有事情可以一直地找宛平县的县太爷去，要不怎么连官面上都不惹他呢！
常四爷　（往原处走）哼，我就不佩服吃洋饭的！
王利发　（向宋恩子、吴祥子那边稍一歪头，低声地）说话请留点神！（大声地）李三，再给这儿沏一碗来！（拾起地上的碎磁片）
松二爷　盖碗多少钱？我赔！外场人不作老娘们事！
王利发　不忙，待会儿再算吧！（走开）

〔纤手刘麻子领着康六进来。刘麻子先向松二爷、常四爷打招呼。

刘麻子　您二位真早班儿！（掏出鼻烟壶，倒烟）您试试这个！刚装来的，地道英国造，又细又纯！
常四爷　唉！连鼻烟也得从外洋来！这得往外流多少银子啊！
刘麻子　咱们大清国有的是金山银山，永远花不完！您坐着，我办点小事！（领康六找了个座儿）

〔李三拿过一碗茶来。

刘麻子　说说吧，十两银子行不行？你说干脆的！我忙，没工夫专伺候你！
康　六　刘爷！十五岁的大姑娘，就值十两银子吗？
刘麻子　卖到窑子去，也许多拿一两八钱的，可是你又不肯！
康　六　那是我的亲女儿！我能够……
刘麻子　有女儿，你可养活不起，这怪谁呢？
康　六　那不是因为乡下种地的都没法子混了吗？一家大小要是一天能吃上一顿粥，我要还想卖女儿，我就不是人！
刘麻子　那是你们乡下的事，我管不着。我受你之托，教你不吃亏，又教你女儿有个吃饱饭的地方，这还不好吗？
康　六　到底给谁呢？
刘麻子　我一说，你必定从心眼里乐意！一位在宫里当差的！
康　六　宫里当差的谁要个乡下丫头呢？
刘麻子　那不是你女儿的命好吗？

康　六　谁呢？
刘麻子　庞总管！你也听说过庞总管吧？侍候着太后，红的不得了，连家里打醋的瓶子都是玛瑙作的！
康　六　刘大爷，把女儿给太监作老婆，我怎么对得起人呢？
刘麻子　卖女儿，无论怎么卖，也对不起女儿！你胡涂！你看，姑娘一过门，吃的是珍馐美味，穿的是绫罗绸缎，这不是造化吗？怎样，摇头不算点头算，来个干脆的！
康　六　自古以来，哪有……他就给十两银子？
刘麻子　找遍了你们全村儿，找得出十两银子找不出？在乡下，五斤白面就换个孩子，你不是不知道！
康　六　我，唉！我得跟姑娘商量一下！
刘麻子　告诉你，过了这个村可没有这个店，耽误了事别怨我！快去快来！
康　六　唉！我一会儿就回来！
刘麻子　我在这儿等着你！
康　六　(慢慢地走出去)
刘麻子　(凑到松二爷、常四爷这边来)乡下人真难办事，永远没有个痛痛快快！
松二爷　这号生意又不小吧？
刘麻子　也甜不到哪儿去，弄好了，赚个元宝！
常四爷　乡下是怎么了？会弄得这么卖儿卖女的！
刘麻子　谁知道！要不怎么说，就是一条狗也得托生在北京城里嘛！
常四爷　刘爷，您可真有个狠劲儿，给拉拢这路事！
刘麻子　我要不分心，他们还许找不到买主呢！(忙岔话)松二爷，(掏出个小时表来)您看这个！
松二爷　(接表)好体面的小表！
刘麻子　您听听，嘎登嘎登地响！
松二爷　(听)这得多少钱？
刘麻子　您爱吗？就让给您！一句话，五两银子！您玩够了，不爱再要了，我还照数退钱！东西真地道，传家的玩艺！
常四爷　我这儿正咂摸这个味儿：咱们一个人身上有多少洋玩艺儿啊！老刘，就看你身上吧：洋鼻烟，洋表，洋缎大衫，洋布裤褂……
刘麻子　洋东西可是真漂亮呢！我要是穿一身土布，象个乡下脑壳，谁还理我呀！

常四爷　我老觉乎着咱们的大缎子,川绸,更体面!

刘麻子　松二爷,留下这个表吧,这年月,戴着这么好的洋表,会教人另眼看待!是不是这么说,您哪?

松二爷　(真爱表,但又嫌贵)我……

刘麻子　您先戴两天,改日再给钱!

〔黄胖子进来。

黄胖子　(严重的沙眼,看不清楚,进门就请安)哥儿们,都瞧我啦!我请安了!都是自己弟兄,别伤了和气呀!

王利发　这不是他们,他们在后院哪!

黄胖子　我看不大清楚啊!掌柜的,预备烂肉面。有我黄胖子,谁也打不起来!(往里走)

二德子　(出来迎接)两边已经见了面,您快来吧!

〔二德子同黄胖子入内。

〔茶房们一趟又一趟地往后面送茶水。老人进来,拿着些牙签、胡梳、耳挖勺之类的小东西,低着头慢慢地挨着茶座儿走;没人买他的东西。他要往后院去,被李三截住。

李　三　老大爷,您外边蹓蹓吧!后院里,人家正说和事呢,没人买您的东西!(顺手儿把剩茶递给老人一碗)

松二爷　(低声地)李三!(指后院)他们到底为了什么事,要这么拿刀动杖的?

李　三　(低声地)听说是为一只鸽子。张宅的鸽子飞到了李宅去,李宅不肯交还……唉,咱们还是少说话好,(问老人)老大爷您高寿啦?

老　人　(喝了茶)多谢!八十二了,没人管!这年月呀,人还不如一只鸽子呢!唉!(慢慢走出去)

〔秦仲义,穿得很讲究,满面春风,走进来。

王利发　哎哟!秦二爷,您怎么这样闲在,会想起下茶馆来了?也没带个底下人?

秦仲义　来看看,看看你这年轻小伙子会作生意不会!

王利发　唉,一边作一边学吧,指着这个吃饭嘛。谁叫我爸爸死的早,我不干不行啊!好在照顾主儿都是我父亲的老朋友,我有不周到的地方,都肯包涵,闭闭眼就过去了。在街面上混饭吃,人缘儿顶要紧。我按着我父亲遗留下的老办法,多说好话,多请安,讨人人的喜欢,就不会出大岔子!您坐下,我给您沏碗小叶茶去!

秦仲义　我不喝！也不坐着！
王利发　坐一坐！有您在我这儿坐坐，我脸上有光！
秦仲义　也好吧！（坐）可是，用不着奉承我！
王利发　李三，沏一碗高的来！二爷，府上都好？您的事情都顺心吧？
秦仲义　不怎么太好！
王利发　您怕什么呢？那么多的买卖，您的小手指头都比我的腰还粗！
唐铁嘴　（凑过来）这位爷好相貌，真是天庭饱满，地阁方圆，虽无宰相之权，而有陶朱之富！
秦仲义　躲开我！去！
王利发　先生，你喝够了茶，该外边活动活动去！（把唐铁嘴轻轻推开）
唐铁嘴　唉！（垂头走出去）
秦仲义　小王，这儿的房租是不是得往上提那么一提呢？当年你爸爸给我的那点租钱，还不够我喝茶用的呢！
王利发　二爷，您说的对，太对了！可是，这点小事用不着您分心，您派管事的来一趟，我跟他商量，该长多少租钱，我一定照办！是！嗻！
秦仲义　你这小子，比你爸爸还滑！哼，等着吧，早晚我把房子收回去！
王利发　您甭吓唬着我玩，我知道您多么照应我，心疼我，决不会叫我挑着大茶壶，到街上卖热茶去！
秦仲义　你等着瞧吧！
　　　　〔乡妇拉着个十来岁的小妞进来。小妞的头上插着一根草标。李三本想不许她们往前走，可是心中一难过，没管。她们俩慢慢地往里走。茶客们忽然都停止说笑，看着她们。
小　妞　（走到屋子中间，立住）妈，我饿！我饿！
　　　　〔乡妇呆视着小妞，忽然腿一软，坐在地上，掩面低泣。
秦仲义　（对王利发）轰出去！
王利发　是！出去吧，这里坐不住！
乡　妇　哪位行行好？要这个孩子，二两银子！
常四爷　李三，要两个烂肉面，带她们到门外吃去！
李　三　是啦！（过去对乡妇）起来，门口等着去，我给你们端面来！
乡　妇　（立起，抹泪往外走，好象忘了孩子；走了两步，又转回身来，搂住小妞吻她）宝贝！宝贝！
王利发　快着点吧！
　　　　〔乡妇、小妞走出去。李三随后端出两碗面去。

王利发　（过来）常四爷，您是积德行好，赏给她们面吃！可是，我告诉您：这路事儿太多了，太多了！谁也管不了！（对秦仲义）二爷，您看我说的对不对？

常四爷　（对松二爷）二爷，我看哪，大清国要完！

秦仲义　（老气横秋地）完不完，并不在乎有人给穷人们一碗面吃没有。小王，说真的，我真想收回这里的房子！

王利发　您别那么办哪，二爷！

秦仲义　我不但收回房子，而且把乡下的地，城里的买卖也都卖了！

王利发　那为什么呢？

秦仲义　把本钱拢在一块儿，开工厂！

王利发　开工厂？

秦仲义　嗯，顶大顶大的工厂！那才救得了穷人，那才能抵制外货，那才能救国！（对王利发说而眼看着常四爷）唉，我跟你说这些干什么，你不懂！

王利发　您就专为别人，把财产都出手，不顾自己了吗？

秦仲义　你不懂！只有那么办，国家才能富强！好啦，我该走啦。我亲眼看见了，你的生意不错，你甭再耍无赖，不长房钱！

王利发　您等等，我给您叫车去！

秦仲义　用不着，我愿意蹓跶蹓跶！

〔秦仲义往外走，王利发送。

〔小牛儿搀着庞太监走进来。小牛儿提着水烟袋。

庞太监　哟！秦二爷！

秦仲义　庞老爷！这两天您心里安顿了吧？

庞太监　那还用说吗？天下太平了，圣旨下来，谭嗣同问斩！告诉您，谁敢改祖宗的章程，谁就掉脑袋！

秦仲义　我早就知道！

〔茶客们忽然全静寂起来，几乎是闭住呼吸地听着。

庞太监　您聪明，二爷，要不然您怎么发财呢！

秦仲义　我那点财产，不值一提！

庞太监　太客气了吧？您看，全北京城谁不知道秦二爷！您比作官的还厉害呢！听说呀，好些财主都讲维新！

秦仲义　不能这么说，我那点威风在您的面前可就施展不出来了！哈哈哈！

庞太监　说得好，咱们就八仙过海，各显其能吧！哈哈哈！

秦仲义　改天过去给您请安,再见!(下)
庞太监　(自言自语)哼,凭这么个小财主也敢跟我逗嘴皮子,年头真是改了!(问王利发)刘麻子在这儿哪?
王利发　总管,您里边歇着吧!
　　　　〔刘麻子早已看见庞太监,但不敢靠近,怕打搅了庞太监、秦仲义的谈话。
刘麻子　喝,我的老爷子!您吉祥!我等了您好大半天了!(搀庞太监往里面走)
　　　　〔宋恩子、吴祥子过来请安,庞太监对他们耳语。
　　　　〔众茶客静默了一阵之后,开始议论纷纷。
茶客甲　谭嗣同是谁?
茶客乙　好象听说过!反正犯了大罪,要不,怎么会问斩呀!
茶客丙　这两三个月了,有些作官的,念书的,乱折腾乱闹,咱们怎能知道他们捣的什么鬼呀!
茶客丁　得!不管怎么说,我的铁杆庄稼又保住了!姓谭的,还有那个康有为,不是说叫旗兵不关钱粮,去自谋生计吗?心眼多毒!
茶客丙　一份钱粮倒叫上头克扣去一大半,咱们也不好过!
茶客丁　那总比没有强啊!好死不如赖活着,叫我去自己谋生,非死不可!
王利发　诸位主顾,咱们还是莫谈国事吧!
　　　　〔大家安静下来,都又各谈各的事。
庞太监　(已坐下)怎么说?一个乡下丫头,要二百银子?
刘麻子　(侍立)乡下人,可长得俊呀!带进城来,好好地一打扮、调教,准保是又好看,又有规矩!我给您办事,比给我亲爸爸作事都更尽心,一丝一毫不能马虎!
　　　　〔唐铁嘴又回来了。
王利发　铁嘴,你怎么又回来了?
唐铁嘴　街上兵荒马乱的,不知道是怎么回事!
庞太监　还能不搜查搜查谭嗣同的余党吗?唐铁嘴,你放心,没人抓你!
唐铁嘴　嗻,总管,您要能赏给我几个烟泡儿,我可就更有出息了!
　　　　〔有几个茶客好象预感到什么灾祸,一个个往外溜。
松二爷　咱们也该走啦吧!天不早啦!
常四爷　嗻!走吧!
　　　　〔二灰衣人——宋恩子和吴祥子走过来。

宋恩子　等等！
常四爷　怎么啦？
宋恩子　刚才你说"大清国要完"？
常四爷　我，我爱大清国，怕它完了！
吴祥子　(对松二爷)你听见了？他是这么说的吗？
松二爷　哥儿们，我们天天在这儿喝茶。王掌柜知道：我们都是地道老好人！
吴祥子　问你听见了没有？
松二爷　那，有话好说，二位请坐！
宋恩子　你不说，连你也锁了走！他说"大清国要完"，就是跟谭嗣同一党！
松二爷　我，我听见了，他是说……
宋恩子　(对常四爷)走！
常四爷　上哪儿？事情要交代明白了啊！
宋恩子　你还想拒捕吗？我这儿可带着"王法"呢！(掏出腰中带着的铁链子)
常四爷　告诉你们，我可是旗人！
吴祥子　旗人当汉奸，罪加一等！锁上他！
常四爷　甭锁，我跑不了！
宋恩子　量你也跑不了！(对松二爷)你也走一趟，到堂上实话实说，没你的事！
〔黄胖子同三五个人由后院过来。
黄胖子　得啦，一天云雾散，算我没白跑腿！
松二爷　黄爷！黄爷！
黄胖子　(揉揉眼)谁呀？
松二爷　我！松二！您过来，给说句好话！
黄胖子　(看清)哟，宋爷，吴爷，二位爷办案哪？请吧！
松二爷　黄爷，帮帮忙，给美言两句！
黄胖子　官厅儿管不了的事，我管！官厅儿能管的事呀，我不便多嘴！(问大家)是不是？
众　　　嗻！对！
〔宋恩子、吴祥子带着常四爷、松二爷往外走。
松二爷　(对王利发)看着点我们的鸟笼子！
王利发　您放心，我给送到家里去！

〔常四爷、松二爷、宋恩子、吴祥子同下。

黄胖子　（唐铁嘴告以庞太监在此）哟，老爷在这儿哪？听说要安份儿家，我先给您道喜！
庞太监　等吃喜酒吧！
黄胖子　您赏脸！您赏脸！（下）
〔乡妇端着空碗进来，往柜上放。小妞跟进来。
小　妞　妈！我还饿！
王利发　唉！出去吧！
乡　妇　走吧，乖！
小　妞　不卖妞妞啦？妈！不卖啦？妈！
乡　妇　乖！（哭着，携小妞下）
〔康六带着康顺子进来，立在柜台前。
康　六　姑娘！顺子！爸爸不是人，是畜生！可你叫我怎办呢？你不找个吃饭的地方，你饿死！我不弄到手几两银子，就得叫东家活活地打死！你呀，顺子，认命吧，积德吧！
康顺子　我，我……（说不出话来）
刘麻子　（跑过来）你们回来啦？点头啦？好！来见见总管！给总管磕头！
康顺子　我……（要晕倒）
康　六　（扶住女儿）顺子！顺子！
刘麻子　怎么啦？
康　六　又饿又气，昏过去了！顺子！顺子！
庞太监　我要活的，可不要死的！
〔静场。
茶客甲　（正与乙下象棋）将！你完啦！

——幕落

【集评】

　　语言好，人物也活，几笔就勾出来了，画龙点睛式的手法。抓得准确，人物一上场，三言两语就出来了。如马五爷，二德子那么凶，他只说"二德子，你威风呵！"连站都不站起来，二德子就赶紧过来请安。用二德子来衬托马五爷，太好了。问题也就在这里……如这个戏的人物虽活，但仍会感到个性不深。恐怕这样要求，又不合乎这个戏的体例了。这是三堆画面戏，而越是图卷戏，越是要去掉拉洋片的印象；越是画面的东西，越要大块文章。（《座谈老舍的〈茶馆〉》[1957年12月]中李健吾的发言,克莹、李颖编《老舍的话剧艺术》,文化艺术出版社1982年版,第398页。)

我喜欢《茶馆》的语言。老舍曾跟我说过,写话剧的台词,要像写诗一样地推敲。他的手稿总是写得干干净净的,不轻易下笔。他的台词多用动作性语言,尽量少写叙述句子。他总用北京话写作,但他的北京话文明、不俗、幽默、有力。他的语言意识是炉火纯青的。(于是之《关于〈龙须沟〉和〈茶馆〉》,《中国现代文学研究丛刊》1996年第4期,第81页。)

他选择了从"侧面",从"小人物"的生活变迁的角度,并把对他们的表现范围,限制在茶馆这个"小社会"中。没有运动中心情节和贯穿全剧的冲突(当代话剧常见的结构方式),而采用被称为"图卷戏"或"三组风俗画"的创新形式。众多的人物被放置在显现不同时代风貌的场景中。(洪子诚《中国当代文学史》,北京大学出版社2007年版,第148页。)

【思考题】

1. 在第一幕中,登场的人物众多,其中茶馆老板王利发起到什么作用?
2. 在中学语文课上,你学习过曹禺的名作《雷雨》吧,试从戏剧风格上比较一下《雷雨》和《茶馆》。

【深度阅读】

1. 老舍《茶馆 龙须沟》,人民文学出版社1994年版。
2. 舒乙编《说不尽的老舍》,北京师范大学出版社2003年版。
3. 赵园《北京:城与人》,北京大学出版社2014年版。

沙家浜(节选)

《沙家浜》是"文革"时期的八大"样板戏"之一,前身为沪剧《芦荡火种》。1963年,北京京剧团接受了改编任务,主要执笔者为汪曾祺,公演后引起巨大轰动,根据毛泽东的指示,剧名最终改为《沙家浜》。该剧讲述的故事是,抗日战争时期,某部指导员郭建光带领十八名新四军伤员在沙家浜养伤,地下共产党员阿庆嫂与敌寇巧妙周旋,掩护新四军伤员安全伤愈归队,最终消灭了敌人,取得胜利。在1960—1970年代的历史语境中,"样板戏"最主要的特征是文化生产与政治权力的紧密关联,但政治乌托邦理想与大众艺术形式的结合也造就了一种特殊的美学,其中一些段落因唱腔优美、情节紧张而广为流传,融入几代中国人的集体记忆。

本篇节选的《智斗》,为《沙家浜》中最著名的一场。选自北京京剧团集体改编《沙家浜》(1970年5月演出本),人民出版社1970年版。

第四场 智斗

〔日寇在沙家浜镇"扫荡"了三天,已经过境。

〔春来茶馆。设在埠头路口。台的左右各有方桌一张,方凳两个。日寇过后,桌椅茶具均遭破坏,屋外凉棚东倒西歪。地下有一些断砖碎瓦,春来茶馆的招牌也被扔在地下。

〔幕启:阿庆嫂扶老携幼上。

阿庆嫂　您慢着点!

老大爷　阿庆嫂,谢谢你一路上照顾!

阿庆嫂　没什么,这是应当的。

老大爷　看,叫他们糟蹋成什么样了!

〔又一批群众上。

群　众　阿庆嫂!

阿庆嫂　你们回来了!

群　众　回来了。

老大爷　我们大家伙帮助收拾收拾吧!

阿庆嫂　行了,我自己来吧。

〔阿庆嫂从地下把招牌拾起,放在桌子上。众扶起翻倒的桌凳,捡走破碎的茶具、砖瓦,支起凉棚。

少　妇　阿庆嫂,我回去了。

老大爷　阿庆嫂,我们也回去了。

阿庆嫂　您慢点走啊!

老大娘　我们也回去了。

阿庆嫂　(向小姑娘)搀着你妈点!

〔群众下。

〔阿庆嫂掸净招牌上的泥土,对着观众,亮出招牌上的字样,然后挂起招牌,打开放置茶具的柜子。

阿庆嫂　(唱)【西皮摇板】

　　　　　　敌人"扫荡"三天整,

断壁残墙留血痕。
　　　逃难的众邻居都回乡井，
　　　我也该打双桨迎接亲人。
〔沙奶奶、沙四龙迎面而来。

沙奶奶　阿庆嫂！
沙四龙
沙奶奶　你回来了。
阿庆嫂　回来了。
沙四龙　鬼子走了，该把伤病员同志们接回来了！
阿庆嫂　对！四龙，咱们这就走！
沙四龙　走！
〔内喊："胡传魁的队伍快要进镇子了！"
〔群众跑上，告诉阿庆嫂："胡传魁来了！"……赶快跑下。
〔赵阿祥、王福根上。
赵阿祥　阿庆嫂，胡传魁的队伍快要进镇了！
阿庆嫂　他来了！日本鬼子前脚走，他后脚就到了，怎么这么快呀？（向王福根）你瞧见他们的队伍了吗？
王福根　瞧见了，有好几十个人哪！
阿庆嫂　好几十个人？
王福根　戴的是国民党的帽徽，旗子上写的是"忠义救国军"。
阿庆嫂　（思考）"忠义救国军"？……国民党的帽徽？……
赵阿祥　听说刁德一也回来了。
沙奶奶　刁德一是刁老财的儿子！
阿庆嫂　（向王福根）你再看看去。
王福根　哎。（下）
阿庆嫂　胡传魁这一回来，是路过，是长住，还不清楚，伤员同志们先不能接，咱们得想办法给他们送点干粮去。
赵阿祥　我去预备炒米。
沙四龙　我去准备船。
阿庆嫂　要提高警惕呀！
赵阿祥　哎！
沙四龙
〔沙四龙扶沙奶奶下，赵阿祥随下。

〔阿庆嫂走进屋内。

〔内喊:"站住!"

〔一妇女跑下。

〔内喊:"站住!"刁小三追逐一挟包袱的少女上。

刁小三　站住!老子们抗日救国,给你们赶走了日本鬼子,你得慰劳慰劳!

〔刁小三抢少女包袱。

少　女　你干嘛抢东西?!

刁小三　抢东西?我还要抢人呢!(扑向少女)

少　女　(急中生计,求救地喊)阿庆嫂!

〔阿庆嫂急忙从屋里出来,护住少女。

阿庆嫂　得啦,得啦,本乡本土的,何必呢!来,这边坐会儿,吃杯茶。

刁小三　干什么呀,挡横是怎么着?!……

〔刘副官上。

刘副官　刁小三,司令这就来,你在这干嘛哪?

阿庆嫂　哎,是老刘啊!

刘副官　(得意地)阿庆嫂,我现在当副官啦!

阿庆嫂　喔!当副官啦!恭喜你呀!

刘副官　老没见了,您倒好哇?

阿庆嫂　好。

刘副官　刁小三,都是自己人,你在这闹什么哪?

阿庆嫂　是啊,这位兄弟,眼生得很,没见过,在这儿跟我有点过不去呀!

刘副官　刁小三!这是阿庆嫂,救过司令的命!你在这儿胡闹,司令知道了,有你的好吗?

刁小三　我不知道啊!阿庆嫂,我刁小三有眼不识泰山,您宰相肚里能撑船,别跟我一般见识啊!

阿庆嫂　(已经察觉他们是一伙敌人,虚与周旋)没什么!一回生,两回熟嘛,我也不会倚官仗势,背地里给人小鞋穿,刘副官,您是知道的!

刘副官　哎,人家阿庆嫂是厚道人!

阿庆嫂　(向少女)回去吧。

少　女　他还抢我包袱哪!

阿庆嫂　包袱?他哪能要你的包袱啊!(向刁小三)跟她闹着玩哪,是吧?(向刘副官)啊?

刘副官　啊。(向刁小三)闹着玩,你也不挑个地方!

〔刁小三无可奈何地把包袱递给阿庆嫂。

阿庆嫂　（把包袱给少女）拿着,要谢谢!快回去吧!
　　　　〔少女下。
刘副官　刁小三,去接司令、参谋长。去吧,去吧!
刁小三　阿庆嫂,回见。
阿庆嫂　回见,呆会儿过来吃茶呀。
　　　　〔刁小三凶横地、恨恨不满地下。
刘副官　阿庆嫂,他是我们刁参谋长的堂弟,您得多包涵点呀!
阿庆嫂　这算不了什么。刘副官,你请坐,呆会儿水开了我就给您泡茶去,您是稀客,难得到我这小茶馆里来!
　　　　〔阿庆嫂欲进屋,刘副官从后叫住。
刘副官　阿庆嫂,您别张罗!我是奉命先看看,司令一会儿就来。
阿庆嫂　司令?
刘副官　啊,就是老胡啊!
阿庆嫂　哦,老胡当司令了?
刘副官　对了!人也多了,枪也多了!跟上回大不相同,阔多喽。今非昔比,鸟枪换炮了!
阿庆嫂　哦。（下决心进行侦察）啊呀,那好哇!刘副官,一眨眼,你们走了不少的日子了。（一面擦拭桌面,一面观察刘副官）
刘副官　啊,可不是嘛。
阿庆嫂　（试探地）这回来了,可得多住些日子了?
刘副官　这回来了,就不走了!
阿庆嫂　……哦!（断定他们是长住了,就故意表示欢迎的态度）那好啊!
刘副官　要在沙家浜扎下去了,司令部就安在刁参谋长家里,已经派人收拾去了。司令说:先到茶馆里来坐坐。
　　　　〔内一阵脚步声。
刘副官　司令来了!
　　　　〔刘副官忙去迎接。阿庆嫂思考对策。
　　　　〔胡传魁、刁德一、刁小三上。四个伪军从土坡上走过。
胡传魁　嘿,阿庆嫂!
　　　　〔胡传魁脱斗篷。刘副官接住,下。
阿庆嫂　（回身迎上）听说您当了司令啦,恭喜呀!
胡传魁　你好哇?

阿庆嫂　好啊,好啊,哪阵风把您给吹回来了?
胡传魁　买卖兴隆,混得不错吧?
阿庆嫂　托您的福,还算混得下去。
胡传魁　哈哈哈……
阿庆嫂　胡司令,您这边请坐。
胡传魁　好好好,我给你介绍介绍,这是我的参谋长,姓刁,是本镇财主刁老太爷的公子,刁德一。
　　　　〔刁德一上下打量阿庆嫂。
阿庆嫂　(发觉刁德一是很阴险狡猾的敌人,就虚与周旋地)参谋长,我借贵方一块宝地,落脚谋生,参谋长树大根深,往后还求您多照应。
胡传魁　是啊,你还真得多照应着点。
刁德一　好说好说。
　　　　〔刁德一脱斗篷。刁小三接住,下。
阿庆嫂　参谋长,您坐!
胡传魁　阿庆哪?
阿庆嫂　还提哪,跟我拌了两句嘴,就走了。
胡传魁　这个阿庆,就是脚野一点,在家里呆不住哇。上哪儿了?
阿庆嫂　有人看见他了,说是在上海跑单帮哪。说了,不混出个人样来,不回来见我。
胡传魁　对嘛!男子汉大丈夫,是要有这么点志气!
阿庆嫂　您还夸他哪!
胡传魁　阿庆嫂,我上回大难不死,才有了今天,我可得好好的谢谢你呀!
阿庆嫂　那是您本身的造化。哟,您瞧我,净顾了说话了,让您二位这么干坐着,我去泡茶去,您坐,您坐!(进屋)
刁德一　司令!这么熟识,是什么人哪?
胡传魁　你问的是她?

(唱)【西皮二六】
　　　想当初老子的队伍才开张,
　　　拢共才有十几个人、七八条枪。
　　【流水】
　　　遇皇军追得我晕头转向,
　　　多亏了阿庆嫂,她叫我水缸里面把身藏。
　　　她那里提壶续水,面不改色,无事一样,

〔阿庆嫂提壶拿杯,细心地听着,发现敌人看见了自己,就若无其事地从屋里走出。

胡传魁　（接唱）

　　　　骗走了东洋兵,我才躲过了大难一场。（转向阿庆嫂）
　　　　似这样救命之恩终身不忘,
　　　　俺胡某讲义气终当报偿。

阿庆嫂　（有意在敌人面前掩饰自己）胡司令,这么点小事,您别净挂在嘴边上。那我也是急中生智,事过之后,您猜怎么着,我呀,还真有点后怕呀!

〔阿庆嫂一面倒茶,一面观察。

阿庆嫂　参谋长,您吃茶!（忽然想起）哟,香烟忘了,我去拿烟去。（进屋）

刁德一　（看着阿庆嫂背影）司令!我是本地人,怎么没有见过这位老板娘啊?

胡传魁　人家夫妻"八·一三"以后才来这儿开茶馆,那时候你还在日本留学,你怎么会认识她哪?!

刁德一　嗷!这个女人真不简单哪!

胡传魁　怎么,你对她还有什么怀疑吗?

刁德一　不不不!司令的恩人嘛!

胡传魁　你这个人哪!

刁德一　嘿嘿嘿……

〔阿庆嫂取香烟、火柴,提铜壶从屋内走出。

阿庆嫂　参谋长,烟不好,请抽一支呀!

〔刁德一接过阿庆嫂送上的烟。阿庆嫂欲为点烟,刁德一谢绝,自己用打火机点着。

阿庆嫂　胡司令,抽一支!

〔胡传魁接烟。阿庆嫂给胡传魁点烟。

刁德一　（望着阿庆嫂背影,唱）【反西皮摇板】

　　　　这个女人不寻常!

阿庆嫂　（接唱）

　　　　刁德一有什么鬼心肠?

胡传魁　（唱）【西皮摇板】

　　　　这小刁一点面子也不讲!

阿庆嫂　（接唱）

这草包倒是一堵挡风的墙。

刁德一　（略一想，打开烟盒请阿庆嫂抽烟）抽烟！

〔阿庆嫂摇手拒绝。

胡传魁　人家不会，你干什么！

刁德一　（接唱）

　　　　她态度不卑又不亢。

阿庆嫂　（唱）【西皮流水】

　　　　他神情不阴又不阳。

胡传魁　（唱）【西皮摇板】

　　　　刁德一搞的什么鬼花样？

阿庆嫂　（唱）【西皮流水】

　　　　他们到底是姓蒋还是姓汪？

刁德一　（唱）【西皮摇板】

　　　　我待要旁敲侧击将她访。

阿庆嫂　（接唱）

　　　　我必须察言观色把他防。

〔阿庆嫂欲进屋。刁德一从她的身后叫住。

刁德一　阿庆嫂！

　　　　（唱）【西皮流水】

　　　　适才听得司令讲，

　　　　阿庆嫂真是不寻常。

　　　　我佩服你沉着机灵有胆量，

　　　　竟敢在鬼子面前耍花枪。

　　　　若无有抗日救国的好思想，

　　　　焉能够舍己救人不慌张！

阿庆嫂　（接唱）

　　　　参谋长休要谬夸奖，

　　　　舍己救人不敢当。

　　　　开茶馆，盼兴旺，

　　　　江湖义气第一桩。

　　　　司令常来又常往，

　　　　我有心背靠大树好乘凉。

　　　　也是司令洪福广，

　　　　　　　方能遇难又呈祥。
刁德一　（接唱）
　　　　　　　新四军久在沙家浜，
　　　　　　　这棵大树有阴凉，
　　　　　　　你与他们常来往，
　　　　　　　想必是安排照应更周详！
阿庆嫂　（接唱）
　　　　　　　垒起七星灶，
　　　　　　　铜壶煮三江。
　　　　　　　摆开八仙桌，
　　　　　　　招待十六方。
　　　　　　　来的都是客，
　　　　　　　全凭嘴一张。
　　　　　　　相逢开口笑，
　　　　　　　过后不思量。
　　　　　　　人一走，茶就凉……
　　　〔阿庆嫂泼去刁德一杯中残茶，刁德一一惊。
阿庆嫂　（接唱）
　　　　　　　有什么周详不周详！
胡传魁　哈哈哈……
刁德一　嘿嘿嘿……阿庆嫂真不愧是个开茶馆的，说出话来滴水不漏。佩服！佩服！
阿庆嫂　胡司令，这是什么意思呀？
胡传魁　他就是这么个人，阴阳怪气的！阿庆嫂别多心啊！
阿庆嫂　我倒没什么！（提铜壶进屋）
胡传魁　老刁啊，人家阿庆嫂救过我的命，咱们大面儿上得晾得过去，你干什么这么东一榔头西一棒子，叫我这面子往哪儿搁！你要干什么，你？
刁德一　不是啊，司令，这位阿庆嫂眼观六路，耳听八方，胆大心细，遇事不慌。咱们要在沙家浜久住，搞曲线救国，这可是用得着的人哪。就不知道她跟咱们是不是一条心！
胡传魁　阿庆嫂？自己人！
刁德一　那要问问她新四军和新四军的伤病员，她不会不知道。就怕她知道了不说。

胡传魁　要问,得我去!你去,准得碰钉子!

刁德一　那是,还是司令有面子嘛!

胡传魁　哈哈哈……

〔阿庆嫂机警从容,端着一盘瓜子从屋内走出。

阿庆嫂　胡司令,参谋长,吃点瓜子啊。

胡传魁　好……(喝茶)

阿庆嫂　……这茶吃到这会儿,刚吃出味儿来!

胡传魁　不错,吃出点味儿来了。——阿庆嫂,我跟你打听点事。

阿庆嫂　哦,凡是我知道的……

胡传魁　我问你新四军……

阿庆嫂　新四军?有,有!

(唱)【西皮摇板】

　　司令何须细打听,

　　此地驻过许多新四军。

胡传魁　驻过新四军?

阿庆嫂　驻过。

胡传魁　有伤病员吗?

阿庆嫂　有!

(接唱)【西皮流水】

　　还有一些伤病员,

　　伤势有重又有轻。

胡传魁　他们住在哪儿?

阿庆嫂　(接唱)

　　我们这个镇子里,

　　家家住过新四军。

　　就是我这小小的茶馆里,

　　也时常有人前来吃茶、灌水、涮手巾。

胡传魁　(向刁德一)怎么样?

刁德一　现在呢?

阿庆嫂　现在?

(接唱)

　　听得一声集合令,

　　　　　　　浩浩荡荡他们登路程!
胡传魁　伤病员也走了吗?
阿庆嫂　伤病员?
　　　　(接唱)【西皮散板】
　　　　　　　伤病员也无踪影,
　　　　　　　远走高飞难找寻!
刁德一　哦,都走了?!
阿庆嫂　都走了。要不日本鬼子"扫荡"了三天,把个沙家浜象篦头发似地篦了这么一遍,也没找出他们的人来!
刁德一　日本鬼子人地生疏,两眼一抹黑。这么大的沙家浜,要藏起个把人来,那还不容易吗!就拿胡司令来说吧,当初不是被你阿庆嫂在日本鬼子的眼皮底下,往水缸里这么一藏,不就给藏起来了吗!
阿庆嫂　噢,听刁参谋长这意思,新四军的伤病员是我给藏起来了。这可真是呀,听话听声,锣鼓听音。照这么看,胡司令,我当初真不该救您,倒落下话把儿了!
胡传魁　阿庆嫂,别……
阿庆嫂　不……
胡传魁　别别别……
阿庆嫂　不不不!胡司令,今天当着您的面,就请你们弟兄把我这小小的茶馆,里里外外,前前后后,都搜上一搜,省得人家疑心生暗鬼,叫我们里外不好做人哪!(把抹布摔在桌上,掸裙,双手一搭,昂头端坐,面带怒容,反击敌人)
胡传魁　老刁,你瞧你!
刁德一　说句笑话嘛,何必当真呢!
胡传魁　哎,参谋长是开玩笑!
阿庆嫂　胡司令,这种玩笑我们可担当不起呀!(进屋)
刁德一　(看着隔湖芦荡,转身向胡传魁)司令,新四军伤病员没有走远,就在附近!
胡传魁　在哪儿呢?
刁德一　看!(指向芦苇荡里)很有可能就在对面的芦苇荡里!
胡传魁　芦苇荡?(恍然大悟)不错!来人哪!
　　　　〔刘副官、刁小三上。
胡传魁　往芦苇荡里给我搜!

刁德一　慢着！不能搜，司令，你不是这里的人，还不十分了解芦苇荡的情形。这芦苇荡无边无沿，地势复杂，咱们要是进去这么瞎碰，那简直是大海里捞针。再者说，咱们在明处，他们在暗处，那可净等着挨黑枪。咱们要向皇军交差，可不能做这赔本的买卖！

胡传魁　那依着你怎么办呢？

刁德一　我叫他们自己走出来！

胡传魁　大白天说梦话！他们会自己走出来？

刁德一　我自有办法！来呀！

刘副官
刁小三　有！

刁德一　把老百姓给我叫到春来茶馆，我要训话！

刘副官
刁小三　是！（下）

胡传魁　你叫老百姓干什么？

刁德一　我叫他们下阳澄湖捕鱼捉蟹！

胡传魁　捕鱼捉蟹，这里头有什么名堂？

刁德一　每只船上都派上咱们自己的人，叫他们换上便衣。那新四军要是看见老百姓下湖捕鱼，一定以为镇子里头没有事，就会自动走出来。到那个时候各船上一齐开火，岂不就……

胡传魁　老刁，你真行啊！哈哈哈……

〔内响起群众的声音，由远而近。刘副官、刁小三上。

刘副官
刁小三　报告！老百姓都来了！

刁德一　好，我训话。

〔内群众抗议声。

刘副官
刁小三　站好了！……嗐！站好了！

刁小三　参谋长训话！

刁德一　乡亲们！我们是"忠义救国军"，是抗日的队伍。我们来了，知道你们现在很困难，也拿不出什么东西来慰劳我们，也不怪罪你们，叫你们下阳澄湖捕鱼捉蟹，按市价收买！

〔内群众抗议声。王福根："长官，我们不能去，要是碰见日本鬼子的汽艇，我们就没命了！"……

刁小三　别吵!

刁德一　大家不要怕,每只船上派三个弟兄保护你们!

〔内群众抗议声:"那也不去! 不敢去!"……

胡传魁　他妈的! 谁敢不去! 不去,枪毙!

〔胡传魁、刁德一、刘副官、刁小三下。

〔阿庆嫂急忙由屋内走出。

阿庆嫂　(唱)【西皮散板】

　　　　刁德一,贼流氓,
　　　　毒如蛇蝎狠如狼,
　　　　安下了钩丝布下网,
　　　　只恐亲人难提防。
　　　　渔船若是一举桨,
　　　　顷刻之间要起祸殃。

〔内群众抗议声。

阿庆嫂　(接唱)

　　　　乡亲们若是来抵抗,
　　　　定要流血把命伤。
　　　　恨不能生双翅飞进芦荡,
　　　　急得我浑身冒火无主张。

〔内刁小三叫喊:"不去? 不去我就要开枪了!"

阿庆嫂　开枪?

　　　　(唱)【西皮流水】

　　　　若是镇里枪声响,
　　　　枪声报警芦苇荡,
　　　　亲人们定知镇上有情况,
　　　　芦苇深处把身藏。(欠身了望,看到断砖、草帽,灵机一动)
　　　　要沉着,莫慌张,
　　　　风声鹤唳,引诱敌人来打枪!

〔阿庆嫂拿起墙根的断砖,上复草帽,扔进水中,急忙躲进屋里。

〔刁小三跑上。

刁小三　有人跳水!

〔胡传魁、刘副官急上。

〔刘副官、胡传魁开枪。刁德一闻声急上。

刁德一　不许开枪……唉！不许开枪！
　　　　〔阿庆嫂走到门旁观察。
胡传魁　为什么呀！
刁德一　司令！新四军听见枪声，他们能够出来么？
胡传魁　你怎么不早说哪！刁小三！
刁小三　有！
胡传魁　把带头闹事的给我抓起几个来！
刁德一　刘副官！
刘副官　有！
刁德一　所有的船只都给我扣了，我都把他们困死！
　　　　〔胡传魁、刁德一下。刘副官、刁小三随下。
　　　　〔阿庆嫂走到门外，思考，考虑下一步的战斗。亮相。

——幕闭

【集评】

　　这场戏中，改编者巧妙地把原剧同场阿庆嫂和刁德一相互猜度的二人"背供"唱，改为三人"背供"唱；刁德一怀疑阿庆嫂的身份，胡传魁对刁德一的疑神疑鬼、不顾自己的面子心怀不满，而阿庆嫂一面揣度刁德一的鬼心思，一面决定用胡传魁作为自己的"挡风墙"，来对付更狡猾阴险的敌人。这样，在这场小试锋芒的"遭遇战"中，阿庆嫂性格中的主动斗争精神，马上显露出来，她是在观察、判断、寻找敌人的弱点，而不是消极被动的应付，同时给以后的戏剧冲突奠定了基础。(郭汉城《试评京剧〈沙家浜〉的改编》，中国戏剧家协会编《京剧〈沙家浜〉评论集》，中国戏剧出版社 1965 年版，第 40 页。)

　　阿庆嫂的身份是双重的，其政治符号是共产党的地下交通员，其民间符号是江南小镇的茶馆老板娘，后者在民间文艺中常常体现为一种泼辣智慧、自由自在的角色，她的对手，总是一些被嘲讽的男人角色，代表了民间社会的对立面——权力社会和知识社会。代表权力社会的往往是愚蠢、蛮横的权势者，代表知识社会的往往是狡诈、怯懦的酸文人；战胜前者需要勇气，战胜后者需要智力。(陈思和《民间的浮沉：从抗战到"文革"文学史的一个解释》，《新文学整体观续编》，山东教育出版社 2010 年版，第 149 页。)

【思考题】

1. 《智斗》一场,明里暗里唇枪舌剑,分析一下三人交锋的过程。

2. 作为一出革命"样板戏",《沙家浜》也与民间文化的深层影响有关,你能读出来吗?

【深度阅读】

1. 王元化《论样板戏》,《清园论学集》,上海古籍出版社1994年版。

2. 段春娟编《汪曾祺说戏》,山东画报出版社2006年版。

3. 中国戏剧家协会编《京剧〈沙家浜〉评论集》,中国戏剧出版社1965年版。

四 语言与现当代应用文

语言文字第一

古今言殊
吕叔湘

吕叔湘（1904—1998），江苏丹阳人。1926年毕业于国立东南大学外国语文系，后赴英国留学。1938年回国后先后在云南大学、金陵大学等校任教。1952年起，任中国科学院语言研究所研究员、中国科学院哲学社会科学学部委员。中国语言学的开创者之一，《现代汉语词典》主编。著有《中国文法要略》《汉语语法论文集》等。

吕先生的《语文常谈》是大家谈语文的经典之作，虽然写于1964年，距今五十余年，读起来依然亲切自然，恍如吕先生就在对座，在阳光透彻的下午，一壶清茶，娓娓道来。"常谈"的意思，在吕先生自己谦虚的介绍里，是"平淡无奇"，"行文也没有引经据典"，也就是家常谈话。然而，就是在这家常谈话里，明明白白地讲清楚了语文最基本的问题：语言与文字的关系，汉语中声韵调的组织与功用，形音义的配合，汉语字词句组合套叠的特色，意内言外是怎么回事，古代语言如何变化到今天，各地的方言有什么样的差异。

本篇简述从文言文到现代白话文的历程，从中可以了解我们正在使用的汉语言文字的渊源。

选自吕叔湘《语文常谈》，三联书店1980年版。

语言也在变

世界上万事万物都永远在那儿运动、变化、发展，语言也是这样。语言的变化，短时间内不容易觉察，日子长了就显出来了。比如宋朝的朱熹，他曾经给《论语》做过注解，可是假如当孔子正在跟颜回、子路他们谈话的时候，朱熹闯了进去，管保他们在讲什么，他是一句也听不懂的。不光是古代的话后世的人听不懂，同一种语言在不同的地方经历着不同的变化，久而久之也会这个地方的人听不懂那个地方的话，形成许许多多方言。这种语言变异的现象，人人都有经验，汉朝的哲学家王充把它总结成两句话，叫做"古今言殊，四方谈异"。这正好用来做我们《常谈》的题目，这一次谈"古今言殊"，下一次谈"四方谈异"。

古代人说的话是无法听见的了，幸而留传下来一些古代的文字。文字虽然不是语言的如实记录,但是它必得拿语言做基础,其中有些是离语言不太远的,通过这些我们可以对古代语言获得一定的认识。为了具体说明古代和现代汉语的差别,最好拿一段古代作品来看看。下面是大家都很熟悉的、《战国策》里的《邹忌讽齐王纳谏》这一篇的头上一段:

> 邹忌修八尺有余,而形貌昳丽。朝服衣冠,窥镜,谓其妻曰:"我孰与城北徐公美?"其妻曰:"君美甚,徐公何能及君也?"城北徐公,齐国之美丽者也。忌不自信……旦日,客从外来,与坐谈,问之:"吾与徐公孰美?"客曰:"徐公不若君之美也。"

把这一段用现代话来说一遍,就会发现有很大的差别。不能光看字形。光看字形,现代不用的字只有四个:昳[yì]、曰、孰、吾。可是联系字的意义和用法来看,真正古今一致的,除人名、地名外,也只有十二个字:八、我、能、城、国、不、客、从、来、坐、谈、问。大多数的字,不是意义有所不同,就是用法有些两样。大致说来,有三种情形。

第一种情形是意义没有改变,但是现在不能单用,只能作为复音词或者成语的一个成分。有的构词的能力还比较强,如:形、貌、衣、镜、北、何、自、信、日、外;有的只在极少数词语里出现,如:丽(美丽、壮丽)、朝(朝霞、朝气、朝发夕至)、窥(窥探、窥测)、妻(夫妻、妻子)、甚(欺人太甚)。

第二种情形是意义没有改变,可是使用受很大限制。例如:作为连词的"而"、"与",只见于一定的文体;表示从属关系的"之"只用于"百分之几"、"原因之一"等等;起指代作用的"者"只用于"作者、读者"等等;"美"现在不大用于人,尤其不用于男人("美男子"口语不说,也不能拆开);"有余"现在能懂,但不大用,"八尺有余"现在说"八尺多"。

第三种情形是这里所用的意义现代已经不用,尽管别的意义还用。例如:修(长)、服(穿、戴)、谓(对……说)、其(他的;"其余、其中、其一"里的"其"是"那"的意思)、公(尊称)、及(比得上)、君(尊称)、也(助词;现代的"啊"只部分地与"也"相当)、旦("旦日"作"明日"讲)、之(他)、若(比得上)。还有一个"尺"字,似乎应该属于古今通用的一类,可是这里说邹忌身长八尺有余,显然比现在的尺小,严格说,"尺"的意义也已经改变了(汉朝的一尺大约合现在七寸半,这里的尺大概跟汉朝的差不多)。

在语法方面,也有不少差别。例如"我孰与城北徐公美?"就是古代特有的句法,底下"吾与徐公孰美?"才跟现代句法相同。"君美甚"现在说"漂亮得很",当中必须用个"得"字。"忌不自信"也是古代的句法,现代的说法是"邹忌不相信自己(比徐公美)",不能把"自己"搁在动词前边,搁在前边就是"亲自"的意思(如"自己动手"),不是动作对象的意思("自救、自治、自杀"等,是古代句法结构遗留在现代语里的合成词)。"客从外来"现在说"有一位客人从外边来","客人"前边得加个"一位",头里还要来个"有"字,否则就得改变词序,说成"从外边来了一位客人"。"与坐谈"也是古代语法,现在不能光说"和",不说出和谁,也不能愣说"坐谈",得说成"坐下来说话"。"不若君之美"的"之"字,按照现代语法也是多余的。

这短短的一段古代的文字,大多数字都是现在还用的,可是仔细一分析,跟现代汉语的差别就有这么大。

语汇的变化

语言的变化涉及语音、语法、语汇三方面。语汇联系人们的生活最为紧密,因而变化也最快,最显著。①有些字眼儿随着旧事物、旧概念的消失而消失。例如《诗经·鲁颂》的《駉》[jiōng]这一首诗里提到马的名称就有十六种:"騟"(yù,身子黑而跨下白的),"皇"(黄白相间的),"骊"(lí,纯黑色的),"黄"(黄而杂红的),"骓"(zhuī,青白杂的),"駓"(pī,黄白杂的),"骍"(xīng,红黄色的),"骐"(qí,青黑成纹象棋道的),"駞"(tuó,青黑色而有斑象鱼鳞的),"骆"(luò,白马黑鬃),"骝"(liú,红马黑鬃),"雒"(luò,黑马白鬃),"骃"(yīn,灰色有杂毛的),"騢"(xiá,红白杂毛的),"驔"(tǎn,小腿长白毛的),"鱼"(两眼旁边毛色白的)。全部《诗经》里的马的名称还有好些,再加上别的书里的,名堂就更多了。这是因为马在古代人的生活里占重要位置,特别是那些贵族很讲究养马。这些字绝大多数后来都不用了。别说诗经时代,清朝末年离现在才几十年,翻开那时候的小说象《官场现形记》之类来看看,已经有很多词语非加注不可了。

有些字眼随着新事物、新概念的出现而出现。古代席地而坐,没有专门供人坐的家具,后来生活方式改变了,坐具产生了,"椅子"、"凳子"等字眼也就产生了。椅子有靠背,最初就用"倚"字,后来才写做"椅"。凳子最初借用"橙"字,后来才写做"凳"。桌子也是后来才有的,古代只有"几"、"案",都是很矮的,适应席地而坐的习惯,后来坐高了,几案也不得不加高,于是有了新的名称,最初就叫"卓子"("卓"是高而直立的意思),后来才把"卓"写做"桌"。

外来的事物带来了外来语。虽然汉语对于外来语以意译为主,音译词(包括部分译音的)比重较小,但是数目也还是可观的。比较早的有葡萄、苜蓿、茉莉、苹果、菠菜等等,近代的象咖啡、可可、柠檬、雪茄、巧克力、冰淇淋、白兰地、啤酒、卡片、沙发、扑克、哔叽、尼龙、法兰绒、道林纸、芭蕾舞等等,都是极常见的。由现代科学和技术带来的外来语就更多了,象化学元素的名称就有一大半是译音的新造字,此外象摩托车、马达、引擎、水泵、卡车、吉普车、拖拉机、雷达、爱克斯光、淋巴、阿米巴、休克、奎宁、吗啡、尼古丁、凡士林、来苏尔、滴滴涕、逻辑、米(米突)、克(克兰姆)、吨、瓦(瓦特)、卡(卡路里)等等,都已经进入一般语汇了。

随着社会的发展,生活的改变,许多字眼的意义也起了变化。比如有了桌子之后,"几"就只用于"茶几",连炕上摆的跟古代的"几"十分相似的东西也叫做"炕桌儿",不叫做"几"了。又如"床",古代本是坐卧两用的,所以最早的坐具,类似现在的马扎的东西,叫做"胡床",后来演变成了椅子,床就只指专供睡觉用的家具了。连"坐"字的意义,古代和现代也不完全一样:古代席地而坐,两膝着席,跟跪差不多,所以《战国策》里说伍子胥"坐行蒲服,乞食于吴市",坐行就是膝行(蒲服即匍匐);要是按现代的坐的姿势来理解,又是坐着又是走,那是绝对不可能的。

再举两个名称不变而实质已变的例子。"钟"本是古代的乐器,后来一早一晚用钟和鼓报时,到了西洋的时钟传入中国,因为它是按时敲打的,尽管形状不同,也管它叫钟,慢慢地时钟不再敲打了,可是钟的名称不变,这就跟古代的乐器全不相干了。"肥皂"本来是一种树,从前把它的荚果捣烂搓成丸子,用来洗脸洗澡洗衣服,现在用的肥皂是用油脂和碱制成的,跟肥皂树无关。肥皂在北方又叫"胰子",胰子原来也是一种化装用品,是用猪的胰脏制成的,现在也是名同实异了。

也有一些字眼的意义变化或者事物的名称改变,跟人们的生活不一定有多大关系。比如"江"原来专指长江,"河"原来专指黄河,后来都由专名变成通名了。又如"菜",原来只指蔬菜,后来连肉类也包括进去,到菜市场去买菜或者在饭店里叫菜,都是荤素全在内。这都是词义扩大的例子。跟"菜"相反,"肉"原来指禽兽的肉,现在在大多数地区如果不加限制词就专指猪肉,这是词义缩小的例子("肉"最初不用于人体,后来也用了,在这方面是词义扩大了)。"谷"原来是谷类的总名,现在北方的"谷子"专指小米,南方的"谷子"专指稻子,这也是词义缩小的例子。

词义也可以转移。比如"涕",原来指眼泪,《庄子》里说:"哭泣无涕,中心不戚。"可是到汉朝已经指鼻涕了,王褒《僮约》里说:"目泪下,鼻涕长一尺。"又如"信",古代只指送信的人,现在的信古代叫"书",《世说新语》:

"俄而谢玄淮上信至,[谢安]看书竟,默然无言","信"和"书"的分别是很清楚的。后来"信"由音信的意思转指书信,而信使的意思必得和"使"字连用,单用就没有这个意思了。

词义也会弱化。比如"很",原来就是凶狠的"狠",表示程度很高,可是现在已经一点也不狠了,例如"今天很冷"不一定比"今天冷"更冷些,除非"很"字说得特别重。又如"普遍",本来是无例外的意思,可是现在常听见说"很普遍",也就是说例外不多,并不是毫无例外。

如果我们换一个角度来看事物怎样改变了名称,那么首先引起我们注意的是,象前边分析《战国策》那一段文字的时候已经讲过的,很多古代的单音词现代都多音化了。这里再举几个人体方面的例子:"耳"成了"耳朵","眉"成了"眉毛","鼻"成了"鼻子","发"成了"头发"。有的是一个单音词换了另外一个单音词,例如"首"变成"头"(原来同义),"口"变成"嘴"(原来指鸟类的嘴),"面"变成"脸"(原来指颊),"足"变成"脚"(原来指小腿)。有些方言里管头叫"脑袋、脑壳",管嘴叫"嘴巴",管脸叫"面孔",管脚叫"脚板、脚丫子",这又是多音化了。

动词的例子:古代说"食",现代说"吃";古代说"服"或"衣",现代说"穿";古代说"居",现代说"住";古代说"行",现代说"走"。形容词的例子:古代的"善",现代叫"好";古代的"恶",现代叫"坏";古代的"甘",现代叫"甜";古代的"辛",现代叫"辣"。

字眼的变换有时候是由于忌讳:或者因为恐惧、厌恶,或者因为觉得说出来难听。管老虎叫"大虫",管蛇叫"长虫",管老鼠叫"老虫"或"耗子",是前者的例子。后者的例子如"大便、小便","解手","出恭"(明朝考场里防止考生随便进出,凡是上厕所的都要领块小牌子,牌子上写着"出恭入敬")。

语法、语音的变化

语法方面,有些古代特有的语序,象"吾谁欺?","不我知","夜以继日",现代不用了。有些现代常用的格式,象"把书看完"这种"把"字式,"看得仔细"这种"得"字式,是古代没有的。可是总起来看,如果把虚词除外,古今语法的变化不如语汇的变化那么大。

语音,因为汉字不是标音为主,光看文字看不出古今的变化。现代的人可以用现代字音来读古代的书,这就掩盖了语音变化的真相。其实古今的差别是很大的,从几件事情上可以看出来。第一,旧诗都是押韵的,可是有许多诗现在念起来不押韵了。例如白居易的诗:"离离原上草,一岁一枯荣

[róng]。野火烧不尽,春风吹又生[shēng]。远芳侵古道,晴翠接荒城[chéng]。又送王孙去,萋萋满别情[qíng]。"这还是唐朝的诗,比这更早一千多年的《诗经》里的用韵跟现代的差别就更大了。其次,旧诗里边的"近体诗"非常讲究诗句内部的平仄,可是许多诗句按现代音来读是"平仄不调"的。例如李白的诗:"青山横北郭,白水绕东城。此地一为别,孤蓬万里征……","郭""白""别"三个字原来都是入声,归入仄声,可是现在"郭"是阴平,"白""别"是阳平,于是这四句诗就成为"平平平仄平,平仄仄平平,仄仄平平平,平平仄仄平"了。又其次,汉字的造字法里用得最多的是形声法,常常是甲字从乙字得声,可是有许多这样的字按现代的读音来看是不可理解的。例如"江"从"工"得声,"潘"从"番"得声,"泣"从"立"得声,"提"从"是"得声,"通"从"甬"[yǒng]得声,"路"从"各"得声,"庞"从"龙"得声,"移"从"多"得声,"谅"从"京"得声,"悔"从"每"得声,等等。从上面这些事例看来,汉字的读音,无论是声母、韵母、声调,都已经有了很大的变化了。

从文言到白话

语言在不断地变化,文字自然也得跟着变化,可是事实上文字的变化总是落后于语言,而且二者的距离常常有越拉越大的倾向。这主要有两个原因。第一,人们学习文字是对着书本学的,——就是用拼音文字的民族,也不是让儿童学会了几十个字母和一套拼音规则就了结,也还是要"念书"的,——书上有的字,口语里不用了,也得学;口语里有的字,书上没有,就学不到。尤其是因为念的书往往是些经典,宗教的、历史的和文学的经典,它们的权威给文字以极大影响,使它趋于保守。第二个也许是更重要的原因是,文字是读书识字的人——在古代主要是统治阶级——的交际工具,这种人在人口中占极少数,只要这些人可以彼此了解就行了,不识字的人民群众懂不懂是不考虑的,跟他们有关系的事儿可以讲给他们听。由于这两个原因,历史上曾经多次出现过脱离口语的书面语,象欧洲中世纪的拉丁文,印度中世纪的梵文,都是显著的例子。

在中国,除了这些原因,还有汉字起着推波助澜的作用。汉语演变的主要趋势是语词多音化,而汉字不表音,便于用一个字来代表一个复音词,比如嘴里说"眉毛和头发",笔底下写"眉发",既省事,又"古雅",一举两得。而况口语里有些字究竟该怎么写,也煞费踌躇,虽然历代不断出现新造的字(而且各写各的,以致异体泛滥),到现在仍然有许多口语里的字写不出来或者没有一定的写法。同时,汉字的难学使中国的读书识字的人数经常维持很小的比率,而既读书识字则了解传统的文字又比用拼音文字的民族容易,社会上对于语体文字的需要就不那么迫切,因而造成长期使用所谓"文言"的局面。

跟文言对待的是所谓"白话"。白话最初只在通俗文学里使用,直到五四以后才逐步取代文言,成为唯一通用的书面汉语。这是大概的说法,不免有点简单化。一方面,口语不断冲击书面语,使文言的面貌起变化;另一方面,白话在最初还不能完全摆脱文言的影响,而在它成为通用的书面语之后,更不能不从文言吸收许多有用的成分。

上古时代的文字可以拿《书经》做例子:

> 先王有服,恪遵天命,兹犹不常宁;不常厥邑,于今五邦。今不承于古,罔知天之断命,矧曰其克从先王之烈!若颠木之有由蘖,天其永我命于兹新邑,绍复先王之大业,底绥四方。②

这在当时应该是接近口语的语体文,不过跟后世的口语差别很大,就被认为是古奥的文言了。

象本文头上引的那一段《战国策》可以代表周朝末年的一般文字,大概跟当时的语言也还相去不远。汉魏以后的文字多数沿袭先秦的语汇、语法,跟语言的距离越来越大。但是也有多少接受口语影响的文章,象陶渊明的《桃花源记》就是一个例子。

南齐的文人任昉有一篇弹劾刘整的奏疏,本文是工整的"骈文"(比一般"古文"更多雕琢),里边引述有关的诉状和供词却是语体。选录一部分如下:

> 臣闻:马援奉嫂,不冠不入;氾[fàn]毓字孤,家无常子。是以义士节夫,闻之有立。千载美谈,斯为称首。……谨案齐故西阳内史刘寅妻范,诣台诉,列称:……叔郎整常欲伤害侵夺。……寅第二庶息师利去岁十月往整田上,经十二日,整便责范米六斗哺食。米未展送,忽至户前,隔箔攘拳大骂。突进房中屏风上取车帷准米去。二月九日夜,[整]婢采音偷车栏、夹杖、龙牵,范问失物之意,整便打息逡。整及母并奴婢等六人,来至范屋中,高声大骂,婢采音举手查范臂。……臣谨案:新除中军参军臣刘整,闾阎阘茸[tà-róng],名教所绝。直以前代外戚,仕因纨绔。恶积釁稔[rěn],亲旧侧目。……

这一段引文的中间部分和前后两部分形成显明的对照。诉状供词,轻则关乎一场官司的胜败,重则牵连到一个人或是许多人的性命,人家怎么说,你就得怎么记,自古以来都是如此。

写信是代替面谈的,所以一般书信(即除了"上书"之类)总是比较朴素,不能离开口语太远。陆机、陆云两弟兄是晋朝的有名的文人,陆云写给哥哥的信是这样的:

……四言五言非所长,颇能作赋("颇"是稍微的意思),为欲作十篇许小者为一分。……欲更定之,而了不可以思虑。今自好丑不可视,想冬下体中佳能定之耳。兄文章已自行天下,多少无所在。且用思困人,亦不事复及以此自劳役。闲居恐复不能不愿③,当自消息。

宗教是以群众为对象的,所以佛经的文字也包含较多的口语成分。引《百喻经》里的一个故事做例子:

昔有愚人,至于他家。主人与食,嫌淡无味。主人闻已,更为益盐。既得盐美,便自念言:"所以美者,缘有盐故。少有尚尔,况复多也?"愚人无智,便食空盐。食已口爽("爽"是伤、败的意思),返为其患。

白话的兴起跟佛教大有关系。佛经里边有很多故事,和尚讲经常常利用这些故事,加盐添醋,象说书似的,很受群众欢迎。后来扩大范围,佛经以外的故事也拿来说。《敦煌变文集》里还保存着好多这样的故事记录,引一段做例子:

青提夫人闻语,良久思惟,报言:"狱主,我无儿子出家,不是莫错?"狱主闻语却迴,行至高楼,报言:"和尚,缘有何事,诈认狱中罪人是阿娘?缘没事谩语?"("没"就是"什么")目连闻语,悲泣雨泪,启言:"狱主……贫道小时名罗卜,父母亡没已后,投佛出家……狱主莫嗔,更问一迴去。"

除此之外,禅宗的和尚讲究用言语启发,这些问答的话,听的人非常重视,照实记下来,流传成为"语录"。后来宋朝的理学家学他们的样儿,也留下来许多语录。这些语录是很接近口语的,也引一段为例:

诸和尚子……莫空游州打县,只欲捉搦闲话。待和尚口动,便问禅问道……到处火炉边,三个五个聚头,口喃喃举。更道遮个是公才悟,遮个是从里道出,遮个是就事上道,遮个是体悟。体你屋里老耶老娘!噇却饭了,只管说梦,便道"我会佛法了也"?

白话作品从什么时候开始,这个问题难于得到一个确定的回答。一则有些古代文字,象前面任昉的文章里所引诉状,虽然是语体,可是毕竟跟近代的语言差别太大。二则流转下来的资料总是文白夹杂的多;大概说来,记录说话的部分白话的成分多些,叙事的部分文言的成分多些。通篇用语体,而且是比较纯净的语体,要到南宋末年的一部分"话本"(如《碾玉观音》、《西山一窟鬼》)才能算数。甚至在这以后,仍然有文白夹杂的作品出现,《三国演义》就是一个例子。

  白话就是这样在那里慢慢地生长着,成熟着。但是一直是局限在通俗文学的范围之内,直到"五四"之后才占领了整个文艺界的阵地。这跟当时中国革命的发展有极大关系,是新文化运动的一个内容。但是在实用文的范围内,文言文的优势在反动派统治的地区还维持了一个时期。随着解放战争的胜利,中华人民共和国的成立,白话文才成为一切范围内的通用文字。但是发展到了这个阶段,白话的面貌跟半个世纪以前已经大有不同了:它继承了旧白话的传统,又从文言,并且在较小的程度上也从外语,吸取了有用的语汇和语法,大大地丰富了和提高了。

【注释】

  ① 关于语汇和词义的变迁,请参看王力《汉语史稿》下册,本文所引例子有一部分是从那里转引的。 ② 这是《盘庚》上篇里的一段,有顾颉刚先生的译文:"先王的规矩,总是敬顺天命,因此他们不敢老住在一个地方,从立国到现在已经迁徙了五次了。现在若不依照先王的例,那是你们还没有知道上天的命令要弃去这个旧邑,怎说得到继续先王的功业呢!倒仆的树木可以发生出新芽。上天要我们迁到这个新邑中来,原是要把我们的生命盛长在这里,从此继续先王的伟大的功业,把四方都安定呢!" ③ "愿"字疑误。

【集评】

  只有明白了语文的性质,才有可能更好地运用。《语文常谈》几乎涉及并通透地回答了所有关于语文的基本问题,而汉语文的秘诀自然蕴含其中。

  什么是"语文"?语文课应该教些什么内容?从有语文这门课开始就一直是众说纷纭,什么"工具性",什么"人文性",颠来倒去,然而,最基本的立足点是"语言和文字"无疑。无论要从这些语言和文字中看出什么样的意识形态或者文化意蕴,还是要语言和文字去承担传统和人格教育,都是后面的事情,先看看语言是怎么回事,文字是怎么回事,总是必要的。(参见:语言和文字)

  声、韵、调不是复杂的事情,吕先生说他们家的小孩子,八岁,上小学一年级不久,回来就问他"一夜"的"一"该标第一声,还是第二声,看,小孩子很快就能分辨了。还有六朝时的故事,郭文远将军家的丫鬟都会用双声说话。所以,声韵调也没有什么可怕。(参见:声、韵、调)进而,了解形音义也是顺利成章的事情了,吕先生说了个笑话,唐人李可及认为如来佛是女人,因为《金刚经》有云:敷坐而坐。就是说,佛如果不是女人,为什么要"夫坐而儿后坐呢"?这就用到了同音字的代换。(参见:形、音、义)

基本的构件讲完了,该说些由字生句的问题了,我们的字是特别的,是"三位一体"的,是汉语中现成的,在我们造句的时候,词序的摆放不同就造成不同的意思,"本日大卖出"调过来就是"出卖大日本";分段不同,意义也不同,"下雨天留客天留人不留",你想留也可以,不想留也可以;关系不同,也表示不同的想法,看看"他这个人谁都认识",两个意思。其实,遣词造句也就是这么简单。(参见:字、词、句)

讲出来同样一句话,在不同的地方,就有不同的效果。你夸人打牌好,人家谦虚,说:打不好,瞎打。人家说你打呼噜厉害,你说:打不好,瞎打。这就比较好玩了。语言和意义是个啥关系呢?要思量。(参见:意内言外)

语言是变化的,今天的说话跟古人是不同的,"臭"在古代是表示气味,今天就变成了"臭味"了,"江"过去是专指"长江",今天就泛指了;古代念入声,今天可能就念成平声了。(参见:古今言殊)如果语言变化表现在空间上,就有了异彩纷呈的各地方言了,粤语还在说"饮",北方话已经开始"喝"了。(参见:四方谈异)(汪锋)

【思考题】
1. 谁制定了现代汉语的语法?
2. 写作中如何运用文言?

【深度阅读】
1. 吕叔湘《语文常谈》,三联书店1980年版。
2. 张中行《文言和白话》,中华书局2007年版。

论"不通"
王　力

王力(1900—1986),字了一,广西博白人。中国现代语言学的奠基人之一。其《汉语史稿》是第一部全面系统阐述汉语历史演变的著作;从1958

年起,他开创了文选、通论和常用词相结合的教学体系,并主编了两卷四册的《古代汉语》,在国内外都影响深远。王力先生在汉语教研方面的成就可以用北大中文系袁行霈教授撰写的挽联来概括:"大笔淋漓,茹古涵今,生前一代雕龙手;绛帐肃穆,滋兰树蕙,身后三千倚马才。"

本篇清楚明白地说明了中文写作并没有那么多奥秘,最基本的要求是"通",避免各种因素导致的"不通"。

选自王力《龙虫并雕斋琐语》,中国社会科学出版社1993年版。

一般人往往说中国文没有文法,但又往往说某人的文章不通,这两种说法显然是矛盾的。不通就是违反了一个民族的作文习惯,而一个民族的作文习惯就是那族语的文法。

不过,直至现在,中国还没有一部标准文法;已出版的一些文法书,都偏重于分析字句,而不大说到通不通的问题,换句话说就是不曾指出怎样才适合或违反中国文的习惯。

这种标准文法很难写定,因为中国人对于文章,所谓通不通似乎是可意会而不可以言传的。文言文通不通的标准容易定些,就因为大家守着数千年的作文习惯;一个人如果自己会写通顺的文言文,看见了别人的文章的时候,看来不顺眼读来不顺口,就批评它不通,也不至于错误。语体文通不通的标准难定些,这并非因为民众口里的白话没有一定的习惯,却因为大家喜欢加上些欧化或日化的成分,化得妥当时仍合中国的语法,化得不妥当的时候就成了四不象的语言。这种四不象的语言应否提倡是另一个问题,但它的文法总难确定,因为这里头还没有一个民族的长时期的作文习惯。

在我们看来,文章写得最通的,要算中文很有根柢而又深通西文的人了。他们并非有意模仿西文,然而受了西洋文法的潜移默化,会把中西文法的共同点融合为一。他们的文章既未违反西人的逻辑,同时又不十分违反中国人作文的习惯。中国人看来仍旧顺眼,读来仍旧顺口。换句话说,就是拿数千年相沿的文法去范围它,仍旧不会觉得它不通。此外还有两种人的文章也是通的。第一种是纯用古文,第二种是纯用白话。

能纯用文言的人,现在是太少了。在这一方面说,文章最通的,要算前清遗下的翰林举人等;只要他们在前清真的曾"通"过来,而入民国以后又绝对不肯接受新知识及白话文体,他们的文章就算很通,因为他们能守着数千年的作文习惯。有些人喜欢把新名词放在"原道"式的古文里,虽然看来不顺眼，但还不能说是不通，因为文法上还没有变更。更可笑而又最普遍的现象却是在十句当中有一两句参用现代的文法，这好像观音菩萨露出狐狸尾巴，令人看去格外觉得不舒服。这种文章就可以说是不很通，因为它里面杂糅着古今的文法。

能纯用白话的人，比较地多些。现在中学生所作的文章当中，最可爱的就是这一类。每逢中学生向我问作文的方法的时候，我首先就劝他把文章作好了再念给一个同学听，不许加以解释。如果那同学不看见他的稿子而能完全听得懂他的文章，就是很通顺很可喜的一篇白话文。中学生最普遍的毛病是在白话文里参用古文的成语或欧化的辞汇，稍不妥当就弄到不通。非但中学生如此，连大学生也有许多是犯这毛病的。

近年来有一个很令人惊奇的现象：作文最通的是许多政论家和科学家；而在学校里的国文教授有时候倒反不通起来。法理工学院的学生的文章比较地通顺，而中国文学系的学生作起文来却往往一窍不通。其实这并不足惊奇，因为现代中国的政论家与科学家往往是中西文都有根柢的，而国文教授有时候却犯上述的毛病，把现代语法参入古文里，或把古文法参入白话文里。法理工学院的学生作文只求把意思表达出来，恰像说话一般；而中国文学系的学生或因要运用典故，或因要学古文气息，再新一点的又因要努力堆砌欧化的文学上的描写语或自己所不很懂的新辞汇，以致弄巧反拙，非但文章写不好，就连"通"字也够不上。

现在回头说到通不通的标准。第一，我们写下来一句话，如果不能把它的文法类推而造成千百句，那么，这一句话在原则上可以说是不通。例如我看见人家宴客的请帖的左边写着"恕速"二字，表示"请恕我不来速驾"的意思，这就是不通的句子，因为依中国的文法，句中的否定副词省去之后就不能再表示否定的意思。我们不能仿照这句子的文法而说"恕送"以表示"恕不相送"，也不能说"恕迎"以表示"恕不相迎"。这种简略至于不通的句子，等于说"我本江吴百"以表示"我本是江苏吴县的百姓"。但在上古的文章及现代的口语里，有些与此类似的句子却可以认为"通"的，例如《庄子·逍遥游》"请致天下"是"请许我致天下于君"的意思，现在我们不能仿这文法而说"请送礼物"以表示"请您允许我送礼物给您"；此外如"请辞""请死"之类，都不合现代文法；但我们只能认为已死的文法，不能说古文不通。又如现在北平人往往说"非得在五点钟回去"，表示"非在五点钟回去不可"，听来似乎不通，其实说话的人心里并没有感觉到"非"字是否定词，只把"非"字当作肯定的副词，这只可认为"非"字的原有意义在北平的民众的心中已不复存在,而另生一种新意义。一个地域通用的口语没有一句是不通的;甚至在逻辑上不通的话,若经社会普遍的采用,也就算"通"。因为文字是代表语言的,文字可以不通,语言却不会不通。至于士大夫口里的话有时反而不通,就因为他们不能完全用活语言的缘故。

第二,割裂过甚的典故,也往往弄到不通。例如说"于飞之乐"以表示"夫妇和谐之乐",实在不通;因为依中国文法,"凤凰于飞"不能省为"于飞"。至于以"鼓盆之戚"表示"丧妻之痛",文法上是通了,只嫌意义上不大说得过去,而且是一种颇笨拙的描写语。桐城派的文章,唯一的好处就在乎努力避免这种不通的写法。

第三,辞汇的误用,也是不通。例如某甲对某乙说:"对不住,我把您的书弄脏了。"某乙说:"没关系。"这"没关系"不是说某两件事物相互间没有关系,而是说"不要紧"。又如说"他不赞成我",意思却是说,"他不喜欢我"。又如说"他否认考试",意思却是说"他反对考试"。这些话,渐渐有人用入文章里,这是我在今年清华的入学考卷里注意到的。此外如"抽象"、"意识"等词,往往被学生乱用。自从提倡白话文以来,中学生的文章本该很容易通顺,只因他们喜欢堆砌新名词或流行的文艺上的描写语,就弄到令人生厌。

末了,我觉得此后我们非但该把文章写得通,并且应该把中国原有的文法加以洗练。凡是合于逻辑的文法,应极力提倡。至于不合逻辑的句子,纵使古人曾有此习惯,我们也不妨改革。我深觉中国应该有一部标准文法。至于文法应如何制定,如何推行,总不能不靠政府的力量。这且留待下次讨论了。

一九三五年八月十一日
(一九三五年《独立评论》一六五期)

【集评】

总是觉得,现在的作文与语言表达的基本功能相去甚远,不知道写给谁看,也不知道为什么要写。王力先生简单直白地说明了文章最基本的要求——通顺,以及造成反面效果的各种因素。欢迎各位参照,以发现语病,照单抓药。(汪锋)

【思考题】

1. 汉语表达"通"与"不通"的鉴别标准是什么?

2. 为什么通顺是表达的最基本要求？

【深度阅读】

吕叔湘、朱德熙《语法修辞讲话》，商务印书馆2013年版。

说"差一点儿"[①]
朱德熙

朱德熙(1920—1992)，江苏苏州人。1939年考取西南联合大学物理系，一年后转入中文系。毕业后，曾任教于清华大学五年，1952年调入北京大学中文系。朱德熙与吕叔湘合作，在《人民日报》上连载《语法修辞讲话》，同时由中央人民广播电台广播，深入浅出地普及了语法知识，1952年由开明书店结集出版，1979年后又由青年出版社重版。所得稿费大部分都捐给了抗美援朝，"据说捐的钱可以买架飞机了"[②]。朱德熙长期关注语文教育，尤其在中学语文语法教学方面有很大的影响。

本篇发表于1959年，仅占一页，但论证清楚，意义重大，堪为典范。选自《中国语文》1959年第9期。学术并不一定要洋洋万言，也可以简短而深刻。

"差一点打破了"和"差一点没打破"意思一样，都是说没打破；"差一点及格了"和"差一点没及格"意思不一样，前者是说没及格，后者是说及格了。概括起来说，"差一点打破了"和"差一点没打破"形式上一肯定(没有否定词)，一否定(有否定词)，但意思都是否定的，都是说没打破；"差一点及格了"和"差一点没及格"形式上也是一肯定，一否定，但是意思不一样：肯定的形式表示否定的意思，否定的形式表示肯定的意思。我们把"差一点打破了""差一点没打破"叫作A类，把"差一点及格了""差一点没及格"叫作B类。下面就这两类再举几个例子：

  A类：差一点打破了(没打破) ＝ 差一点没打破(没打破)
     差一点输了(没输) ＝ 差一点没输(没输)
     差一点死了(没死) ＝ 差一点没死了(没死)
     差一点摔了一交(没摔) ＝ 差一点没摔一交(没摔)
     差一点离婚(没离) ＝ 差一点没离婚(没离)

B 类：差一点买着了(没买着)　≠差一点没买着(买着了)
　　　差一点及格了(没及格)　≠差一点没及格(及格了)
　　　差一点赶上了(没赶上)　≠差一点没赶上(赶上了)
　　　差一点中奖了(没中)　≠差一点没中(中了)
　　　差一点修好了(没修好)　≠差一点没修好(修好了)

AB 两类形式上完全一样，但是所说的事情的性质不同。A 类"打破、输、死、摔交、离婚"，就一般情形说，都是说话的人不希望实现的事情；B 类"买着、及格、赶上、中奖、修好"，就一般情形说，则是说话的人希望实现的事情。可见"差一点怎么样""差一点没怎么样"这两个格式到底是什么意思，要看所说的事情是说话的人所企望的，还是他不企望的。不过肯定格式和否定格式情形又不一样。肯定格式无论是 A 类还是 B 类，意思都是否定的；否定格式是什么意思，光从形式上是看不出来的。

企望不企望不是固定不变的，一件事情往往因为具体的条件和环境不同，有时希望它实现，有时不希望它实现。譬如久旱不雨，我们就盼望下雨；可是雨下得太多了，又希望它不要再下。所以"差一点下了"和"差一点没下"有时是 A 类，有时是 B 类。

此外，企望不企望也往往因人而异。甲乙两方赛足球，球射入甲方球门这件事是乙方所企望实现的，但站在甲方的立场上，却不希望它实现。因此甲方说"差一点射进去了""差一点没射进去"的时候，是 A 类，两句话意思一样，都是说没有射进去；同样两句话由乙方来说，则是 B 类，这时两句话意思不一样，"差一点射进去了"是说没有射进去，"差一点没射进去"倒是说射进去了。下面这句话的说法不对：

　　球传到中锋，抬脚把球向球门踢去，真可惜，球差一点没有射进门去。

既然说"真可惜"，可见作者站在对方的立场上，希望球射进去，可是结果并没有射进去，那么应该采用 B 类说法："真可惜，球差一点就射进去了"。

在 B 类语法里，"差一点"之后可以加上"就"字，例如"差一点就买着了""差一点就没买着"。其中肯定格式加"就"字的趋势尤其显著。A 类肯定格式也能加"就"字，例如"差一点就打破了""差一点就输了"，但是否定格式一般不加"就"字，例如不说"差一点就没打破""差一点就没输"。

【注释】

① "差一点"口语里说"差一点儿"或"差点儿",本文一律写作"差一点"。 ② 何孔敬著《长相思——朱德熙其人》,中华书局2007年版,第109页。

【集评】

这篇论文发表时只有一页,但其方法论意义重大。陈保亚教授在《20世纪中国语言学方法论》中高度评价了这篇论文:"方法论就是找出材料的规律的理论。任何一种方法都试图用规则和模型有序地解释材料。""仅仅描写'差点儿没'有两种相反的意思是不够的,需要给出理论上的解释,即在什么情况下是肯定意义,在什么情况下是否定意义。在很长一段时间,人们对'差点儿没'都没有合理的解释。后来朱德熙(1959.9)用说话者'是否企望发生'的规则解释了这个问题:企望发生的是肯定,不企望发生的是否定。对'差点儿没'只存在一种解释,提出这种解释本身就是方法论的进展,因为这一解释涉及了心理原则,以前没有人作过这样的解释。"(汪锋)

【思考题】

1. 论文长度与论文质量的关系如何?
2. 找一篇自己的论文删减到最简,并对比修改前后的效果差异。

【深度阅读】

1. 朱德熙《语法答问》,商务印书馆1985年版。
2. 温儒敏主编《中文学科论文写作训练》,北京大学出版社2003年版。

人文社会第二

乡土本色
费孝通

费孝通(1910—2005),江苏吴江人。1933年毕业于燕京大学社会学系,1935年清华大学社会学与人类学系研究生毕业,后赴英国留学,获伦敦大学哲学博士学位。回国后任清华大学、中央民族大学、北京大学教授。中国社会学和人类学的奠基人之一。著有《江村经济》《乡土中国》《费孝通文集》等。

本篇选自费孝通《乡土中国》,北京大学出版社1998年版。此书写于1947年,至今仍不过时。其难能可贵之处在于用老百姓听得懂的语言揭示了中国社会的根本特色,而全书几乎没有一个术语。学术并不一定要板起面孔,也可以很平易。

从基层上看去,中国社会是乡土性的。我说中国社会的基层是乡土性的,那是因为我考虑到从这基层上曾长出一层比较上和乡土基层不完全相同的社会,而且在近百年来更在东西方接触边缘上发生了一种很特殊的社会。这些社会的特性我们暂时不提,将来再说。我们不妨先集中注意那些被称为土头土脑的乡下人。他们才是中国社会的基层。

我们说乡下人土气,虽则似乎带着几分藐视的意味,但这个土字却用得很好。土字的基本意义是指泥土。乡下人离不了泥土,因为在乡下住,种地是最普通的谋生办法。在我们这片远东大陆上,可能在很古的时候住过些还不知道种地的原始人,那些人的生活怎样,对于我们至多只有一些好奇的兴趣罢了。以现在的情形来说,这片大陆上最大多数的人是拖泥带水下田讨生活的了。我们不妨缩小一些范围来看,三条大河的流域已经全是农业区。而且,据说凡是从这个农业老家里迁移到四围边地上去的子弟,也老是很忠实地守着这直接向土里去讨生活的传统。最近我遇着一位到内蒙旅行回来的美国朋友,他很奇怪的问我:你们中原去的人,到了这最适宜于放牧的草原上,依旧锄地播种,一家家划着小小的一方地,种植起来;真像是向土里一钻,看不到其他利用这片地的方法了。我记得我的老师史禄国先生也告诉过我,远在西伯利亚,中国人住下了,不管天气如何,还是要下些种子,试试看能不能种地。——这样说来,我们的民族确是和泥土分不开的了。

从土里长出过光荣的历史，自然也会受到土的束缚，现在很有些飞不上天的样子。

靠种地谋生的人才明白泥土的可贵。城里人可以用土气来藐视乡下人，但是乡下，"土"是他们的命根。在数量上占着最高地位的神，无疑的是"土地"。"土地"这位最近于人性的神，老夫老妻白首偕老的一对，管着乡间一切的闲事。他们象征着可贵的泥土。我初次出国时，我的奶妈偷偷地把一包用红纸裹着的东西，塞在我箱子底下。后来，她又避了人和我说，假如水土不服，老是想家时，可以把红纸包裹的东西煮一点汤吃。这是一包灶上的泥土。——我在《一曲难忘》的电影里看到了东欧农业国家的波兰也有着类似的风俗，使我更领略了"土"在我们这种文化里所占和所应当占的地位了。

农业和游牧或工业不同，它是直接取资于土地的。游牧的人可以逐水草而居，飘忽无定；做工业的人可以择地而居，迁移无碍；而种地的人却搬不动地，长在土里的庄稼行动不得，侍候庄稼的老农也因之像是半身插入了土里，土气是因为不流动而发生的。

直接靠农业来谋生的人是粘着在土地上的。我遇见过一位在张北一带研究语言的朋友。我问他说在这一带的语言中有没有受蒙古语的影响。他摇了摇头，不但语言上看不出什么影响，其他方面也很少。他接着说："村子里几百年来老是这几个姓，我从墓碑上去重构每家的家谱，清清楚楚的，一直到现在还是那些人。乡村里的人口似乎是附着在土上的，一代一代的下去，不太有变动。"——这结论自然应当加以条件的，但是大体上说，这是乡土社会的特性之一。我们很可以相信，以农为生的人，世代定居是常态，迁移是变态。大旱大水，连年兵乱，可以使一部分农民抛井离乡；即使像抗战这样大事件所引起基层人口的流动，我相信还是微乎其微的。

当然，我并不是说中国乡村人口是固定的。这是不可能的，因为人口在增加，一块地上只要几代的繁殖，人口就到了饱和点；过剩的人口自得宣泄出外，负起锄头去另辟新地。可是老根是不常动的。这些宣泄出外的人，象是从老树上被风吹出去的种子，找到土地的生存了，又形成一个小小的家族殖民地，找不到土地的也就在各式各样的运命下被淘汰了，或是"发迹了"。我在广西靠近瑶山的区域里还看见过这类从老树上吹出来的种子，拼命在垦地。在云南，我看见过这类种子所长成的小村落，还不过是两三代的事；我在那里也看见过找不着地的那些"孤魂"，以及死了给狗吃的路毙尸体。

不流动是从人和空间的关系上说的，从人和人在空间的排列关系上说就是孤立和隔膜。孤立和隔膜并不是以个人为单位的，而是以住在一处的集团为单位的。本来，从农业本身看，许多人群居在一处是无需的。耕种活动里分工的程度很浅，至多在男女间有一些分工，好像女的插秧，男的锄地等。这种合作与其说是为了增加效率，不如说是因为在某一时间男的忙不过来，家里人出来帮帮忙罢了。耕种活动中既不向分工专业方面充分发展，农业本身也就没有聚集许多人住在一起的需要了。我们看见乡下有大小不同的聚居社区，也可以想到那是出于农业本身以外的原因了。

乡下最小的社区可以只有一户人家。夫妇和孩子聚居于一处有着两性和抚育上的需要。无论在什么性质的社会里，除了军队、学校这些特殊的团体外，家庭总是最基本的抚育社群。在中国乡下这种只有一户人家的小社区是不常见的。在四川的山区种梯田的地方，可能有这类情形，大多的农民是聚村而居。这一点对于我们乡土社会的性质很有影响。美国的乡下大多是一户人家自成一个单位，很少屋沿相接的邻舍。这是他们早年拓殖时代，人少地多的结果，同时也保持了他们个别负责、独来独往的精神。我们中国很少类似的情形。

中国农民聚村而居的原因大致说来有下列几点：一、每家所耕的面积小，所谓小农经营，所以聚在一起住，住宅和农场不会距离得过分远。二、需要水利的地方，他们有合作的需要，在一起住，合作起来比较方便。三、为了安全，人多了容易保卫。四、土地平等继承的原则下，兄弟分别继承祖上的遗业，使人口在一地方一代一代地积起来，成为相当大的村落。

无论出于什么原因，中国乡土社区的单位是村落，从三家村起可以到几千户的大村。我在上文所说的孤立、隔膜是就村和村之间的关系而说的。孤立和隔膜并不是绝对的，但是人口的流动率小，社区间的往来也必然疏少。我想我们很可以说，乡土社会的生活是富于地方性的。地方性是指他们活动范围有地域上的限制。在区域间接触少，生活隔离，各自保持着孤立的社会圈子。

乡土社会在地方性的限制下成了生于斯、死于斯的社会。常态的生活是终老是乡。假如在一个村子里的人都是这样的话，在人和人的关系上也就发生了一种特色，每个孩子都是在人家眼中看着长大的，在孩子眼里周围的人也是从小就看惯的。这是一个"熟悉"的社会，没有陌生人的社会。

在社会学里，我们常分出两种不同性质的社会：一种并没有具体目的，只是因为在一起生长而发生的社会；一种是为了要完成一件任务而结合的社会。用 Tonnies 的话说：前者是 Gemeinschaft，后者是 Gesellschaft；用 Durkheim 的话说：前者是"有机的团结"，后者是"机械的团结"。用我们自己的话说,前者是礼俗社会,后者是法理社会。——我以后还要详细分析这两种社会的不同。在这里我想说明的是生活上被土地所囿住的乡民,他们平素所接触的是生而与俱的人物,正像我们的父母兄弟一般,并不是由于我们选择得来的关系,而是无须选择,甚至先我而在的一个生活环境。

熟悉是从时间里、多方面、经常的接触中所发生的亲密的感觉。这感觉是无数次的小磨擦里陶炼出来的结果。这过程是《论语》第一句里的"习"字。"学"是和陌生事物的最初接触,"习"是陶炼,"不亦悦乎"是描写熟悉之后的亲密感觉。在一个熟悉的社会中,我们会得到从心所欲而不逾规矩的自由。这和法律所保障的自由不同。规矩不是法律,规矩是"习"出来的礼俗。从俗即是从心。换一句话说,社会和个人在这里通了家。

"我们大家是熟人,打个招呼就是了,还用得着多说么?"——这类的话已经成了我们现代社会的阻碍。现代社会是个陌生人组成的社会,各人不知道各人的底细,所以得讲个明白;还要怕口说无凭,画个押,签个字。这样才发生法律。在乡土社会中法律是无从发生的。"这不是见外了么?"乡土社会里从熟悉得到信任。这信任并非没有根据的,其实最可靠也没有了,因为这是规矩。西洋的商人到现在还时常说中国人的信用是天生的。类于神话的故事真多:说是某人接到了大批磁器,还是他祖父在中国时订的货,一文不要地交了来,还说着许多不能及早寄出的抱歉话。——乡土社会的信用并不是对契约的重视,而是发生于对一种行为的规矩熟悉到不加思索时的可靠性。

这自是"土气"的一种特色。因为只有直接有赖于泥土的生活才会像植物一般的在一个地方生下根,这些生了根在一个小地方的人,才能在悠长的时间中,从容地去摸熟每个人的生活,像母亲对于她的儿女一般。陌生人对于婴孩的话是无法懂的,但是在做母亲的人听来都清清楚楚,还能听出没有用字音表达的意思来。

不但对人,他们对物也是"熟悉"的。一个老农看见蚂蚁在搬家了,会忙着去田里开沟,他熟悉蚂蚁搬家的意义。从熟悉里得来的认识是个别的,并不是抽象的普遍原则。在熟悉的环境里生长的人,不需要这种原则,他只要在接触所及的范围之中知道从手段到目的间的个别关联。在乡土社会中生长的人似乎不太追求这笼罩万有的真理。我读《论语》时,看到孔子在不同人面前说着不同的话来解释"孝"的意义时,我感觉到这乡土社会的特性了。孝是什么?孔子并没有抽象地加以说明,而是列举具体的行为,因人而异地答复了他的学生。最后甚至归结到心安两字。做子女的得在日常接触中去摸熟父母的性格，然后去承他们的欢，做到自己的心安。这说明了乡土社会中人和人相处的基本办法。

这种办法在一个陌生人面前是无法应用的。在我们社会的急速变迁中，从乡土社会进入现代社会的过程中，我们在乡土社会中所养成的生活方式处处产生了流弊。陌生人所组成的现代社会是无法用乡土社会的习俗来应付的。于是，"土气"成了骂人的词汇，"乡"也不再是衣锦荣归的去处了。

【集评】

好友朱苏力曾说，《乡土中国》"须是对生活有观察力、同时又眼光开阔的中国学者才可能写出来的。在这种意义上，费的著作……是无法替代的"。我深以为然。可以补充的是，这部短短不足百页的小册子是我进入社会学的启蒙文献，在费孝通先生身边十多年的日子里，这部著作也是我向先生求教、与先生交流的媒介。后出版的《行行重行行》可以被认为是《乡土中国》的续篇。这两部著作一起，共同展示了从农业中国向工业中国的过渡特征。一个原本有着深厚的、乡土"位育"的中国社会，近百年来正在被一个中国人并不熟悉却又不得不去努力熟悉的社会所改变。尤其是在今天，当我重读《乡土中国》的时候，就像是先生用他浓重的吴音普通话在向我讲述一个曾经美好的社会如何可以变成一个更加美好的社会。《乡土中国》语言简练直白，说出了许多人们不曾思考的道理。任何一个试图理解中国社会和中国人的人，都应该读这本书。（邱泽奇《邱泽奇：2008暑假阅读社会篇》，《南方周末》2008年7月3日D25版。）

【思考题】

1. 你可以用同样的视角与篇章写一篇你眼中的中国人吗？
2. 你可以用同样平易的文字介绍你所学专业的最基本框架吗？

【深度阅读】

1. 费孝通《乡土中国》，三联书店1985年版，北京大学出版社1998年版。
2. 〔英〕马林诺夫斯基（Bronislaw Malinowski）著、费孝通译《文化论》，中国民间文艺出版社1987年版。

为什么要有科学家

约翰·波拉尼

> 约翰·波拉尼(John C. Polanyi),1929年出生,加拿大化学家和教育家。研究化学反应动力学,获得1986年诺贝尔化学奖。
>
> 诺贝尔奖获得者要给儿童讲科学,这一设定明显有很强的挑战性,大道理容易讲,但深入浅出最为难得。学术不一定刻板无趣,也可以意兴盎然。
>
> 本篇选自贝蒂娜·施蒂克尔(Bettina Stiekel)编、张荣昌译《诺贝尔奖获得者与儿童对话》,三联书店2013年版。

我根本就说不清楚,我为什么在小时候就对科学这么感兴趣。也许是因为我总是喜欢提问题吧。每一个小孩每天都要问一百遍:"为什么?"人和动物一样,天生就有好奇心。婴儿好奇,狗和猫也好奇。我们都觉得,在锁住的纸板箱里或石头下面会藏着什么东西,总想去瞧一瞧,去发现些什么东西。这是一件很有吸引力的事情。只要家里的一扇门嘎吱一响,大家便立刻猜起谜来了:谁来了?我们的母亲?我们的兄弟?每一个人的问题都希望不断地得到解释。我们科学家不说"解释",我们说"理论"。

但是我们为什么是这样的?为什么我们总是想知道一个原因?为什么我们需要一种理论来说明一切事物?大约在三千年前,科学家的榜样、希腊人苏格拉底就对他为什么当哲学家这一问题回答说,他必须"研究自己和所有其他的人",否则他的生命就没有意义。

首先,每一个人都觉得自己周围的现实是乱七八糟的,对各种事物都有着各种不同的印象,如阳光、热量、树叶沙沙地作响。只要我们在这个世界上,我们就会想出一些故事,把这些看似互相毫无关联的图像和感觉整理好。我们自然科学家讲的这种故事只是许多种故事中的一种——别人则以童话、戏剧、长篇小说或诗歌的形式讲述故事。在我们的研究人员所讲述的故事中,问题常常涉及一种事物如何完全出其不意地和另一种完全不同的事物有关联。举一个例子:没有太阳的热射线就吹不起凉风来。还有:没有太阳和风,绿色的树叶和树就没有生命力。

和所有的好故事一样,太阳、风和树的故事也有一种清晰的形态:圆圈儿的形态。你是知道的,人和动物——也包括你和我——都吸入植物放出的氧气。反过来我们大家又呼出二氧化碳,而植物需要二氧化碳。植物养活我们,我们养活植物。大自然巧妙地形成了这种循环,这将会永远循环往复下去。但前提是我们人类不能过多地去干预这种循环。你想象一下吧，如果我们把地球上的全部森林都砍伐光，这不仅会毁掉全部树木，我们同时也就没有了与生命攸关的氧气。如果我们破坏了这个平衡，植物和我们双方都会受到损害。

那么，这就是一个自然科学家所要做的事情吗？整天讲故事并为我们天天经历的所有这些事物寻找一种内在的联系？从根本上来说是的。但是我们的工作还有另外几项内容，它们同样重要，它们带给我们很多的乐趣。

为什么偏偏是我的工作给我带来这么多的乐趣？因为它包含着神奇的力量，这种力量一再激励着我们研究人员做出了不起的成绩。我这并不是想说，我们会耍魔术，因为我们的能力也是有限度的。这使我想起了一群瑞典学生的来信，我在获得诺贝尔化学奖之后的不久，收到了这封来信："亲爱的教授先生，衷心地祝贺您获奖。我们是正在学习化学课程的学生，我们有一个请求：您能不能到我们这儿来一下，把我们的学校炸毁？"对于这些孩子来说，我都成了一个魔术师了，我可以炸毁他们的学校，为他们解闷。但是，其实我在谈到科学的魔力时，我指的是别的东西：这就是数字的魔力。科学是研究人们用某种方法能够数数或计算的东西。譬如，如果让一个科学家来描述你这个人，他就不会说，你好看或诚实，而是说你身高1.50米，体重45公斤。

现在你也许猜想到了，这些瑞典学生为什么一定要我将他们的学校炸毁。我们描述一个人的方式是极其无聊的。但是它有一个好处：它可以讲述某些绝不可能被人们讲述的故事。譬如有一种我们称之为算术的方法，我们用这种方法虽然不能说出你的同班同学的相貌，但是却可以使我们知道你们的平均身高和体重。你看到了：一方面数字限制我们——譬如尽管有这么多的数字，我却无法对你那有感染力的笑声作出任何说明；另一方面这些数字却增加了我们所作的陈述的精确性。我们自然科学家不说："我的父亲长着一双大脚"，而是说："我的父亲穿52号鞋。"

或者让我们举阿尔伯特·爱因斯坦为例。假如爱因斯坦只说，我们称之为质量的东西（某种东西有多重）与某种别的我们称之为能量（一种运动的名称）的东西有关联，那么这听起来虽然很好听，可是，实际上并没有多大用处。然而，由于爱因斯坦通过计算向我们说明了，某一种小的质量能生产出某一种极大的能量来，他也就说出了某种我们能够理解的东西。也许你已经在什么地方听说过著名的"相对论"？我谈的就是这个"相对论"。爱因斯坦的理论百分之一百的正确。所以在很短的时间内，许许多多的科学家能够用他的计算方法进行工作,并且产生种种想法,去证明这一理论,这样就改变了世界。

"相对论"首先给我们带来了一种可以炸毁东西的新方法:科学家们研制了原子弹,我们之所以这样称呼它,是因为它把原子核的质量变成能量,并将其当做武器使用。所以研究可能带来极严重的后果——我以后还要再谈到这个问题。同样,把原子核的质量变成能量的技术,也向我们揭示了用极少量的铀生产出大量电能的途径。这将极大地缓解我们日常生活中用电紧张的矛盾。然而这又有另外一种危险,因为原子能(核)发电厂也会爆炸,就像切尔诺贝利核电站那样。但是在某一个时候,我们定将能够从几滴水中提取一些物质,使之产生出大得多的能量——而其危险性则小得多。科学家们还正在研究一台这样的机器,一个聚变反应堆;这只是一个时间问题,科学家们终将会获得成功。

既然我们谈到科学有时会有危险,那么我们也必须考虑,我们如何才能预防这种危险,我们如何确保我们的工作不造成任何严重的后果。我已经说过,我们科学家被某些人当做魔术师。人们已经可以想象,我们就像童话里的魔术师,再也不能停止我们自己的魔术。在正常的情况下,科学会告诉我们一些关于自然界的情况:月亮为什么时而弯月,时而半月,时而满月?为什么住在地球底面的澳大利亚居民不会摔下来?为什么没有人会长成10米高?我们往往十分机智地去寻找这些问题的答案,所以它们就把我们引向新的、更机智的提问,并引出更机智的答案。

所以当我们谈到对科学的监控时,问题并不在于停止研究,而只在于你和我用新的知识干什么事情。我们是利用爱因斯坦关于把质量变成能量的知识去制造原子弹,并用它们去杀人,还是利用这种知识,使人们的生活过得更加轻松、愉快?作出这个决定的,不只是科学家,而是整个社会,是政治家们,是所有的人们。噢,当然儿童除外,因为你们必须先学习,了解世界如何正常运转,然后你们才可以对应该改变世界上的什么作出决定。

科学家们能够帮助以及向儿童们和所有的其他人解释世界并改造世界。几百年以来,他们一直认为,发现真理比谁发现这个问题更重要。这并不意味着科学家就不互相争辩了——他们像疯了似的争辩。每一个人都想成为下一个诺贝尔奖得主。更为有趣的是,我们之中没有一个人会保守自己的知识:大家分享它,并且相互支持,不管他们来自哪个国家,或者他们信仰哪个上帝。所有科学家的国际共同体有着神圣的使命;我是其中的一员,这是我的莫大光荣。

我因从事研究工作而得到报酬。即使有时候看起来我似乎在玩耍。譬如我有一个最新的玩具,它是一台机器,我用它来拨弄分子。我用一束激光射线瞄准分子,一群紧密地联系在一起的原子;这时我能看到,这些原子如何作出反应:原子一个接着一个地脱离群体并组成新的分子。令人气恼的是,这件玩具已经花了我相当多的精力。因为在大多数日子里,它根本就不灵!它相当地令人气恼,尤其是因为人们要求我不断地发现新东西,如果我要继续当研究人员的话——而这是我无论如何一定要当的!

所以你可以想象,当这台痴呆的机器终于做完了它该做的事情的时候,当我的大学生们和我,有一天能够看上一眼,某种迄今还没有哪个人曾经见过的东西的时候,我会多么的激动。我们顿时会联想到,一个像克里斯托夫·哥伦布这样的发现者,在他海上航行了几个月之后,突然又看见了陆地,他一定也曾感觉到巨大的快乐及巨大的欣慰。当我们将我们的分子拆开并又组合在一起的时候,我们将和哥伦布有着同样的感觉。

也许你现在会问我:人们如何才能成为一个研究人员?最重要的是:你必须要有极强烈的愿望!具有非凡的才干和独具个性的人才能成为科学家,但是科学家们都有一个共同点:他们充满热情、全力以赴地进行研究。

如果你现在害怕这些豪情满怀的科学家们,会在今后几年的时间里,把有待于发现的一切都发现了,到头来没有任何东西可让你去发现了,那么我可以让你放心:我们今天所知道的事物,只是我们必须发现的事物中的极其微小的一部分。在人、动物和植物的细胞核里,在原子的内部和在宇宙的边缘,有许多新的"世界"正在等待着人们去发现。也许你就是发现者吧。

【集评】

人之所以是人,第一是因为他提问题,而第二则是因为他想回答问题。

大问题,小问题。这本奇妙的书里的问题全都是大问题,这类问题儿童会提,成年人也会提,假如这不会令成年人感到难堪,儿童们会以为有些事情成年人也不知道:地球还会转动多久?为什么有战争?为什么印第安人不知道疼痛?为什么我不能光靠吃油炸土豆条维持生命?为什么妈妈和爸爸必须上班?什么是空气?

为了回答这样的大问题,人们最好去问顶尖人物,去问那些必定真正知道这件事情的人,如果事情涉及大问题,那么谁也不会胜过他们。这自然就是诺贝尔奖获得者,因为如果他们不是他们所研究的那个专业的顶尖人物——他们会得诺贝尔奖吗?如果我们不可以向这些诺贝尔奖获得者提出几个问题,那么我们要他们干什么用?(〔德〕贝蒂娜·施蒂克尔编、张荣昌译《诺贝尔奖获得者与儿童对话》,三联书店2003年版,第4—5页。)

【思考题】
1. 请考虑该如何向小学生介绍你的专业。
2. 你小时候的梦想跟今天所学有多远的距离?

【深度阅读】
1. 〔美〕R.费曼(Richard Feynman)著、吴程远译《别闹了,费曼先生:科学顽童的故事》,三联书店1997年版。
2. 〔德〕贝蒂娜·施蒂克尔编、张荣昌译《诺贝尔奖获得者与儿童对话》,三联书店2003年版,2013年第三版。

中国与世界
阿诺德·汤因比　池田大作

阿诺德·汤因比(Arnold Toynbee,1889—1975),英国历史哲学家,当代"思辨历史哲学"的代表人物。池田大作(1928—　),日本东京人,国际创价学会会长,宗教活动家、作家与摄影家。

对话录是一种重要的学术表达类型。对话是文明的表现,不对话就意味着拒绝沟通,必然走向对立乃至冲突战争。学术表达不一定要循规蹈矩,也可以是互动活泼的对话体。

本篇选自阿诺德·汤因比、池田大作著,荀春生等译《展望二十一世纪——汤因比与池田大作对话录》,国际文化出版公司1985年版。

池田:博士说过"作为将来的一种可能,中国也许会统治全世界而使其殖民地化"。这有什么根据呢?现在还有这种可能性吗?

我的想法是,与其说中国人是有对外推行征服主义野心的民族,不如说是在本质上希望本国和平与安泰的稳健主义者。实际上,只要不首先侵犯中国,中国是从不先发制人的。近代以来,鸦片战争、中日战争、朝鲜战争以及迄今和中国有关的战争,无论哪一次都可以叫作自卫战争。

博士说,中国人的秉性,进入近代以来,已由世界主义变成民族主义。我认为这种说法是正确的。然而我认为这种转变并不意味着是侵略主义的。中国人的民族主义是对鸦片战争以来,包括日本在内的外国侵略势力,作出的不得已的反应。这样说更好一些。我想所谓民族主义是对外反应的一个方面,基本上还是大力推行着世界主义、中华主义。以前中国采取孤立的外交姿态,一方面可能是为了革命后需要整顿内部;另一方面是所谓中国即世界这种高傲的传统主义的表现。

汤因比:对于中国的状况,我基本赞成您刚才的分析。对过去的中国,拿破仑曾说,"不要唤醒酣睡的巨人"。英国人打败了拿破仑,马上就发动了鸦片战争,使中国觉醒了。

一八三九年即战争爆发以来,您说和中国有关的战争完全是自卫战争,这是完全对的。然而按中国人的解释,自卫的意义也包含着想恢复清朝的鼎盛时期——即乾隆皇帝统治的后半期——帝政中国所达到的国界。

中国围绕喜马拉雅高原上很小的一块领土就跟印度关系决裂。这个地区本身对中国没有什么价值,战略上也没什么意义。尽管如此,我推测对中国来说,这个地区是有某种象征意义的。因为印度主张的国界是在中国衰微、无力争辩的时期由英国决定的。

现在没有任何征兆表明中国要越过一七九九年即乾隆皇帝逝世当年的国界进行扩张。实际上,在阿穆尔河沿岸,最近虽跟苏联发生了冲突,但一点也看不出中国要认真考虑恢复阿穆尔河右岸和乌苏里江右岸的广大地区。这一地区是从一八五八年到一八六一年期间,中国被迫割让给俄国的。但是那里居民的中国色彩,无论当时或现在都是微乎其微的。

然而,鸦片战争以后中国的对外关系中,出现了一些以前中国历史上没有过的新东西。一八三九年鸦片战争以前,中国在占世界一半的东亚是名副其实的"中华王国"。虽说只有日本在政治上没有从属于中国,但周围所有国家,也包括日本在内,都在吸取中国文明。从这个意义上可以说,中国是统治着"天下万物"。

中国开始和旧大陆西部其他文明的各国民族接触,是纪元前二世纪的后半叶。然而在近代西欧冲击之前,对中国给以很大冲击的只有一个印度。而来自印度的冲击又采取了传播佛教的和平形式。并且佛教一旦传入中国,就被中国化了。这正和从匈奴到满族这些北方民族几次征服整个中国或一部分中国而最后被中国化了的原理是一样的。

然而,进入十七世纪,代替这些民族而出现的北方的新邻居俄国人,中国没能使其中国化。十六世纪侵略过中国,十九世纪暂时控制过中国的西欧各民族,也没被中国化。西欧短时间的统治虽已成为过去,但其影响至今还存在。像过去来自印度的影响一样,它想把中国变为信仰非中国的宗教国。可是中国已经把佛教中国化了。这次似乎要把共产主义中国化。然而中国化了的共产主义和中国化了的佛教一样,会对中华民族的世界观和生活方式有很深影响,并会使其有很大的改观。

一八三九年以前,中国和其他文明世界的关系,除了一个较大的例外即和平地向佛教改宗,这个来自印度的冲击外,一般地说都不过是表面上的东西,没什么重要的。然而在过去五百年里,因为西欧各民族想通过向世界扩张势力,在技术和经济方面把人类统一为一个整体,所以这个以西方为主导的,本来是在西欧范围内统一的过程,也把日本和中国引进到新的全球的文明网中来了。这样,从一八三九年鸦片战争以来,中国在世界的结构中,在军事、经济、政治、文化、技术、宗教等所有人类活动的领域中,加深了国际关系。今天虽然已经摆脱了西方在军事上、政治上、经济上暂时的统治,但已经无法托故再隐居孤立了。由于西方的冲击,世界之于中国,已经从旧大陆的东半部扩展到全球。中国再也不能退回到东亚孤立的"中华王国"了。

池田:想一想国际社会中的中国立场,以前那样推迟恢复北京政府在联合国的代表权,硬使中国陷于孤立,责任完全在以美国为首的自由主义国家。让中国本身负此责任是没有道理的。

不管那个国家多少都有这种倾向,特别是中国,对自己接受席位的性质极为敏感。由于战后四分之一世纪里遭受到不合理的对待,所以对新获得的席位是否正当地评价了中国的国际地位,中国是极为重视这一原则的。

总而言之,中国大概对作为西欧化结果的美苏两大强国统治世界,感到难以忍受。当然法国或者英国对此大概也抱有强烈的反感。然而这些国家似乎能够顺应现实,采取妥协性外交上的灵活策略。比起这种妥协来,中国似乎坚持原则的色彩更为强烈。

我们从中国恢复联合国席位时表现的态度上也能看到,如果不安排好符合这一原则的席位,中国可能宁作国际社会的孤儿。他们有决心一直等到获得正当的评价为止。尽管如此,随着中国回到国际社会中来,今天对全世界的动向将会产生很大影响。

汤因比:中国今后在地球人类社会中将要起什么作用呢?由于西欧各民族势力的扩张和暂时的统治所形成的地球人类社会,已经摆脱了这种统治力量,今后仍会按现在的状况继续存在下去。在最近新形成的地球人类社会中,中国仅仅就停留于三大国、五大国或者更多的强国之一员的地位吗?或者成为全世界的"中华王国",才是今后中国所肩负的使命呢?

这是全人类所关心的事情,特别是与中国毗邻的苏联,和一衣带水的邻国日本最为关心的。美国可以从东亚大陆沿岸和海上诸岛撤到关岛,再从夏威夷撤退。一旦需要撤回到北美西海岸,美国和中国之间就可以相隔整个太平洋。不过在今天,单纯地理上的距离已经没有什么重要意义。制导火箭的发明,使辽阔的太平洋宛如一条小溪那样狭窄。包括中国在内的所有国家,相互都在对方的直线射程之内。这就是今天的现实。

因此按我的设想,全人类发展到形成单一社会之时,可能就是实现世界统一之日。在原子能时代的今天,这种统一靠武力征服——过去把地球上的广大部分统一起来的传统方法——已经难以做到。同时,我所预见的和平统一,一定是以地理和文化主轴为中心,不断结晶扩大起来的。我预感到这个主轴不在美国、欧洲和苏联,而是在东亚。

由中国、日本、朝鲜、越南组成的东亚,拥有众多的人口。这些民族的活力、勤奋、勇气、聪明,比世界上任何民族都毫无逊色。无论从地理上看,从具有中国文化和佛教这一共同遗产来看,或者从对外来近代西欧文明不得不妥协这一共同课题来看,他们都是联结在一条纽带上的。并且就中国人来说,几千年来,比世界任何民族都成功地把几亿民众,从政治文化上团结起来。他们显示出这种在政治、文化上统一的本领,具有无与伦比的成功经验。这样的统一正是今天世界的绝对要求。中国人和东亚各民族合作,在被人们认为是不可缺少和不可避免的人类统一的过程中,可能要发挥主导作用,其理由就在这里。

如果我的推测没有错误,估计世界的统一将在和平中实现。这正是原子能时代唯一可行的道路。但是,虽说是中华民族,也并不是在任何时代都是和平的。战国时代和古代希腊以及近代欧洲一样,也有过分裂和抗争。然而到汉朝以后,就放弃了战国时代的好战精神。汉朝的开国皇帝刘邦重新完成中国的统一是远在纪元前二〇二年。在这以前,秦始皇的政治统一是靠武力完成的。因此在他死后出现了地方的国家主义复辟这样的反动。汉朝刘邦把中国人的民族感情的平衡,从地方分权主义持久地引向了世界主义。和秦始皇带有蛊惑和专制性的言行相反,他巧妙地运用处世才能完成了这项事业。

将来统一世界的人,就要像中国这位第二个取得更大成功的统一者一样,要具有世界主义思想。同时也要有达到最终目的所需的干练才能。世界统一是避免人类集体自杀之路。在这点上,现在各民族中具有最充分准备的,是两千年来培育了独特思维方法的中华民族。不是在半个旧大陆,而是在人们能够居住或交往的整个地球,必定要实现统一的未来政治家的原始楷模是汉朝的刘邦。这样的政治家是中国人？日本人？还是越南人？或者朝鲜人？

池田：从两千年来保持统一的历史经验来看,中国有资格成为实现统一世界的新主轴。您这一说法,在考虑今后世界问题时,具有极为重要的启示。汉高祖刘邦对中国的重新统一,作为历史功绩是应该给以高度评价的。

然而从另一方面看,刘邦的成功,大概不能不说是因为有他的前任秦始皇的错误教训。就是说,秦始皇的确在确立长期统治体制上失败了,但是由于秦始皇用强权把在法律和习惯上地区各异的分散的中国统一起来,这就使刘邦确立统一的政权成为可能。没有秦始皇,这一任务要由刘邦自己去完成,那时刘邦的角色也许就要由别人扮演。

不论怎样,中国也是用强大武力完成统一的。后来,虽也有由儒教的伦理和天子这种理念上的象征来维持统一的一面,但中央政府掌握的军事力量一旦削弱时,国内就曾几次陷于分裂危机。

因此,我想说的是,今后世界统一应走的方向,不是像中国那样采取中央集权的做法,可能是要采取各国以平等的立场和资格进行协商这种联合的方式。从这种意义上说,与其说哪里是中心,不如说哪里表现出先锋模范作用。我个人认为欧洲共同体的尝试,大概能成为这样的一个楷模。即或需要时间,我希望还是一定要促其成功,成为全世界的楷模。

【集评】

人类历史这种最近的发展趋势,或许可以多少说明池田大作和汤因比何以在世界观中有这么多的相同之处。还有一个解释,是两位著者在探讨哲学、宗教时,深入剖析了人类本性中意识之下的心理层,探索了存在于其中的可称之为人类本性的各种要素——这是任何时代、任何情况下整个人类所共同的。但人类本性的各种要素依然是植根于造化宇宙万物的"终极的存在"这一基点上的,所以两位著者在世界观上才会有许多共同点。

本序言的上述部分代表本书的两位著者。但在这里,阿诺尔德·汤因比要向池田大作致以谢意。阿诺尔德·汤因比因年迈难于旅途跋涉,是池田大作不辞辛劳特意从日本前来英国晤面,此后又竭力筹划将谈话编辑成书,并负责安排了谈话中他本人发言部分的英译工作。这都是极其繁重的劳作。阿诺尔德·汤因比对池田大作以其苦壮的双肩负起如许重任表示由衷的感谢。（阿诺德·约瑟夫·汤因比《展望二十一世纪·序言》,荀春生、朱继征等编《展望二十一世纪——汤因比与池田大作对话录》,国际文化出版公司1999年第二版,第4页。)

  池田大作借最后的篇幅在这里向阿诺德·约瑟夫·汤因比博士表示深切的谢意。在这次谈话中,汤因比博士慷慨地、认真地倾注了他丰富的人情和精深的学识。这一切都发自他希望人类社会向上的愿望。这位世界著名的历史学家,对我这样一个学识粗疏、阅历肤浅的晚辈敞开心扉,始终平等相待,以温厚的态度就各种问题与我交换了意见。池田大作对此感到无比的喜悦和荣幸。(池田大作《展望二十一世纪·序言》,同上书,第5页。)

【思考题】

1. 找一个好朋友一起讨论一个专业问题,并据此写成对话录。
2. 对话录与期刊论文有什么不同?

【深度阅读】

1. 〔英〕阿诺德·汤因比、〔日〕池田大作著,荀春生等译《展望二十一世纪——汤因比与池田大作对话录》,国际文化出版公司1985年版。
2. 〔英〕阿诺德·汤因比、G. R. 厄本著,胡益民、单坤琴译《汤因比论汤因比——汤因比—厄本对话录》,商务印书馆2012年版。

第一版后记

本书的编写，前后历时一年有余，增益删削，数易其稿，最终形成目前的定稿。全书编写成员，以北京大学中文系各专业的中青年教师为主，各单元执笔者分别如下：

柳春蕊：古代诗词千古情爱、咏史，古代散文游记、赋体文、赏鉴部分。

漆永祥：古代诗词山水田园，古代散文诸子与学术、古代应用文部分。

李鹏飞：古代诗词送行赠别，传奇小说，古代戏曲部分。

宋亚云：古代诗词家国情怀，古代散文传记编年、书札、笔记杂说部分。

姜　涛：现当代散文大学精神，现当代诗歌，现当代戏剧部分。

邵燕君：现当代散文哲理散文、生活散文，现当代小说部分。

汪　锋：语言与现当代应用文部分。

本书原稿在每篇末辑有历代名家对本篇的"集评"文字，以便于教师参考与同学理解，但因为篇幅的关系，只好忍痛删汰。由于时间仓促，在选文与注释等方面都存在不少问题，体例也不尽统一。所有这些，只能等待再版时纠正了，祈请读者原谅！

北京大学中文系教授钱理群先生与曹文轩先生，在百忙中审定了全书目录与部分书稿，并提出了宝贵的修改意见，在此向二位先生表示衷心的感谢！

本书在编写过程中，得到北京大学教务部与北京大学出版社的热情关注与支持；中文系博士生李寒光、桂枭、李林芳参与了全稿的核校工作；北京大学出版社艾英女史，作为本书的责任编辑，付出了辛勤的劳动。在此一并表示诚挚的谢意！

编者

2014 年 8 月

第二版后记

《大学国文选本》自 2014 年秋季面世以来,不仅成为北京大学本科素质教育通选课"大学国文"的专用教材,也被诸多兄弟院校同类课程所选用,已经连续印刷数次,受到广泛的好评,这让我们很受鼓舞,也颇为欣慰!

但在本教材实际使用过程中,我们也发现了一些编纂体例的问题与讹文误字等,亟需纠谬补正。自 2018 年秋季以来,我们对原书进行了全面的修订工作,主要体现在如下几个方面:

其一,将原来的教材名称《大学国文选本》,直接改为《大学国文》。当初称为"选本",既有选文较多的实情,也有初创试行的意思。现经五年来的试用与推广,修订本较原本更为整饬与精当,且改为"大学国文"也与各校同名课程相符,不致产生歧义。

其二,将编纂初期因篇幅过长而删省的"集评"部分,经过仔细的校勘后,增入每篇课文之后。"集评"是历代名家与时贤对所选文本的不同解释与评价,对同学们理解与赏析课文,会有积极的导引与参考意义。

其三,对原书中部分内容进行删裁,如"传奇小说"部分的《首阳山叔齐变节》与"现当代小说"部分的《马桥词典》等。主要是增入"集评"文字后,全书篇幅过大,只好割爱部分篇幅较长的课文,不至因教材容量太大而给学生增加负担。

其四,对全书各篇课文的作者小传、正文、注释、参考书目与引文出处等,统一进行了认真细致的梳理与核校,纠正了部分错误,补充了一些缺漏,尽量将书中的错讹降到最低。

本次修订过程中,北大中文系 2018 级古典文献专业博士研究生张亿同学对"集评"部分所有引文与出处等,反复进行了详悉的查核与校勘。北大出版社艾英女史,作为本书初版与修订版的责编,付出了一如既往的热情与苦辛。在此向二位表示由衷的谢忱!

编者

2019 年 3 月 16 日